O Direito Administrativo
Social e Econômico

O Direito Administrativo Social e Econômico

ANÁLISES DE DIREITO COMPARADO

2021

Maria Tereza Fonseca Dias
Flávio Henrique Unes Pereira
Coordenadores

O DIREITO ADMINISTRATIVO SOCIAL E ECONÔMICO
ANÁLISES DE DIREITO COMPARADO
© Almedina, 2021
COORDENAÇÃO: Maria Tereza Fonseca Dias e Flávio Henrique Unes Pereira

DIRETOR ALMEDINA BRASIL: Rodrigo Mentz
EDITORA JURÍDICA: Manuella Santos de Castro
EDITOR DE DESENVOLVIMENTO: Aurélio Cesar Nogueira
ASSISTENTES EDITORIAIS: Isabela Leite e Larissa Nogueira

DIAGRAMAÇÃO: Almedina
DESIGN DE CAPA: FBA

ISBN: 9786556271668
Fevereiro, 2021

Dados Internacionais de Catalogação na Publicação (CIP)
(Câmara Brasileira do Livro, SP, Brasil)

O Direito administrativo social e econômico : análises de direito comparado /
Maria Tereza Fonseca Dias, Flávio Henrique Unes Pereira, coordenadores.
-- São Paulo : Almedina, 2021.
Vários autores

Bibliografia.
ISBN 9786556271668

Índice:
1. Direito administrativo 2. Direito comparado 3. Direito econômico
4. Direito social I. Dias, Maria Tereza Fonseca. II. Pereira, Flávio Henrique Unes..

20-50362   CDU-340.5

Índices para catálogo sistemático:

1. Direito comparado 340.5
Cibele Maria Dias - Bibliotecária - CRB-8/9427

Este livro segue as regras do novo Acordo Ortográfico da Língua Portuguesa (1990).

Todos os direitos reservados. Nenhuma parte deste livro, protegido por copyright, pode ser reproduzida, armazenada ou transmitida de alguma forma ou por algum meio, seja eletrônico ou mecânico, inclusive fotocópia, gravação ou qualquer sistema de armazenagem de informações, sem a permissão expressa e por escrito da editora.

EDITORA: Almedina Brasil
Rua José Maria Lisboa, 860, Conj.131 e 132, Jardim Paulista | 01423-001 São Paulo | Brasil
editora@almedina.com.br
www.almedina.com.br

SOBRE OS COORDENADORES

Maria Tereza Fonseca Dias

Doutora e mestre em Direito pela UFMG. Professora Associada do Departamento de Direito Público da UFMG. Professora Visitante no King's College Londres pelo programa CAPES/PRINT; Pesquisadora do CNPq. Membro da Comissão de Direito Administrativo do Conselho Federal da OAB. Advogada.

Flávio Henrique Unes Pereira

Doutor e Mestre em Direito Administrativo pela Universidade Federal de Minas Gerais. Presidente da Comissão Especial de Proteção de Dados da OAB-Federal. Presidente do Instituto de Direito Administrativo do Distrito Federal. Coordenador e Professor do Mestrado Profissional do IDP (São Paulo/SP). Foi Assessor Especial da Presidência do STF, Assessor de Ministro do STJ e Assessor de Ministro do TSE. Sócio do escritório Silveira e Unes Advogados.

SOBRE OS AUTORES

Arthur Bobsin de Moraes

Mestrando em Direito pela UFSC. Especialista em Direito Administrativo pela Pontifícia Universidade Católica de Minas Gerais (PUC/Minas). Bacharel em Direito pela UFSC. Presidente da Comissão da Jovem Advocacia da OAB/SC. Membro do Instituto dos Advogados de Santa Catarina (IASC). Professor convidado da Escola Superior de Advocacia da OAB/SC. Advogado em Santa Catarina.

Breno Longobucco

Graduado em Direito pela Universidade Federal de Minas Gerais e em Administração Pública pela Escola de Governo da Fundação João Pinheiro. Mestrando do Programa de Pós-Graduação em Direito da UFMG, na linha "Poder, Cidadania e Desenvolvimento no Estado Democrático de Direito". Coordenou a Superintendência de Cooperação Intermunicipal da Secretaria Estadual de Cidades e Integração Regional entre 2015 e 2018. Atualmente é Subsecretário de Obras e Infraestrutura da Secretaria de Estado de Infraestrutura e Mobilidade do Governo de Minas.

Bruno Fontenelle Gontijo

Bacharel em Direito pela UFMG. Ex-integrante do projeto de pesquisa "PPPs na Saúde: estudo das modelagens contratuais". Advogado.

Clarimar Santos Motta Junior

Advogado atuando junto a setores jurídicos de diversas Prefeituras e Câmaras Municipais de cidades localizadas nas regiões do Vale do Paraíba e Serra da Mantiqueira no Estado de São Paulo, além de ser sócio fundador do escritório Motta Junior Sociedade de Advogados. Formado em Direito pelo Centro Universitário Salesiano de São Paulo, concluiu Curso de Especialização em Direito Tributário pelo IBET – Instituto Brasileiro de Estudos Tributários e obteve o título Mestre em Direito, Justiça e Desenvolvimento pelo IDP de São Paulo.

Daniel Marçoni Santos Silva

Bacharel em Direito. Discente do curso de pós-graduação em Direito da Universidade Federal de Minas Gerais. Ex-Procurador-Geral de Município em Minas Gerais. Advogado.

Fernando Clemente da Rocha

Juiz de Direito, Professor da Escola Judicial de Sergipe-EJUSE e Mestrando em Direito, Justiça e Desenvolvimento pela Escola de Direito do Brasil-EDB.

Fernando Gustavo Ferro Guimarães

Mestrando em Direito, Justiça e Desenvolvimento pelo Instituto de Direito Público de São Paulo – IDP/SP e Pós-Graduado em Direito da Economia e da Empresa pela Fundação Getulio Vargas – FGV.

Flávio Murad Rodrigues

Mestrando em Direito Público pela Universidade FUMEC. Especialista em Direito Processual e Direito Público. Advogado.

Flávia Baracho Lotti Campos de Souza

Mestranda em Direito pela Universidade FUMEC. Pós-graduada em Direito Processual pela Pontifícia Universidade Católica de Minas Gerais (PUC MINAS). Assistente Judiciária no Tribunal de Justiça do Estado de Minas Gerais (TJMG).

Gabriel Ribeiro Fajardo

Bacharel em Direito pela Universidade Federal de Minas Gerais. Membro da Comissão de Direito Administrativo da OAB/MG. MBA em Engenharia de Custos pelo Instituto Brasileiro de Engenharia de Custos – IBEC. Advogado.

João Paulo Forni

Mestre em Direito pelo Centro Universitário de Brasília e Auditor Federal de Controle Externo no Tribunal de Contas da União.

José Sérgio da Silva Cristóvam

Professor Adjunto de Direito Administrativo no Curso de Graduação em Direito e no Programa de Mestrado e Doutorado do PPGD/UFSC, Brasil. Doutor em Direito Administrativo pela UFSC (2014), com estágio de Doutoramento Sanduíche junto à Universidade de Lisboa – Portugal (2012). Mestre em Direito Constitucional pela UFSC (2005). Membro fundador e Presidente do Instituto Catarinense de Direito Público (ICDP). Membro fundador e Diretor Acadêmico do Instituto de Direito Administrativo de Santa Catarina (IDASC). Conselheiro Federal da OAB/SC. Presidente da Comissão Especial de Direito Administrativo da OAB Nacional. Presidente da Comissão de Acesso à Justiça da OAB/SC. Membro da Comissão de Direito Constitucional da OAB/SC. Coordenador do Grupo de Estudos em Direito Público do CCJ/UFSC (GEDIP/CCJ/UFSC). Advogado em Santa Catarina.

Leonardo Antonacci Barone Santos

Mestrando em Direito pela Universidade Federal de Minas Gerais (2019-2020). Bacharel em Direito pela UFMG (2018). Advogado.

Maria Gabriela Freitas Cruz

Graduada e Mestranda em Direito pela Universidade Federal de Minas Gerais (2017). Especialista em Direito Público EAD pela Faculdade Unyleya (2018). Advogada.

Zaphia Boroni de Souza

Mestranda em Direito Público pela Universidade FUMEC. Especialista em Direito Processual e Direito Público. Advogada.

APRESENTAÇÃO

O Direito Administrativo brasileiro, diante de tantos desafios que lhe são colocados desde as últimas décadas do século passado, tem sido instado a retomar temas que pareciam esquecidos no fundo de algum baú de velharias – como o direito administrativo social – e ao mesmo tempo, conjugar-se com áreas supostamente mais contemporâneas – como o direito administrativo econômico. Diante da globalização da economia, aproximação das diversas culturas jurídicas e suas influências mútuas, cabe-lhe também lançar luzes e olhos para experiências comparatistas, que efetivamente não costumam fazer parte do seu repertório de análises. Para além desses enfoques, antigos e novos temas – a partir sempre de renovadas abordagens – continuam a fazer parte do seu campo de reflexões.

E, para além destas inovadoras abordagens dos fenômenos com os quais lidam os administrativistas, mais difícil ainda tem sido combinar e fundir tais perspectivas, de modo a criar ideias efetivamente disruptivas e que saibam solucionar os problemas atuais com os quais se confrontam os gestores públicos, diante da demanda dos cidadãos e da sociedade plural.

O Direito Administrativo Social ainda não ganhou essa denominação que perfeitamente o caracterizasse como garantista, em atenção aos direitos sociais estampados na Constituição da República e que demandam um forte aparato estatal que lhe assegure prestação.

O Direito Administrativo Econômico, por sua vez, desde as raízes do Direito Econômico (aqui e alhures), ainda reclama o lugar de destaque que façam dialogar os princípios da livre concorrência e de iniciativa privada com a função social da propriedade e a redução das desigualdades regionais e sociais.

O Direito Comparado, por sua vez, ainda é ilustre desconhecido da literatura brasileira, seja pela ausência desta tradição em nossa cultura jurídica, seja pelas dificuldades de sua abordagem metodológica, a requerer esforços de aproximação de outros sistemas jurídicos. Ao fim e ao cabo, em que pesem empenhos solitários de alguns poucos aventureiros, o Direito Administrativo Comparado, de maneira sistemática e permanente, ainda pouco contribui para a formação do pensamento dos estudiosos e para o aprimoramento da Administração Pública.

O que a presente obra pretende apresentar aos leitores – a partir dos esforços dos programas de pós-graduação stricto sensu das instituições de ensino superior envolvidas: IDP, UFMG, FUMEC, UNICEUB e UFSC – é justamente pautar áreas que merecem ser resgatadas ou reapresentadas aos leitores interessados.

Nos últimos anos presenciou-se a ascensão do Direito Administrativo Sancionador, de caráter punitivo, mais preocupado com o controle da atividade administrativa do que propriamente com os objetivos e resultados desta atividade.

É nesse contexto que a obra resgata a administração prestadora, a partir dos direitos sociais e da nova governança pública no campo econômico, a conjugar os esforços da sociedade e do mercado na obtenção de resultados, ou seja, buscando focar as parcerias da Administração pública para a garantia dos direitos sociais.

A obra trata ainda de resgatar e problematizar questões do direito administrativo contemporâneo, tais como as relacionadas com a contratação pública na pandemia da COVID-19; a responsabilidade civil da atividade jurisdicional, a concertação administrativa na improbidade e o ativismo dos Tribunais de Contas.

São muitos os desafios do nosso tempo, por essa razão gostaríamos de convidar o leitor a se debruçar sobre as reflexões da pós-graduação em direito, que entre outras funções, tem se incumbido de fomentar o celeiro de ideias responsável pela consolidação do paradigma do Estado de Direito e a garantia dos direitos sociais.

Em Belo Horizonte e em São Paulo, no mês de outubro de 2020.

MARIA TEREZA FONSECA DIAS
FLÁVIO HENRIQUE UNES PEREIRA
Coordenadores

SUMÁRIO

PARTE I – O DIREITO ADMINISTRATIVO SOCIAL

1. Democracia e Jurisdição Constitucional para a Tutela de Direitos
Fundamentais   17
Fernando Clemente da Rocha
Flávio Henrique Unes Pereira

2. As Concessões Públicas para a Garantia do Direito Social ao Transporte
Público no Brasil   33
Daniel Marçoni Santos Silva

3. Parcerias da Administração Pública com o Setor Privado para a Efetivação
do Direito Social à Moradia   55
Gabriel Ribeiro Fajardo

4. Parcerias na Saúde: Modelos de Participação de Entes Privados
no Serviço Público de Saúde   79
Bruno Fontenelle Gontijo
Maria Tereza Fonseca Dias

PARTE II – O DIREITO ADMINISTRATIVO ECONÔMICO

5. O (Ainda) Difícil Diálogo entre Direito e Economia no Brasil   109
Fernando Clemente da Rocha
Flávio Henrique Unes Pereira

6. A Segurança Jurídica como Incentivo para os Investimentos,
sob a Óptica da Análise Econômica do Direito   119
Fernando Gustavo Ferro Guimarães

7. Contratação Integrada no RDC: A Majoração de Custos Decorrente
de sua Adoção no Brasil   131
João Paulo Forni

PARTE III – O DIREITO ADMINISTRATIVO COMPARADO

8. Consórcios Públicos: Um Comparativo da Experiência Brasileira
   e Modelos Semelhantes na Europa Continental 161
   Breno Longobucco

9. Controle Jurisdicional da Margem de Liberdade Administrativa:
   Brasil, França e Alemanha 183
   Leonardo Antonacci Barone Santos

10. O ato de improbidade encontra correspondente na França? 213
    Maria Gabriela Freitas Cruz

PARTE IV – O DIREITO ADMINISTRATIVO CONTEMPORÂNEO

11. A Participação de Empresas em Recuperação Judicial nas Licitações
    e Contratos do Poder Público: Uma Análise a partir da Questão
    da Isonomia, da Função Social da Empresa e dos Impactos
    da Pandemia de Coronavírus (Covid-19) 237
    José Sérgio da Silva Cristóvam
    Arthur Bobsin de Moraes

12. A Configuração da Responsabilidade Civil Extracontratual
    do Estado por Dano Causado na Prestação da Atividade
    Jurisdicional na Jurisprudência do STJ 267
    Flávio Murad Rodrigues
    Zaphia Boroni de Souza

13. A Possibilidade Jurídica de Utilização do Termo de Ajustamento
    de Conduta nas Ações de Improbidade Administrativa, a Partir
    da Teoria do Diálogo das Fontes 291
    Flávia Baracho Lotti Campos de Souza
    Maria Tereza Fonseca Dias

14. O Ativismo nos Tribunais de Contas: Análise do Caso da Submissão
    da OAB à Jurisdição do TCU 311
    Clarimar Santos Motta Junior
    Flávio Henrique Unes Pereira

PARTE I
O DIREITO ADMINISTRATIVO SOCIAL

1
Democracia e Jurisdição Constitucional para a Tutela de Direitos Fundamentais

FERNANDO CLEMENTE DA ROCHA
FLÁVIO HENRIQUE UNES PEREIRA

Introdução

Atualmente, constitui senso comum a afirmação, mormente na era presente do constitucionalismo moderno, vinculativa do conceito de direito à noção de democracia, como se a advertir para os perigos das tentações criativas fora dos ambientes legitimados pela representação popular majoritária. Isso se mostraria mais evidente na atuação de juízes e tribunais, a qual, sem embargo do caráter político que deve se revelar racionalmente legítimo, notadamente na jurisdição constitucional, configuraria indevida invasão na esfera de atuação institucional dos demais poderes da república. São riscos que normalmente são enxergados, com maior ênfase, no espaço legislativo, apenas para ficar num exemplo, com as decisões manipulativas de sentido da legislação, por vezes com efeitos aditivos, tidas como um verdadeiro veneno antidemocrático que, não raro, inocula-se na consciência comum sob o disfarce do apelo popular (clamor das ruas). E com isso se estaria criando um anômalo direito judicial na esteira da quebra dos compromissos impostos pela Constituição, sobretudo o da preservação do princípio da separação dos poderes, prerrogativa que nem mesmo se atribui ao poder reformador, atado que se acha a rígidos critérios de deliberação majoritária (art. 60, §4, III), sob pena de flagrante inconstitucionalidade.

O DIREITO ADMINISTRATIVO SOCIAL E ECONÔMICO

Esta é a compreensão que se pode deduzir como superficial da democracia e suas vantagens, daí que aquilo que se poderia ter como reforço da própria lógica democrática, toma-se pela visão reducionista da questão como empecilho ao seu desenvolvimento, ou até mesmo, no limite, riscos de aniquilação, uma espécie de golpe mortal nas bases fundantes do moderno Estado Democrático de Direito. Ocorre que, conforme será defendido neste trabalho, a partir de abalizadas concepções doutrinárias, não se concebe que democracia, hoje mais do que nunca, seja tomada como reserva de monopólios institucionais, como se a soberania e a titularidade do poder, em mãos do povo, possam estar comprometidas pela vinculação necessária de representação à noção de sufrágio universal periódico, apenas viabilizada nas arenas majoritárias tradicionais. Essa concepção parece explicar, ao menos em parte significativa, fenômenos caracterizados como de crises da democracia, ainda que episódicos e prevalentemente marcados, não raro, por entraves nos diálogos institucionais na relação governo-parlamento, notadamente quando os objetivos de coalização nessas esferas são ofuscados por atitudes populistas de líderes, ansiosos pelo protagonismo da condução dos destinos do país. O resultado desse quadro, quase sempre, implica letargia na tomada de decisões com efeitos socialmente nocivos, sobretudo em momentos de dificuldades econômicas e tensões político/ideológicas ampliadas, aqui favorecidas pelas redes sociais, como no Brasil dos dias presentes, atraindo desprestígio para as instituições nos planos administrativo e legislativo, justamente de onde emergem os marcos tradicionais do exercício da democracia, via representação popular.

Assim, o objetivo é tentar demonstrar, ou melhor, despertar para uma reflexão acerca da importância para a consideração de paradigmas adicionais no sentido da intensificação do processo democrático, prevenindo e/ou remediando crises circunstanciais, possível de êxito no âmbito da jurisdição constitucional, indo além da perspectiva tradicional da tutela de direitos de minorias contra abusos e excessos de maiorias, notadamente, convém reiterar, no campo dos direitos fundamentais. É dizer, mantendo-se na perspectiva conceitual majoritarista de Waldron (2003), até porque Cortes Constitucionais, preponderantemente, decidem também por maioria, permite-se ao povo, ele que, não custa insistir, é o titular de todas as formas de poder em um estado constitucional como o brasileiro, amplie os seus espaços de influência na tomada de decisões por aqueles que o exercem em seu nome. E quanto ao papel do judiciário no desenho constitucional atual, o apelo às Cortes de forma massiva e constante, fenômeno deflagrado e orientado pelo facho luminoso da Constituição Federal de 1988, não há de se furtar a servir, não de trincheira defensiva face aos outros poderes do Estado, a eles contrapondo-se em um indesejável e perigoso ritual adversarial, mas, ao reverso, de novas ou revigoradas frentes na batalha pela conquista e consolidação de direitos, por vezes sistematicamente sonegados, sobretudo quando constatados, mas não necessariamente, vácuos legislativos. O que se vai sustentar, portanto, não parte da premissa baseada na eventual percepção de crise de representação, necessariamente, a despeito do contexto histórico, social ou econômico do país que em alguma medida compromete os próprios alicerces democráticos, mas de contribuição mesmo da jurisdição constitucional na edificante missão de amadurecimento de uma democracia ainda jovem como a brasileira. E sob esse viés se conclui, ao fim e ao cabo, que as decisões proferidas na jurisdição constitucional, segundo padrões objetivos ou subjetivos de seus efeitos no figurino processual estabelecido na Lei Maior, ela mesma como signo representativo da soberania popular, em maior ou menor grau de alcance, legitimam-se democraticamente pelos princípios que as inspiram, reforçando, sem dúvida, o jogo democrático.

1. Democracia, Jurisdição Constitucional e Representação

Quaisquer que sejam as concepções construídas sobre democracia, ao longo do tempo, desde a Grécia antiga, o sentido da representação, embora imbricado ao conceito de participação popular nas decisões coletivas, variando conforme os contextos históricos/culturais, o certo é que, conforme pontua Dahl, a partir do século XX, "mais do que qualquer outro aspecto, o sufrágio universal distingue a moderna democracia representativa de todas as formas anteriores de democracia" (2016, p. 100). Este, portanto, segundo a clássica concepção, o traço distintivo a se tomar uma democracia na sua verdadeira expressão conceitual, hipoteticamente o único serviente a um modelo compatível com os Estados surgidos na esteira do constitucionalismo do 2º pós-guerra, ligado à noção de poder e respectivas formas de exercício por representantes eleitos pelo povo, daí a Carta Magna de 1988 proclamar com ênfase que todo poder emana do povo, que o exerce por meio de representantes eleitos ou diretamente, nos termos desta Constituição (art. 1º, parágrafo único). E fez mais o legislador constituinte, indo além fronteiras da via participativa indireta, habilitando os verdadeiros titulares ao exercício direto do poder, ampliando os cânones da soberania popular por formas distintas, ainda preservando o valor fundamental da igualdade, mediante plebiscitos, referendos e iniciativas populares de projetos de textos normativos (art. 14, I, II e III).

Portanto, o sufrágio universal, periódico, sob uma perspectiva ligeira, costuma induzir uma compreensão de que nele residiria a genuína, única e verdadeira *accountability*, sem espaço para outras vias de legitimação a tantos quantos não se submetam ao escrutínio popular pelo voto, e seria exatamente aí o obstáculo em que esbarrariam os membros do chamado terceiro poder, o Poder Judiciário no caso brasileiro. Seriam eles, sim, representantes do referido poder, mas, certamente no sentido clássico institucional de composição meramente orgânica de um dos poderes da república, nada além do exercício de funções cuja legitimação deriva de vias distintas (concurso público como regra), sem o selo democrático da vontade majoritária do povo. Sob esse prisma, estaria a atuação, inclusive da jurisdição constitucional, já suficientemente qualificada pela marca da independência institucional, adstrita a verbalização do comando normativo abstrato, anteriormente positivado. Isso porque, nesse mister constitucional, ao se proclamar o direito aplicável, e o próprio direito, nesse ato, invariavelmente alberga conceitos que emergem de subsistemas diversos, inclusive – ao que interessa mais de perto a esse trabalho – a política, ainda assim, tais formulações conceituais hão de ser objeto de escolhas objetivamente selecionadas pelo legislador na arena majoritária. Portanto, o direito, diante dessas influências sistêmicas inarredáveis, diferenças de sentido na norma aplicável, se admitidas, os aspectos possíveis de interpretação, mesmo no âmbito constitucional, ela mesma, a norma, carregaria em si os critérios selecionados pelo legislador, estabelecendo balizas hermenêuticas, calhando, aqui, a propósito de sistemas sociais e suas respectivas funções, a observação de Luhmann no sentido de que "toda seleção pressupõe restrições (constrains)", sendo ela "considerada como conceito básico para qualquer teoria da ordem" (2016, p. 51).

O objetivo deste trabalho, cabe enfaticamente salientar, não é a defesa ou muito menos a propagação da bandeira judicial ativista, pura e simples, como se desfraldada por uma jurisdição encabeçando uma procissão de desvalidos socialmente, contingente de quem sistematicamente são sonegados direitos dos mais básicos aos mais fundamentais. Ou seja, entoando palavras de ordem por meio de decisões imbuídas de pretensões universais moralizantes, não raro animadas pelo clamor popular e nutridas por sentimentos íntimos pessoais do que se supõe como o justo e o melhor para tudo e todos, o exegeta iluminado. Absolutamente não, uma vez que, ainda que se trabalhe com a ideia da equidade, e com isso focando objetivos que se supõe de maior alcance em termos de concretização de direitos da maneira mais larga possível, daí entendendo o conceito de justiça no significado distributivista, não se pode ignorar a precisa observação de Rawls (2016, p. 7-8), ao sustentar que

> [...]não podemos, em geral, avaliar a concepção de justiça unicamente por seu papel distributivo, por mais útil que seja esse papel na identificação do conceito de justiça. Precisamos levar em conta suas relações mais amplas, pois, embora a justiça tenha certa prioridade por ser a mais importante virtude das instituições, ainda assim é verdade que, permanecendo constantes as demais condições, uma concepção de justiça é preferível a outra quando suas consequências mais amplas são mais desejáveis[...]

Com efeito, não se trata de ignorar a distinção no estado constitucional democrático dos domínios da política e do direito, até porque este, como regra, emerge do primeiro, inserindo-se entre ambos a Constituição, imperando, respectivamente, a arena da vontade majoritária e a racionalidade da lei. Se é certo, por um lado, conforme pondera Abboud, que "a jurisdição constitucional não pode ser transformada em local para discussão e definição de todo debate político" (2016, p. 742), não derroga, por outro, a assertiva de que inúmeras temáticas discutidas no país, a ela submetidas, carregam em seu âmago um destacado componente político. Não foram tais demandas, assim, arbitrariamente avocadas dos diversos segmentos da sociedade, senão judicializadas em razão de falhas ou tratamento deficitário nas arenas representativas típicas, sobretudo no campo dos direitos fundamentais, daí porque Santos, referindo-se especificamente a políticas sociais, destaca a tendência de se "aumentar as expectativas dos cidadãos de verem cumpridos os direitos e as garantias consignadas na Constituição, de tal forma que a execução deficiente ou inexistente de muitas políticas sociais pode transformar-se num motivo de procura dos tribunais" (2011, p. 25).

O fato é que vivenciamos uma típica democracia pluralista, donde a noção de minorias, hodiernamente, daí rotineiramente se afirmar que reclama um enfoque diferenciado, permitindo reconhecer que toda ela se pretende um dia maioria. Nesse sentido, calha bem o exemplo do recurso de que lança mão o STF na realização de audiências públicas em processos de grande repercussão social, o qual, ainda que provocado para exercer a jurisdição constitucional sob a lupa de sua clássica função contramajoritária, vai além desses marcos tradicionais, buscando expandir a sua representatividade perante uma sociedade plural, multicomplexa como a brasileira. Aqui se tem, força reconhecer, o salutar objetivo do compartilhamento de responsabilidades políticas, exatamente porque a Corte decide politicamente, daí Hesse esclarecer que "questões constitucionais não são, originariamente, questões jurídicas, mas sim questões políticas" (1991, p. 9). É nesse contexto que se discute, ainda, a quem cabe o papel de tutela genuína da Constituição, e no espectro histórico do constitucionalismo, esse tema sempre remonta à famosa polêmica entre Hans Kelsen e Carl Schmitt, levada a efeito nos debates travados em 1928, no Instituto Internacional de Direito Público, rendendo, quanto a tese defendida pelo segundo, acesa crítica do escriba da Constituição Austríaca (2003, p. 243), ao assinalar que o

> [...]mais surpreendente ainda, porém, é que esse escrito tire do rebotalho do teatro constitucional a sua mais antiga peça, qual seja, a tese de que o chefe de Estado, e nenhum outro órgão, seria o competente guardião da Constituição, a fim de utilizar novamente esse já bem empoeirado adereço cênico na república democrática em geral e na Constituição de Weimar em particular[...]

A jurisdição constitucional brasileira, assim, ao se valer dos canais permitidos pelas audiências públicas, viabilizando a interlocução com cidadãos, diretamente, oriundos de setores distintos da sociedade, fora mesmo dos limites formais dos autos processuais, expondo opiniões e visões sob os mais variados ângulos, legitima-se fortemente e de uma forma socialmente direta, sem atalhos, vale dizer, representatividade plena. Isso significa, induvidosamente, reforço do jogo democrático, antídoto de crises e com isso ganhando a democracia em qualidade, ampliando os cânones de participação e que tem na jurisdição constitucional uma trincheira a mais, para além das tradicionais representativas, donde se poder afirmar, sem assombro, que a judicialização de questões políticas pode até prescindir da ideia de vácuos de atuação legislativa. Sem dúvida, a considerar que a democracia se revela como uma conquista geracional, um modelo em constante processo de aperfeiçoamento e que reclama permanente defesa de seus postulados civilizatórios, e são os fatos históricos que vão moldando as necessidades de ampliação de novas fronteiras para o seu pleno desenvolvimento. Assim, dado o trajeto percorrido pelo moderno constitucionalismo, os fatos e demandas sociais que se firmaram na sua esteira, definitivamente, não podem ser ignorados, e em tema de jurisdição constitucional, particularmente no caso do Brasil pós Constituição de 1988, cumpre que se admita que a democracia, conforme sustenta Pogrebinshi, ao menos se ofereça a um teste de experiência, e um campo fértil para isso é a tutela dos direitos fundamentais. Colha-se, a propósito, as constatações a que chegou a referida jurista (2011, p. 175-176), tiradas de pesquisas empíricas, ao ponderar que

> [...]o crescimento do papel político das cortes constitucionais consiste em uma oportunidade para a democracia exercer a sua vocação experimentalista. Isso implica concebê-lo não como uma usurpação de funções das instituições representativas, mas como uma ampliação daquilo que se considera função representativa. Isso possibilita que se amplie o escopo da representação política e o espaço de sua aplicação, criando-se soluções institucionais que possibilitem fazer das cortes constitucionais instâncias efetivamente representativas, a despeito da inaplicabilidade do dispositivo eleitoral enquanto mecanismo de legitimação e accountability.(...)É o compartilhamento das consequências políticas de determinada atividade (seja esta a promulgação de uma lei, a execução de uma política pública ou a tomada de uma decisão judicia) e sua correspondência às demandas presentes na sociedade o que a torna representativa[...]

Portanto, ao se considerar a atuação expansiva do poder judiciário, se e somente quando verificada nos seus devidos limites, possibilita enxergar no fenômeno, claramente, uma exaltação da própria democracia, ainda que, como observa Brandão, uma espécie de paradoxo possa daí emergir, porquanto, "embora recorrentemente criticado no sentido de ser antidemocrático, o controle de constitucionalidade é, sobretudo, um produto da democracia, e tende a expandir-se em compasso com a sua ampliação" (2017, p. 92). No âmbito da jurisdição constitucional, além do mecanismo das audiências públicas, antes reportado, outros, igualmente com expressa previsão legal (Lei nº 9.868/99), incrementam a interlocução estado/sociedade, destacando-se a figura do *amicus curiae*, e porque não dizer, a própria criação da TV Justiça, um forte canal indutor de reflexão pública acerca da atuação do STF, para o bem ou para o mal. O que importa, assim, são as interações obtidas em larga escala social, o que robustece na comunidade um sentimento de participação, mormente na contingência de ser este, conforme destaca Cappelletti, "facilmente desviado por legisladores e aparelhos burocráticos longínquos e inacessíveis, enquanto, pelo contrário, constitui característica *quoad substantiam* da jurisdição" (1993, p. 100).

Ainda na temática do controle de constitucionalidade, não significa, a propósito da suspeita de Waldron, ao se admitir como legítima – e sobretudo de forte inspiração democrática – a ampliação dos canais de representação popular, via jurisdição constitucional (um fenômeno real e concreto não somente no Brasil, mas igualmente na Europa e nos Estados Unidos, o que revela a indistinção de sistemas de direito em que opera, legal ou comunitário), que tenhamos construído, segundo ele, "um retrato idealizado do julgar e o emolduramos junto com o retrato de má fama do legislador" (2003, p. 2). Certamente não é esse o sentido, ao contrário, o espaço majoritário da legislação é o que carrega em si a gênese clássica da representatividade popular, arena privilegiada de formulação das escolhas objetivas que se convertem em normas, e ainda, no âmbito dos programas executivos, não se avilta o espaço mínimo discricionário no estabelecimento de políticas públicas diversas. No entanto, a democracia, tal como se compreende como objetivo a ser alcançado e preservado nos modernos Estados constitucionais, admite mais, ou melhor, exige mesmo, nos Estados Democráticos de Direito, como o Brasil sob regência da Constituição Federal de 1988, considerado o largo catálogo de direitos fundamentais nela inscrito, muitas vezes constatados déficits de atendimento pelos canais competentes (legislativo e executivo), a expansão dos mecanismos pelos quais possa a comunidade, socialmente organizada, exercer na plenitude a sua soberania. Evidente que não se defende, conforme alhures destacado, o ativismo festivo da Corte, ainda que sob argumentos retóricos como o da guarda da Constituição, verdadeiros truísmos que no fundo esconde, por vezes, outros vieses de seus membros, mormente granjear a simpatia popular a qualquer custo (mesmo que seja, contraditoriamente, a própria democracia, potencializando a sensação de crise), inclusive alimentando ácidas discussões acadêmicas em sessões televisadas, e o pior, não raro incompreensíveis à maioria dos cidadãos. A própria democracia, nesses arroubos circunstanciais, encarrega-se de impor limites, uma vez que nenhum traço de representação legítima, por mais tênue que seja, emerge desses comportamentos ativistas, socialmente nocivos, calhando aqui as oportunas advertências de Streck (2009, p. 1-2), para quem

> [...]é preciso compreender que, nesta quadra da história, o direito assume um caráter hermenêutico, tendo como consequência um efetivo crescimento no grau de deslocamento do polo de tensão entre os poderes do Estado em direção à jurisdição (constitucional), pela impossibilidade de o legislativo (a lei) poder antever todas as hipóteses de aplicação. Na medida em que aumentam as demandas por direitos fundamentais e na medida que o constitucionalismo, a partir de preceitos e princípios, invade cada vez mais o espaço reservado à regulamentação legislativa (liberdade de conformação do legislador), cresce a necessidade de se colocar limites ao "poder hermenêutico" dos juízes[...].

Com efeito, embora o autor referido, quando se toma o conjunto de suas bem elaboradas argumentações doutrinárias, costume advertir para os perigos que essa expansão da ação judiciária, especialmente a jurisdição constitucional, pode representar para a democracia representativa, sobretudo quando tomada pelo parâmetro da discricionariedade intrinsecamente nociva das decisões, também reconhece, em outra obra, ser igualmente necessário "entender que, no estado democrático de Direito, cresce o grau de autonomia do direito, alcançado diante dos fracassos da falta de controle da e sobre a política" (2014, p. 401). Vale dizer, justamente nessa dimensão de direitos é que a soberania popular se projeta igualmente afirmativa, e se na arena majoritária da legislação ela se faz concreta pela via clássica, mormente pelo sufrágio universal periódico como signo mais evidenciado das democracias representativas, o apelo à jurisdição, notadamente massivo em tema de direitos fundamentais nos Estados Democráticos de Direito, significa uma legítima e autorizada concessão de representatividade por esses canais ampliados. Tudo isso se relaciona diretamente à titularidade do poder em mãos do povo, embora a questão, quando encarada sob o ângulo da igualdade concreta nos momentos de exercício desse poder, é interessante realçar que, segundo pondera Dworkin, não existe democracia conhecida que a assegure de forma plena no campo político. Assim, observa o filósofo e constitucionalista americano (2005, p. 31), que

> [...]essas imperfeições no caráter igualitário da democracia são bem conhecidas e, talvez, parcialmente irremediáveis. Devemos levá-la em conta ao julgar

quanto os cidadãos individualmente perdem de poder político sempre que uma questão sobre direitos individuais é tirada do legislativo e entregue aos tribunais. Alguns perdem mais que outros apenas porque têm mais a perder. Devemos também lembrar que alguns indivíduos ganham em poder político com essa transferência de atribuição institucional. Pois os indivíduos têm poderes na concepção de Estado de Direito centrada nos direitos, que não têm na concepção centrada na legislação. Eles têm o direito de exigir, como indivíduos, um julgamento específico acerca de seus direitos. Se seus direitos forem reconhecidos por um tribunal, esses direitos serão exercidos, a despeito do fato de nenhum Parlamento ter tido tempo ou vontade de impô-los[...].

O apelo à jurisdição, portanto, nesse contexto, particularmente a constitucional em ações diversas, pouco importando se coletivas ou individuais, insista-se, notadamente no campo dos direitos fundamentais, é também uma forma dos cidadãos se expressarem politicamente, reforçando o sentimento de participação popular no jogo democrático em mais uma arena, a qual, amparada nessa espécie de licença para uma função de representação adicional, legitima-se no exato instante em que assegura direitos que de uma forma ou outra foram sonegados por inação/ineficiência da atuação dos demais poderes da república. A democracia, assim, estando, segundo a sua moderna concepção, conceitualmente vinculada à ideia de Estado Democrático de Direito, a fim de que funcione em amplitude maximizada, reclama a outorga plena ou no mínimo satisfatória de direitos elencados na Constituição. Reitere-se, particularmente os direitos fundamentais, individuais ou coletivos, e isso não significa, absolutamente, a propósito de considerações anteriores na linha dos autores citados, a chancela de comportamentos meramente discricionários de juízes, e a tanto não escapam aqueles encarregados da jurisdição constitucional. Ao contrário, também aqui cabe reforçar, a Constituição, ela mesma como guardiã primeira da própria democracia, é que estabelece as balizas para uma atuação politicamente racional da jurisdição constitucional, segundo ocorre nos casos de insuficiência prestacional verificada em outras instâncias de poder, sendo isto o que Hart chama de discricionariedade legislativa limitada, a propósito da relação conflituosa com a teoria de Dworkin, anteriormente citado. Com efeito, sustenta Hart que pouco importando o tipo de sistema jurídico, sempre existirão casos não contemplados pela legislação, a respeito dos quais, por vezes, "o direito não pode fundamentar uma decisão em nenhum sentido, mostrando-se o direito, portanto, parcialmente indeterminado ou incompleto" (2009, p. 351).

Evidente que aqui não se defende, cumpre esclarecer em reforço, o protagonismo da jurisdição constitucional como salvação para todos os males que possam afligir a cidadania, sobretudo em uma sociedade complexa e plural como a brasileira, e que ela em si se baste como um mecanismo de garantia dos processos deliberativos democráticos. Calha aqui, por oportuno, a ponderação de Alexy, ao assentar que "se não mais existe o suficiente que quer a democracia, então ninguém pode salvá-la" (2015, p. 36), daí porque o que se sustenta nesse trabalho, ainda com o mesmo autor, é uma concepção racionalmente sustentável de se entender a jurisdição constitucional no sentido de uma legítima representação argumentativa dos cidadãos, o que não se confunde com ativismo judicial, absolutamente. Assim, se consideramos, hodiernamente, democracia, Constituição e Estado Democrático de Direito como acordes de uma mesma sinfonia, e o povo na regência da orquestra cidadã, há que se concluir, como o professor Haberle, pela existência de múltiplas vias de legitimação democrática, incluída a jurisdição constitucional, daí o sentido plural de uma sociedade aberta onde a democracia, segundo o jurista alemão, ela mesma

> [...]se desenvolve também por meios de formas refinadas de mediação do processo público e pluralista da política e da práxis cotidiana, especialmente mediante a realização dos Direitos Fundamentais (Grundrechtsverwirklichung), tema muitas vezes referido sob a epígrafe do aspecto democrático dos Direitos Fundamentais..." (1997, p. 36).

Assim, a jurisdição constitucional, arena na qual se manifestam as cortes constitucionais que são igualmente, não há negar, instituições políticas, constitui legítimo espaço democrático – ainda com Pogrebinschi – apto a "ampliar a representação política como expressão da vontade majoritária, concebendo novos arranjos institucionais para sua vocalização' (Op., cit., p. 10). Evidente que nessa elevada missão, delegada ou não pela soberania popular, e parece mesmo pouco importar a conceituação adotada, o Supremo Tribunal Federal, no caso brasileiro, não há de se conduzir, porque absolutamente ilegítimo, a propósito da advertência que fazem Figueiredo e Martins, como se fosse uma espécie de "constituinte derivado, capaz de gerar princípios, normas e regras novas, revogando aqueles que o legislador supremo, eleito pelo povo, houve por bem produzir"

(2012, p. 266). Longe disso, e se casuísmos circunstanciais podem levar a essa percepção, sobretudo nesses tempos atuais com transmissão direta, ao vivo e a cores de julgamentos diversos na Corte suprema do país, desde os mais frívolos aos mais importantes, de grande repercussão econômica e social, daí as tentações que as plateias provocam, há que se compreender que, conforme assevera Dias, "a judicialização da política representa uma espécie de participação popular através do direito" (2011, p. 35), fenômeno difícil de ser ignorado.

Eis a questão: é justamente pela busca da efetiva concreção de direitos, sobretudo direitos fundamentais, que a democracia encontra um meio ampliado de propagação dos seus postulados básicos, e quando a jurisdição constitucional é provocada nesse sentido, significa afirmar, ao contrário do que pondera Godoy, que o anseio popular foi, sim, plenamente vocalizado, inclusive por vias múltiplas de entidades legitimadas garantidas pela Constituição Federal. Assim, a decisão que daí decorre, na linha de sustentação do mesmo autor, a trato do constitucionalismo popular que defende, não pode ser encarada no sentido verticalizado autoritário, ao afirmar ele que "optar por um arranjo que exclua o povo desse processo de discussão e decisão é minar a democracia e comprometer a igualdade" (2017, p. 105). Ao contrário, conforme se sustenta nesse trabalho, o povo, não custa reiterar, titular único do poder, encontra na jurisdição constitucional um elo a mais em seus canais de representação para o exercício eficaz desse poder, ainda que se tenha como uma via indireta, a propósito do que Rosanvallon qualificou de revolução de legitimidade, baseada na reflexividade, vale dizer, a representatividade exercida pela Corte constitucional pelo que suas decisões, qualitativamente, repercutem na sociedade e são por ela absorvidas como igualmente legítimas. Assim, segundo o historiador francês, ao tratar dos modos de exercício do jogo democrático por esse ângulo diferenciado, expõe um deles por meio de figura simbólica que ele chama de democracia de apropriação, a par da tradicional representativa por identificação (transmissão de mandatos por meios de eleições periódicas de representantes). Com efeito, referindo-se a outros canais de manifestação popular, aduz (2009, p. 317-318) que

> [...]en el campo de las instituciones, es la funcion que cumplen los organismos de la democracia indirecta. Corresponden a otras expresiones de la generalidad social diferentes de las resultantes de las urnas. A distancia de la lógica mayoritaria, las autoridades

de control o regulación y las cortes constitucionales esbozan de esa forma, com otras, um nuevo horizonte de la vida democrática[...]

A democracia, assim tomada no sentido primário da representação popular potencializada, via jurisdição constitucional, afirma-se como modelo ideal mais resistente a crises episódicas, quaisquer que sejam os sistemas de governo considerados, notadamente no presidencialismo. No caso brasileiro, esse exercício de salvaguarda pela Corte Constitucional dos direitos fundamentais pode até mesmo representar, no plano da teoria do estado, elementos daquilo que Bruce Ackerman defende como a necessidade de se promover, modernamente, a nova divisão de poderes, destacando, nesse esforço, o poder supervisor da democracia (2007). Não no sentido da avocação pela jurisdição constitucional, pura e simplesmente, de poder típico na tarefa de produção formal do direito, embora, segundo pontua o professor Calléjon, ao menos na sua função tradicional de controle de constitucionalidade de normas, "pode-se afirmar que um de seus traços estruturais consiste na capacidade de inovação no ordenamento jurídico, na capacidade de criação do Direito" (2014, p. 88). Portanto, jurisdição constitucional e democracia podem ser enxergadas como faces de uma mesma moeda, e a tutela eficiente de direitos fundamentais legitima, mais ainda, o jogo democrático, obediente, claro, a limites racionais conformados na própria Constituição Federal, o que lhe confere, reitere-se, responsabilidade política. A tutela dos direitos fundamentais pela jurisdição constitucional, assim, dialoga com oportuna observação de Ayres Bitto, isso por estabelecer os contornos do verdadeiro Estado Democrático de Direito, vale dizer, o povo conquistando rumos ampliados de representação, panorama que "mais e mais serve de condição para que o Direito se caracterize também por uma vertente popular, de sorte a desenhar nos horizontes da História o altaneiro perfil da democracia substancial" (2003, p. 184).

Conclusões

Segundo o que foi exposto ao longo deste trabalho, partiu-se de uma premissa fundamental que repousa no valor inestimável da democracia para os povos e nações, daí a compreensão de que não se presta ela a monopólios institucionais no que diz respeito aos seus meios de atuação e instituições encarregadas da prática democrática, direta ou indiretamente. As Cortes

Constitucionais, sobretudo na era do constitucionalismo moderno, base de sustentação dos Estados Democráticos de Direito, assumiram um inequívoco caráter político no exercício da jurisdição que lhes comete a Lei Maior, e se não atuam de ofício, cabe o destaque de que os agentes legitimados para a provocação são primariamente dotados de representatividade popular, inclusive pelo voto (partidos políticos) e outros vários organismos da comunidade com plena e idêntica aptidão democrática. Democracia, assim, segundo os seus graus de intensidade, pode ser avaliada pelos resultados que as práticas institucionais oferecem ao conjunto da sociedade, e aí se inclui, destacadamente, a jurisdição constitucional, compartilhando responsabilidades políticas, diferentemente da arena exclusiva majoritária do voto popular, o que constitui, não há dúvida, reforço do jogo democrático.

Assim, a par da função típica de atuação contramajoritária da jurisdição constitucional, e no caso brasileiro, o papel de legislador negativo do Supremo Tribunal Federal como o signo de sua maior expressão, a Corte, força concluir, sobretudo quando atua na concretização de direitos fundamentais, assume plena representatividade que tem origem na mesma soberania popular. Trata-se de compreensão salutar dos benefícios propiciados por um regime autenticamente democrático, aberto e plural, livre de vieses reducionistas, não raro marcados por sectarismos ideológicos, sobre essa importante temática e apegados a clássicas conceituações já superadas no tempo, considerando que o povo, ele mesmo, provocando a jurisdição constitucional por ações múltiplas, individuais e coletivas, confere sinais inequívocos de se enxergar representado por roteiros institucionalmente ampliados.

Afirma-se sem assombro, consequentemente, que a jurisdição constitucional, atuando nos limites em que a Constituição Federal lhe outorga o caráter político racional de suas decisões, sobretudo o eixo estrutural da separação de poderes em qualquer democracia, deles não pode se afastar mercê de incorrer em ativismo nocivo, panfletário e antidemocrático, exerce legítima função de representação popular expandida, e mais enfaticamente no campo dos direitos fundamentais. Nesse cenário socialmente preferido, considerados os sistemas modernos de governo, o remédio para crises circunstanciais da democracia é inocular mais democracia no ambiente institucional do país, ousando na busca de novas fronteiras que representem o alargamento da participação popular, não apenas restrito a sufrágios universais periódicos. Todo ambiente de crise, pouco importando a amplitude em que se verifique, até mesmo no contexto de nações na relação entre poderes constituídos, reclama dos atores políticos a adoção de posturas democraticamente reflexivas, exigindo o exercício crítico do peso e da contribuição que a jurisdição constitucional, quando da tutela dos direitos fundamentais, oferece em momentos de instabilidade democrática, por vezes riscos graves para a própria sobrevivência da democracia. O panorama do Brasil dos tempos atuais, imerso em ambiente de fortes tensões institucionais, sobretudo na relação governo/parlamento impulsionada por atritos ideológicos extremos, mais do que nunca aponta na direção da Constituição Federal como o repositório incontornável das soluções e alternativas democraticamente legítimas em momentos de crise. Numa palavra, a provocação massiva da jurisdição constitucional para a tutela de direitos fundamentais, individuais ou coletivos, longe de se configurar como empecilho, significa, contrariamente, valioso instrumento de prevenção, superação, ou, quando menos, mitigação de crises democráticas episódicas, um fator institucionalmente aglutinador das soluções para os rumos do país, mediante o aceno para o diálogo e o fortalecimento da operosidade no exercício de funções dos demais poderes da república.

Referências

ABBOUD, Georges. Processo Constitucional Brasileiro, Revista dos Tribunais, São Paulo, 2016.

ACKERMAN, B. La Nueva División de Poderes, Fondo de Cultura Económica, Cidade do México, 2007, tradução para o espanhol de José Manuel Salazar.

ALEXY, Robert. Constitucionalismo Discursivo, Editora Livraria do Advogado, Porto Alegre, 4ª ed., 2015, tradução de Luís Afonso Heck.

BRANDÃO, Rodrigo. Supremacia Judicial versus Diálogos Constitucionais, Editora Lumen Juris, Rio de Janeiro, 2ª ed., 2017.

BRITTO, Carlos A. Teoria da Constituição, Editora Forense, Rio de Janeiro, 2003.

CALLEJÓN, Francisco B. A Projeção da Constituição sobre o Ordenamento Jurídico, Saraiva, São Paulo, 2014, tradução de Paulo Roberto Barbosa Ramos.

CAPPELLETTI, Mauro. Juízes Legisladores?, Sérgio Antônio Fabris Editor, Porto Alegre, 1993, tradução de Carlos Alberto Álvaro de Oliveira.

DAHL, Robert A. Sobre a Democracia, Editora UnB, Brasília, 2ª reimpressão, 2016, tradução de Beatriz Sidou.

DIAS, Bárbara L. da C. V. Direito e Democracia: Estudos Sobre o Ativismo Judicial, Editora Método, São Paulo, 2011.

DWORKIN, Ronald. Uma Questão de Princípio, Martins Fontes, São Paulo, 2005, tradução de Luís Carlos Borges.

FIGUEIREDO, Celso H. C. de. MARTINS, Ives G. da S. Jurisdição Constitucional, Democracia e Direitos Fundamentais: O Protagonismo do Pretório Excelso, Editora JusPODIVM, Salvador, 2012, coordenação de George S. Leite e Ingo W. Sarlet.

GODOY, Migual Gualano de. Devolver a Constituição ao Povo: Crítica à Supremacia Judicial e Diálogos Institucionais, Fórum Conhecimento Jurídico, Belo Horizonte, 2017.

HABERLE, Peter. A Sociedade Aberta dos Intérpretes da Constituição: contribuição para a interpretação pluralista e "procedimental" da Constituição, Sérgio Antônio Fabris Editor, Porto Alegre, 1997, tradução de Gilmar Ferreira Mendes.

HART, H. L. A. O Conceito de Direito, Editora WMF Martins Fontes, São Paulo, 2009, tradução de Antônio de Oliveira Sette-Câmara.

HESSE, Konrad. A Força Normativa da Constituição, Sérgio Antônio Fabris Editor, Porto Alegre, 1991, tradução de Gilmar Ferreira Mendes.

KELSEN, Hans. Jurisdição Constitucional, Martins Fontes, São Paulo, 2003, tradução do alemão de Alexandre Krug.

LUHMANN, Niklas. Sistemas Sociais: Esboço de uma Teoria Geral, Editora Vozes, Rio de Janeiro, 2016, tradução de Antônio C. Luz Costa, Marco Antônio dos Santos Casanova e Roberto Dutra Torres Junior.

POGREBINSCHI, Thamy. Judicialização ou Representação?, Elsevier, Rio de Janeiro, 2011.

RAWLS, John. Uma Teoria da Justiça, Martins Fontes, São Paulo, 4ª ed., 2016, tradução de Jussara Simões.

ROSANVALLON, Pierre. La Legitimidad Democrática: Imparcialidad, Reflexividad, Proximidad, Manantial, Buenos Aires, 1ª ed., 2009, tradução para o espanhol de Heber Cardoso.

SANTOS, Boaventura de S. Para uma Revolução Democrática da Justiça, Cortez Editora, São Paulo, 3ª ed., 2011.

STRECK, Lenio Luiz. Verdade e Consenso: Constituição, Hermenêutica e Teorias Discursivas; da possibilidade à necessidade de respostas corretas em Direito, Lumen Juris Editora, Rio de Janeiro, 3ª ed., 2009.

STRECK, Lenio Luiz. Hermenêutica Jurídica e(m) Crise: uma exploração hermenêutica da construção do Direito, Livraria do Advogado Editora, Porto Alegre, 11ª ed., 2014.

WALDRON, Jeremy. A Dignidade da Legislação, Martins Fontes, São Paulo, 2003, tradução de Luís Carlos Borges.

2
As Concessões Públicas para a Garantia do Direito Social ao Transporte Público no Brasil

Daniel Marçoni Santos Silva

Introdução

Com a promulgação da Emenda Constitucional nº 90, em 15 de setembro de 2015, o constituinte derivado introduziu no rol do art. 6º da Constituição Federal, o direito social ao transporte.

Para além de sua simples positivação, o direito social ao transporte assume relevância histórica frente à tomada do espaço público pelas manifestações ocorridas em 2013, que reivindicavam, além do fim da corrupção no Brasil, demandas por serviços públicos de qualidade, da garantia dos direitos sociais à saúde, educação e segurança. A conflagração popular se espalhou por todo o Brasil, iniciou-se em torno da temática do transporte público, em especial, contrato o aumento do valor da tarifa do transporte, sem melhora da qualidade do serviço.[1]

O direito ao transporte público efetiva a fruição pelos cidadãos de outros direitos fundamentais, tais como o direito ao trabalho, educação, saúde, dentre outros considerados essenciais, tornando-se salvaguarda do exercício pleno de tais direitos fundamentais. Assim, a garantia ao acesso,

---

[1] **Em dia de maior mobilização, protestos levam mais de 1 milhão de pessoas às ruas no Brasil.** UOL Notícias. Disponível em: <https://noticias.uol.com.br/cotidiano/ultimas-noticias/2013/06/20/em-dia-de-maior-mobilizacao-protestos-levam-centenas-de-milhares-as-ruas-no-brasil.htm>. Acesso em: 16 de outubro de 2019.

O DIREITO ADMINISTRATIVO SOCIAL E ECONÔMICO

sem distinções e preterições, ao transporte público impõe a Administração Pública o dever de provê-lo ou garanti-lo de forma a sua concretização, diretamente ou indiretamente, na forma do art. 175, da Constituição Federal, isto é, diretamente por seus agentes públicos ou por meio de parcerias com a iniciativa privada.

Diante do dever constitucional de efetivação do direito fundamental social ao transporte público e das modelagens jurídicas possíveis para realização de parcerias no setor, Lei das Concessões (Lei nº 8.987/95) e Lei das Parcerias Público-Privadas (Lei nº 11.079/2004), pretende-se estudar aquelas que podem (ou são) ser utilizadas pelo Poder Público como forma de garantir a prestação material concretizadora do direito social ao transporte público no Brasil.

Em que pese a relevância da análise quanto à infraestrutura rodoviária, ferroviária, aeroportuária e portuária, o presente estudo se deteve em verificar quais as parcerias realizadas para prestação de serviço público na área de transporte público coletivo de passageiros.

A metodologia utilizada alicerça-se na pesquisa bibliográfica, estudo de casos e experiências concretas, focando-se a análise do tema em torno das parcerias feitas pela Administração Pública para concretização do transporte público no Brasil.

O presente texto foi dividido em quatro seções, contendo além desta introdução e da conclusão do texto, a segunda seção que tratou da fundamentalidade dos direitos sociais no Estado de Direito democrático e social, e a terceira que identificou as parcerias públicas tradicionalmente utilizadas pela Administração Pública como forma de garantir a fruição pelos cidadãos do transporte público no Brasil.

1. O Direito Fundamental Social ao Transporte Público
Para tratar-se de forma satisfatória do direito fundamental social ao transporte público, em especial o transporte público coletivo de passageiros, necessário entender, em um primeiro momento, como se deu o surgimento do perfil social no então Estado autoritário liberal, isto é, como se deu a chamada viragem social do Estado de Direito,[2] para depois compreender-se que a fundamentalidade do direito ao transporte impõe a Administração

---

[2] BITENCOURT NETO, Eurico. **Concertação administrativa interorgânica:** direito administrativo e organização no Século XXI. São Paulo: Almedina, 2017, p. 63.

Pública o dever de garantir sua efetivação e o acesso igualitário aos meios de transporte, haja vista ser essa a razão de ser do Estado de Direito social.

1.1. Constitucionalização dos direitos sociais

Pontes de Miranda escreveu em sua obra intitulada *Democracia, Liberdade, Igualdade:* os três caminhos, que a desigualdade humana acarretou nos indivíduos misérias das mais diversas em um mundo adverso; misérias que não poderiam ser dirimidas de forma instantânea, por decreto, visto que a "[...] igualdade tem de ser recriada. Nesse recriar a igualdade, há toda uma política de plano, de meios e de ação". [3]

Mesmo em outro contexto de sociedade e de ordenamento constitucional, o autor registra que tanto os direitos às prestações negativas (direitos de liberdade), quanto os direitos às prestações positivas pelo Estado (direitos prestacionais), seriam sociais, sendo esse novo direito fruto da necessária superação das desigualdades materiais entre os homens, gerado pelo anseio generalizado por transformações capazes de superar as contradições existentes.[4]

Não se pode, portanto, desassociar a viragem social do Estado de Direito[5] do caráter revolucionário dos então chamados novos direitos do homem, que nasceram da luta por emancipação social com vistas à superação do Estado Liberal que não mais correspondia aos anseios da sociedade por uma verdadeira liberdade humana.[6]

O marco histórico importantíssimo da tentativa de efetivação desses anseios foi a constitucionalização dos direitos sociais pela Constituição do México (1917), seguida pela Constituição de Weimar (1919). Entretanto, essa busca pela concretização dos direitos fundamentais sociais, só ocorreu após a edição das Constituições europeias com o fim da segunda grande guerra.[7]

É que a constitucionalização dos direitos sociais pelas Constituições mexicana e alemã no início do século XX, não foi capaz de fazer emergir a

---

[3] PONTES DE MIRANDA, Francisco Cavalcanti. **Democracia, liberdade, igualdade:** os três caminhos. 2. ed. São Paulo: Saraiva, 1979, p. 489.

[4] Ibid, p. 490.

[5] BITENCOURT NETO, Eurico. **Concertação administrativa interorgânica:** direito administrativo e organização no Século XXI. São Paulo: Almedina, 2017, p. 63.

[6] Ibid, p. 62.

[7] Ibid, p. 62.

sua época, Estado organizado em torno de um modelo garantidor da efetividade de direitos sociais,[8] emergindo, em verdade, Estados ditatoriais que ameaçaram o mundo e devastaram boa parte do continente europeu. Tal realidade não foi diferente no Brasil.

No caso brasileiro, os direitos sociais foram constitucionalizados anos depois, precisamente com a Constituição de 1934, após tentativa de institucionalização da democracia de massas nos anos que sucederam a revolução liderada por Getúlio Vargas em 1930, iniciando a constitucionalização de um novo Estado nacional, com a construção de um aparelho burocrático administrativo, centralizado e unificado em torno do poder estatal, que estatizou as relações sociais, intervindo ativamente na economia, etc.[9]

Não obstante, esse novo Estado nacional tenha sido marco temporal significativo para os direitos sociais, apenas com a Constituição de 1988 o Estado brasileiro se comprometeu de fato com a busca pela mitigação das desigualdades sociais. Foi com a Constituição de 1988 que a viragem social do Estado se deu de forma mais efetiva, sendo um dos marcos institucionais e fundamentais da República Federativa do Brasil, como se depreende da leitura do art. 3º, III, da CR/88, que informa que os objetivos fundamentais da República Federativa são "[...] erradicar a pobreza e a marginalização e reduzir as desigualdades sociais e regionais".[10]

Contudo, mesmo diante de todas as possíveis contradições existentes após o início da constitucionalização dos direitos sociais, a inclusão dos direitos sociais nas Constituições modernas significou a superação de um modelo de Estado que para além de garantir a liberdade dos indivíduos, passa a ser garantidor e executor de direitos prestacionais.

1.2. O Marco da Socialidade no Estado de Direito Contemporâneo e os Direitos Fundamentais Sociais

A busca pela igualdade social no paradigma do Estado após Constituição de 1988, impõe o reconhecimento do dever estatal de garantia da efeti-

---

[8] Ibid, p. 63.

[9] BERCOVICI, Gilberto. **Tentativa de Instituição da Democracia de Massas no Brasil:** Instabilidade Constitucional e Direitos Sociais na Era Vargas (1930-1964). In: SOUZA NETO, Cláudio Pereira de; SARMENTO, Daniel. (coord.). Direitos Sociais Fundamentos, Judicialização e Direitos Sociais em Espécie. Rio de Janeiro: Editora Lumen Juris, 2008, p. 25-27.

[10] BRASIL. Constituição da República Federativa do Brasil de 1988. Brasília/DF, out 1988. Disponível em: <http://www.planalto.gov.br/ccivil_03/constituicao/constituicao.htm>. Acesso em: 29out. 2018.

vação da liberdade material aos indivíduos, superando a liberdade formal do Estado liberal,[11] isto é, cabe ao Estado garantir a execução de políticas públicas voltadas à consecução dos direitos sociais, uma vez que a busca pela efetivação desses direitos é a razão de ser desse modelo de Estado de Direito democrático e social.

Nesse sentido, o chamado princípio da socialidade,[12] expõe que as razões de existir do Estado de Direito democrático e social é, justamente, garantir a preservação de recursos materiais mínimos para assegurar a dignidade da pessoa humana e a redistribuição equitativa de recursos pelo Estado em busca do equilíbrio social.

> No Estado de Direito democrático e social, a ideia de igualdade é infor-
> mada pela socialidade, no sentido de que passa a postular uma igualdade mate-
> rial ou real, o que pressupõe dois dados fundamentais: de um lado, abandona
> a concepção abstrata dos indivíduos para partir do homem concretamente
> considerado, com suas insuficiências e necessidades materiais. De outro lado,
> reconhece a incapacidade de a sociedade e o mercado, por si, enfrentarem
> satisfatoriamente a questão social.[13]

O princípio da socialidade direciona o agir estatal na busca constante pela superação das desigualdades sociais, em respeito ao princípio da dignidade da pessoa humana e da solidariedade social. Logo, organiza as relações sociais na dimensão da dignidade humana e enumera as prioridades estatais, tais como o "[...] direcionamento de recursos e esforços públicos e, portanto, de toda a sociedade, para a superação de hipossuficiências e a mitigação de desigualdades, tendo em conta o presente e o futuro."[14]

Dessa forma, o Estado de Direito Social deve buscar a satisfação dos direitos fundamentais dos indivíduos, não apenas garantindo que sejam livres para buscá-los, mas sim, assegurando que todos tenham condições iguais de alcançá-los, vez que todos os cidadãos detêm direitos subjetivos

---

[11] GRIMM, Dieter. **Constitucionalismo y derechos fundamentales**. p. 186-187 *apud* BITEN-COURT NETO, Eurico. Concertação administrativa interorgânica: direito administrativo e organização no Século XXI, São Paulo: Almedina, 2017, 186-187.

[12] BITENCOURT NETO, Eurico. **Concertação administrativa interorgânica**: direito administrativo e organização no Século XXI. São Paulo: Almedina, 2017, p. 99.

[13] Ibid, p. 99.

[14] Ibid, p. 100.

a prestações estatais, prestações voltadas à garantia do mínimo existencial aos indivíduos.

A consideração em torno da subjetividade dos direitos fundamentais a prestações estatais, reforça o entendimento a respeito do dever da Administração Pública na busca da efetivação desses direitos, não sendo possível considerá-los apenas normas de direito programáticas[15] dependentes de limites materiais, pois "[...] todas as normas consagradoras de direitos fundamentais são dotadas de eficácia e, em certa medida, diretamente aplicáveis já ao nível da Constituição e independentemente de intermediação legislativa".[16]

Isto é, "os direitos fundamentais a prestações são inequivocamente autênticos direitos fundamentais, constituindo (justamente em razão disto) direito imediatamente aplicável, nos termos do disposto no art. 5º, §1º, de nossa Constituição."[17]

Partindo desse pressuposto, após a promulgação da Constituição da República de 1988, é dever do Estado de Direito contemporâneo brasileiro executar políticas públicas de desenvolvimento social igualitário, criando, consequentemente, um Estado de direitos fundamentais, independentemente dos limites materiais (orçamentários e financeiros) para que o Estado atenda os anseios sociais, não há limite para o gozo desses direitos pelos cidadãos, sendo verdadeiros direitos subjetivos desses, uma vez que são direitos derivados dos princípios da igualdade e dignidade da pessoa humana.

Nesse sentido, o Estado contemporâneo, além de responsável pelas prestações que assegurem a efetivação dos direitos fundamentais, é garantidor do bem-estar social diante de dificuldades conjunturais e estruturais. Isto porque, mesmo que a Administração Pública opte por realizar parcerias com o parceiro privado para garantir o acesso aos serviços públicos essenciais, o Estado não se isenta da responsabilidade por sua prestação efetiva e adequada aos cidadãos, devendo garantir a satisfação e respeito aos princípios da igualdade e dignidade da pessoa humana.[18]

---

[15] SARLET, Ingo Wolfgang. **A eficácia dos direitos fundamentais**: uma teoria geral dos direitos fundamentais na perspectiva constitucional. 12 ed. Porto Alegre: Livraria do Advogado, 2015, p. 300.

[16] Ibid, p. 302.

[17] Ibid, p. 289.

[18] BITENCOURT NETO, Eurico. **Concertação administrativa interorgânica**: direito administrativo e organização no Século XXI. São Paulo: Almedina, 2017, p. 108.

Deste modo, os entes estatais devem assumir primazia quando da prestação dos direitos sociais mesmo quando prestadas pelos particulares, devendo garantir sua execução efetiva e adequada, fiscalizando as atividades, assumindo seu caráter de Administração Pública garantidora, logo, de Estado garantidor.

O entendimento a respeito do caráter garantidor do Estado e da fundamentalidade dos direitos prestacionais é de extrema importância nos dias atuais, onde a escassez de recursos públicos acarreta a redução de investimentos em áreas essenciais, tal como a social, o que acaba relegando a efetivação dos direitos sociais, fato que não condiz com os preceitos constitucionais fundantes da República de redução das desigualdades sociais, de construção de uma sociedade livre, justa e solidária, suscitando a busca constante pelo aprimoramento da relação entre Administração e os parceiros privados, contribuindo com investimentos necessários para o desenvolvimento estável do país.

Portanto, a constitucionalização dos direitos sociais no Brasil representou o reconhecimento da sua condição de direitos subjetivos e, portanto, exigíveis pelos cidadãos, cabendo ao Estado prestar ou garantir sua efetivação por meio de políticas públicas ou parcerias adequadas e voltadas à preservação dos direitos fundamentais sociais.

1.3. O Dever Estatal de Efetivação do Direito Social ao Transporte Público

A fundamentalidade dos direitos prestacionais e sua autoaplicabilidade no contexto do Estado de Direito democrático e social, reflete a impossibilidade de negação da normatividade de tais direitos, visto que a constitucionalização dos direitos sociais sempre estarão aptos a gerar efeitos jurídicos.[19]

Quanto ao regime-constitucional dos direitos fundamentais, importa (re)afirmar que os direitos prestacionais não podem ser desassociados dos direitos fundamentais no Estado brasileiro após Constituição da República de 1988, vez que sendo os direitos sociais verdadeiros direitos subjetivos a prestações estatais, permitem o exercício efetivo da liberdade enquanto garantia da igualdade de oportunidades e mínimo existencial.[20]

---

[19] SARLET, Ingo Wolfgang. **A eficácia dos direitos fundamentais**: uma teoria geral dos direitos fundamentais na perspectiva constitucional. 12 ed. Porto Alegre: Livraria do Advogado, 2015, p. 289.

[20] Ibid, p. 310.

O DIREITO ADMINISTRATIVO SOCIAL E ECONÔMICO

No tocante ao direito social ao transporte, no ano de 2011, a Deputada Federal Luiza Erundina, responsável pela apresentação da PEC nº 90/2011 – transformada na Emenda Constitucional nº 90/2015, aprovada e promulgada, continha a seguinte justificativa:

> A presente Proposta de Emenda à Constituição – PEC pretende acrescer o transporte ao rol dos direitos fundamentais, mediante sua inclusão entre aqueles direitos elencados no mencionado artigo 6º da Constituição Federal.
>
> Esse artigo enumera aspectos relevantes da vida em sociedade. Educação, saúde, trabalho, dentre outros, são elementos centrais de políticas públicas necessárias ao alcance de uma coletividade que prime pela justa, garantia do desenvolvimento, erradicação da pobreza e promoção do bem comum, conforme preceitua o artigo 3°, também da Carta Magna.
>
> Vetor de desenvolvimento relacionado à produtividade e à qualidade de vida da população, sobretudo do contingente urbano, o transporte destaca-se na sociedade moderna pela relação com a mobilidade das pessoas, a oferta e o acesso aos bens e serviços. Como é de amplo conhecimento, a economia de qualquer país fundamenta-se na produção e no consumo de bens e serviços, como também no deslocamento das pessoas, ações que são mediadas pelo transporte.
>
> Desse modo, o transporte, notadamente o público, cumpre função social vital, uma vez que o maior ou menor acesso aos meios de transporte pode tornar-se determinante à própria emancipação social e o bem-estar daqueles segmentos que não possuem meios próprios de locomoção.
>
> Portanto, a evidente importância do transporte para o dinamismo da sociedade qualifica sua aposição na relação dos direitos sociais expressos no art. 6º da Constituição.[21]

A inclusão do transporte no rol do artigo 6º da CR/88, por meio da Emenda Constitucional nº 90, de 2015, trouxe a fundamentalidade necessária para consolidar a pretensão antes verificada no próprio texto constitucional, na qual o direito ao transporte, especialmente o transporte público coletivo, aparece como meio a concretização de outros direitos

---

[21] BRASIL. **Proposta de Emenda à Constituição nº 90/2011**. Brasília, DF: Câmara dos Deputados. Disponível em<http://www.camara.gov.br/proposicoesWeb/prop_mostrarinte gra;jsessionid=5561CAAA45BC9D1A6A67420E43EEAC7F.proposicoesWebExternol?codt eor=925887&filename=Tramitacao-PEC+90/2011>. Acesso em 09 de nov. 2018.

fundamentais, tais como o direito ao trabalho urbano ou rural digno, ao acesso à educação, saúde, cultura, lazer, convívio familiar, etc., além da garantia a inclusão de pessoas com deficiências. Conforme se depreende da leitura dos arts. 7º, IV; 208, VII; 227, §2º; 230, §2º; e 244, da Constituição da República.[22]

Há também no texto constitucional o art. 21, inciso XII,[23] que dispõe competir a União explorar, diretamente ou mediante autorização, concessão ou permissão a navegação aérea, aeroespacial e a infraestrutura aeroportuária; os serviços de transporte ferroviário e aquaviário entre portos brasileiros e fronteiras nacionais, ou que transponham os limites de Estado ou Território; e os serviços de transporte rodoviário interestadual

---

[22] Art. 7º São direitos dos trabalhadores urbanos e rurais, além de outros que visem à melhoria de sua condição social: [...]
IV – salário mínimo, fixado em lei, nacionalmente unificado, capaz de atender a suas necessidades vitais básicas e às de sua família com moradia, alimentação, educação, saúde, lazer, vestuário, higiene, transporte e previdência social, com reajustes periódicos que lhe preservem o poder aquisitivo, sendo vedada sua vinculação para qualquer fim.
Art. 208. O dever do Estado com a educação será efetivado mediante a garantia de: [...]
VII – atendimento ao educando, em todas as etapas da educação básica, por meio de programas suplementares de material didáticoescolar, transporte, alimentação e assistência à saúde.
Art. 227. É dever da família, da sociedade e do Estado assegurar à criança, ao adolescente e ao jovem, com absoluta prioridade, o direito à vida, à saúde, à alimentação, à educação, ao lazer, à profissionalização, à cultura, à dignidade, ao respeito, à liberdade e à convivência familiar e comunitária, além de colocá-los a salvo de toda forma de negligência, discriminação, exploração, violência, crueldade e opressão. [...]
§ 2º A lei disporá sobre normas de construção dos logradouros e dos edifícios de uso público e de fabricação de veículos de transporte coletivo, a fim de garantir acesso adequado às pessoas portadoras de deficiência.
Art. 230. A família, a sociedade e o Estado têm o dever de amparar as pessoas idosas, assegurando sua participação na comunidade, defendendo sua dignidade e bem-estar e garantindo-lhes o direito à vida. [...]
§ 2º Aos maiores de sessenta e cinco anos é garantida a gratuidade dos transportes coletivos urbanos.
Art. 244. A lei disporá sobre a adaptação dos logradouros, dos edifícios de uso público e dos veículos de transporte coletivo atualmente existentes a fim de garantir acesso adequado às pessoas portadoras de deficiência, conforme o disposto no art. 227, § 2º. BRASIL. **Constituição da República Federativa do Brasil de 1988**. Brasília/DF, out 1988. Disponível em: <http://www.planalto.gov.br/ccivil_03/constituicao/constituicao.htm>. Acesso em: 08 nov. 2018.
[23] BRASIL. **Constituição da República Federativa do Brasil de 1988**. Brasília/DF, out 1988. Disponível em: <http://www.planalto.gov.br/ccivil_03/constituicao/constituicao.htm>. Acesso em: 19 out. 2019.

e internacional de passageiros; os portos marítimos, fluviais e lacustres, competindo aos municípios, nos termos do art. 30, V, da CR/88,[24] organizar e prestar, diretamente ou sob regime de concessão ou permissão, os serviços públicos de interesse local, incluído o de transporte coletivo, que tem caráter essencial, sendo de responsabilidade dos Estados-membros os demais serviços de transportes inseridos em sua competência residual.

Assim, "a legislação sobre transporte terrestre de passageiros pode ser federal, estadual ou municipal, conforme diga respeito respectivamente a deslocamentos interestaduais ou internacionais, intermunicipais, ou no interior de um único município".[25]

Apesar da relevância do estudo em torno da infraestrutura de transporte público rodoviária, ferroviária, aeroportuária e portuária, a presente perquirição ocupou-se das parcerias realizadas para prestação de serviço público na área de transporte público coletivo de passageiros.

Nesse contexto, a mobilidade urbana, antes mesmo da promulgação da referida Emenda Constitucional nº 90/2015, já havia sido disciplinada pelo legislador infraconstitucional na Lei nº 12.587/2012,[26] que instituiu as diretrizes da Política Nacional de Mobilidade Urbana, de que trata o inciso XX, do art. 21 e o art. 182, da Constituição Federal, marco relevante para concretização do dever estatal de viabilizar políticas urbanas capazes de garantir a efetivação e eficiência ao acesso universal às cidades, objetivando a integração entre os diferentes modos de transporte e a melhoria da acessibilidade e mobilidade das pessoas e cargas no território.[27] Além do mais, "O transporte coletivo de passageiros também apresenta benefícios associados às economias de redes, exigindo oferta contínua às áreas periféricas e tarifas módicas (ou subsídios) para os usuários mais podres".[28]

---

[24] BRASIL. **Constituição da República Federativa do Brasil de 1988**. Brasília/DF, out 1988. Disponível em: <http://www.planalto.gov.br/ccivil_03/constituicao/constituicao.htm>. Acesso em: 19 out. 2019.

[25] ARAGÃO, Alexandre Santos de. **Direito dos serviços públicos.** 4 ed. Belo Horizonte: Fórum, 2017, p. 226.

[26] BRASIL. **Lei nº 12.587 de 03 de janeiro de 2012**. Brasília/DF, jan 2012. Disponível em: <http://www.planalto.gov.br/ccivil_03/_Ato2011-2014/2012/Lei/L12587.htm>. Acesso em: 08 nov. 2018.

[27] BRASIL. **Lei nº 12.587 de 03 de janeiro de 2012**. Brasília/DF, jan 2012. Disponível em: <http://www.planalto.gov.br/ccivil_03/_Ato2011-2014/2012/Lei/L12587.htm>. Acesso em: 19 nov. 2019.

[28] ARAGÃO, Alexandre Santos de. **Direito dos serviços públicos.** 4 ed. Belo Horizonte: Fórum, 2017, p. 226.

Não poderia ser diferente, visto que o Estatuto das Cidades, Lei Federal nº 10.257, de 10 de julho de 2001, regulamentou os arts. 182 e 183 da Constituição Federal, estabelecendo diretrizes gerais da política urbana, estipulando deveres a União, Estados-membros, Distrito Federal e Municípios quanto à regulamentação da política urbana a serem adotadas nas cidades. Consta da norma, após modificação introduzida pela Lei nº 13.146/2015, que compete à União entre outras atribuições: "[...] instituir diretrizes para desenvolvimento urbano, inclusive habitação, saneamento básico, transporte e mobilidade urbana, que incluam regras de acessibilidade aos locais de uso público" (art. 3º, IV, da Lei nº 10.257/2001).[29]

Percebe-se, portanto, que o intuito da inclusão do transporte no rol dos direitos fundamentais sociais é justamente garantir o desenvolvimento social com a diminuição das desigualdades sociais e regionais, assegurando o encargo estatal de executar políticas públicas voltadas à efetivação da mobilidade dos cidadãos como forma de acesso a bens e serviços essenciais a sua existência.

Não se pode ignorar que tanto o constituinte originário, quanto o constituinte derivado e os legisladores infraconstitucionais, reconheceram o caráter fundamental do direito ao transporte, sendo certo que o desenvolvimento social, com respeito à igualdade, sociabilidade e dignidade da pessoa humana, passa pela melhoria da acessibilidade e mobilidade das pessoas, que só será alcançada com o investimento público ou privado nas áreas do transporte público.

Dessa forma, para concretização das funções precípuos do Estado de Direito democrático e social, o Poder Público deve buscar alternativas para o desenvolvimento social com garantia de acesso igualitário dos cidadãos aos meios de transporte público, devendo promover diretamente por seus agentes públicos ou garantir sua execução mediante parcerias com a iniciativa privada.

2. As Parcerias da Administração Pública para Garantia do Direito Fundamental Social ao Transporte Público

Sustentou-se até aqui que o Poder Público deve garantir a prestação do serviço de transporte público diretamente por seus próprios meios ou

---

[29] BRASIL. **Lei nº 10.257, de 10 de julho de 2001**. Brasília/DF, jan 2012. Disponível em: <http://www.planalto.gov.br/ccivil_03/leis/leis_2001/l10257.htm>. Acesso em: 19 nov. 2019.

indiretamente mediante a celebração de parceiras com o parceiro privado, tendo como base a fundamentalidade e autoaplicabilidade dos direitos sociais. Entretanto, é importante afastar-se qualquer confusão em torno do conceito de parceria para a doutrina do direito administrativo, tendo em vista sua importância.

Desse modo, em um sentido amplo, o vocábulo parceria deve ser entendido como todo e qualquer ajuste realizado entre a Administração e o particular para alcançar fins de interesse público.[30]

As parcerias celebradas pela Administração significaram, ao longo da história, alternativa viável para se garantir a regularidade da prestação dos serviços públicos essenciais, efetivando-se por diversos instrumentos e regimes jurídicos.[31]

A delegação de serviços públicos, o fomento realizado pelo Poder Público, a cooperação entre Administração, mercado e entidades sem fins lucrativos, e a desburocratização da Administração, por meio de contratos de gestão,[32] servem de instrumento para a execução de atividades de interesse público, originalmente, de responsabilidade do Poder Público ou que deseje desenvolver em prol do interesse coletivo.

Dentre as parcerias celebradas pela Administração, o presente estudo se deteve as concessões, em especial, a concessão de serviço público e concessão patrocinada, por ser o transporte público coletivo de passageiros, serviço público de titularidade do ente público local, por atribuição expressa do constituinte originário que "atribuiu aos municípios competência para organizar e prestar, diretamente ou sob regime de concessão ou permissão, os serviços públicos de interesse local, incluído o de transporte coletivo, ao qual a Constituição atribuiu caráter essencial".[33]

A qualificação jurídica de determinada atividade como serviço público, dependerá da coesão social e geográfica de determinado local e de quanto a atividade contribuiu para a dignidade dos cidadãos,[34] constituindo "[...] prestações sem as quais, em determinada cultura, as pessoas se veem des-

---

[30] DI PIETRO, Maria Sylvia Zanella. **Parcerias na administração Pública**. 11 Ed. Rio de Janeiro: Forense, 2017, p. 77.

[31] Ibid., p. 26.

[32] Ibid., p. 26-27.

[33] ARAGÃO, Alexandre Santos de. **Direito dos serviços públicos.** 4 ed. Belo Horizonte: Fórum, 2017, p. 226.

[34] Ibid., p.401.

AS CONCESSÕES PÚBLICAS PARA A GARANTIA DO DIREITO SOCIAL AO TRANSPORTE...

vestidas daquele mínimo que se requer para a viabilização adequada de suas vidas".[35]

Nesse sentido, o instituto da concessão mereceu destaque no texto constitucional, sendo ao lado da permissão de serviços públicos, forma originária de delegação das atividades de responsabilidade da Administração aos particulares, nos termos do art. 175, da Constituição da República que incumbiu ao Poder Público a prestação dos serviços públicos, diretamente ou mediante concessão ou permissão, na forma da lei.[36]

A conceituação de parceria proposta acima, bem como a análise condizente ao dever estatal de garantir a prestação dos direitos fundamentais sociais, especialmente, o transporte público nas cidades, importa, primeiramente, conceituar o vocábulo concessão, em sentido amplo:

> O vocábulo concessão, no direito administrativo, costuma ser utilizado em diferentes sentidos, porque pode ter diversos objetivos, como a delegação da execução ser serviço público ao particular (concessão de serviço público, agora, também sob a forma de concessão patrocinada), a delegação da execução de obra pública (concessão de obra pública), a utilização de bem público por particular, com ou sem possibilidade de exploração comercial (concessão de uso, concessão de direito real de uso, concessão de uso para fins de moradia, concessão para exploração de minas e jazidas), concessão para prestação de serviços à Administração, acompanhada ou não da execução de obra ou fornecimento e instalação de bens (concessão administrativa).[37]

Em seguida, importa ao serviço público de transporte público coletivo de passageiros, especialmente, duas concessões, a concessão de serviço público e a concessão patrocinada (parceria público-privada).

2.1. Concessão de Serviços Públicos

A concessão de serviço público, também chamada de comum ou tradicional, é o instituto pelo qual o Estado atribui o exercício de serviço público ao particular que aceita prestá-lo em nome próprio, por sua conta em

---

[35] Ibid., p. 401-402.

[36] BRASIL. **Constituição da República Federativa do Brasil de 1988**. Brasília/DF, out 1988. Disponível em: <http://www.planalto.gov.br/ccivil_03/constituicao/constituicao.htm>. Acesso em: 08 nov. 2018.

[37] DI PIETRO, Maria Sylvia Zanella. **Parcerias na administração Pública**. 11 Ed. Rio de Janeiro: Forense, 2017, p. 79.

O DIREITO ADMINISTRATIVO SOCIAL E ECONÔMICO

risco, sendo remunerado através de tarifa cobrada do usuário e nas condições fixadas pelo Poder Público.[38] Disciplinada pela Lei nº 8.987/1995 (Lei das Concessões) e conceituada pela legislação, ulteriormente "adjetivação" por força da Lei nº 11.079/2004 (Lei das PPPs), que instituiu "um regime especial de concessões de serviços públicos no âmbito das parcerias público-privadas (concessões patrocinadas e administrativas), a concessão, digamos, pura, de serviços públicos foi rebatizada sob o nome de 'concessão comum'".[39]

O conceito exposto também se enquadra quase que integralmente ao de permissão de serviço público, podendo ser acrescentado que a permissão se dá por ato unilateral e precário, gratuito ou oneroso pela qual a Administração Pública faculta ao particular a execução de serviço público ou utilização de bem público,[40] o que não gera perda da natureza pública do serviço ou bem, visto que "à iniciativa privada é delegado o seu mero exercício, permanecendo o serviço sob a titularidade estatal exclusiva, nos termos do art. 175 da Constituição Federal".[41]

2.2. Concessão Patrocinada

A Lei nº 11.079/2004 introduziu ao nosso ordenamento jurídico normas gerais para licitação e contratação de parceria público-privada no âmbito da Administração Pública, oportunidade em que foram criadas duas novas modalidades de concessão pública: a concessão patrocinada e a concessão administrativa.

A concessão patrocinada pode ser entendida como concessão de serviços públicos, tal como a concessão comum, porém, com previsão contratual de remuneração por tarifa paga pelo usuário do serviço, bem como por contraprestação paga pelo poder concedente, logo, o concessionário assume o serviço por sua conta em risco, mas o contrato administrativo poderá compartilhar os riscos do negócio com o parceiro público, podendo haver contraprestação assumida pela concedente.

---

[38] MELLO, Celso Antônio Bandeira de. **Curso de Direito Administrativo**. 31 Ed., rev. at. São Paulo: Malheiros, 2014, p. 719-720.

[39] MARQUES NETO, Floriano de Azevedo. **Concessões.** Belo Horizonte: Fórum, 2016, p. 175.

[40] DI PIETRO, Maria Sylvia Zanella. **Parcerias na administração Pública**. 11 Ed. Rio de Janeiro: Forense, 2017, p. 166.

[41] ARAGÃO, Alexandre Santos de. **Direito dos serviços públicos.** 4 ed. Belo Horizonte: Fórum, 2017, p. 430.

"A diferença para as concessões comuns é, portanto, que nessa a amortização dos investimentos privados é feita, ao menos em linha de princípio, integralmente pelas tarifas pagas pelos usuários, enquanto na concessão patrocinada a amortização é feita ao mesmo tempo com tarifas e verbas do próprio Erário".[42]

A Lei nº 11.079/2004 esclarece, também, que nas modelagens de parcerias público-privadas (concessão patrocinada ou administrativa) a Administração está probidade de assinar contratos com valores inferiores ao valor de R$ 10.000.000,00 (dez milhões de reais), e cujo período de prestação do serviço seja inferior a 5 (cinco) anos.[43]

A concessão administrativa detém objeto mais amplo, abrangendo a prestação de serviços ao Estado, inclusive podendo ser realizada para oferecimento de utilidades para a Administração Pública que usufruirá direta ou indiretamente deste serviço. A remuneração do concessionário se dá por meio de contraprestação paga apenas pelo poder concedente, não havendo cobrança de tarifa do usuário, haja vista que o usuário dessa concessão é a própria Administração Pública.

2.3. As Concessões na Área de Transporte Público Coletivo de Passageiros

O instituto da concessão é velho nas suas origens e "na Teoria Geral do Direito remete à ideia de translação de um feixe de direitos de um sujeito, deles titular, a outro, que originalmente não tinha a possibilidade de exercer as faculdades correspondentes a tais direitos".[44]

Assim, após o surgimento da ideia de serviços públicos, que cumpriria "o papel de justificar a existência de função do Estado",[45] a concessão passou a significar a possibilidade de translação da atividade pública essencial ao parceiro privado como forma de garantir a desestatização, permitindo que o Poder Público transfira a tarefa de conseguir recursos para grandes

---

[42] Ibid., p. 505.
[43] BRASIL. **Lei nº 11.079, de 30 de dezembro de 2004**. Brasília/DF, dez 2004. Disponível em: <http://www.planalto.gov.br/ccivil_03/_Ato2004-2006/2004/Lei/L11079.htm>. Acesso em: 21 nov. 2018.
[44] ARAGÃO, Alexandre Santos de. **Direito dos serviços públicos**. 4 ed. Belo Horizonte: Fórum, 2017, p. 427.
[45] MARQUES NETO, Floriano de Azevedo. **Concessões**. Belo Horizonte: Fórum, 2016, p. 57.

investimentos "em setores essenciais para o desenvolvimento nacional e o bem-estar da coletividade cuja exploração se evidenciava atrativa, rentável e autossustentável".[46]

No Brasil, o Plano Nacional de Desestatização, dos anos de 1990 (Lei nº 8.031 de 12 de abril de 1990), é o marco legislativo que expressamente centralizou os contratos administrativos de concessão como forma de desestatização.[47] Nesse sentido, acompanhando o arcabouço normativo da época, a maioria dos contratos de concessão visando a transferência do serviço público de transporte público coletivo de passageiros, foram celebrados por meio da concessão comum, modelagem utilizada há mais de 15 anos, com base no regramento previsto na Lei nº 8.987/1995 (Lei das Concessões).

A incorporação de novas modelagens de contrato de concessão, sobrevieram apenas com a promulgação da Lei nº 11.079/2004 (Lei das PPPs). Assim, não haveria possibilidade, antes do ano de 2004, de contratação de parceiras na área de transporte público com base em outra legislação que não a Lei de Concessões. Nesse sentido, os contratos de concessão de transporte metropolitano, intermunicipal e interestadual, foram realizados, em sua ampla maioria, por meio de concessões baseadas na Lei nº 8.987/95 para garantia do deslocamento dos cidadãos nos centros urbanos, entre municípios e entre Estados.

Após a promulgação da Lei das Parcerias Público-Privadas, a concessão patrocinada passou a ser modelagem voltada a possibilitar novas contratações, em especial, por garantir maior compartilhamento de risco para execução do negócio.

Na cidade do Rio de Janeiro/RJ há exemplo do uso da concessão patrocinada como modelagem no transporte público, o Veículo Leve sobre Trilhos – VLT Carioca. Projeto de concessão que, além de inovar, garantindo modal sustentável para a mobilidade urbana, previu, no contrato, a revitalização dos bairros da Região Portuária ao Centro.[48]

Os contratos de concessões no setor de transporte público garantem a necessária para a concretização dos direitos sociais, especialmente, em

---

[46] DALLARI, Adílson Abreu. Parcerias em Transporte Público. p. 380-389.In: SUNDFELD, Carlos Ari (Coord.) **Parcerias público-privadas**. 2 ed. São Paulo: Malheiros, 2011, p. 383.

[47] BRASIL. **Lei nº 8.031 de 12 de abril de 1990**. Brasília/DF, abril 1990. Disponível em: <https://www2.camara.leg.br/legin/fed/lei/1990/lei-8031-12-abril-1990-375980-norma-pl.html>. Acesso em: 19 out. 2019.

[48] Transparência. **VLT Carioca**, 2019. Disponível em: <https://www.vltrio.com.br/#/transparencia>. Acesso em: 19 out. 2019.

contextos de crise financeira, como a que assola o país nos últimos anos, onde o investimento estatal é considerado obstáculo quase intransponível para materialização dos fins precípuos do Poder Público em um Estado de Direito Democrático e Social.[49][50]

Ainda mais quando se inclui a essa análise a escolha feita pelo constituinte derivado, mediante emenda ao texto constitucional (Emenda Constitucional nº 95/2016)[51], de criar barreira para novos investimentos públicos em diversas áreas, incluindo as sociais.

O aumento da despesa federais vinculado à inflação acumulada conforme o Índice Nacional de Preços ao Consumidor Amplo (IPCA) terá impacto significativo para os direitos sociais nos próximos anos,[52] merecendo exame apartado do presente trabalho, sendo imprescindível para o presente estudo considerar que a limitação orçamentária ao investimento público no âmbito do Governo Federal gerará expressiva dependência do capital privado para a consecução dos fins estatais nas áreas sociais.

2.4. Crítica ao Modelo Tradicional de Parcerias: O Compartilhamento Equilibrado dos Riscos como Forma de Efetivação dos Direitos Fundamentais Sociais

A compreensão em torno da manutenção dos investimentos privados para assegurar a efetivação do direito fundamental social ao transporte envolve a própria percepção da criação do regime especial de concessão, isto porque, a distinção maior existente entre a modalidade comum de concessão

---

[49] WATANABE, Marta. **Em quatro anos, investimento dos Estados cai 64%.** O Valor Econômico. Disponível em: <https://valor.globo.com/brasil/coluna/em-quatro-anos-investimento-dos-estados-cai-64.ghtml.>. Acesso em: 20 out. 2019.

[50] WATANABE, Marta. **Novos governadores cortam os investimentos em 52,5%.** O Valor Econômico. Disponível em: <https://valor.globo.com/brasil/coluna/novos-governadores-cortam-os-investimentos-em-525.ghtml>. Acesso em: 20 out. 2019.

[51] A Emenda Constitucional nº 95/2016, originada da PEC 241, conhecida como "Teto dos Gastos", limitou por 20 anos os gastos públicos do Governo Federal, com o objetivo declarado de equilibrar das contas públicas por meio do controle de gastos do Governo. A PEC do Teto dos Gastos determina que, a partir de 2018, as despesas federais só poderão aumentar de acordo com a inflação acumulada conforme o Índice Nacional de Preços ao Consumidor Amplo (IPCA).

[52] **Inconstitucional, PEC 241 é um retrocesso aos direitos sociais.** AJUFE – Associação dos Juízes Federais do Brasil. Disponível em: < https://www.ajufe.org.br/imprensa/artigos/7261-inconstitucional-pec-241-e-um-retrocesso-aos-direitos-sociais>. Acesso em: 20 de outubro de 2019.

O DIREITO ADMINISTRATIVO SOCIAL E ECONÔMICO

e as modalidades especiais: patrocinada e administrativa, é, justamente, a remuneração do parceiro privado. É que, nas concessões especiais, há contraprestação pecuniária paga pelo parceiro público com vistas a se assegurar garantia a atratividade e segurança do investimento privado.

Di Pietro escreve que a contraprestação assumida pela Administração Pública é a razão de existir novas modalidades de concessão pública:

> Nas duas modalidades de parcerias público-privadas existe a contraprestação pecuniária do parceiro público ao parceiro privado, sob pena de se configurar a concessão comum, regida pela Lei nº 8.987/1995. É o que estabelece o art. 2º, §3º, da Lei nº 11.079.
>
> Só que, enquanto na concessão patrocinada a contraprestação do parceiro público é um *plus* em relação à tarifa cobrada do usuário, na concessão administrativa ela constituirá a forma básica de remuneração.
>
> Embora a lei fale em contraprestação pecuniária do parceiro público ao parceiro privado (art. 2º, §§1º e 3º), na realidade nem sempre o poder público desembolsará diretamente valores em pecúnia. Existe a possibilidade de que esses valores sejam pagos indiretamente, pelas modalidades previstas no art. 6º, já referido.[53]

O que o legislador infraconstitucional pretendeu com a elaboração da Lei de PPPs alargar o escopo de possibilidades de concretização de parcerias pela Administração Pública, criando da figura da Parceria Público--Privada, uma vez que não se pode garantir em determinadas situações que a modelagem de contratos de concessão comum conseguirá atrair interessados na prestação de determinado serviço público, o que inviabiliza a investimento necessário na área social.

Nas parcerias público-privadas o ente estatal é que assume, conjuntamente com o parceiro privado, parte dos riscos da atividade concedida, isto é, a concessionária não executa mais a atividade em seu próprio nome e por sua conta em risco, merecendo subsídios quando presente o interesse e disponibilidade do Poder Público em concedê-los, mas compartilha com a Administração o risco do negócio, visto que a contraprestação estatal tem natureza contratual.

---

[53] DI PIETRO, Maria Sylvia Zanella. **Parcerias na administração Pública**. 11 ed. Rio de Janeiro: Forense, 2017, p. 195.

Isto porque, "O regime jurídico da Parceria Público-Privada, sobretudo em sua modalidade patrocinada, impõe ao Estado que os investimentos, receitas e prejuízos também sejam por este conhecidos e, em certa medida, divididos".[54]

Tanto é assim que o art. 5º, incisos III e IV, da Lei nº 11.079/2004 dispõe sobre as cláusulas que devem compor o contrato de concessão, prevendo "[...] a repartição de riscos entre as partes, inclusive os referentes a caso fortuito, força maior, fato do príncipe e álea econômica extraordinária" e "as formas de remuneração e de atualização dos valores contratuais".[55]

Dessa forma, a utilização de modelagem contratual das concessões especiais que preveem o compartilhamento dos riscos do parceiro privado com o parceiro público exprime alternativa viável para a garantia do direito social ao transporte público, haja vista que a possibilidade de alocação de riscos dos contratos viabiliza a realização de empreendimentos não tão atrativos a iniciativa privada, significando verdadeiro avanço para a conso-lidação das Parcerias Público-Privadas como meio de garantia de direitos.

Além do mais,

> Atualmente a maior concorrência no setor de transporte público de passa-geiros apresenta-se não entre os distintos modais, mas sim entre todos esses e o transporte particular. A esse respeito, aponta-se: 'A utilização cada vez maior de veículos particulares resulta na diminuição da demanda por trans-porte público e no consequente declínio desse serviço. Tal fato não teria pro-blemas, se não trouxesse consigo custos sociais, econômicos e ambientais para as cidades e seus habitantes. A necessidade da regulação do transporte urbano de maneira mais ampla se justifica no crescimento dos congestio-namentos de trânsito, da poluição do ar e da privação do acesso pelos mais pobres aos serviços nas grandes cidades, ou seja, nas perdas de bem-estar por toda a sociedade.'"[56]

---

[54] SARTAL, Estevam Palazzi; CHAGAS, Gabriel Costa Pinheiro. Parcerias Público-Privadas no setor rodoviário. p. 383-398. In: DAL POZZO, Augusto Neves; VALIM, Rafael. **Parcerias Público-Privadas**: Teoria Geral e Aplicações nos Setores de Infraestrutura. Belo Horizonte: Fórum, 2014, p. 390.

[55] BRASIL. **Lei nº 11.079, de 30 de dezembro de 2004**. Brasília/DF, dez 2004. Disponível em: <http://www.planalto.gov.br/ccivil_03/_Ato2004-2006/2004/Lei/L11079.htm>. Acesso em: 21 nov. 2018.

[56] ARAGÃO, Alexandre Santos de. **Direito dos serviços públicos**. 4 ed. Belo Horizonte: Fórum, 2017, p. 226.

O DIREITO ADMINISTRATIVO SOCIAL E ECONÔMICO

Ocorre, portanto, que com o aumento da complexidade dos transportes e da necessidade de modernização dos meios, a realização de parcerias na modalidade concessão comum tornou-se forma limitada para a busca de resultados satisfatórios, em especial, porque o aumento da complexidade acarreta investimentos mais vultosos, situação em que a concessão patrocinada atrai maiores garantias aos parceiros envolvidos na contratação.

Conclusões

A promulgação da Emenda Constitucional nº 90 em 15 de setembro de 2015, incluindo no art. 6º da Constituição da República de 1988 o transporte no rol dos direitos fundamentais sociais atrai o Poder Público o dever de garantir a execução de políticas públicas voltadas à mobilidade dos cidadãos como forma de acesso a bens e serviços essenciais a sua existência, bem como de assegurar sua realização adequada pelo particular quando detentor de sua exploração.

Isto porque, a constitucionalização dos direitos sociais representa o reconhecimento da condição de direitos subjetivos a esses direitos e, portanto, exigíveis pelos cidadãos independentemente dos limites materiais (orçamentários e financeiros), não havendo limites para a fruição desses direitos pelos cidadãos, sendo verdadeiros direitos derivados dos princípios da igualdade e dignidade da pessoa humana.

A fundamentalidade do direito social ao transporte público obriga o Estado a executar diretamente os serviços públicos essenciais ou garantir sua execução pela iniciativa privada condizente com os preceitos do Estado de Direito contemporâneo.

As parcerias celebradas pela Administração na área de transporte público coletivo de passageiros, estruturaram-se em torno na concessão de serviços públicos, sobrevindo com a edição da Lei nº 11.079/2004, a utilização de modelagens especiais no setor, tal como a concessão patrocinada, como alternativa para assegurar investimentos que concretizem o desenvolvimento da infraestrutura do transporte, e, consequentemente, da oferta de transporte público adequado a mobilidade urbana.

Portanto, a compreensão em torno do uso da concessão patrocinada como aspecto relevante para o enfrentamento das dificuldades de investimento no setor de transportes público, atrai entendimento a respeito do compartilhamento dos riscos do contrato, haja vista que exprime alternativa viável para a garantia de atratividade para o investimento no setor, viabilizando a realização de empreendimentos não tão atrativos a iniciativa privada, definindo verdadeiro avanço para a consolidação da garantia dos direitos fundamentais sociais.

Referências

AURÉLIO, Bruno; FREIRE, André Luiz (Coordenadores). Parcerias público-privadas: teoria geral e aplicação nos setores de infraestrutura. Belo Horizonte: Fórum, 2014.

ARAGÃO, Alexandre Santos de. Direito dos serviços públicos. 4 ed. Belo Horizonte: Fórum, 2017.

BERCOVICI, Gilberto. Tentativa de Instituição da Democracia de Massas no Brasil: Instabilidade Constitucional e Direitos Sociais na Era Vargas (1930-1964). In: SOUZA NETO, Cláudio Pereira de. e SARMENTO, Daniel. (coordenadores). Direitos Sociais Fundamentos, Judicialização e Direitos Sociais em Espécie. Rio de Janeiro: Editora Lumen Juris, 2008.

BITENCOURT NETO, Eurico. Concertação administrativa interorgânica: direito administrativo e organização no Século XXI. São Paulo: Almedina, 2017.

BRASIL. Constituição da República Federativa do Brasil de 1988. Brasília/DF, out 1988. Disponível em: <http://www.planalto.gov.br/ccivil_03/constituicao/constituicao.htm>. Acesso em: 08nov. 2018.

BRASIL. Lei nº 8.031 de 12 de abril de 1990. Brasília/DF, abril 1990. Disponível em: <https://www2.camara.leg.br/legin/fed/lei/1990/lei-8031-12-abril-1990-375980-norma-pl.html>. Acesso em: 19 out. 2019.

BRASIL. Lei nº 12.587 de 03 de janeiro de 2012. Brasília/DF, jan 2012. Disponível em: <http://www.planalto.gov.br/ccivil_03/_Ato2011-2014/2012/Lei/L12587.htm>. Acesso em: 08nov. 2018.

BRASIL. Lei nº 11.079, de 30 de dezembro de 2004. Brasília/DF, dez 2004. Disponível em: < http://www.planalto.gov.br/ccivil_03/_Ato2004-2006/2004/Lei/L11079.htm>. Acesso em: 21 nov. 2018.

BRASIL. Proposta de Emenda à Constituição nº 90/2011. Brasília, DF: Câmara dos Deputados. Disponível em <http://www.camara.gov.br/proposicoesWeb/prop_mostrarinte gra;jsessionid=5561CAAA45BC9D1A6A67420E43EEAC7F.proposicoesWebExterno 1?codteor=925887&filename=Tramitacao-PEC+90/2011>. Acesso em 09 de nov. 2018.

DALLARI, Adílson Abreu. Parcerias em Transporte Público. p. 380-389.In: SUNDFELD, Carlos Ari (Coord.) Parcerias público-privadas. 2 ed. São Paulo: Malheiros, 2011.

DI PIETRO, Maria Sylvia Zanella. Parcerias na administração Pública. 11 Ed. Rio de Janeiro: Forense, 2017.

GRIMM, Dieter. Constitucionalismo y derechos fundamentales. p. 186-187. Apud BITENCOURT NETO, Eurico. Concertação administrativa interorgânica: direito administrativo e organização no Século XXI, São Paulo: Almedina, 2017.

MIRANDA, Pontes. Democracia, liberdade, igualdade: os três caminhos. 2. Ed. São Paulo: Saraiva, 1979.

BANDEIRA DE MELLO, Celso Antônio. Curso de Direito Administrativo. 31 Ed., rev. at. São Paulo: Malheiros, 2014.

MARQUES NETO, Floriano de Azevedo. Concessões. 1 Ed., 1 Reimpressão. Belo Horizonte: Fórum, 2016.

SARLET, Ingo Wolfgang. A eficácia dos direitos fundamentais: uma teoria geral dos direitos fundamentais na perspectiva constitucional. 12 ed. Porto Alegre: Livraria do Advogado, 2015.

SARTAL, Estevam Palazzi; CHAGAS, Gabriel Costa Pinheiro. Parcerias Público-Privadas no setor rodoviário. p. 383-398. In: DAL POZZO, Augusto Neves; VALIM, Rafael.Parcerias Público-Privadas: Teoria Geral e Aplicações nos Setores de Infraestrutura. Belo Horizonte: Fórum, 2014.

3
Parcerias da Administração Pública com o Setor Privado para a Efetivação do Direito Social à Moradia

Gabriel Ribeiro Fajardo

Introdução

A evolução da configuração do Estado e sua formatação ao atendimento das necessidades sociais balizou a maior ou menor disposição pública à realização de parcerias com o setor privado, a fim de garantir as prioridades que eram elencadas como o foco da atuação estatal em cada recorte contextual.

Sem dúvidas, a formação do Estado Liberal, no início do Século XIX, dispensava a realização, pelo Poder Público, de parcerias com o fito de assegurar a garantia de direitos aos cidadãos, já que, àquela época, a vinculação do Estado ao Direito era encarada sob o aspecto abstencionista: dever-se-ia tão somente assegurar a liberdade e propriedade, imiscuindo-se de intervir no domínio econômico e nas liberdades individuais.[1]

---

[1] Sobre as características do Estado Liberal, Odete Medauar prefere nomeá-lo como "Estado do Século XIX". A autora, descrevendo as características gerais deste Estado indica suas particularidades em relação à "autonomia da atividade econômica em relação à ingerência do Estado", pontuando ainda que "Consagra-se a 'absolutização do princípio da livre iniciativa', segundo Giannini, que tinha valor positivo, como liberdade de empreender, e valor negativo, como remoção de obstáculos ao exercício da liberdade de iniciativa econômica, e, portanto, como "abstenção", dos poderes públicos, no tocante a intervenções limitativas." (MEDAUAR, Odete. O direito administrativo em evolução. 3. ed. São Paulo: Editora Gazeta Jurídica, 2017, p. 142).

A reconfiguração do Estado no Século XX, em especial após a crise econômica de 1929 e as duas grandes guerras mundiais, conduziu o Poder Público à necessidade de assunção de um papel prestacional, renunciando a mera inação diante dos direitos dos cidadãos como forma de garanti-los. Era necessário, diante um contexto de rupturas e caos, assegurar novos direitos, que foram sendo valorados ao longo das crises causadas também pelo acanhado papel do Estado durante o período liberal.

Neste diapasão, os direitos sociais não somente emergiram como foram ganhando tratamento diferenciado pela ordem jurídica, sobretudo fundada por nova reconfiguração do papel assumido pelas constituições dos estados em um período que abandonava, aos poucos, a visão positivista vigente durante o Estado Liberal e a submissão estrita da Administração Pública a um princípio da legalidade eminentemente restritivo.

No Brasil, com Getúlio Vargas ascendendo ao poder em 1930, e com o início do governo constitucional em 1934, o direito ao trabalho ganhou notória tutela pelo Estado, iniciando, de mais a mais, um processo de constitucionalização do direito administrativo que viria a ter seu auge com a Constituição de 1988.

Concomitantemente, o direito à moradia foi reconhecido e implantado como pressuposto para a dignidade da pessoa humana, desde 1948[2], com a Declaração Universal dos Direitos Humanos e foi recepcionado e propagado na Constituição Federal de 1988, com o advento da Emenda Constitucional nº 26/00, em seu artigo 6º, *caput*.

Assim, a passagem do Estado Social para o Estado Democrático de Direito e Social não afetou a crescente valorização dos direitos sociais – ao contrário, estes foram consagrados pela Carta Constitucional atualmente vigente. No entanto, em que pese a elevação do direito social à moradia a nível constitucional, não vem sendo garantido a efetiva moradia a grande parte dos brasileiros, havendo implicação de tal realidade nos índices de desemprego, de violência e no aumento do número de ocupações que tem como objetivo mitigar a violação a este direito social.

---

[2] Artigo XXV: "1. Toda pessoa tem direito a um padrão de vida capaz de assegurar a si e a sua família saúde e bem estar, inclusive alimentação, vestuário, habitação [...]" (ONU. Declaração Universal dos Direitos Humanos, 1948. Disponível em: <http://portal.mj.gov.br/sedh/ct/legis_intern/ddh_bib_inter_universal.htm> Acesso em: 24/10/2019.

Em 2018, 6.900.000 (seis milhões e novecentas mil) de famílias não tinham casa para morar[3], atingindo um total de mais de 33.000.000 (trinta e três) milhões de pessoas[4].

Noutro giro, a Administração Pública, especialmente a partir do limiar do Século XX e do início do Século XXI[5], passou a adotar uma multiplicidade de parcerias com o setor privado para garantia das atividades prestacionais que passou a assumir a partir da evolução do Estado Liberal. Estas novas formatações jurídicas podem propiciar ao Poder Público possibilidades distintas de atuação, valendo-se de empenhos particulares para a mitigação de sua incapacidade de assunção integral de todo o arranjo prestacional ao qual está obrigado.

Após a Emenda Constitucional nº 19/1998, promulgada no contexto da Reforma do Aparelho do Estado, a Administração Pública ganhou novos mecanismos para sua atuação, com forte enfoque na assunção de ativida-

---

[3] BRASIL tem 6,9 milhões de famílias sem casa e 6 milhões de imóveis vazios, diz urbanista. G1, Londres, 07 maio 2018. Disponível em: <https://g1.globo.com/economia/noticia/brasil-tem-69-milhoes-de-familias-sem-casa-e-6-milhoes-de-imoveis-vazios-diz-urbanista.ghtml>. Acesso em: 24/10/2019.

[4] AUGUSTO, Otávio. 33 milhões de brasileiros não têm onde morar, aponta levantamento da ONU. Correio Braziliense, Brasília, 03 maio 2018. Disponível em: <https://www.correiobraziliense.com.br/app/noticia/brasil/2018/05/03/interna-brasil,678056/deficit-de-moradias-no-brasil-chega-a-6-3-milhoes-sp-tem-a-maior-defa.shtml>. Acesso em: 28 nov 2018.

[5] É necessário destacar, contudo, que as parcerias entre o setor público e o setor privado não foram inauguradas nesta época. Segundo Caio Tácito, o "primeiro modelo de participação conjunta de capital público e privado, ainda que sem a modalidade moderna de sociedade de economia mista, se identifica, entre nós, no Alvará de 12 de outubro de 1808, com o qual D. João VI autorizou a criação do primeiro Banco do Brasil com capitais privados, a que se veio associar a Coroa em 1812. É, porém, somente na segunda metade do século XIX, que a mobilização de capitais privados para a exploração de atividades de interesse coletivo se apresenta e assume aspecto significativo". Ainda na doutrina do autor, é identificado que, a partir da terceira década do século, a crise oriunda, sobretudo, do desequilíbrio do primeiro após-guerra, recruta a ação estatal para os novos direitos que começam a ingressar no elenco das garantias fundamentais. É nesta época que aumentam o número de empresas estatais e a consequente presença do Estado na economia. Tal situação alterar-se-á a partir da Constituição de 1988, quando a retração na atividade pública empresarial conduz à redução do Estado e a assunção de um papel normativo e regulador da atividade econômica, contando com a iniciativa privada na consecução no desempenho das atividades estatais. TÁCITO, Caio. O retorno do pêndulo: serviço público e empresa privada. O exemplo brasileiro. Revista de Direito Administrativo. Rio de Janeiro, 202: 1-10. Out/dez 1995. p. 6.

des administrativas pelos particulares, podendo valer-se destes arranjos inclusive para a consecução dos direitos elencados no art. 6º da CF/88.

Logo em seguida houve, por exemplo, a edição das Leis nº 9.637/1998 (a cuidar das chamadas organizações sociais), e 9.790/1999 (a tratar das Organizações da Sociedade Civil de Interesse Público, instituindo e disciplinando o Termo de Parceria). Estes foram, portanto, marcos importantes que deslocaram a prestação de serviços de interesse público à prestação da iniciativa privada, bem como, em alguns casos, a própria realização de serviços públicos, com a extinção de entidades estatais até então responsáveis por tais atividades.

Já no século XXI, foi editada, ainda, em 2004, a Lei nº 11.079, que veio a instituir as Parcerias Público-Privadas, um novo arranjo contratual através do qual o Poder Público pode contar com particulares para realização de suas atividades. O diploma inaugurou duas novas modalidades de concessão: a concessão patrocinada (art. 2, §1º), a combinar tarifa e contraprestação pecuniária do parceiro público ao parceiro privado como forma de remuneração pelos serviços, e a concessão administrativa (art. 2, §2º), na qual só há contraprestação pecuniária do parceiro público como contraprestação aos serviços prestados por agentes econômicos.

Especificamente quanto ao direito à moradia, as Parcerias Público-Privadas municiam a Administração Pública de oportunizar, através dos particulares, a construção e gestão de habitações de interesse social. No município de São Paulo, por exemplo, foi celebrado o Contrato nº 04/2019, decorrente do Edital de Concorrência Internacional nº COHAB-SP 001/2018, cujo objeto é a "[...] implantação de habitações de interesse social e mercado popular na Cidade de São Paulo, acompanhada de infraestrutura urbana e equipamentos públicos, e da prestação de serviços que especifica"[6].

Neste artigo, pretende-se demonstrar inicialmente a evolução do Estado em relação aos direitos sociais, dando enfoque oportuno ao direito à moradia, de modo a analisá-lo sob a perspectiva de quais seriam os possíveis modelos de parcerias da Administração Pública com o setor privado para

---

[6] SÃO PAULO (SP). Edital de Concorrência Internacional nº COHAB-SP 001/2018. [Parceria Público-Privada para concessão administrativa destinada à implantação de habitações de interesse social e mercado popular na cidade de São Paulo, acompanhada de infraestrutura urbana e equipamentos públicos, da prestação de serviços que especifica.] Disponível em: <https://www.imprensaoficial.com.br/ENegocios/MostraDetalhesLicitacao_14_3.aspx?IdL icitacao=1222478#24/10/2019>. Acesso em: 24/10/2019

a garantia deste direito social, estudando quais deles seriam mais efetivos nesta consecução.

A fim de responder este problema de pesquisa, amparou-se em investigação de cunho dogmático jurídico, mediante coleta de dados primários (legislações, tratados e estudos de caso) e secundários, tais como bibliografia e trabalhos que abordem a temática.

Como conclusão da investigação, e considerando as parcerias positivadas no direito brasileiro, procurar-se-á demonstrar que, dentre as possíveis parcerias com particulares a serem firmadas pelo Poder Público para garantia do direito à moradia previsto no art. 6º da Constituição Federal, as Parcerias Público-Privadas, normatizadas pela Lei nº 11.079/04, em vista dos exemplos coletados, são as mais adequadas para propiciar a efetivação da previsão constitucional.

2. Evolução do Estado em Relação aos Direitos Sociais e ao seu Papel Prestacional

2.1. O Direito à Moradia

Em 6 de julho de 1992, por meio do Decreto nº 591, o Brasil ratificou o Pacto Internacional de Direitos Civis e Políticos da ONU, fazendo-o ingressar na Ordem Jurídica Nacional com força de norma constitucional (Constituição do Brasil – 1988 – artigo 5º, §§ 2º e 3º)[7], prevendo a obrigação do Estado brasileiro de proteger e promover o direito à moradia digna:

---

[7] Maria Tereza Fonseca Dias e Juliano dos Santos Calixto elucidam que, em que pese a previsão do direito à moradia como direito fundamental social positivado no *caput* do art. 6º da Constituição da República de 1988, através da Emenda Constitucional nº 64/2010, referido direito já estava contemplado na ordem jurídica a partir da proteção de diversos diplomas internacionais, sendo alguns deles: "Pacto Internacional sobre Direitos Civis e Políticos (Nova York, 1966); o Pacto Internacional sobre Direitos Econômicos, Sociais e Culturais (Nova York, 1966); a Convenção Internacional sobre a Eliminação de Todas as Formas de Discriminação Racial(Nova York, 1965); a Convenção sobre a Eliminação de Todas as Formas de Discriminação contra a Mulher(Nova York, 1979); a Convenção Internacional sobre os Direitos da Criança(Nova York,1989); a Convenção Internacional sobre a Proteção dos Direitos de Todos os Trabalhadores Migrantes e dos Membros das suas Famílias (Nova York, 1990) e a Convenção Relativa ao Estatuto dos Refugiados (Genebra, 1951)." DIAS, Maria Tereza Fonseca. Calixto, Juliano dos Santos. A Efetividade do Direito à Moradia Adequada a Partir da Segurança na Posse no Direito Internacional e no Direito Brasileiro. Revista de Direito Urbanístico, Cidade e Alteridade | e-ISSN: 2525-989X | Minas Gerais | v. 1 | n. 2¹ p. 293-312 | Jul/Dez. 2015. p. 296.

O DIREITO ADMINISTRATIVO SOCIAL E ECONÔMICO

Art. 11. Os Estados-partes no presente Pacto reconhecem o direito de toda pessoa a um nível de vida adequado para si próprio e sua família, inclusive à alimentação, vestimenta e moradia adequadas, assim como a uma melhoria contínua de suas condições de vida. Os Estados-partes tomarão medidas apropriadas para assegurar a consecução desse direito, reconhecendo nesse sentido, a importância essencial da cooperação internacional fundada no livre consentimento.

A Constituição Federal atualmente vigente trouxe, ainda, em suas disposições um capítulo especialmente dedicado à Política Urbana, a partir da normativa dos arts. 182 e 183[8] do texto constitucional. De início, contudo, o direito à moradia, logo no art. 6º, foi qualificado como sendo um direito social[9]. Posteriormente, ao prever as competências dos entes federados, o

---

[8] Art. 182. A política de desenvolvimento urbano, executada pelo Poder Público municipal, conforme diretrizes gerais fixadas em lei, tem por objetivo ordenar o pleno desenvolvimento das funções sociais da cidade e garantir o bem-estar de seus habitantes.
§ 1º O plano diretor, aprovado pela Câmara Municipal, obrigatório para cidades com mais de vinte mil habitantes, é o instrumento básico da política de desenvolvimento e de expansão urbana.
§ 2º A propriedade urbana cumpre sua função social quando atende às exigências fundamentais de ordenação da cidade expressas no plano diretor.
§ 3º As desapropriações de imóveis urbanos serão feitas com prévia e justa indenização em dinheiro.
§ 4º É facultado ao Poder Público municipal, mediante lei específica para área incluída no plano diretor, exigir, nos termos da lei federal, do proprietário do solo urbano não edificado, subutilizado ou não utilizado, que promova seu adequado aproveitamento, sob pena, sucessivamente, de:
I – parcelamento ou edificação compulsórios;
II – imposto sobre a propriedade predial e territorial urbana progressivo no tempo;
III – desapropriação com pagamento mediante títulos da dívida pública de emissão previamente aprovada pelo Senado Federal, com prazo de resgate de até dez anos, em parcelas anuais, iguais e sucessivas, assegurados o valor real da indenização e os juros legais.
Art. 183. Aquele que possuir como sua área urbana de até duzentos e cinqüenta metros quadrados, por cinco anos, ininterruptamente e sem oposição, utilizando-a para sua moradia ou de sua família, adquirir-lhe-á o domínio, desde que não seja proprietário de outro imóvel urbano ou rural.
§ 1º O título de domínio e a concessão de uso serão conferidos ao homem ou à mulher, ou a ambos, independentemente do estado civil.
§ 2º Esse direito não será reconhecido ao mesmo possuidor mais de uma vez.
§ 3º Os imóveis públicos não serão adquiridos por usucapião.
[9] Assim dispôs o art. 6º "Art. 6º São direitos sociais a educação, a saúde, a alimentação, o trabalho, a moradia, o transporte, o lazer, a segurança, a previdência social, a proteção à maternidade e à infância, a assistência aos desamparados, na forma desta Constituição."

diploma constitucional dispôs que cabe comumente à União, aos Estados e aos Municípios "[...] promover programas de construção de moradias e a melhoria das condições habitacionais e de saneamento básico."[10]

Ato contínuo, foi com a Lei nº 10.257/01, o chamado "Estatuto das Cidades" que o direito à moradia ganhou reforço infralegal, atribuindo, por exemplo, à União a promoção de "[...] programas de construção de moradias e melhoria das condições habitacionais, de saneamento básico, das calçadas, dos passeios públicos, do mobiliário urbano e dos demais espaços de uso público."[11]

É necessário, contudo, estabelecer que, em que pese a adoção de um papel prestacional em relação à efetivação do direito à moradia, de acordo com a abordagem constitucional brasileira, não parece ser este o contorno cogente do tratamento dado sobre o tema, em uma compreensão global, tendo em vista que, sob outro espectro, a garantia do direito à moradia pode ter como prerrogativa a contenção da atuação estatal.

Na experiência portuguesa, por exemplo, a acepção prestacional coexiste com a necessidade de o Estado não agir, assegurando, através de uma posição abstencionista, a conquista da habitação, não havendo, portanto, impedimento estatal expressado neste sentido.

Nesta seara, a professora lusitana Cristina Queiroz pontua:

> Tomemos como exemplo o "direito à habitação" consagrado no art. 65º da Constituição. Este apresenta uma "dupla natureza". (...) Consistente, de um lado, no direito de não ser arbitrariamente privado de habitação ou de não ser impedido de conseguir uma. Neste sentido, reveste a forma de um "direito subjetivo", isto é, de um "direito de defesa", determinando um dever de abstenção do Estado e de terceiros, apresentando-se, nessa medida, como um "direito análogo aos direitos, liberdades e garantias.
>
> Por outro lado, o direito à habitação consiste ainda no direito a obtê-la, traduzindo-se este na exigência de medidas e prestações público-estaduais adequadas à realização deste objectivo. Nesta perspectiva, o direito à habitação apresenta-se como um verdadeiro e próprio "direito social". Em termos breves, configura-se como um "direito complexo e multifacetado.[12]

---

[10] Nos termos do art. 23, inciso IX, da Constituição Federal.

[11] Nos termos do art. 3º, inciso III, da Lei nº 10.257/01

[12] QUEIROZ, Critiana. M. M. Direitos Fundamentais Sociais. Coimbra: Coimbra, 2006. p. 35.

O DIREITO ADMINISTRATIVO SOCIAL E ECONÔMICO

No processo de positivação deste direito na ordem jurídica brasileira, contudo, há um notório enfoque na definição de políticas públicas vocacionadas à implementação de prestações positivas, por parte da Administração Pública, de modo a garantir o direito à moradia[13]. Ademais, a abstenção do agir estatal para que este direito, uma vez conquistado, seja estabilizado é a regra, sendo a exceção tão somente as hipóteses de intervenção do Estado na propriedade privada sob a égide do princípio da supremacia do interesse público sobre o privado, e desde que haja devida reserva de lei neste sentido.

2.2. O Princípio da Socialidade e o Direito à Moradia no Estado Democrático e Social

O direito à moradia está, em primeira análise, consubstanciado no "princípio da socialidade", a partir do qual o atuar da Administração Pública é conduzido à luz da necessidade de serem mitigadas as desigualdades sociais e as carências materiais dos indivíduos, dentre as quais se incluem a primordialidade da moradia. Neste sentido é a concepção trazida por Eurico Bitencourt Neto, no livro "Concertação Administrativa Interorgânica". Segundo o autor:

> O princípio da socialidade impõe a tarefa estatal de perseguir a eliminação ou mitigação das desigualdades sociais ou das carências materiais dos indivíduos e suas consequentes necessidades. Isso implica a garantia de um mínimo de recursos materiais que assegurem o respeito à dignidade humana, mas também a busca da redistribuição equitativa de recursos e possibilidades de desenvolvimento, uma busca de equilíbrio, na medida das condições materiais e respeita o pluralismo político.[14]

---

[13] Sem dúvidas, contudo, que, mesmo no direito brasileiro, o direito à moradia também perpassa uma abstenção de atuação estatal, em garantia à propriedade privada, por exemplo. Contudo, ressalta-se a natureza prestacional de tal direito, conforme identificado por Ingo Sarlet: "A segunda dimensão dos direitos fundamentais abrange, portanto, bem mais do que os direitos de cunho prestacional, de acordo com o que ainda propugna parte da doutrina, inobstante o cunho 'positivo' possa ser considerado como o marco distintivo desta nova fase na evolução dos direitos fundamentais." SARLET, Ingo Wolfgang. A eficácia dos direitos fundamentais. 8. ed. rev. atual. – Porto Alegre: Livraria do Advogado Ed., 2007. p. 57.

[14] BITENCOURT NETO, Eurico. Concertação administrativa interorgânica. São Paulo: Editora Almedina. 2017. p. 99.

Assim, a consecução dos direitos sociais pelo Estado seria guiada à luz de um papel prestacional, sob um aspecto não somente positivado, mas também principiológico, a fim de garantir aos cidadãos a satisfação das carências básicas da sociedade, dentre as quais a moradia. E, assim, as parcerias a serem realizadas pelo Poder Público com agentes privados seriam meios instrumentais de se efetivar de tal direito.

É importante contextualizar que a consagração deste papel prestacional do Estado, assumindo, portanto, a função de assegurar aos cidadãos benefícios materiais, comodidades e usufrutos, foi inaugurado sobretudo com o Estado de Bem-Estar Social, na segunda metade do século XX. Isto porque, inicialmente, sob a égide de um Estado Liberal, o abstencionismo caracteriza o atuar estatal, procurando assegurar-se, desta forma, a liberdade e a propriedade individuais.

No entanto, sobretudo com as crises financeiras, e, em especial com a crise de 1929, e com o período de pós-guerra, os países europeus – com nítida repercussão e influência de suas transformações nas características e no agir da administração pública brasileira – fez-se premente a necessidade de uma efetiva garantia de direitos aos cidadãos. Os direitos sociais, assim, foram sendo consolidados pela prática administrativa, pela necessidade de um olhar mais acurado às demandas que apenas o estado teria o compromisso e a estrutura para atender.

A socialidade, contudo, seria uma característica, no entender de Bittencourt Neto, que, somada à juridicidade e à democracia, seria de capaz de garantir uma compreensão generalizada do Estado democrático e social.[15] A juridicidade, neste sentido, seria o resultado da expansão da legalidade, antes vista sob espectro eminentemente legalista, restritivo, própria de uma compreensão positivista. O agir da Administração Pública, portanto, não mais comportaria a observância da simples prescrição normativa, mas sim o conjunto de elementos formadores da ordem jurídica, sobretudo a partir da relevância dada à Constituição.

Bittencourt Neto defende, assim, a ocorrência de uma transformação de uma leitura de legalidade liberal, arrimada por quatro fatores: a) constituição como "lei maior do ordenamento jurídico"; b) legitimidade democrática assegurada ao Governo; c) função de direção como instrumento de orientação política da ação estatal; d) legalidade enquanto fator de justiça e de racionalidade da conduta administrativa.

---

[15] Ibidem. p. 71.

A compreensão de democracia como elemento fundante do Estado democrático e social, lado outro, não se limitaria ao voto como fator legitimador, mas, rompendo a "barreira censitária liberal"[16], teria um novo paradigma de legitimidade da atuação administrativa. Segundo Bittencourt Neto:

> A legitimidade democrática da Administração se assegura de quatro modos principais que, tomados em conjunto, ou, ao menos, conjugando mais de um deles, de acordo com as circunstância concretas, asseguram uma legitimidade democrática ampliada: a) pela legitimidade democrática do decisor administrativo; b) pela vinculação da atuação administrativa a normas provenientes de órgãos democraticamente legitimados, c) pela vinculação da atuação administrativa ao controle do parlamento; d) pela observância de um imperativo de legitimidade democrática da dinâmica administrativa.[17]

Assim é que o direito à moradia, positivado enquanto direito social expressamente previsto no caput do art. 6º da Constituição Federal, comporta o próprio papel do Estado democrático e social, a partir de uma atuação administrativa não mais fundada estritamente na legalidade, mas na exegese do ordenamento jurídico, e lastreada pela legalidade democrática. Neste sentido, não apenas a previsão constitucional, mas todo sistema de princípios e pactos internacionais predicariam a atuação estatal para consecução do direito à moradia.

3. As Parcerias da Administração Pública com o Setor Privado para a Efetivação do Direito Social à Moradia

Ao serem analisadas as possibilidades de parcerias que poderiam ser firmadas pela Administração Pública com particulares para a efetivação do direito à moradia, é necessário apontar as características próprias de cada um dos institutos disponíveis, a fim de verificar a sua possível adequação ao fim pretendido.

Inicialmente, resta apontar quais parcerias[18], em plano teórico, poderiam ser firmadas, tendo em vista a consecução de fins públicos. Iden-

---

[16] Ibidem. p. 84.

[17] Ibidem. p. 86.

[18] Não se considerou, neste caso, possíveis vínculos contratuais que poderiam ser estabelecidos entre o Poder Público e a iniciativa privada para a construção de moradias, com base nos

tificou-se, de antemão, a existência dos seguintes institutos: concessões comuns, parcerias público-privadas (concessões na modalidade patrocinada e administrativa), contratos de gestão com organizações sociais, termo de parceria com organizações da sociedade civil de interesse público e termos de fomento, de colaboração ou de cooperação com organizações da sociedade civil.

As modalidades de parceria com as entidades do terceiro setor são estritamente previstas por suas leis criadoras, as quais dispõem sobre os fins almejados para sua qualificação e consequente firmação do vínculo jurídico com a Administração Pública. Assim, uma vez ausente quaisquer previsões neste sentido nas Leis nº 9.637/98[19] 9.790/99[20], as parcerias por elas inauguradas não são instrumentos aptos à efetivação do direito à moradia.

---

contratos de obras previstos pela Lei nº 8.666/93. Isto porque o foco do presente trabalho foi o desempenho de atividades de interesse público, voltadas para a consecução do direito à moradia, por particulares, e não a mera construção, reforma, fabricação, recuperação ou ampliação, na forma do art. 6º, I, da Lei nº 8.666/93.

[19] O art. 1º da Lei nº 9.637/98 dispõe que: "Art. 1o O Poder Executivo poderá qualificar como organizações sociais pessoas jurídicas de direito privado, sem fins lucrativos, cujas atividades sejam dirigidas ao ensino, à pesquisa científica, ao desenvolvimento tecnológico, à proteção e preservação do meio ambiente, à cultura e à saúde, atendidos aos requisitos previstos nesta Lei."

[20] Conforme dispõe o art. 3º 9.790/99: "Art. 3o A qualificação instituída por esta Lei, observado em qualquer caso, o princípio da universalização dos serviços, no respectivo âmbito de atuação das Organizações, somente será conferida às pessoas jurídicas de direito privado, sem fins lucrativos, cujos objetivos sociais tenham pelo menos uma das seguintes finalidades:

I – promoção da assistência social;

II – promoção da cultura, defesa e conservação do patrimônio histórico e artístico;

III – promoção gratuita da educação, observando-se a forma complementar de participação das organizações de que trata esta Lei;

IV – promoção gratuita da saúde, observando-se a forma complementar de participação das organizações de que trata esta Lei;

V – promoção da segurança alimentar e nutricional;

VI – defesa, preservação e conservação do meio ambiente e promoção do desenvolvimento sustentável;

VII – promoção do voluntariado;

VIII – promoção do desenvolvimento econômico e social e combate à pobreza;

IX – experimentação, não lucrativa, de novos modelos sócio-produtivos e de sistemas alternativos de produção, comércio, emprego e crédito;

X – promoção de direitos estabelecidos, construção de novos direitos e assessoria jurídica gratuita de interesse suplementar;

XI – promoção da ética, da paz, da cidadania, dos direitos humanos, da democracia e de outros valores universais;

O DIREITO ADMINISTRATIVO SOCIAL E ECONÔMICO

Já a Lei 13.019/14[21], que veio a inaugurar as organizações da sociedade civil, não estabeleceu possibilidades restritas para a celebração de parcerias com a Administração Pública, limitando-se a prever quais organizações seriam aptas a firmar o vínculo jurídico. Assim, a princípio, não haveria óbice de que estas entidades pudessem vir a contribuir para a efetivação do direito à moradia, inclusive com a possibilidade de serem celebrados termos de fomento ou de colaboração com o fito de, apoiadas com recursos públicos, desempenharem, por exemplo, mutirões de construção de casas populares ou de reformas e ampliação de complexos residenciais já existentes. Em suma, o papel de fomento do Estado seria exercício de forma a dar condições para que essas entidades desempenhassem suas ações, de forma não lucrativa e desde que presentes os requisitos necessários à sua qualificação enquanto instituições alcançadas pela referida lei.

No entanto, o art. 5º da Lei nº 13.019/14, ao dispor sobre a celebração dos termos de colaboração ou de fomento, institui, como norma geral, estabelece que o regime jurídico disciplinado no diploma se destina a assegurar destinações específicas:

XII – estudos e pesquisas, desenvolvimento de tecnologias alternativas, produção e divulgação de informações e conhecimentos técnicos e científicos que digam respeito às atividades mencionadas neste artigo.
XIII – estudos e pesquisas para o desenvolvimento, a disponibilização e a implementação de tecnologias voltadas à mobilidade de pessoas, por qualquer meio de transporte."
[21] Conforme disposto no art. 2º da Lei nº 13.019/14: "Art. 2º Para os fins desta Lei, considera-se: I – organização da sociedade civil:
a) entidade privada sem fins lucrativos que não distribua entre os seus sócios ou associados, conselheiros, diretores, empregados, doadores ou terceiros eventuais resultados, sobras, excedentes operacionais, brutos ou líquidos, dividendos, isenções de qualquer natureza, participações ou parcelas do seu patrimônio, auferidos mediante o exercício de suas atividades, e que os aplique integralmente na consecução do respectivo objeto social, de forma imediata ou por meio da constituição de fundo patrimonial ou fundo de reserva;
b) as sociedades cooperativas previstas na Lei n. 9.867, de 10 de novembro de 1999; as integradas por pessoas em situação de risco ou vulnerabilidade pessoal ou social; as alcançadas por programas e ações de combate à pobreza e de geração de trabalho e renda; as voltadas para fomento, educação e capacitação de trabalhadores rurais ou capacitação de agentes de assistência técnica e extensão rural; e as capacitadas para execução de atividades ou de projetos de interesse público e de cunho social.
c) as organizações religiosas que se dediquem a atividades ou a projetos de interesse público e de cunho social distintas das destinadas a fins exclusivamente religiosos;

Art. 5º O regime jurídico de que trata esta Lei tem como fundamentos a gestão pública democrática, a participação social, o fortalecimento da sociedade civil, a transparência na aplicação de recursos públicos, o princípio da legalidade, da legitimidade, da impessoalidade, da moralidade, da publicidade, da economicidade, da eficiência e da eficácia, destinando-se a assegurar:

I – o reconhecimento da participação social como direito do cidadão;

II – a solidariedade, a cooperação e o respeito à diversidade para a construção de valores de cidadania e de inclusão social e produtiva;

III – a promoção do desenvolvimento local, regional e nacional, inclusivo e sustentável;

IV – o direito à informação, à transparência e ao controle social das políticas públicas;

V – a integração e a transversatilidade dos procedimentos, mecanismos e instâncias de participação social;

VI – a valorização da diversidade cultural e da educação para a cidadania ativa;

VII – a promoção e a defesa dos direitos humanos;

VIII – a preservação, a conservação e a proteção dos recursos hídricos e do meio ambiente;

IX – a valorização dos direitos dos povos indígenas e das comunidades tradicionais;

X – a preservação e a valorização do patrimônio cultural brasileiro, em suas dimensões material e imaterial.

Ou seja, também pelo rol previsto no referido diploma, não haveria autorizativo legal para que sejam celebrados instrumentos aptos à consecução do direito à moradia. Embora se reconheça que o dispositivo citado traz locuções abrangentes, que poderiam comportar eventual interpretação extensiva, mesmo neste caso o direito à moradia não encontraria fundamento normativo para utilizar-lhes dos instrumentos ali previstos.

As concessões, por sua vez, dividem-se em modalidades distintas, sendo as concessões tradicionais previstas pela Lei nº 8.987/95 e as concessões administrativas e patrocinadas pela Lei nº 11.079/04, que normatizou as chamadas Parcerias Público-Privadas. Em suma, as concessões tradicionais se qualificam pela autossustentabilidade da remuneração realizada aos contratados, os quais se valem de tarifas pagas pelos usuários para a contraprestação devida em razão da delegação do serviço público descentralizado.

O DIREITO ADMINISTRATIVO SOCIAL E ECONÔMICO

As concessões patrocinadas bebem da mesma fonte das concessões tradicionais, com a possibilidade, no entanto, de serem acrescidas às tarifas pagas pelos usuários contraprestação dispendida pela Administração Pública. Assim, a concessão patrocinada, a envolver a prestação de serviços públicos, partia do perfil da Lei 8.987/95, a ela referindo-se por diversas vezes. A diferença crucial estaria na previsão de pagamento pelo poder concedente, a que se somariam as tarifas e eventuais outras fontes acessórias.

De certo modo, a concessão patrocinada não revela inovação no modelo tradicional de concessão, dada a possibilidade, nesta lei, ainda que mitigada, de previsão de fontes alternativas somarem-se à tarifa do usuário. Sem dúvidas, ainda que com possibilidades diferenciadas, as Leis nº 11.079/04 e 8.987/95 estão irmanadas neste ponto.

Ambas as hipóteses encontram óbice, quando confrontadas à sua utilização para efetivação do direito à moradia, na necessidade da remuneração ao parceiro privado ser realizada por meio de tarifa paga pelo usuário, a qual demanda que o serviço concedido seja serviço de natureza comercial ou industrial, possibilitando, portanto, a referida cobrança.

A concessão administrativa, lado outro, alforria o poder público, facultando-lhe delegar a parceiros privados serviços públicos ou não. Pagos pelo poder concedente e não pelo usuário, poderiam ainda se destinar à própria máquina estatal. Outros fatores como os alargados prazos de vigência dos contratos e a expertise da experiência privada justificam a origem da concessão administrativa.[22]

As PPPs sofreram importante resistência.[23]

Mais do que as previsões específicas das concessões que disciplinam, as diferenças que singularizam as Leis nº 8.987/95 e 11.079/04 estão em

---

[22] Neste sentido, destacam Marçal Justen Filho e Rafael Wallbach: "O modelo da concessão administrativa propicia soluções a longo prazo tornando superada a questão dos limites temporais dos contratos administrativos da Lei nº 8.666/93. Depois, afasta o drama das limitações orçamentárias, que gera sempre o risco de obras inacabadas. Enfim, permite a obtenção de obras e serviços a ela relacionados concebidos segundo um padrão de eficiência tipicamente privada."In: JUSTEN FILHO, Marçal. WALLBACH, Rafael. Introdução: reflexões iniciais a partir dos 10 anos da Lei das PPP's. JUSTEN FILHO, Marçal. WALLBACH, Rafael (coord). Parcerias Público-Privadas: reflexões sobre os 10 anos da Lei 11.079/2004. São Paulo: Editora Revista dos Tribunais, 2015. p. 36.

[23] Neste sentido, as considerações de Celso Antônio Bandeira de Mello que não considera o modelo das concessões administrativas coeso ao conceito de concessão. Para melhor entendimento, ver: BANDEIRA DE MELLO, Celso Antônio. Serviço Público e Concessão de Serviço Público. São Paulo: Editora Malheiros. 2017.

sua gênese conjuntural. Enquanto a primeira insurge-se em um cenário de transmutação de prioridades do Estado, calcada na noção de privatização, em seu sentido amplo, a segunda busca suplantar, em um contexto desenvolvimentista, restrições imputáveis às concessões comuns.

É certo que um dos pontos fulcrais que ensejou a modelagem das PPP's está na busca de saída para a exigência de autossustentabilidade, característica das concessões comuns. Como dito, a previsão de contraprestação pública, em especial nas concessões administrativas (modalidade em que não há tarifa), destravava barreiras importantes favorecendo maior investimento em infraestrutura e serviços públicos sociais.

Portanto, no bojo das Parcerias Público-Privadas, seria especificamente a modalidade de concessão administrativa, aquela que serviria à efetivação do direito à moradia, motivo pelo qual a Lei nº 11.079/04, que inaugurou o referido instituto, será mais detalhadamente analisada a seguir.

4. Parcerias Público-Privadas com o Poder Público e o Direito à Moradia

As Parcerias Públicos Privadas foram idealizadas como novos instrumentos de aproximação da iniciativa privada, de quem se esperaria a alavancagem financeira (que na prática é relativizada, devido ao apoio dos bancos estatais de fomento) e a expertise necessárias para a solução dos não superados problemas de infraestrutura.

Assim, as PPP's surgem como alternativa à execução indireta disciplinada pela Lei nº 8.666/93, prevendo, além da construção das unidades habitacionais, a gestão do objeto contratado, por prazo de 5 a 35 anos, de forma a dilatar a obrigação do parceiro contratado na manutenção das construções executadas. Trata-se de possibilidade de dinamizar a relação contratual, inclusive para fins de construção de moradias.

Em reunião realizada pela Comissão Executiva Conselho Municipal de Habilitação da cidade de São Paulo é possível perceber esta compreensão pela própria sociedade civil. Um dos cidadãos participantes (Sr. Edmundo) afirmou, conforme consta em Ata da 6ª Reunião Ordinária da Comissão Executiva, que:

> Todo mundo sabe que um processo de licitação de qualquer empreendimento é um sofrimento danado porque a Lei 8666 estabelece um mecanismo de demora no processo de aprovação então você aprova aqui a licitação pra 32 unidades habitacionais e daqui a 4 meses você não tem o vencedor da licitação e se a crise econômica estourar muda tudo e vai ter que voltar tudo pra

cá de novo tem que rever tudo novamente então nós vivemos um processo **nós teremos que ter um processo mais dinâmico de moradia pública talvez a tal da PPP da habitação que nunca saiu e que pudesse ser mais eficaz no processo da construção entre o poder público e o setor privado, mas isso é só pra registro, eu acho que a gente deveria votar favorável, embora eu concordo com as ponderações da Professora Mônica, votar favorável porque isso vai atender às famílias que estão a anos na espera de uma solução pública para seu problema 55 habitacional então é um problema imediato que merece um voto favorável.[24]** (grifou-se)

Uma das questões centrais na utilização das Parcerias Público-Privadas que tenham como objeto a construção de moradias envolve, sem dúvidas, a participação popular no percurso da tramitação do projeto e na posterior execução do contrato. Isto porque, em que pese a necessidade, trazida pela Lei nº 11.079, de ser realizada consulta pública (art. 10, VI) anteriormente à publicação do Edital, a temática da moradia, o uso dos espaços urbanos, e política de distribuição dos empreendimentos à população tem especial sensibilidade.

Laise Reis Silva, analisando o tema, constata que um dos fatores de incerteza na utilização do modelo de Parceria Público-Privada para consecução de políticas habitacionais são as formas de participação e fiscalização por parte da sociedade, especialmente antes da celebração do contrato[25].

A identificação de pontos sensíveis, contudo, não devem ensejar o afastamento do modelo, mas sim acurar os desafios que devem conduzir a práticas mais dialógicas e democráticas – o que, centralmente, é possível identificar na própria pretensão legislativa do diploma que institui tais parcerias.

---

[24] Conforme Ata da 6ª Reunião Ordinária da Comissão Executiva do Conselho Municipal de Habilitação, realizada em 06/12/2008. Disponível em: https://www.prefeitura.sp.gov.br/cidade/secretarias/upload/arquivos/secretarias/habitacao/organizacao/cmh/0004/ata_resumida_6a_reu_ord_secr_exec_16_12_08.pdf. Acesso em: 23/10/2018

[25] A autora cita o Projeto "Casa Paulista" como um dos exemplos em que esta problemática pode ser identificada. Isto porque a discussão da legalidade do projeto estaria justamente na participação popular no percurso das definições das medidas necessárias à parceria, em especial quanto à desapropriação dos prédios centrais da cidade de São Paulo. SILVA, Laise Reis. Políticas públicas habitacionais e as parcerias público-privadas como meio de execução. Revista Científica Multidisciplinar Núcleo do Conhecimento. Ano 03, Ed. 08, Vol. 15, pp.05-24, Agosto de 2018.

4.1. O Caso da PPP Habitacional SP Lote 1 do Estado de São Paulo

A PPP habitacional, de iniciativa do Estado de São Paulo, foi anunciada, em 2014, como sendo a primeira do país na área de habitação de interesse social.

A fim de posicionar a iniciativa desde sua gênese, em 2011 foi instituída na Secretaria da Habitação e diretamente subordinada ao Titular da Pasta, a Agência Paulista de Habitação Social – Agência (Decreto nº 57.370, de 27/09/11), posteriormente denominada Casa Paulista (Decreto nº 60.257, de 19/03/14) com a finalidade de fomentar e executar programas e ações na área de habitação de interesse social do Estado.

A Casa Paulista deu início ao projeto de PPP Habitacional por meio de Chamamento Público 004/2012, de 05/05/2012, para modelagem de propostas de intervenção no centro expandido da cidade de São Paulo.

Em 23/03/2015, foi assinado o Contrato de concessão administrativa SH nº 001/2015 entre a PPP Habitacional Lote 1 S.A. (Sociedade de Propósito Específico) e o Estado de São Paulo, através da Secretaria da Habitação. O objeto do contrato foi assim definido: "Parceria Público-Privada para Concessão Administrativa destinada à implantação de habitações de interesse social, habitação de mercado popular na região central da Cidade de São Paulo e a prestação de serviços de desenvolvimento de trabalho social de pré e pós ocupação, de apoio à gestão condominial e gestão de carteira de mutuários e de manutenção predial"[26].

O prazo da concessão foi definido em 20 (vinte) anos, e o valor estimado da contratação para o Lote 1 foi de R$ 1.857.709.240,00 (um bilhão, oitocentos e cinquenta e sete milhões, setecentos e nove mil, duzentos e quarenta reais).

Conforme as regras previstas em edital, serão destinadas 80% das unidades para inscritos que residam fora da área central e 20% para interessados que morem na região. As reservas previstas na legislação estadual foram atendidas: 5% para idosos; 7% para pessoas com deficiência; 4% para

---

[26] SÃO PAULO (SP). Contrato SH nº 001/2015. [Parceria Público-Privada para Concessão Administrativa destinada à implantação de habitações de interesse social, habitação de mercado popular na região central da Cidade de São Paulo e a prestação de serviços de desenvolvimento de trabalho social de pré e pós ocupação, de apoio à gestão condominial e gestão de carteira de mutuários e de manutenção predial.] Disponível em: < https://www.habitacao.sp.gov.br/ppp/Arquivos/ContratoAssinado/ContratoAssinado.pdf>. Acesso em: 24/10/2019.

policiais, agentes de segurança e escolta penitenciária; e 10% para servidores públicos de qualquer esfera da administração pública.

Além disso, a chamada PPP do Centro prevê a construção de 3.683 moradias, com 2.260 habitações de interesse social (HIS) – para famílias que ganham de R$ 810 a R$ 4.344 e com subsídio estadual – e outras 1.423 de mercado popular (HMP) – para famílias com renda de R$ 4.344,01 a R$ 8.100 e sem subsídio.

Posteriormente à assinatura do Contrato, deu-se início ao cumprimento do cronograma de ações necessárias à consecução da finalidade pretendida, incluindo a necessidade de chamamento das famílias interessadas e de realização do sorteio para eleger os contemplados.

O primeiro sorteio, realizado em setembro de 2017, contemplou 601 (seiscentos e um) apartamentos, e o segundo, realizado em 21/03/2018, teve como objeto 961 (novecentos e sessenta e um apartamentos).

Em recente notícia veiculada pela Secretaria de Habitação do Estado de São Paulo, são relatadas as condições das unidades construídas, nas quais os cidadãos sorteados habitarão, dando a exata dimensão da conquista de um espaço digno, que tem o condão de transformar realidades concretas.

As unidades têm 47,86 m², dois dormitórios, sala, cozinha, banheiro e área de serviço. As moradias respeitam e incorporam as melhorias estabelecidas como diretrizes de qualidade com piso cerâmico em todos os cômodos, azulejos nas paredes da cozinha e do banheiro, laje de forro de concreto, medição individualizada de água, acessibilidade, entre outras melhorias.

A infraestrutura urbana conta também com completa pavimentação, paisagismo, espaço para estacionamento, quadra esportiva, playground, área de lazer e centro comunitário. Desde 2015, na região administrativa de Registro foram entregues 259 Habitações de Interesse Social (HIS). Outras 373 estão em obras. Essas unidades representam R$ 44,7 milhões em investimentos pelos dois braços operacionais da Secretaria de Estado da Habitação – CDHU e Agência Casa Paulista.[27]

---

[27] PPP da Habitação promove sorteio de mais 961 apartamentos na capital. São Paulo – Governo do Estado, São Paulo, 21 mar 2018. Últimas notícias. Disponível em: <http://www.saopaulo.sp.gov.br/ultimas-noticias/ppp-da-habitacao-promove-sorteio-de-mais-961-apartamentos-na-capital/>. Acesso em: 24/10/2019.

No mesmo informe, o depoimento de uma das contempladas com uma unidade habitacional exemplifica como que as Parcerias Público-Privadas podem de fato ensejar a efetivação do direito à moradia, dando-lhe contornos empíricos de um direito social consolidado. Veja-se:

> "Sou divorciada há oito anos e pago aluguel de R$ 550. Minha filha tem paralisia cerebral e a casa que moramos no momento é inacessível para ela. Todos os dias tenho que subir 17 degraus com ela no colo sempre que chegamos em casa. Agora, com a nova casa que conquistamos, vamos ter conforto. Só tenho a agradecer", disse a sorteada Regiane Pires Rosa.[28]

Em que pese tais manifestações, a dinâmica de distribuição das unidades não passou incólume às críticas. Isto porque identificou-se que os critérios eleitos pelo Contrato não propiciariam a alocação das unidades à população mais vulnerável, mas seriam fundados em uma metodologia incapaz de gerar a destinação pretendida. Este é o posicionamento de Beatriz Kara José e Helena Menna Barreto Silva:

> E ainda, como garantir que estas unidades sejam mesmo atribuídas à demanda de renda média-baixa e, principalmente, baixa, que é a maior parte da população que habita e trabalha no centro? Da forma como a proposta se coloca, estabelecendo como vínculo ao centro o fato de se trabalhar com carteira assinada na região, em absoluto significa garantia ao atendimento desta população. Primeiro, por que boa parte não possui vínculo formal de trabalho, condição que também tem sido amplamente demonstrada por estudos do centro Gaspar Garcia de Direitos Humanos, por exemplo. O efeito perverso poderá ser o de justamente expulsar a população que tem vínculos de trabalho e moradia com a região central, os quais, mesmo não formais, fazem parte de sua estratégia de sobrevivência.

Novamente, retoma-se a necessidade de que os instrumentos, em especial tais modelos de parceria, sejam instrumentos aptos a atingir os fins pretendidos. Se a efetivação do direito à moradia é anunciada como objeto primeiro de tais vínculos, e uma vez comprovada a viabilidade de

---

[28] Habitação sorteia 21 casas para famílias de Eldorado – Governo do Estado, São Paulo, 08 nov 2018. Últimas notícias. Disponível em: < http://homologacao.habitacao.sp.gov.br/noticias/viewer.aspx?Id=8295>. Acesso em: 24/10/2019.

tal modelo para este objetivo, a estruturação dos critérios e requisitos para a alocação de unidades deve ser pensada também sob este espeque.

Em suma, os fins devem guiar os meios, e com eles guardar coerência e sintonia.

4.2. O Caso da COHAB da Prefeitura de São Paulo

A Companhia Metropolitana de Habitação de São Paulo – COHAB-SP publicou, em 1º de novembro de 2018, o Edital de Concorrência Internacional nº COHAB-SP nº 001/2018, cujo objeto foi a contratação de "Parceria Público-Privada para Concessão Administrativa destinada à implantação de habitações de interesse social e mercado popular na cidade de São Paulo, acompanhada de infraestrutura urbana, equipamentos públicos, empreendimentos não residenciais privados e da prestação de serviços que especifica."[29]

O tipo de licitação foi definido como sendo o "menor valor da contraprestação anual máxima", conforme art. 12, inciso II, alínea "a" da Lei nº 11.079/04[30], e o objeto contratado foi dividido em 12 (doze) lotes, totalizando o valor estimado de contratação de R$ 4.307.146.165,00 (quatro bilhões, trezentos e sete milhões, cento e quarenta e seis mil, cento e sessenta e cinco reais).

Dentre os atrativos ofertados pela Administração Pública à participação de particulares na licitação estão o direito de explorar por 20 anos pontos comerciais no térreo de todos os edifícios, além de contrato para fazer a gestão condominial.

Foram adjudicados e assinados os Contratos nº 01/19, 02/19, 03/19, 04/19, 05/19 e 06/19, referentes aos Lotes 1, 5, 7, 9, 11 e 12, respectivamente.

---

[29] SÃO PAULO (SP). Edital de Concorrência Internacional nº COHAB-SP 001/2018. [Parceria Público-Privada para concessão administrativa destinada à implantação de habitações de interesse social e mercado popular na cidade de São Paulo, acompanhada de infraestrutura urbana e equipamentos públicos, da prestação de serviços que especifica.] Disponível em: <https://www.imprensaoficial.com.br/ENegocios/MostraDetalhesLicitacao_14_3.aspx?IdLicitacao=1222478#24/10/2019>. Acesso em: 24/10/2019.

[30] São estes os termos do art. 12, inciso II, alínea "a" da Lei nº 11.079/04:" Art. 12. O certame para a contratação de parcerias público-privadas obedecerá ao procedimento previsto na legislação vigente sobre licitações e contratos administrativos e também ao seguinte: II – o julgamento poderá adotar como critérios, além dos previstos nos incisos I e V do art. 15 da Lei no 8.987, de 13 de fevereiro de 1995, os seguintes: a) menor valor da contraprestação a ser paga pela Administração Pública;"

Os lotes 2, 3, 4, 6, 8 e 10 restaram desertos. Os instrumentos contratuais foram assinados em 19/06/2019.

Em sequência, a Prefeitura de São Paulo já anunciou a segunda etapa da PPP de Habitação Social, quando será viabilizada a construção de 12.370 unidades habitacionais em seis lotes, remanescentes do primeiro chamamento público, que somados totalizarão 25.550 novas moradias.

É interessante ainda notar que, segundo a Prefeitura, analisando o instrumento da Parceria Público-Privada como modelo contratual apto a efetivar o direito à moradia, assim se manifestou:

> Além de ser uma alternativa no combate ao déficit habitacional de São Paulo, a PPP da habitação garante a manutenção predial por 20 anos, apoio à gestão condominial, trabalho técnico social pré e pós-ocupação. Ela não substitui nem reduz nenhum programa ou ação existente.

Vê-se, portanto, que a medida, instrumentalizada através de parceria com a iniciativa privada, não tem o condão (ao menos pelo que se anunciou) de substituir ou mitigar outras ações do Poder Público voltadas à efetivação do direito à moradia, inclusive àquelas inseridas no âmbito do Programa Minha Casa Minha Vida.

É dizer: o instrumento das Parcerias Público-Privadas municia a Administração Pública de mais uma opção para o desenvolvimento de suas atividades estatais, especialmente requeridas quando da necessidade de suprir carências sociais fundamentais, como a moradia digna às populações carentes.

Conclusões

A evolução da conformação do Estado e de suas características e a assunção paulatina de um papel prestacional, sobretudo após a segunda metade do Século XX, incentivaram a Administração Pública a buscar formas, fora de sua própria estrutura, para a efetivação dos direitos sociais. Após a promulgação da Constituição Federal de 1988, e de acordo com a previsão do art. 6º, o direito à moradia foi especialmente conclamado, passando a ser pensado como uma finalidade a ser alcançada por meio dos instrumentos disponíveis pela Administração.

Dentre as possibilidades de parcerias a serem firmadas com particulares para efetivação do direito à moradia, a Parceria Público-Privada, na modalidade concessão administrativa, a qual não envolve o pagamento de tarifas, é a mais adequada, por suas especificidades e características, a mais recomendada para este fim. Exemplo disso são os casos apresentados de PPP executadas no âmbito do Estado de São Paulo, experiência que vem demonstrando bons indicativos de cumprimento de seu objetivo de servir à consecução do direito social à moradia.

Tratando-se de contratos de longo prazo, que apenas recentemente começaram a ser experimentados, não é possível, de antemão, anunciar o sucesso ou as insuficiências do modelo, que demandará continua gestão e fiscalização para se aperfeiçoar.

Contudo, já é possível identificar, pelas experiências havidas, a premente necessidade de que estes projetos, investidos no objetivo de efetivar o direito à moradia, sejam permeados por uma ampla e eficaz participação popular, apta a garantir-lhes legitimidade democrática, respaldo jurídico e aderência às demandas sociais.

Referências

BRASIL, Constituição da República Federativa do Brasil de 1988. Disponível em :< www. planalto.gov.br/ccivil_03/Constituicao/Constituicao.htm>

BRASIL, Lei nº 8.987, de 13 de fevereiro de 1995. Disponível em < http://www.planalto. gov.br/ccivil_03/LEIS/L8987cons.htm>

BRASIL, Lei nº 9.637, de 15 de maio de 1998. Disponível em < http://www.planalto.gov. br/ccivil_03/LEIS/L9637.htm >

BRASIL, Lei nº 9.790, de 23 de março de 1999. Disponível em < http://www.planalto.gov. br/ccivil_03/LEIS/L9790.htm >

BRASIL, Estatuto das Cidades, Lei nº 10.257, de 10 de julho de 2001. Disponível em < http://www.planalto.gov.br/ccivil_03/leis/LEIS_2001/L10257.htm >

BRASIL, Lei nº 11.079, de 30 de dezembro de 2004. Disponível em < http://www.planalto.gov.br/ccivil_03/_ato2004-2006/2004/lei/l11079.htm >

BRASIL, Lei nº 13.019, de 31 de julho de 2014. Disponível em < http://www.planalto.gov. br/ccivil_03/_Ato2011-2014/2014/Lei/L13019.htm >

BANDEIRA DE MELLO, Celso Antônio. Serviço público e concessão de serviço público. São Paulo: Editora Malheiros, 2017.

BITENCOURT NETO, Eurico. Concertação administrativa interorgânica. São Paulo. Editora Almedina. 2017.

DI PIETRO. Maria Sylvia Zanella. Parcerias na administração pública: concessão. permissão, franquia, terceirização, parceria público-privada e outras formas. 10. ed. São Paulo: Atlas, 2015.

DIAS, Maria Tereza Fonseca. Terceiro setor e Estado – Legitimidade e Regulação: por um novo marco jurídico. Belo Horizonte: Editora Fórum. 2008.

DIAS, Maria Tereza Fonseca. CALIXTO, Juliano dos Santos. A Efetividade do Direito à Moradia Adequada a Partir da Segurança na Posse no Direito Internacional e no Direito

Brasileiro. Revista de Direito Urbanístico, Cidade e Alteridade | e-ISSN: 2525-989X | Minas Gerais | v. 1 | n. 2| p. 293-312 | Jul/Dez. 2015. p. 296.

GUSTIN, Miracy Barbosa de Sousa. DIAS, Maria Tereza Fonseca. (Re)pensando a pesquisa jurídica: teoria e prática. 4. ed. Belo Horizonte: Editora Del Rey, 2013.

QUEIROZ, Cristina. M. M. Direitos Fundamentais Sociais. Coimbra: Coimbra, 2006.

MARQUES NETO, Floriano de Azevedo. Concessões. Belo Horizonte: Fórum, 2015.

MEDAUAR, Odete. O direito administrativo em evolução. 3 ed. São Paulo: Editora Gazeta Jurídica.

MEIRELES, Ana Cristina Costa. A eficácia dos direitos sociais. Salvador: JusPodvim, 2008.

SARLET, Ingo Wolfgang. A eficácia dos direitos fundamentais. 8. ed. rev. atual. – Porto Alegre: Livraria do Advogado Ed., 2007.

SILVA, Laise Reis. Políticas públicas habitacionais e as parcerias público-privadas como meio de execução. Revista Científica Multidisciplinar Núcleo do Conhecimento. Ano 03, Ed. 08, Vol. 15, pp.05-24, Agosto de 2018.

TÁCITO, Caio. O retorno do pêndulo: serviço público e empresa privada. O exemplo brasileiro. Revista de Direito Administrativo. Rio de Janeiro, 202: 1-10. Out/dez 1995.

4

Parcerias na Saúde: Modelos de Participação de Entes Privados no Serviço Público de Saúde

BRUNO FONTENELLE GONTIJO
MARIA TEREZA FONSECA DIAS

Introdução

Desde as mudanças gerenciais ocorridas na Administração Pública brasileira na década de 1990, com o Plano Diretor da Reforma do Estado, houve uma mutação na concepção de gestão pública, propugnando-se, cada vez mais, pela eficiência na prestação de serviços públicos (DI PIETRO, 2012, p. 32-34; DIAS, 2003).

Desta forma, a legislação brasileira, tanto em âmbito constitucional, quanto infraconstitucional, buscou alternativas para a efetivação concreta dos serviços públicos de qualidade, como se observa no Capítulo III, da Lei Geral das Concessões (Lei nº 8.987/1995) – que estabelece o "serviço adequado" como direito dos usuário (BRASIL, 1995) – e no modelo das Parcerias Público-Privadas (Lei nº 11.079/2004) que trata, em seu art. 4º, da eficiência no cumprimento das missões de Estado e no emprego dos recursos da sociedade, bem como "respeito aos interesses e direitos dos destinatários dos serviços." (BRASIL, 2004)

Em relação ao serviço público de saúde, nota-se que apenas na Constituição Federal de 1988 tal serviço foi considerado direito fundamental, após diversas reivindicações de inúmeros setores da sociedade brasileira (DUARTE, 2009, p. 137), culminando com a criação do Sistema Único de Saúde, pela Lei nº 8.080/1990.

O DIREITO ADMINISTRATIVO SOCIAL E ECONÔMICO

O serviço público de saúde, inserido nesse contexto, previu a possibilidade de entidades da iniciativa privada participarem na execução de tal serviço público, conforme art. 197 da Constituição Federal.[1]

O art. 199, § 1º, da CF, por sua vez, estabeleceu que "[a]s instituições privadas poderão participar de forma complementar do sistema único de saúde [...]" (BRASIL, 1988).

Não houve consenso doutrinário quanto à extensão do termo complementar: por um lado, Di Pietro entendeu que o dispositivo afasta a possibilidade de que o particular assuma a gestão do serviço de saúde, cabendo unicamente à Administração prestar tal atividade (DI PIETRO, 2012, p. 232).

Por outro lado, também se entendeu que o particular poderia assumir a gestão do serviço de saúde. Fernando Mânica afirma, nesse contexto, que a participação privada complementar tem como propósito ampliar a cobertura assistencial, diminuir os custos e melhorar a qualidade do atendimento do serviço público de saúde. (MÂNICA, 2010, p. 175)

No entanto, apesar do dissenso quanto a extensão da atuação do setor privado, diversos modelos de parceria entre o ente público e o ente particular foram criados com o propósito de garantir a prestação dos serviços sociais de saúde. Além da previsão expressa na legislação, a saúde é uma atividade complexa e indispensável à coesão social, razão pela qual a gestão de sua prestação deve apresentar múltiplos instrumentos.

Este texto se propõe, portanto, a analisar, numa perspectiva dogmático-jurídica, os principais modelos de parceria sob o enfoque do serviço público de saúde, sob a premissa de sua constitucionalidade e legalidade. Para tanto, buscou-se compreender tal serviço público, tanto historicamente, quanto no âmbito da Constituição de 1988, para discutir, sob perspectiva crítica, os seus modelos de gestão, entre os quais destacam-se: as parcerias com entidades do terceiro setor, o convênio, a terceirização e a concessão.

1. O Serviço Público de Saúde na Constituição de 1988

A saúde pode ser entendida como "[...] pressuposto mínimo para que cada indivíduo possa empenhar a sua capacidade em prol de seus objetivos, de forma que sua ausência implica, por si só, injustiça." (DUARTE, 2009,

---

[1] Art. 197. São de relevância pública as ações e serviços de saúde, cabendo ao Poder Público dispor, nos termos da lei, sobre sua regulamentação, fiscalização e controle, devendo sua execução ser feita diretamente ou através de terceiros e, também, por pessoa física ou jurídica de direito privado. (BRASIL, 1988, grifos acrescidos)

p. 132) Sendo tal garantia de grande importância para a manutenção da qualidade de vida, a Constituição Federal, em seu art. 6º, *caput*, a considera como direito social e, portanto, direito fundamental[2,] o que também pode ser encontrado no art. 2º da Lei Orgânica da Saúde (Lei nº 8.080/1990)[3].

Historicamente, no entanto, tanto o direito à saúde, quanto a organização dos serviços de saúde só foram instituídos como normas constitucionais a partir da Carta de 1988. Nesse sentido, pode-se afirmar que tal mudança institucional se revela como uma das mais importantes conquistas da sociedade brasileira, pois "[...] considerada como fruto de um longo processo de acúmulo e lutas sociais que, desde os anos 1970, envolve movimentos populares, trabalhadores da saúde, usuários, gestores, intelectuais, sindicalistas e militantes dos diversos movimentos sociais." (DUARTE, 2009, p. 137)

Deste modo, face à importância de tal atividade, Fernando Borges Mânica define os serviços públicos de saúde como "[...] atividades assistenciais ofertadas em caráter permanente, com o objetivo de promover, proteger e recuperar a saúde das pessoas, as quais são assumidas pelo Estado como sua responsabilidade e sujeitas a uma série de regras e princípios que conformam seu regime jurídico." (MÂNICA, 2010, p. 130)

Assim sendo, como forma de assegurar a presença efetiva do Estado na prestação do serviço, o art. 198 da Constituição (BRASIL, 1988) estabelece a descentralização com diretriz do Sistema Único de Saúde (SUS), ocasionando a colaboração recíproca dos entes federativos para a consecução dos resultados afetos ao sistema de saúde.

Nesse sentido, Araújo e Nunes Junior destacam que:

> A Constituição preconizou um regime de cooperação entre União, Estados e Municípios, que devem, em comunhão de esforços, incrementar o atendimento à saúde da população. Cada uma dessas esferas, embora devam agir em concurso e de forma solidária, uma suplementando a outra, tem a sua competência administrativa definida pela Lei n. 8.080/90. (ARAUJO e NUNES JÚNIOR, 2002, p. 434)

---

[2] Art. 6º São direitos sociais a educação, **a saúde**, a alimentação, o trabalho, a moradia, o transporte, o lazer, a segurança, a previdência social, a proteção à maternidade e à infância, a assistência aos desamparados, na forma desta Constituição. (BRASIL, 1988, grifos acrescidos)

[3] "Art. 2º A saúde é um direito fundamental do ser humano, devendo o Estado prover as condições indispensáveis ao seu pleno exercício." (BRASIL, 1990)

O DIREITO ADMINISTRATIVO SOCIAL E ECONÔMICO

Portanto, conforme o sistema constitucional, a responsabilidade pela prestação dos serviços de saúde pública é imputada a todos os entes federativos, não podendo haver a escusa da oferta de determinado bem ou serviço por qualquer deles sob o fundamento da ausência de competência (DUARTE, 2009, p. 138).

De resto, a Constituição da República estabelece em seu art. 196, que "a saúde é direito de todos e dever do Estado", devendo ser implementada "mediante políticas sociais e econômicas que visem à redução do risco de doença e de outros agravos e ao acesso universal e igualitário às ações e serviços para a sua promoção proteção e recuperação" (BRASIL, 1988). O artigo 198, *caput* e §2º, por sua vez, destacam as "[...] ações e serviços públicos de saúde integram uma rede regionalizada e hierarquizada e constituem um sistema único [...]", devendo ser prestados em atendimento integral. (BRASIL, 1988)

A partir disso, pode-se identificar dois princípios constitucionais essenciais à prestação do serviço público de saúde: integralidade do atendimento e a igualdade e universalidade do acesso.

Quanto à integralidade do atendimento, importante frisar que, conforme o inciso II, do art. 7º, da Lei Orgânica da Saúde, tal tópico deverá ser entendido como "[...] conjunto articulado e contínuo das ações e serviços preventivos e curativos, individuais e coletivos, exigidos para cada caso em todos os níveis de complexidade do sistema." (BRASIL, 1990)

Assim, nas palavras de Mânica, "[...] a aplicação do princípio da integralidade não se volta diretamente à prestação de cada serviço de saúde em si, mas à organização de todo o sistema público de saúde, que deve garantir prestações interligadas, voltadas tanto à prevenção quanto à cura de doenças." (MÂNICA, 2010, p. 141)

Já o princípio da universidade e igualdade do acesso, Herberth Costa Figueiredo descreve como a atenção equânime perante toda a população, efetivando materialmente o princípio da igualdade. Segundo o autor:

> [...] **igualdade material na assistência à saúde**, com ações e serviços priorizados em função de situações de risco e condições de vida de determinados indivíduos ou grupos da população. O Governo, em qualquer nível de gestão, cuidará de prestar uma **atenção igualitária para toda a pessoa e coletividade**, pois o que deve determinar o tipo de atendimento é a intensidade e a forma da doença, e não o do extrato socioeconômico e cultural a que pertença a pessoa (FIGUEIREDO, 2015, p. 127, grifos acrescidos)

Assim sendo, de acordo com o art. 199 da Constituição (BRASIL, 1988), os serviços de saúde serão prestados, tanto pela ação direta e indireta do Estado, quanto pela iniciativa privada, de maneira complementar. Portanto, o princípio aqui trabalhado implica na garantia de que a população deverá receber auxílios médicos, independentemente que seja por meio de um ente privado ou público, conforme será abordado posteriormente.

2. Transformações da Participação dos Entes Privados no Serviço de Saúde

No contexto europeu, em decorrência da Segunda Guerra Mundial, surgiu um modelo de Estado que não só delimitava e regulava as atividades econômicas, por meio de da interferência estatal, como buscava diminuir as desigualdades sociais.

Chamado por Onofre Alves Batista Júnior de *Estado Providência*, devido ao seu grande aparato prestador, cabia à Administração ser a principal provedora de bens e serviços públicos, razão pela qual houve a necessidade de sua reestruturação organizacional e de gestão. Em suas palavras:

> O novo pacto social desenhado do pressuposto que o capital deve pagar os tributos para que **o "Estado Providência" possa prestar serviços necessários ao atendimento das necessidades dos trabalhadores**. O entrechoque entre o capital e o trabalho é assim "camuflado" e, em nome da paz social, esse enfrentamento só se deve revelar na forma de duas lutas: capital X Estado; Estado X trabalho. (BATISTA JUNIOR, 2015, p. 33, grifos acrescidos)

Desta forma, com a finalidade de substituir o setor privado na execução de tais serviços, foram criadas empresas públicas, sociedades de economia mista e fundações, ampliando-se, significativamente, o rol de atribuições estatais (SILVA e SILVA, 2019, p. 164).

Sobre esse momento histórico, lecionam Streck e Morais que:

> Intervenções são assumidas para manter os desamparados; oficinas públicas são mantidas para resolver o desemprego, legislação sobre o trabalho de menores, regulação da jornada de trabalho, leis relativas à segurança no trabalho [...] assim é que a liberdade contratual e econômica, símbolos da doutrina econômica liberal – o liberalismo –, é fortemente reduzida pela participação do Estado como ator do jogo econômico, atuando no e sobre o domínio econômico, e, em um sentido mais amplo, do jogo social como um todo, parti-

cipando das mais variadas formas nas lutas, reivindicações e arranjos sociais como ator privilegiado. (STRECK e MORAIS, 2010, p. 65)

Contudo, em decorrência da crise econômica nos anos setenta do século passado, a retração do desenvolvimento econômico e o crescente movimento da globalização, preconizou-se, a partir dos anos oitenta e noventa, um novo paradigma estatal, em que se prezava pela sustentabilidade financeira e a eficiência na prestação de serviços.

Tal mudança paradigmática no aparelho do Estado preconizava a necessidade de restringir os custos e aumentar a qualidade dos serviços, tendo o cidadão como beneficiário, independentemente dos meios ou procedimentos utilizados para tal.

Assim, Di Pietro destaca que "[...] a reforma do aparelhamento do Estado passa a ser orientada predominantemente pelos valores da eficiência e qualidade na prestação de serviços públicos e pelo desenvolvimento de uma cultura gerencial nas organizações." (DI PIETRO, 2012, p. 33) Busca-se, então, a constituição do *Estado Gerencialista*.

Nesse sentido, destaca Edite Hupsel:

> [...] o ressurgimento de um Estado menor, mais modesto, tendo o princípio da subsidiariedade como um dos seus vetores, a busca da eficiência do Estado, uma das suas metas na prestação de serviços públicos; e a insuficiência do Estado no custeio da prestação direta das obras e serviços públicos, todas estas causas geraram alterações no modelo de atuação deste mesmo Estado, que veio então a se transformar, através de um processo de desestatização promovido em inúmeros países que gerou a venda de empresas estatais e a transferência da prestação de serviços públicos ao setor privado. (HUPSEL, 2014, p. 41)

A partir da visão de execução de serviços públicos ineficientes por parte dos entes estatais, o Brasil, na década de noventa, formulou, em âmbito federal, o Plano Diretor da Reforma do Estado, em que se buscou, por meio da Emenda Constitucional nº 19/98, a eficiência na prestação de tais atividades públicas, primando pelo desenvolvimento gerencial nas atividades estatais (DI PIETRO, 2012, p. 32-34).

Tal eficiência, é descrita por Mânica como forma de transformar a legalidade formal e abstrata em legalidade material e finalística. Em suas palavras:

> **É a transformação do princípio da legalidade formal pelo princípio da legalidade material, como resultado da incorporação do princípio da eficiência**. A partir dessa conjugação – legalidade/eficiência – a disciplina das atividades estatais, corresponda ela ou não ao que se entenda em determinado contexto normativo como serviço público, deve levar em conta a realidade em que a atividade é desempenhada e a pessoa a quem ela é destinada. (MÂNICA, 2010, p. 51, grifos acrescidos)

A partir dessa lógica, supõe-se que não tenha ocorrido a perda da influência da Administração, com a renúncia dos princípios do Direito Administrativo, mas sua reestruturação, com o fim de aumentar sua flexibilidade quando necessário, porém conservando sempre garantias de boa administração.

A partir disso, o Estado brasileiro ampliou os mecanismos das parcerias com a iniciativa privada, sob justificativa de melhorar a qualidade dos serviços públicos prestados.

No que tange especificamente aos serviços de saúde, o próprio texto constitucional autorizou, em seu art. 197, que instituições privadas participem do Sistema Único de Saúde. Importante ressaltar, porém, que tal participação, conforme artigo 199 será de maneira complementar e deverá seguir as diretrizes do SUS – tais como a igualdade e a universalidade do acesso e a integralidade do atendimento.

Ademais, deve-se priorizar as parcerias públicas com as entidades filantrópicas e as sem fins lucrativos, vedando-se a participação direta ou indireta de empresas ou capitais estrangeiros na assistência à saúde no país, salvo nos casos previstos em lei.

No que tange à participação complementar, partindo ainda dos pressupostos do Estado Providência, Di Pietro defende que o sentido de complementariedade se refere à necessidade de prestação estatal direta no serviço de saúde, sendo outorgáveis, unicamente, as atividades complementares, ou de meio. Para a autora,

> [...] a Constituição, no dispositivo citado [§1º do art. 199], permite a participação de instituições privadas "de forma complementar", o que **afasta a possibilidade de que o contrato tenha por objeto o próprio serviço de saúde, como um todo, de tal modo que o particular assuma a gestão de determinado serviço.** Não pode, por exemplo, o Poder Público transferir a uma instituição privada toda a administração e execução das atividades de

saúde prestadas por um hospital público ou por um centro de saúde; **o que pode o Poder Público é contratar instituições privadas para prestar atividades meio**, como limpeza, vigilância, contabilidade, ou mesmo determinados serviços técnico especializados, como os inerentes aos hemocentros, realização de exames médicos, consultas etc. [...] (DI PIETRO, 2012, p. 232, grifos acrescidos)

Di Pietro baseia seu posicionamento no art. 24 da Lei Orgânica de Saúde, no qual se estabelece que a participação complementar só será admitida quando as disponibilidades do SUS forem insuficientes para garantir a cobertura assistencial à população de uma determinada área, sendo tal participação formalizada mediante contrato ou convênio, observadas as normas de direito público.

Ademais, o próprio Conselho Nacional de Saúde (CNS) em sua 314ª Reunião Ordinária ocorrida nos dias 14 e 15 de fevereiro de 2019, recomendou que o Governo do Distrito Federal não criasse o Instituto de Gestão Estratégica de Saúde do DF (BARBOSA, 2019), Serviço Social Autônomo no ramo da Saúde, uma vez que retira "[...] a gestão direta do Estado e repassam responsabilidades e prerrogativas para entes privados, seja por meio de parcerias público-privadas ou organizações sociais." (CNS, 2019)

A partir de uma perspectiva mais ampla, Mânica defende que a iniciativa privada poderá exercer suas atividades em relação a todo o sistema público de saúde, devendo ser incluídas todas as atividades voltadas à prevenção de doenças e à promoção, proteção e recuperação da saúde, dentre as quais aquelas de controle e fiscalização (MÂNICA, 2010, p. 163).

Nessa lógica, o autor assevera que a cobertura assistencial universal, integral e gratuita à saúde jamais será suficiente uma vez que:

(i) o Brasil não investe o volume de recursos suficiente para sustentar um sistema público, gratuito e universal;

(ii) não há delimitação de um grupo de pessoas a serem atendidas pelo sistema público;

(iii) não há delimitação de um rol de serviços a serem disponibilizados no âmbito do sistema público e gratuito; e

(iv) o próprio conceito de saúde adotado é amplo e aproxima-se de metas subjetivas e intangíveis como *qualidade de vida* e *felicidade*. (MÂNICA, 2010, p. 173, grifos do autor)

Nesse contexto, destaca o autor que seria impossível o permanente oferecimento de uma cobertura assistencial suficiente, argumentando que, nos moldes da supracitada onda liberalizante nos serviços públicos e à luz do princípio da eficiência, caberia a participação ampla da iniciativa privada nos serviços de saúde. Em suas palavras:

> Se o Estado brasileiro, em qualquer dos níveis federativos, objetiva **ampliar a cobertura assistencial, diminuir os custos, melhorar a qualidade do atendimento, possibilitar maior controle sobre os serviços** – é-lhe facultada, justificadamente, a opção pela **participação privada complementar** – a qual deve ser instrumentalizada pelo modelo de vínculo mais adequado ao respectivo caso concreto (MÂNICA, 2010, p. 175, grifos acrescidos).

Sendo assim, frente a tal impasse acerca da hermenêutica da Constituição – que envolve questões de caráter ideológico e doutrinário – quanto a extensão da participação nas atividades relacionadas à saúde por entes privados, o Supremo Tribunal Federal possui dois importantes e recentes posicionamentos acerca da participação so setor privado na saúde, conforme descritos a seguir.

3. A Participação do Setor Privado na Saúde: A Jurisprudência Recente do Supremo Tribunal Federal
3.1. ADI 1923: Constitucionalidade da Lei das Organizações Sociais
Trata-se de Ação Direta de Inconstitucionalidade que tem por objeto a declaração de inconstitucionalidade de toda a Lei das Organizações Sociais (OS) (Lei 9.637/98), e do inciso XXIV, do art. 24, da Lei nº 8.666/1993, com a redação dada pela Lei nº 9.648/1998.

Interposta pelo Partido dos Trabalhadores e pelo Partido Democrático Trabalhista, argumentou-se, em síntese, que as supracitadas leis "[...] contribuem para um processo de 'privatização' dos aparatos públicos, por meio da transferência, para o 'setor público não-estatal', dos serviços nas áreas de ensino, saúde e pesquisa, dentre outros, transformando-se as atuais fundações públicas em organizações sociais." (BRASIL, 2015)

É nesta ação, na verdade, em que há a mais importante discussão acerca da extensão das parcerias privadas na prestação de serviços sociais, tais como o da saúde. Em outras palavras, é neste momento que se discute, no plenário do Supremo Tribunal Federal, as duas visões sobre o papel do Estado: o Estado Providência *versus* o Estado Gerencialista.

Rosa Weber, defensora da visão intervencionista do Estado, resume o debate na seguinte forma:

> Na verdade, penso eu, estamos aqui a decidir até que ponto a Constituição autoriza organizações de caráter não governamental – na verdade, integrantes do chamado Terceiro Setor – a substituir o Estado no desempenho de atividades que são próprias do Estado, inclusive consagradas no Texto Constitucional como dever do Estado, educação, saúde, enfim, e de que, em princípio, não poderia ele, a meu juízo, abrir mão. Em outras palavras, **se esse discurso sobre o novo modelo gerencial de administração proposto tem, ou não, amparo na arquitetura do Estado contemplada na Constituição**. (BRASIL, 2015, grifos acrescidos)

Em sua sustentação, a ministra afirma que a constitucionalidade das legislações supracitadas seriam uma terceirização da própria atividade estatal, não mais a terceirização na órbita trabalhista, da ótica do trabalho, daquele que executa o trabalho, da atividade do trabalhador, mas da atividade estatal como tal, entendendo, assim, pela sua inconstitucionalidade. (BRASIL, 2015)

Na mesma perspectiva, o ministro Marco Aurélio, defensor da visão intervencionista do Estado, afirma enfaticamente em seu voto que:

> [a] modelagem estabelecida pelo Texto Constitucional para a execução de serviços públicos sociais, como saúde, ensino, pesquisa, cultura e preservação do meio ambiente, não prescinde de atuação direta do Estado, de maneira que **são incompatíveis com a Carta da República leis e programas de governo que emprestem ao Estado papel meramente indutor nessas áreas, consideradas de grande relevância social pelo constituinte.** (BRASIL, 2015, grifos acrescidos)

Destaca, ainda, que a possibilidade legislativa de extinção de órgãos e entidades públicas que prestam serviços públicos sociais, tais como o da saúde, com a absorção da respectiva estrutura para o âmbito particular configura "privatização que ultrapassa as fronteiras" permitidas pela Constituição Federal de 1988. Deste modo, conclui que "[...] o Estado não pode simplesmente se eximir da execução direta de atividades relacionadas à saúde, educação, pesquisa, cultura, proteção e defesa do meio ambiente por meio da celebração de 'parcerias' com o setor privado." (BRASIL, 2015)

PARCERIAS NA SAÚDE: MODELOS DE PARTICIPAÇÃO DE ENTES PRIVADOS NO SERVIÇO...

O ministro Luiz Fux, por outro lado, expôs uma visão mais gerencialista de Estado, razão pela qual entendeu que a participação de entes privados em serviços públicos sociais como a saúde é constitucional, por se tratar de um tipo de intervenção indireta, em que se busca – por meio da regulação, por exemplo – resultados mais eficientes durante a prestação do serviço (BRASIL, 2015). Caberia, ainda, aos agentes públicos, definir qual seria a extensão da participação da iniciativa privada. Nesse sentido, conclui que:

> [...] o **Poder Público não renunciou aos seus deveres constitucionais de atuação nas áreas de saúde, educação, proteção ao meio ambiente, patrimônio histórico e acesso à ciência, mas apenas colocou em prática uma opção válida por intervir de forma indireta para o cumprimento de tais deveres, através do fomento e da regulação**. Na essência, preside a execução deste programa de ação a lógica de que a atuação privada será mais eficiente do que a pública em determinados domínios, dada a agilidade e a flexibilidade que dominam o regime de direito privado. (BRASIL, 2015, grifos acrescidos)

A ministra mineira Cármen Lúcia, também no sentido de defesa ao Estado Gerencialista, entendeu pela possibilidade da participação de entes privados nos serviços públicos, tais quais a saúde. Salienta, contudo, que tal delegação à livre iniciativa deve se dar de acordo com as normas do Direito Administrativo (BRASIL,2015).

Complementa, assim, seu voto afirmando que: "[...] no tocante às parcerias, o que se pretende, o que se buscou foi exatamente uma prestação mais eficiente, que é um dos princípios da Administração Pública, e com recursos públicos, até porque essas entidades têm também os seus limites." (BRASIL, 2015)

Este posicionamento, referente à constitucionalidade da participação de entes privados em serviços públicos, tais como saúde, foi acompanhado pelos ministros Gilmar Mendes, Teori Zavascki e Ricardo Lewandowski, sendo, por maioria, considerado vencedor por cinco votos a dois.

A partir deste julgamento, portanto, rompeu-se com ideia de que caberia unicamente ao Estado a prestação direta dos serviços públicos, possibilitando o exercício de tais atividades pela iniciativa privada, o que também foi objeto de discussão no Recurso Especial n. 581.488/RS, tratado a seguir.

3.2. RE 581.488/RS: Pagamento por Internação em Acomodações Superiores no SUS

Trata-se de Recurso Extraordinário interposto pelo Conselho Regional de Medicina do Estado do Rio Grande do Sul, em que se discutia a constitucionalidade de regra que vedava, no âmbito do Sistema Único de Saúde, a internação em acomodações superiores, bem como o atendimento diferenciado por médico do próprio SUS ou por conveniado, mediante o pagamento da diferença dos valores correspondentes. Tal regra foi considerada constitucional por unanimidade, à luz dos princípios do serviço público de saúde, supramencionados.

Apesar da matéria discutida no julgamento tangenciar o tema aqui trabalhado, parte do voto do Relator, ministro Dias Toffoli, contribui com a discussão acerca da possibilidade da execução de serviços públicos relacionados à saúde por entes privados. Conforme os trechos transcritos a seguir, afirmou que:

A Constituição Federal, portanto, ao disciplinar o direito à saúde, oferece expressamente a **possibilidade de modernização da Administração Pública por meio da participação consensual e negociada da iniciativa privada tanto na gestão de determinadas unidades de saúde quanto na prestação de atividades específicas de assistência à saúde**. Essa parceria fica evidente na leitura dos arts. 197 e 199, §1º, da Constituição Federal, a saber:

> [...]
>
> A ação complementar não implica que o privado se torne público ou que o público se torne privado. Cuida-se de um processo político e administrativo em que o Estado agrega novos parceiros com os particulares, ou seja, com a sociedade civil, buscando ampliar, completar, ou intensificar as ações na área da saúde.
>
> **Não significa, sob o espectro constitucional, que somente o poder público deva executar diretamente os serviços de saúde** – por meio de uma rede própria dos entes federativos -, **tampouco que o poder público só possa contratar instituições privadas para prestar atividades meio**, como limpeza, vigilância, contabilidade, ou mesmo determinados serviços técnicos especializados, como os inerentes aos hemocentros, como sustentado por parte da doutrina.
>
> [...]

Isso não implica que haja supremacia da Administração sobre o particular, que pode atuar, em parceria com o setor público, **obedecendo sempre, como mencionado, os critérios da consensualidade e da aderência às regras públicas.**

[...]

[E]ssa complementariedade não autoriza que se desconfigure a premissa maior na qual se assenta o serviço de saúde pública fixada pela Carta Maior: **o Sistema Único de Saúde orienta-se, sempre, pela equanimidade de acesso e de tratamento; a introdução de medidas diferenciadoras, salvo em casos extremos e justificáveis, é absolutamente inadmissível.** (BRASIL, 2015, grifos acrescidos)

Nota-se, por esse fragmento do julgado, que, de acordo com o STF, a participação privada na saúde é amplamente admitida, podendo atuar, não só nas atividades auxiliares ao Estado na prestação do serviço de saúde, mas como também na própria execução da atividade fim do serviço, quais sejam, as atividades clínicas. Tal posicionamento, como se verificou no tópico 2.2, é controvertido na doutrina, face à interpretação restritiva que alguns autores dão ao termo "complementar" encontrado no art. 199 da Constituição Federal. (BRASIL, 1988)

De qualquer forma, importante ressaltar que, conforme o ministro relator, durante de tal prestação de serviços, a participação privada deverá respeitar os princípios do Sistema Único de Saúde, tais como a eficiência, isonomia e gratuidade do atendimento.

Deste modo, seguindo o movimento histórico supracitado e à luz das normas constitucionais, o STF entendeu naquele momento pela possibilidade de participação dos entes privados na prestação do serviço público de saúde.

Desta maneira, já sabendo da constitucionalidade da colaboração de entes privados na saúde, abordar-se-á quais são os principais modelos de parcerias na saúde aceitos pelo ordenamento jurídico brasileiro.

4. Modelos de Parcerias na Saúde

Primeiramente, no que tange aos serviços públicos em geral, o artigo 175 da CF (BRASIL, 1988) estabelece que Estado poderá prestar os serviços públicos por meio de suas entidades ou órgãos, ou indiretamente, possibilita a delegação da atividade para o ente privado por meio de permissão ou concessão.

O DIREITO ADMINISTRATIVO SOCIAL E ECONÔMICO

Em relação aos serviços de saúde, conforme demonstrado jurisprudencial e constitucionalmente, é importante ressaltar que as parcerias entre
a iniciativa privada e o Estado não podem ser consideradas formas de privatização do direito à saúde. Deste modo, deve-se destacar que, como já
demonstrado anteriormente, tanto a Constituição Federal, quanto a Lei
Orgânica da Saúde consideram que tal garantia deve ser entendida como
obrigação, não só do Estado, como também da família e da sociedade – o
que demonstra seu caráter de direito e dever coletivo. Argumenta, nesse
sentido, Mânica que:

> [A] celebração de parcerias jamais pode ser admitida como instrumento de
> privatização do direito à saúde, desresponsabilização do Estado na prestação
> de serviços públicos de saúde ou mercantilização dos serviços assistenciais. É
> pressuposto para o estudo do tema o reconhecimento de que a prestação de
> serviços públicos de saúde consiste em um dos principais deveres do Estado,
> inserido em seu núcleo de atividades essenciais, que justificam e legitimam
> sua própria existência. [...] **A celebração de parcerias, nesse prisma, apenas
> se justifica como forma de fortalecer e reforçar a capacidade estatal de
> cumprimento desse dever.** (MÂNICA, 2017, p. 2, grifos acrescidos)

Por esse ângulo, o autor destaca ainda que a "[...] interpretação da Constituição deve levar em conta a realidade e deve ter como objetivo a máxima
efetivação dos direitos fundamentais, sendo imperioso considerar que a
hipótese de maior eficiência na garantia do direito à saúde pode ser obtida
por meio da prestação privada." (MÂNICA, 2010, p. 162)

Desta forma, importante ressaltar que há duas formas de participação de entidades privadas no exercício de atividades relacionadas à saúde:
a suplementar e a complementar. A suplementar, de acordo com Silva e
Silva, "[está] relacionada àqueles serviços prestados por seguradoras e não
seguem os preceitos do Sistema Único de Saúde (SUS), mas da Agência
Nacional de Saúde Suplementar (ANS), conforme as leis nº 9.961/2000 e
9.656/1998, que tratam dos planos e seguros de saúde." (SILVA e SILVA,
2019) Por se tratar de configurações não vinculadas à normas da Lei do
Sistema Único de Saúde, os modelos suplementares não serão analisados,
haja vista não corresponderem ao foco desse trabalho.

A forma complementar, por outro lado, está disposta no art. 4º, §2º,
da Lei nº 8.080/1990, na qual estabelece que as atividades relacionadas ao

Sistema Único de Saúde devem ser exercidas de maneira conjunta àqueles prestados pelo Estado, como se segue:

> Art. 4º O conjunto de ações e serviços de saúde, prestados por órgãos e instituições públicas federais, estaduais e municipais, da Administração direta e indireta e das fundações mantidas pelo Poder Público, constitui o Sistema Único de Saúde (SUS).
>
> [...]
>
> § 2º **A iniciativa privada poderá participar do Sistema Único de Saúde (SUS), em caráter complementar.** (BRASIL, 1990)

O caráter complementar, também encontrado no artigo 199, §1º, da CF (BRASIL, 1988), à luz do já aludido voto do ministro Dias Toffoli no RE n. 581.488/RS, se define como "[...] processo político e administrativo em que o Estado agrega novos parceiros com os particulares, ou seja, com a sociedade civil, buscando ampliar, completar, ou intensificar as ações na área da saúde." (BRASIL,2015) Nesse sentido, destaca Mânica que:

> A Constituição Federal, portanto, ao disciplinar o direito à saúde, oferece expressamente a possibilidade de modernização da Administração [...] por meio da **participação consensual e negociada da iniciativa privada, tanto na gestão de determinadas unidades de saúde quanto na prestação de atividades específicas de assistência à saúde.** (MÂNICA, 2010, p. 158, grifos acrescidos)

Deste modo, pode-se estabelecer quatro formas de parcerias na área da saúde, conveniadas ao Sistema Único de Saúde:

a) Parcerias com o terceiro setor – como contratos de gestão, vinculadas às organizações sociais (Lei nº 9.637/1999), os termos de parceria, relacionados às organizações da sociedade civil de interesse público (Lei nº 9.790/1999) e os termos de colaboração e de fomento e os acordos de cooperação com as organizações da sociedade civil (Lei nº 13.019/2014) – estas conforme Bandeira de Mello (BANDEIRA DE MELLO, 2016. p. 250-252) e convênios a serem predominantemente firmados com entidades do terceiro setor, nos termos do art. 116 da Lei n. 8.666/1993;

b) Convênios, conforme art. 241 da Constituição Federal e Lei n. 11.107/2005;

c) Terceirização, conforme os artigos 6º, II e 13 da Lei Geral de Licitações (Lei n. 8.666/1993); e

d) Parcerias público-privadas, na forma de concessão administrativa, nos termos da Lei nº 11.079/2004 (DI PIETRO, 2012, p. 42-43).

4.1. Terceiro Setor

O terceiro setor, conforme já defendido em outro trabalho é "[...] o conjunto de pessoas jurídicas de direito privado, institucionalizadas e constituídas conforme a lei civil, sem fins lucrativos, que perseguem finalidades de interesse público." (DIAS, 2008, p. 114) Importante ressaltar, também, que as atividades deste setor desempenham atividades de colaboração em serviços não exclusivos do Estado.

Di Pietro, nesse sentido, afirma que caso o terceiro setor venha receber ajuda ou incentivo do Estado, sujeita-se a controles, tais como o da Administração Pública e do Tribunal de Contas. Destaca ainda, que o regime jurídico aplicado é predominantemente de direito privado, porém parcialmente derrogado por normas de direito público. (DI PIETRO, 2012, p. 259)

Assim, diante do escopo trabalho, focar-se-á brevemente em diferentes regimes de parceria com entidades terceiro setor: as Organizações Sociais (OS), as Organizações da Sociedade Civil de Interesse Público (OSCIP), as Organizações da Sociedade Civil (OSC) e os convênios com entidades do terceiro setor.

Os **Organizações Sociais (OS)** descritas na Lei nº 9.637/1998, podem ser caracterizadas, conforme o art. 1º, como pessoas jurídicas de direito privado, sem fins lucrativos, cujas atividades sejam dirigidas ao ensino, à pesquisa científica, ao desenvolvimento tecnológico, à proteção e preservação do meio ambiente, à cultura e à **saúde** (BRASIL, 1998).

De acordo com a lei, para atuar junto ao Estado, as OS devem ser qualificadas – quanto à conveniência e oportunidade – pela Administração Pública como "entidades de interesse social e utilidade pública", sendo necessário órgão de deliberação superior que tenha representantes do Poder Público e de membros da comunidade, de notória capacidade profissional e idoneidade moral (BRASIL, 1998). Demonstra-se aqui, portanto, o caráter discricionário por parte da Administração para a admissão de uma OS – o que é bastante questionado pela doutrina brasileira.

Ademais, o vínculo jurídico entre o Estado e a Organização Social, chamado de contrato de gestão, deve especificar o programa de trabalho sugerido pelo ente privado. É responsável, ainda, por fixar metas a serem cumpridas pela entidade particular e, como contrapartida, o Poder Público auxilia de diversas formas, quer cedendo bens públicos, quer transferindo recursos orçamentários, quer cedendo servidores públicos de acordo com o plano de trabalho fixado (DI PIETRO, 2012, p. 273).

Tal delegação de bens, recursos e servidores do ente público ao privado foi um dos motivos para a discussão da constitucionalidade deste modelo de parceria. Conforme discutido na seção 4.1 deste trabalho, o Supremo Tribunal Federal, na ADI 1923, entendeu que a Lei nº 9.637/1998 estava conforme os preceitos constitucionais, admitida, portanto, legalmente, a parceria da Administração Pública com as OSs a área da saúde.

Parcerias com **Organizações da Sociedade Civil de Interesse Público (OSCIPs)**, foram introduzidas pela Lei nº 9.790/1999 e regulamentada pelo Decreto n. 3.100/1999. Tal organização constitui qualificação atribuível a pessoas jurídicas de Direito Privado, para desempenhar serviços sociais não exclusivos do Estado, com a fiscalização e incentivo do Poder Público, mediante vínculo jurídico chamado termo de parceria (DI PIETRO, 2012, p. 284).

De acordo com a lei, para a atribuição de qualificativo, a pessoa jurídica fica condicionada, entre outros pontos relevantes, a não ter fins lucrativos e a ter sido constituída e se encontrar em funcionamento há, no mínimo, três anos e seja preposta a determinados objetivos sociais – dentre eles a promoção gratuita da **saúde** (BRASIL, 1999). Além disso, as OSCIP devem conter em seus estatutos normas referentes à estrutura, funcionamento e prestação de contas, conforme o art. 4º (BRASIL, 1999).

Ademais, o termo de parceria deve especificar o programa de trabalho, estabelecendo metas a serem cumpridas, com prazos de execução; a prestação de contas, detalhando as remunerações e benefícios do pessoal a serem pagos com recursos públicos; a publicação na imprensa oficial do extrato do termo de parceria e o demonstrativo de sua execução física e financeira; entre outros. (DI PIETRO, 2012, p. 285) Deste modo, verifica-se a presença constante da Administração durante a execução das atividades da OSCIP.

Pode-se dizer que existem diversas diferenças entre as Organizações da Sociedade Civil de Interesse Público e as Organizações Sociais. Destaca-se, por exemplo, que a qualificação nas OS é discricionária, enquanto nas OSCIP funciona de maneira vinculada e aberta a qualquer sujeito que preencha os requisitos indicados. Ademais, assevera-se que nas OSCIPs não há delegação de servidores públicos para a prestação de serviços, tampouco necessidade do Poder Público de participar em seus quadros de dirigentes.

Por esse ângulo, Di Pietro afirma que a grande diferença entre as duas organizações "[...] está em que a OS recebe ou pode receber delegação para a gestão de serviço público, enquanto a OSCIP exerce atividade de natureza privada, com a ajuda do Estado." (DI PIETRO, 2012, p. 284)

Por fim, a Lei nº 13.019/2014 previu parcerias com as **Organizações da Sociedade Civil (OSC)**. Diversamente das duas outras figuras, não há qualificações especiais a serem atribuídas às entidades privadas sem fins lucrativos. Conforme se extrai do art. 2º, inciso I, da Lei n. 13.019/2014, as OSCs podem ser entidades privadas sem fins lucrativos, sociedades cooperativas ou organizações religiosas.

Deste modo, à luz do art. 1º, estabelecem parcerias com Administração Pública para a "consecução de finalidades de interesse público e recíproco, mediante a execução de atividades ou de projetos previamente estabelecidos em planos de trabalho inseridos em termos de colaboração, em termos de fomento ou em acordos de cooperação." (BRASIL, 2014)

Nos moldes do art. 30, em caso de atividades relacionadas à **saúde**, o Estado poderá dispensar a realização do chamamento público, desde que as Organizações da Sociedade Civil que exercem a atividade estejam previamente credenciadas pelo órgão gestor responsável (BRASIL, 2014). São diversos os tipos de parcerias que podem ser firmados, a depender do objeto da parceria e quem a propõe, nos termos da lei, em conformidade com o art. 2º, incisos VII, VIII e VIII-A da Lei n 13.019/2014:

> Art. 2º [...].
> VII – termo de colaboração: instrumento por meio do qual são formalizadas as parcerias estabelecidas pela administração pública com organizações da sociedade civil para a consecução de finalidades de interesse público e recíproco propostas pela administração pública que envolvam a transferência de recursos financeiros; (Redação dada pela Lei nº 13.204, de 2015)
> VIII – termo de fomento: instrumento por meio do qual são formalizadas as parcerias estabelecidas pela administração pública com organizações da sociedade civil para a consecução de finalidades de interesse público e recíproco propostas pelas organizações da sociedade civil, que envolvam a transferência de recursos financeiros; (Redação dada pela Lei nº 13.204, de 2015)

VIII-A – acordo de cooperação: instrumento por meio do qual são formalizadas as parcerias estabelecidas pela administração pública com organizações da sociedade civil para a consecução de finalidades de interesse público e recíproco que não envolvam a transferência de recursos financeiros; (Incluído pela Lei nº 13.204, de 2015)

Uma inovação relevante para a realização desse modelo de parcerias foi a previsão obrigatória do chamamento público para a escolha da entidade parceira, ressalvados os casos previstos em lei.

Conforme já referenciado, na área específica da saúde, há ainda a previsão do convênio a ser firmado predominantemente com entidades privadas sem fins lucrativos, nos exatos termos do art. 199, §1º, da Constituição de 1988, sendo este regido pelo art. 116 da Lei n. 8.666/1993.

4.2. Convênios

Os convênios são descritos por Hely Lopes Meirelles como "[...] acordos firmados por entidades públicas de qualquer espécie, ou entre estas e organizações particulares, para realização de objetivos de interesse comum dos partícipes." (MEIRELLES, 2006, p. 407)

Assim sendo, é importante ressaltar que no convênio há uma convergência entre os objetivos dos conveniados, em prol do interesse público.

Ademais, importante ressaltar que não há a delegação de serviços públicos, sendo inviável a transferência da atividade para o ente privado. Há, na verdade, a criação de um fomento por parte do Poder Público, em que "[...] o Estado deixa a atividade na iniciativa privada e apenas incentiva o particular que queira desempenhá-la, por se tratar de atividade que traz algum benefício para a coletividade." (DI PIETRO, 2012, p. 238) Tal incentivo pode se dar por meio de auxílios financeiros, isenções tributárias, financiamentos ou até desapropriações de interesse social.

Diante do exposto, conclui-se, portanto, que os serviços de **saúde** podem ser desenvolvidos por meio do convênio, uma vez que não são atividades prestadas exclusivamente pelo Estado, além de estarem vinculados ao interesse público, sendo subordinados às necessidades da coletividade. Isso pode ser observado por meio do parágrafo único do artigo 24 da Lei do SUS (BRASIL, 1990) e do já aludido §1º do artigo 199 da CF (BRASIL, 1988), em que se assevera que a participação complementar dos serviços privados será formalizada mediante contrato ou **convênio**, observadas as normas de direito público.

O DIREITO ADMINISTRATIVO SOCIAL E ECONÔMICO

Importante ressaltar, ademais, que o convênio é mencionado no art. 116 da Lei nº 8.666/1993, segundo o qual suas disposições são aplicáveis, no que couber, aos convênios, acordos, ajustes e outros instrumentos congêneres celebrados por órgãos e entidades da Administração (BRASIL, 1993). O mesmo artigo descreve as condicionantes a serem observadas para a celebração do instituto analisado neste tópico. Contudo, tal procedimento não será analisado por estar além do escopo do presente trabalho.

4.3. Terceirização

Conforme já observado, o artigo 199, §1º, da CF (BRASIL, 1988) estabelece o contrato de direito público como forma de participação da iniciativa privada na saúde. Di Pietro, com uma visão restritiva em relação à participação de particulares neste serviço, estabelece que:

> Com relação aos contratos, uma vez forçosamente **deve ser afastada a concessão de serviço público, por ser inadequada para esse tipo de atividade**, tem-se entender que a Constituição está permitindo a terceirização, ou seja, **os contratos de prestação de serviços tendo por objeto a execução de determinadas atividades complementares aos serviços do SUS, mediante remuneração pelos cofres públicos** [...] (DI PIETRO, 2012, p. 232, grifos acrescidos)

A autora entende, portanto, que a terceirização nos serviços de saúde é vinculada unicamente aos contratos de serviços regidos pela Lei nº 8.666/1993 e legislações de licitações e contratos correlatas. Assim, de acordo com o art. 6º, II, desta lei, "serviços" são entendidos como:

> Art. 6º. Para os fins desta Lei, considera-se:
> [...]
> II – Serviço – toda atividade destinada **a obter determinada utilidade de interesse para a Administração**, tais como: demolição, conserto, instalação, montagem, operação, conservação, reparação, adaptação, manutenção, transporte, locação de bens, publicidade, seguro ou trabalhos técnico-profissionais; (BRASIL, 1993, grifos acrescidos)

Pode se observar, ainda, o art. 13 desta lei em que se estabelece que os serviços técnicos profissionais especializados, na qual, em relação aos serviços de saúde, pode-se citar estudos técnicos, planejamentos e projetos

PARCERIAS NA SAÚDE: MODELOS DE PARTICIPAÇÃO DE ENTES PRIVADOS NO SERVIÇO...

básicos ou executivos; pareceres, perícias e avaliações em geral; fiscalização, supervisão ou gerenciamento de obras ou serviços; e treinamento e aperfeiçoamento de pessoal (BRASIL, 1993).

Deste modo, torna-se claro que a terceirização, segundo a autora – e conforme já citado na seção 3 –, está relacionada unicamente às atividades auxiliares ao serviço de saúde, tais como "[...] limpeza, vigilância, contabilidade, ou mesmo determinados serviços técnico-especializados, como os inerentes aos hemocentros, realização de exames médicos, etc." (DI PIETRO, 2012, p. 232)

Observa-se, à vista disso, que Di Pietro não entende como possível a concessão de serviços clínicos. No entanto, autores como Mânica[4], Edite Mesquita Hupsel[5] e Floriano de Azevedo Marques Neto[6] entendem pela possibilidade do uso deste instituto no âmbito saúde.

4.4. Concessões
4.4.1. O Instituto das Concessões

Para entender as concessões especiais no âmbito da saúde, é necessário, primeiramente, compreender o instituto das concessões, sua definição, e, principalmente, sua extensão dentro dos serviços públicos. Deste modo, Di Pietro define tal instituto como:

> [...] **contrato administrativo** pelo qual a Administração confere ao particular a execução remunerada de **serviço público**, de **obra pública** ou de **serviço de que a Administração Pública seja a usuária direta ou indireta**, ou

---

[4] Nessa perspectiva, pode-se afirmar que a saúde é dever do Estado; mas não é só isso. É também dever do Estado adotar os modelos administrativos mais eficientes para a prestação de serviços de saúde. **Caminha-se, assim, do reconhecimento da constitucionalidade das parcerias na saúde para a exigência de sua celebração** (e devida execução) **como forma de garantir direitos fundamentais tão caros à população nacional.** (MÂNICA, 2017. p. 53, grifos acrescidos)

[5] "Já como objeto de parceria público-privada tem-se um elenco bastante mais amplo que aquele reservado à concessão comum, seja de serviço ou de obra pública. **Neste elenco, podem ser encontrados serviços públicos industriais ou comerciais e serviços ditos sociais (educação saúde e assistência social),** estes desde que exista lei autorizativa da transferência da sua execução para particulares." (HUPSEL, 2014. p. 81, grifos acrescidos)

[6] "Igualmente é o que ocorre com as **concessões administrativas na área da saúde**, em que os serviços são prestados diretamente aos pacientes e indiretamente à administração, que, não fosse a concessionária, teria de organizar e prestar os serviços por seus próprios meios". (MARQUES NETO, 2015. p. 256, grifos acrescidos)

lhe cede o uso de **bem público**, para que o explore pelo prazo e nas condições regulamentares e contratuais. (DI PIETRO, 2018, p. 374, grifos acrescidos)

Em vista disso, percebe-se que, nas concessões, há delegação temporária de atribuições da Administração relativa a interesses da coletividade para entes particulares, podendo corresponder a serviços públicos, obras públicas, serviços que Poder Público seja usuário ou bens públicos.

Ademais, entende-se concessão como contrato administrativo uma vez que há um acordo de vontades sobre um determinado objeto; interesses distintos, mas convergentes; e efeitos jurídicos para ambas as partes (DI PIETRO, 2018, p. 375).

Afirma-se interesses divergentes uma vez que, diferentemente da concepção de convênio desenvolvida na seção 5.2, somente o Estado busca a prestação adequada do serviço – o particular, por outro lado, vê a exploração da utilidade como forma de adquirir lucro.

Tal interesse é demonstrado pelo concessionário por meio da apresentação de oferta no procedimento licitação. O Poder Público, por outro lado, externa sua decisão por meio de ato vinculado ao direito público, como, por exemplo, previsão legislativa, decisão de órgão colegiado ou ato administrativo emitido por autoridade singular (MARQUES NETO, 2015, p. 147-148). Ressalta-se que, referente ao serviço de **saúde**, autores como Edite Hupsel entendem que o próprio artigo 197 da Constituição prevê a autorização para concessão de tal atividade.[7]

Contudo, existem algumas peculiaridades do contrato de concessão que não são encontrados nos demais contratos administrativos. Vinculadas ao interesse público, as concessões são contratos de longa duração, ocasionando em uma modificação dinâmica das obrigações contratuais, como forma de se adaptar às necessidades surgidas ao longo do tempo. Tal característica não é encontrada em outros tipos de contratos firmados com a Administração (MARQUES NETO, 2015, p. 150-151). Além disso,

---

[7] "[...] Já alguns se limitam a afirmar a **existencia de amparo constitucional para a terceirização – e aqui, aditamos, através de PPPs** – de unidades de saúde pública, do servico de saúde pública, com base na **interpretação que dão ao artigo 197 da Constituição Federal**. Já nos posicionamos anteriormente nesse sentido, afirmando que, no que diz respeito à saúde, **vislumbramos no próprio texto constitucional a autorização para a delegação de sua prestação a entes privados. Outra autorização legislativa se faz, então, desnecessária".** (HUPSEL, 2014. p. 78-79, grifos acrescidos)

há um vínculo de solidariedade e confiança por causa da convergência de interesses entre as partes contratantes (MARQUES NETO, 2015, p. 164).

Por fim, conforme Maria Sylvia Di Pietro, existem cinco espécies de concessões no ordenamento jurídico brasileiro, quais sejam:

a) **concessão de serviço público [ou concessão comum]**, em sua forma tradicional, disciplinada pela Lei nº 8.987/95;a remuneração básica decorre de tarifa paga pelo usuário ou outra forma de remuneração decorrente da própria exploração do serviço;

b) **concessão patrocinada**, que constitui modalidade de concessão de serviço público, instituída pela Lei nº 11.079/04, como forma de parceria público--privada; nela se conjugam a tarifa paga pelos usuários e a contraprestação pecuniária do concedente (parceiro público) ao concessionário (parceiro privado);

c) **concessão administrativa**, que tem por objeto a prestação de serviço de que a Administração Pública seja a usuária direta ou indireta, podendo envolver a execução de obra ou fornecimento e instalação de bens; está disciplinada também pela Lei nº 11.079/04; nessa modalidade, a remuneração básica é constituída por contraprestação feita pelo parceiro público ao parceiro privado;

d) **concessão de obra pública**, nas modalidades disciplinadas pela Lei nº 8.987/95 ou pela Lei nº 11.079/04;

e) **concessão de uso de bem público**, com ou sem exploração do bem, disciplinada por legislação esparsa. (DI PIETRO, 2018, p. 373-374, grifos acrescidos)

Pelo fato deste texto se propor discutir apenas os modelos de parcerias entre a Administração Pública e a iniciativa privada, abordar-se-á o único modelo de concessão capaz de abarcar os serviços de saúde: a concessão administrativa.

4.4.2. Concessão Administrativa

O artigo 2º, §1º, da Lei nº 11.079/2004 define a concessão administrativa como "[...] contrato de prestação de serviços de que a Administração Pública seja a usuária direta ou indireta, ainda que envolva execução de obra ou fornecimento e instalação de bens." (BRASIL,2004)

Assim sendo, pode-se observar que tal concessão tem como características a delegação de prestação de serviços – públicos ou não –, sendo

O DIREITO ADMINISTRATIVO SOCIAL E ECONÔMICO

possível a execução de obras, porém com a obrigatoriedade de que a Administração seja sua usuária direta ou indireta.

As concessões em que a Administração Pública é usuária indireta são empregadas quando "[...] os serviços delegados são fruídos diretamente pelos cidadãos, colocando-se a administração como um ente pagador pelo serviço." (MARQUES NETO, 2015, p. 257). Marques Neto prossegue afirmando que:

> [Tal espécie de concessão permitiu] a concessão de serviços que, embora usufruídos pelos cidadãos, não são passíveis de individualização (porquanto fruíveis só coletivamente, como os serviços de iluminação pública) ou em que, embora individualizáveis, a cobrança do usuário é inviável econômica ou tecnicamente [...] **ou vedada pela ordem jurídica, como ocorre com os chamados "serviços sociais", que devem ser ofertados de modo gratuito** (como a educação – art. 206, inc. IV, e art. 208, §1º, da CF – e a **saúde – art. 43 da Lei nº 8.080/1990**). (MARQUES NETO, 2015, p. 258, grifos acrescidos)

Os serviços públicos de saúde, assim, podem ser delegados no âmbito da concessão administrativa. Isso se dá pelo fato que as atividades são prestadas diretamente aos usuários e indiretamente ao Poder Público, que, não fosse o concessionário, teria de organizar e prestar os serviços por seus próprios meios, porém nunca de forma onerosa aos pacientes, conforme os princípios aludidos anteriormente.

Isso é possível uma vez que, diferentemente dos outros tipos de concessão, a remuneração integral da concessão administrativa fica a cargo do Poder Público, sem a necessidade de pagamento direto pelo usuário (DI PIETRO, 2012, p. 155-157). Nesse sentido afirma Marques Neto que:

> Portanto, sendo a concessão administrativa uma PPP, ela deve envolver contraprestação paga pelo concedente ao privado e, não sendo concessão patrocinada, ela não envolve tarifa paga pelo usuário. Logo, **a concessão administrativa é aquela em que a remuneração envolve contraprestação pública e não envolve remuneração tarifária.** (MARQUES NETO, 2015, p. 261, grifos acrescidos)

Além disso, as concessões administrativas permitem o recebimento de outras receitas sob o risco do concessionário, que não a contraprestação, à luz do art. 6º (BRASIL, 2004). No que tange aos serviços de saúde, pode-se citar, por exemplo, receitas relacionadas ao estacionamento de hospitais em regime de concessão, bem como as lanchonetes encontradas em ambientes hospitalares. Sobre o tema, afirma Marques Neto:

> Trata-se de receitas que provêm de pagamentos feitos por eventuais usuários de serviços mas que não envolvem prestação de serviço público [...]. Essas receitas, por não tratarem de tarifas e, muitas vezes, nem de preços públicos, não descaracterizam a concessão administrativa e, a meu ver, devem ser tratadas como receitas ancilares vinculadas ao risco exploratório da concessionária. (MARQUES NETO, 2015, p. 262)

Por fim, é essencial destacar que as concessões administrativas relacionadas ao serviço de saúde podem ter dois tipos de objeto, podendo ser cumulativos ou não: os serviços conhecidos como **"bata branca"**, descritos como as atividades fim do serviço público de saúde tais como atividades clínicas, tais como a "[...] gestão privada dos serviços prestados pelos profissionais da área médica – em sentido amplo –" (MÂNICA, 2016); e **os serviços "bata cinza"**, relacionados às atividades auxiliares ao serviço de saúde, a exemplo da "[...] construção e gestão privada dos serviços de apoio e manutenção, como segurança, limpeza, conservação, hotelaria e lavanderia, conhecidos na linguagem sanitária." (MÂNICA, 2016)

Conclusões

Conforme demonstrado, a participação da iniciativa privada na prestação de serviços de saúde possui diferentes modelagens jurídicas, todas elas sendo efetivamente utilizadas na gestão da saúde em todo o País. Vê-se, portanto, que o legislador reconheceu que a complexidade dos serviços somente poderia ser efetivamente garantida e prestada a partir de diversos instrumentos jurídicos.

Além da complexidade do serviço, a própria experimentação e a prática administrativa em âmbito federal, regional e local, certamente contribuíram para essa diversificação de modelos de gestão, não somente a partir da reforma administrativa gerencial dos anos 90 do século passado.

O grau de participação da iniciativa privada na prestação dos serviços públicos de saúde se mostrou, portanto, controverso na doutrina, face às interpretações antagônicas quanto ao termo "complementar" descrito no art. 199 da Constituição Federal. Essa discussão tem sido responsável pela possibilidade (ou não) da atuação do ente privado nas atividades fins do serviço público de saúde, notadamente as atividades clínicas.

Na verdade, esse embate doutrinário acerca do sentido da "atividade complementar" tem como pano de fundo duas concepções diferentes de atuação do Estado, encarnados nas definições do Estado Providência – onde a Administração Pública é mais atuante na prestação de serviços públicos – e do Estado Gerencialista – onde o Poder Público delega à iniciativa privada a execução de tais serviços, em prol do princípio da eficiência. Entretanto, independentemente da concepção do Estado, os instrumentos contratuais podem efetivamente auxiliar na prestação dos serviços e na garantia dos direitos dos cidadãos.

Diante de tantos modelos de participação, difícil será estabelecer os limites da complementaridade que o setor privado poderá ter na saúde. A tendência de ampliação de modelos demonstra que, pouco a pouco, os particulares vão ganhando cada vez mais espaços na gestão desses serviços, passando o Estado a desempenhar praticamente um papel normativo-regulador ao invés de prestador – fato comprovado pelas decisões mais recentes do STF na matéria.

Referências

ARAUJO, Luiz Alberto David; NUNES JUNIOR, Vidal Serrano. Curso de Direito Constitucional. São Paulo: Saraiva, 2002.

BANDEIRA DE MELLO, Celso Antônio. Curso de Direito Administrativo. 33. ed. São Paulo: Malheiros, 2016.

BARBOSA, Lucíola. Instituto de Gestão Estratégica apresenta planejamento com 15 metas. Agência Brasília – portal de transparência, 2019. Disponível em: <https://www.agenciabrasilia.df.gov.br/2019/09/02/iinstituto-de-gestao-estrategica-apresenta-planejamento-com-15-metas/>. Acesso em: 21 Setembro 2019

BATISTA JUNIOR, Onofre Alves. O outro Leviatã e a corrida ao fundo do poço: guerras fiscais e precarização do trabalho, a face perversa da globalização, a necessidade de uma ordem econômica global mais justa. São Paulo: Almedina, 2015.

BRASIL. Constituição da República Federativa do Brasil de 1988. Disponível em: <http://www.planalto.gov.br/ccivil_03/constituicao/constituicao.htm> Acesso em 22 de outubro de 2019

BRASIL. Lei nº 11.079, de 30 de dezembro de 2004. Disponível em: <http://www.planalto.gov.br/ccivil_03/_Ato2004-2006/2004/Lei/L11079.htm> Acesso em 22 de Outubro de 2019

BRASIL. Lei nº 13.019, de 31 de julho de 2014. Disponível em: <http://www.planalto.gov.br/ccivil_03/_ato2011-2014/2014/lei/l13019.htm> Acesso em 22 de outubro de 2019

BRASIL. Lei nº 8.080, de 19 de setembro de 1990. Disponível em: <http://www.planalto.gov.br/ccivil_03/leis/l8080.htm> Acesso em 22 outubro de 2019

BRASIL. Lei nº 8.666, de 21 de junho de 1993. Disponível em: <http://www.planalto.gov.br/ccivil_03/leis/l8666cons.htm> Acesso em 22 de outubro de 2019

BRASIL. Lei nº 8.987, de 13 de fevereiro de 1995. Disponível em: <http://www.planalto.gov.br/ccivil_03/LEIS/L8987cons.htm> Acesso em 22 de outubro de 2019

BRASIL. Lei nº 9.637, de 15 de maio de 1998. Disponível em: <http://www.planalto.gov.br/ccivil_03/leis/l9637.htm> Acesso em 22 de outubro 2019

BRASIL. Lei nº 9.790, de 23 de março de 1999. Disponível em: <http://www.planalto.gov.br/ccivil_03/LEIS/L9790.htm> Acesso em 22 de outubro de 2019

BRASIL. Supremo Tribunal Federal. Ação Direta de Inconstitucionalidade n. 1923/DF. Tribunal Pleno, Relator para o acórdão Min. Luiz Fux. Diário de Justiça da União. Acesso em 15 de setembro de 2019

BRASIL. Supremo Tribunal Federal. Recurso Extraordinário n. 581.488/RS. Tribunal Pleno, Relator Min. Dias Toffoli. Diário de Justiça da União. Acesso em 13 de setembro de 2019

CNS RECOMENDA QUE GDF NÃO CRIE "INSTITUTO DE SAÚDE" POIS PROJETO É INCONSTITUCIONAL. Conselho Nacional de Saúde, 2019. Disponível em: < http://conselho.saude.gov.br/ultimas-noticias-cns/222-cns-recomenda-que-gdf-nao-crie-instituto-de-saude-pois-projeto-e-inconstitucional>. Acesso em: 21 Setembro 2019.

DI PIETRO, Maria Silva Zanella. Direito Administrativo. 31. ed. Rio de Janeiro: Forense, 2018.

DI PIETRO, Maria Silva Zanella. Parcerias na administração pública: concessão, permissão, franquia, terceirização, parceria público-privada e outras formas. 9. ed. São Paulo: Atlas, 2012.

DIAS, Maria Tereza Fonseca. Direito administrativo pós-moderno. Belo Horizonte: Mandamentos, 2003.

DIAS, Maria Tereza Fonseca. Terceiro setor e o Estado: legitimidade e regulação: por um novo marco jurídico. Belo Horizonte: Fórum, 2008.

DUARTE, Luciana Gaspar Melquíades. Possibilidades e limites do controle judicial sobre os atos administrativos referentes às políticas públicas de saúde [manuscrito]: uma proposta para a dogmática do direito social à saúde. Belo Horizonte: Universidade Federal de Minas Gerais, 2009.

FIGUEIREDO, Herberth Costa. Saúde no Brasil. Curitiba: Juruá, 2015.

HUPSEL, Edite Mesquita. Parcerias Público-Privadas à luz dos seus fundamentos teóricos e da legislação brasileira. Curitiba: Juruá, 2014.

JUSTEN FILHO, Marçal. Curso de Direito Administrativo [livro eletrônico]. 4. ed. em e-book baseada na 12. ed impressa. ed. São Paulo: Revista dos Tribunais, 2016.

MÂNICA, Fernando Borges. O setor privado nos serviços públicos de saúde. Belo Horizonte: Fórum, 2010.

MÂNICA, Fernando Borges. Os Três Modelos de Parcerias Público-Privadas no Setor de Saúde: um breve olhar para a experiência internacional. Direito do Estado, Setembro 2016. Disponível em: <http://www.direitodoestado.com.br/colunistas/fernando-borges-manica/os-tres-modelos-de-parcerias-publico-privadas-no-setor-de-saude-um-breve-olhar-para-a-experiencia-internacional>. Acesso em: 15 Outubro 2019.

MÂNICA, Fernando Borges. Parcerias Público-Privadas: Um panorama das Concessões Administrativas no Brasil e no mundo. Revista Brasileira de Direito da Saúde. p. 45-74, 2017

MARQUES NETO, Floriano de Azevedo. Concessões. Belo Horizonte: Fórum, 2015.

MEIRELLES, Hely Lopes. Direito Administrativo Brasileiro. 32. ed. São Paulo: Malheiros, 2006. Atualizada por Eurico de Andrade Azevedo, Délcio Balestero Aleixo e José Emmanuel Burle Filho.

NOHARA, Irene Patrícia; FERREIRA, Larissa Caroline; MANSO; Lia Mosti. Parcerias na área da saúde: modelagens para participação da sociedade organizada. Revista Brasileira de Direito à Saúde. Curitiba: ano VII, nº 07, jul/dez, p. 9-43, 2017.

SILVA, Leire Taíze Ribeiro da; SILVA, Marcelo Alves da. Parceria público-privada como instrumento de concretização do direito à saúde. Revista Digital de Direito Administrativo, São Paulo, v. 6, n. 1, p. 149-178, 2019.

STRECK, Lênio Luiz; MORAIS, José Luis Bolzan de. Ciência Política & Teoria do Estado. 7. ed. Porto Alegre: Livraria do Advogado, 2010.

PARTE II
O DIREITO ADMINISTRATIVO ECONÔMICO

5
O (Ainda) Difícil Diálogo entre Direito e Economia no Brasil

FERNANDO CLEMENTE DA ROCHA
FLÁVIO HENRIQUE UNES

Introdução

Na filosofia, o estudo de epistemologia (Fumerton, 2014) sugere a interdisciplinaridade como elemento indispensável de combate ao aprisionamento do conhecimento em setores específicos dos diversos ramos das ciências, permitindo a abertura para a compreensão dos fatos da vida em toda a sua complexidade, dinâmica e historicamente mutável. Nesse sentido, o Direito, e outros ramos do conhecimento, por seus operadores, ao se permitir inserir na abordagem interdisciplinar, avança qualitativamente no desenvolvimento de suas categorias típicas. E isso ocorre, com maior ênfase, referindo-se como instrumental que deve necessariamente lidar com aspectos práticos da realidade, os comportamentos humanos, daí a grande valia contributiva que se pode colher dos estudos no campo da Economia, ela, por excelência, a ciência das escolhas, e em particular porque o Direito ostenta, ao tratar das normas jurídicas, um traço somente a ele intrínseco, o emprego da força, da coação institucionalmente justificada.

A economia, nesse contexto, nos dizeres de Cooter e Ullen, intercambia-se ao Direito porque *"ofrece una teoría del comportamiento para pronosticar cómo responderán los individuos ante las leyes"* (2016, p. 16), apenas para ficar no exemplo do campo normativo/legal, remetendo à ideia de pragmatismo que, ao fim e ao cabo, colabora na verificação da eficácia concreta das normas em uma determinada comunidade socialmente organizada. Trata-se de realidade que se estende amplamente nos domínios das relações em sociedade, tanto privadas, destacando-se os direitos de propriedade e os contratos, como na esfera pública, permitindo, por exemplo, melhor compreender o fenômeno da criminalidade, os delitos a partir de dados empíricos verificáveis, a litigância judicial, procedimentos legais e processos legislativos, aferindo-se em cada um incentivos, impactos e consequências. No campo do desenvolvimento, tomado sob a perspectiva do crescimento econômico, o Direito desponta como instituição importante nas ações interventivas do poder público, existindo consenso nesse sentido entre os estudiosos do tema, conforme asseveram Trebilcock e Prado, mesmo porque *"en que lo que importa es la calidad de la intervención estatal, no necesariamente la cantidad"* (2017, p. 51). Há, portanto, inúmeras e suficientes razões para se defender o aprimoramento contínuo das relações dialogadas entre o Direito e a Economia, e não somente pela prevalência dos sistemas econômicos baseados nas leis de mercado, majoritariamente encontrados nas modernas democracias, senão também, segundo Posner, mesmo ponderando que "embora o conceito de valor seja inseparável do de mercado, valor não é o mesmo que preço" (2010, p. 73), justamente por se considerar, na outra ponta, os comportamentos não mercadológicos, e aqui o movimento intitulado *análise econômica do direito* (AED) tem contribuído decisivamente nesse sentido.

1. Constitucionalismo, Direitos Fundamentais e a Questão Econômica

Conforme foi pontuado alhures, o 2º pós-guerra foi marcado pelo surgimento do constitucionalismo moderno, entendido sob a perspectiva do surgimento das Constituições normativas (Abboud; Nery Jr, 2019), gerando, com isso, o fenômeno da constitucionalização do direito, caracterizado pelo acolhimento nos textos constitucionais que surgiram de inúmeras temáticas jurídicas antes tratadas em leis de hierarquia inferior. O Direito Constitucional, por assim dizer, superada a supremacia do legislativo (Tavares, 2006), foi redescoberto com entusiasmo destacado, e nessa esteira diversas constituições foram promulgadas em variados países, sobretudo europeus, algumas delas com notáveis catálogos de direitos fundamentais, cuja guarda passou a ser confiada às Cortes Supremas. No Brasil, ao se tratar de democracia como signo associado ao conceito de constituição e de direitos fundamentais, afora curtos períodos intercalados de práticas democráticas entre as décadas de 30 e 60, suprimidas nos governos militares que se seguiram ao golpe de 64, encontra na CF/88 a virada para um verdadeiro Estado Democrático de Direito. Com efeito, o novel Estatuto Fundamental, diploma político que nasceu sob o título de *constituição cidadã*, notabilizou-se por seu caráter acentuadamente analítico, dirigente e de forte inspiração principiológica, sobretudo ao conferir um formidável leque de direitos fundamentais, muitos de natureza prestacional, a exigir vultosos dispêndios públicos, isso em um contexto de recursos escassos, daí repercutindo, consequentemente, nas limitações orçamentárias. Assim, findou por atribuir ao Estado o dever de suprimento de inúmeras demandas reprimidas da população brasileira, sobretudo no campo dos direitos sociais, uma vez que, apenas para focar no exemplo de um deles, conforme assentam Andrade e Machado, "a Carta Magna consolidou o direito à saúde e transformou o Brasil no maior país do mundo a garantir saúde gratuita e universal aos seus cidadãos" (2017, p. 184).

O fato é que, inexoravelmente, as promessas constitucionais, mormente aquelas que derivam diretamente dos direitos fundamentais, e mais de perto aqueles de natureza positiva, prestacional direta (sem que isso exclua, obviamente, aqueles de natureza negativa, como os direitos civis e políticos, igualmente sujeitos às vicissitudes da escassez, ainda que em menor proporção), avançando, inclusive, mais além, não somente nas relações dos indivíduos frente ao Estado, senão igualmente entre os próprios particulares (eficácia horizontal), findaram confrontadas com a realidade. É dizer, a vida como ela é e se impõe sem disfarces, e que muitos, conforme observa Pondé, ainda se mantém iludidos, e teimam em não encontrar "um argumento definitivo sobre a diferença entre a realidade e a fantasia, mas a realidade tem o peso da gravidade (e da contabilidade) ao seu lado" (2019, p. 27). Um dos efeitos mais perversos desse choque de realidade, sem dúvida, foi o fenômeno da explosão de litigiosidade judicial que se instalou no país, praticamente minando por completo a funcionalidade do Poder Judiciário brasileiro nas últimas três décadas, tal a pletora de demandas instigadas por inúmeros direitos plasmados em uma Constituição dirigente, frente à deficiência ou até mesmo omissão total no atendimento dessas demandas. O drama maior foi constatar que, sob o ânimo esperançoso de uma sociedade como a brasileira, ainda tão marcada por desigualdades socioeconômicas aviltantes, e o fato de o Brasil, restabelecida a normalidade democrática, experimentar sucessivas crises econômicas,

O DIREITO ADMINISTRATIVO SOCIAL E ECONÔMICO

manteve-se a atuação insulada do Direito, quase sempre infenso aos aportes colaborativos da teoria econômica no enfrentamento de problemas na esfera judicial de alta repercussão para o cotidiano dos indivíduos, empresas e instituições. Percebeu-se, aqui, o nítido viés ideológico a permear as críticas a essa abertura epistemológica, sobretudo no ambiente acadêmico, não raro elegendo-se o clichê do neoliberalismo como uma espécie de gárgula a demonizar o estado do bem estar social, enxergando-se aí, segundo o materialismo marxista de Rivera-Lugo (2019, p. 34), a centralidade da economia (política) para o direito, ao ponderar que

> [...]desde os fins do século passado, foi-se desbancando empiricamente toda pretensão, ideologicamente sustentada, de separação entre a economia política e o direito, ou seja, de relativa autonomia ou independência do direito e do Estado frente à economia política[...]

Assim, a separação dos conceitos e teorias entre os dois ramos do conhecimento, direito e economia, sob tais perspectivas críticas, estaria *ideologicamente sustentada*, e que a aproximação, contrariamente, segundo os insidiosos objetivos do neoliberalismo, atenderia a propósitos da direita conservadora na linha do utilitarismo norte americano, daí o surgimento em meados da década de 1970 de movimentos como o *Critical Legal Studies* (CLS), afirmando um de seus expoentes, Duncan Kennedy, partir suas reflexões "*desde una perspectiva comprometida con la izquierda, utilizando metodologías otrora más características de los críticos literarios y los filósofos sociales europeos que de los académicos del derecho*" (2014, p.15). É dizer, postura refratária que identifica a defesa da abertura progressiva e consolidação do diálogo entre direito e economia, reitere-se, como se uma espécie de tentáculo estendido do Consenso de Washington da década de 1990, saindo do centro para alcançar a periferia com a doutrina do deus mercado, governante de tudo e de todos, e no caso do Brasil, deparando-se com os direitos fundamentais consagrados na Constituição de 1988, intentando dar-lhes uma espécie de nova configuração, limitada a uma perspectiva puramente econômica, de custos financeiros. Dito de outro modo, resumidamente, é como se esse diálogo implicasse necessária ruptura com valores instituídos com a nova matriz axiológica constitucional, e tomando o exemplo da ordem econômica, postulados como os de justiça e função social de toda espécie de propriedade (CF, art. 170, caput e inciso III), calhando aqui, desde já, a precisa advertência de Holmes e Sunstein para quem "perguntar quanto custam os direitos não é o mesmo que perguntar o quanto eles valem" (2019, p. 16).

Evidente que se trata de um raciocínio reducionista sobre a questão, ao se basear em um enfoque de custos puramente financeiros, a sugerir uma inaceitável mercantilização dos direitos fundamentais, cotáveis monetariamente. Com efeito, as ferramentas das ciências econômicas, particularmente a teoria da escolha racional (embora limitada) dos comportamentos (Guimarães; Gonçalves, 2008), indistintamente se no âmbito das relações públicas ou privadas, oferecem um leque muito mais amplo de métodos, cientificamente testados, servientes à compreensão do fenômeno jurídico, particularmente extraídos da microeconomia. Portanto, ainda no campo da doutrina dos direitos fundamentais, e a CF/88, como se sabe e foi visto, esmerou-se na tipificação de um extenso catálogo, individuais e coletivos, não autoriza que se enxergue em nenhum deles, segundo a ordem constitucional vigente, caráter absoluto para fins de vinculação em face de expectativas subjetivas (a rigor, nenhum direito tem natureza absoluta no sistema constitucional/normativo brasileiro). São eles o esteio de um estado democrático de direito, constitucional, diretamente vinculados ao princípio da dignidade humana, destacando-se a noção de mínimo existencial como seu efeito primordial, diga-se, necessidades essenciais básicas dos indivíduos que reclamam, no plano estatal, programas assistenciais, quase sempre vinculados a previsões orçamentárias. Admitem-se, nesse contexto, até mesmo limitações a direitos fundamentais (Mendes, 2018), desde que constitucionalmente autorizadas, e aqui o dado empírico da escassez de recursos conduz, necessariamente, a aspectos contingenciais da chamada *reserva do possível*. Importa também aqui, a um só tempo, atentar para o exercício ponderado da tomada de decisões com vista a outros princípios igualmente de matriz constitucional, destacando-se os da proibição da proteção insuficiente e do retrocesso, e as ferramentas das ciências econômicas, nesse contexto, comparecem como instrumentos válidos de compreensão das implicações, estímulos, avaliação de impactos e de auxílio nos momentos das chamadas *escolhas trágicas*, ainda continuando no exemplo dos direitos sociais. O diálogo, assim, se bem assimilados os postulados do constitucionalismo moderno, a partir de lentes doutrinárias desprovidas de preconceitos acadêmicos ou mesmo vieses ideológicos, certamente encontra terreno fértil para o seu amadurecimento, o que se pode observar, dentre outros, no magistério de Sarlet (2012, p. 249), o qual, reportando-se ao escólio dos juristas alemães Christian Starck e Rüdiger Breuer, esclarece que

> [...]a necessária fixação, portanto, do valor da prestação assistencial destinada à garantia das condições existenciais mínimas, em que pese sua viabilidade, é, além de condicionada espacial e temporariamente, dependente também do padrão socioeconômico vigente. Não se pode, outrossim, negligenciar a circunstância de que o valor necessário para a garantia das condições mínimas de existência evidentemente estará sujeito a câmbios, não apenas no que diz com a esfera econômica e financeira, mas também no concernente às expectativas e necessidades do momento[...]

2. A Análise Econômica do Direito (AED) como um Fio Condutor do Diálogo

Trata-se de escola de pensamento, ou método de investigação jurídica a partir de critérios econômicos científicos, empiricamente testados, cujos contornos, para muitos, teve origem em famoso artigo do juseconomista inglês Ronald Coase (*The Problem of Social Cost*), ainda nos primórdios da década de 1960, e que rendeu ao autor, pelo conjunto de sua obra, o prêmio Nobel de 1991. Dele surgiu inspiração para a formulação do conhecido *Teorema de Coase*, por George Stigler, melhor sintetizado, segundo Klein (2016, p. 68), no sentido de que "numa situação de custos de transação zero, a alocação final de um bem, obtida por meio da barganha entre as partes, será sempre eficiente, não importa a configuração legal acerca da propriedade desse bem", vale dizer, assentado na premissa de resultado zero dos referidos custos, noção intrínseca às ciências econômicas. O movimento foi ganhando corpo, e já na década seguinte, a partir do magistério de Richard Posner, assumiu feições identificadas com o pragmatismo filosófico (o que não se confunde com ceticismo, este também de inspiração metafísica), e do campo das ciências econômicas, emergindo com destaque conceitos como o de eficiência (alocativa), sem pretensões, por certo, de submissão da dogmática jurídica, pura e simplesmente, aos métodos científicos da economia, uma espécie de supremacia que parece tanto assustar os críticos desavisados do método em questão. Resumidamente, segundo Benetti Timm, o referido movimento permite aos operadores do direito melhor compreender os institutos jurídicos sob a perspectiva da realidade circundante, concreta e não abstrata, metafísica, resolvendo casos legais e regulatórios complexos, daí que ((2018, p.115),

[...]Os seus modelos trabalham fundamentalmente com a teoria da ação econômica baseada na escassez de recursos e na necessidade de sua alocação eficiente numa determinada sociedade e na concepção das regras jurídicas como mecanismos de "preço", criando incentivos (negativos ou positivos) aos indivíduos e empresas integrantes de uma sociedade para se comportarem de determinada maneira[..]

Sob certo aspecto, atribui-se a gênese do movimento ao realismo norte americano da primeira metade do século passado, oponente ao mito da certeza jurídica a priori, surgindo uma visão descritiva do direito como ele efetivamente é, produto das decisões judiciais concretas, e não como deve ser. Como teoria do direito, a visão realista hoje, se não ultrapassada, ao menos se mostra de menor impacto, sobretudo para o intitulado neo-constitucionalismo, sem embargo de validar, por sua formulação original histórica, a análise econômica do direito como movimento que se expande na atualidade, embora, modernamente, justificada pelo consequencialismo como método de argumentação jurídica (Gico Jr, 2016). Com efeito, aqui já desponta um dos significativos obstáculos ao estabelecimento do diálogo produtivo entre direito e economia, algo que, não raro, sobretudo no terreno das decisões judiciais, tem sido encarado como manipulação/alteração dos significados das normas abstratamente aplicáveis aos casos concretos, um indisfarçado decisionismo voluntarista. A propósito, exatamente nessa linha de suspeição, define Ávila (2019, p. 52) o consequencialismo como

[...]a estratégia argumentativa mediante a qual o intérprete amolda o con-teúdo ou a força do Direito conforme as consequências práticas que pretende evitar ou promover, em detrimento da estrutura normativa diretamente apli-cável, dos efeitos diretamente produzidos nos bens jurídicos protegidos pelos direitos fundamentais e dos princípios fundamentais imediatamente aplicá-veis à matéria[...].

Em matéria tributária, há quem vá até além da resistência a essa visão realística, atenta aos resultados e impactos socioeconômicos, como faz Martins e Andrade, para quem argumentos da espécie seriam invariavel-mente *ad terrorem*, sustentando que o judiciário, diversamente das outras esferas de poder, nunca seria detentor de dados empíricos aptos a justifi-car a atuação consequencialista. E mesmo que fosse, prosseguindo na crí-tica à modulação operante na jurisdição constitucional, deve ignorar, uma

O DIREITO ADMINISTRATIVO SOCIAL E ECONÔMICO

vez que "seu parâmetro é diferente da conveniência e oportunidade", ou seja, "pauta-se pelo respeito à Constituição" (217, p. 13). Ora, respeitar a Constituição passa justamente pelo dever de se conferir direitos em termos economicamente viáveis, atuando-se de forma *eficiente*, socialmente útil, e não apenas de maneira simbólica, perpetrando graves injustiças para o conjunto da sociedade em favor de pretensões individuais em setores vitais, bastando, aqui, os exemplos das áreas securitária, previdenciária e da saúde, tanto pública como suplementar. Aliás, ainda no campo das decisões com impactos econômicos (e sociais), se no âmbito do judiciário já constitui dever ético dos juízes em *atuar de forma cautelosa, atento às consequências que pode provocar* (art. 25, do Código de Ética da Magistratura), o mesmo dever, além dos próprios magistrados, imputa-se a outros agentes estatais, e aqui não como orientação puramente deontológica, senão como imperativo legal mesmo, ao se cominar que *nas esferas administrativa, controladora e judicial, não se decidirá com base em valores jurídicos abstratos sem que sejam consideradas as consequências práticas da decisão* (art. 20, do DL nº 4.657/42-LINDB, introduzido pela Lei nº 13.655/18, art. 1º, caput). Enfim, os fatos da vida concreta, real, impondo, pela escassez de recursos, restrições a um universo de necessidades infinitas, leva a aquilo que pondera NALINI, vale dizer, "o juiz não pode ser o nefelibata, desvinculado da realidade e sua função é fazer incidir a vontade concreta da lei sobre a realidade submetida à sua apreciação, ainda que isso traga mais injustiças do que a sensação do justo (2019, p. 39). Em suma, é como adverte Garschagen, reportando-se ao político e escritor irlandês Edmund Burke, acerca da discrepância entre abstração e realidade, e que "tinha como consequência a promessa de direitos sem a preocupação com a sua realização concreta", daí concluindo que "a realidade, como sói acontecer, enquadra a abstração, mesmo em sua versão radical" (2019, p. 25).

Conclusões

A interdisciplinaridade engrandece e contribui para o desenvolvimento de qualquer ramo do conhecimento, e o Direito não se constitui em exceção, certo que historicamente tem ele se valido de valiosas contribuições de outros campos como os da filosofia, sociologia, psicologia, antropologia, apenas para citar os mais influentes. Com relação à Economia, malgrado o progresso experimentado pelas nações e com ele o desenvolvimento de múltiplas teorias econômicas, cientificamente testadas, o estabelecimento do diálogo entre um campo e outro é fenômeno relativamente recente, impulsionado na origem por trabalhos publicados nos Estados Unidos da América, revelando o traço primitivo de identidade com o direito anglo-saxão.

Surgido o movimento intitulado Análise Econômica do Direito (*Law & Economics*, ou simplesmente Direito e Economia), e recepcionados os seus postulados em países periféricos, o caso do Brasil, não se desconhece o significativo avanço que tem experimentado nas últimas duas décadas. O diálogo, força reconhecer, não tem sido muito amistoso, ao menos na medida que se esperava em face dos inquestionáveis benefícios que comprovadamente já demonstrou na compreensão de múltiplos fenômenos jurídicos, sobretudo em uma sociedade plural e multicomplexa como a brasileira. A resistência ao amadurecimento e consolidação da relação Direito-Economia, normalmente associada a engajamentos ideológicos ou abstracionismos acadêmicos puramente retóricos, dissociados da realidade circundante, há de ser, progressivamente, mitigada com a abertura ao conhecimento multidisciplinar destituído de preconceitos. Isso irá permitir, certamente, um maior engrandecimento do Direito como instituição indispensável ao próprio desenvolvimento econômico, e ao se pretender qualitativamente reconhecida em um estado democrático constitucional, o relacionamento com a Economia se revela, dentre outros, como imperativo a *garantir o desenvolvimento nacional*, social e econômico, objetivo fundamental de uma república que se pretende de todos e para todos (art. 3º, II, da Constituição Federal).

Referências

ABBOUD, Georges; NERY Jr, Nelson. Direito Constitucional Brasileiro, Revista dos Tribunais, São Paulo, 2ª edição, 2019.

ÁVILA, Humberto. Constituição, Liberdade e Interpretação, Malheiros, São Paulo, 2019.

ANDRADE, Denise Almeida; MACHADO, Mônica Sapucaia. Financiamento dos Direitos Sociais no Brasil, Paco Editorial, São Paulo, 2017.

ANDRADE, Fábio M. Modulação e Consequencialismo, Lumen Juris, Rio de Janeiro, 2017.

COOTER, Robert D. ULEN, Thomas. Derecho y Economía, Fondo de Cultura Económica, Cidade do México, 6ª edição, 2016, tradução para o espanhol de Eduardo L. Suárez.

FUMERTON, Richard. Epistemologia, Vozes, Petrópolis/RJ, 2014, tradução de Sofia Inês A. Stein e Ramon F. Wagner.

GARSCHAGEN, Bruno. Direitos Máximos, Deveres Mínimos, Record, Rio de Janeiro, 4ª edição, 2019.

GICO Jr, Ivo T. O que é Análise Econômica do Direito: uma introdução, Forum, Belo Horizonte, 2ª edição, 2014.

GUIMARÃES, Bernardo; GONÇALVES, Carlos E. S. Economia sem truques: o mundo a partir das escolhas de cada um, Campus/Elselvier, Rio de Janeiro, 2008.

HOLMES, Stephen. SUNSTEIN, Cass R. O Custo dos Direitos: por que a liberdade depende dos impostos, Martins Fontes, São Paulo, tradução de Marcelo Brandão Cipolla.

KENNEDY, Duncan. La Enseñanza del Derecho, Siglo Veintiuno Editores, Buenos Aires, 1ª edição, 2014, tradução para o espanhol de Teresa Arijón.

KLEIN, Vinícius. O que é Análise Econômica do Direito: uma introdução, Forum, Belo Horizonte, 2ª edição, 2016.

MENDES, Gilmar F. Curso de Direito Constitucional, Saraiva, São Paulo, 13ª edição, 2018.

NALINI, José Renato. Consequencialismo: urgente, nefasto ou modismo? (in Consequencialismo no Poder Judiciário, org. Ives Gandra da S. Martins, Gabriel Chalita e José R. Nalini), Foco, São Paulo, 2019.

PRADO, Mariana Mota. TREBILCOCK, Michael J. Derecho e Desarrollo: guía fundamental para entender por qué el desarrollo social y económico depende de instituiciones de calidad, Siglo Veintiuno Editores, Buenos Aires, 1ª edição, 2017, tradução para o espanhol de Elena Odriozola.

PONDÉ, Luiz F. Filosofia do Cotidiano: um pequeno tratado sobre questões menores, Contexto, São Paulo, 2019.

POSNER, Richard A. A Economia da Justiça, Martins Fontes, São Paulo, 2010, tradução de Evandro Ferreira e Silva.

RIVERA-LUGO, Carlos. Crítica à Economia Política do Direito, Ideias & Letras, São Paulo, 2019, tradução de Daniel Fabre.

SARLET, Wolfgang I. Dignidade (da pessoa) Humana, Mínimo Existencial e Jurisdição Constitucional (in Jurisdição Constitucional, Democracia e Direitos Fundamentais, org. George S. Leite e Ingo W. Sarlet), JusPODIVM, Salvador, 2012.

TAVARES, André R. Fronteiras da Hermenêutica Constitucional (Coleção Professor Gilmar Mendes, nº 01), Método, São Paulo, 2006.

TIMM, Luciano Benetti. Artigos e Ensaios de Direito e Economia, Lumen Juris, Rio de Janeiro, 2018.

6
A Segurança Jurídica como Incentivo para os Investimentos, sob a Óptica da Análise Econômica do Direito

FERNANDO GUSTAVO FERRO GUIMARÃES

Introdução

Ter um sistema judiciário confiável é um requisito indispensável para qualquer país que pretenda estabelecer um ambiente propício para a realização de investimentos e, consequentemente, que estimule o desenvolvimento da sua economia. O básico, para isso, passa pela constituição de um arcabouço legal/regulatório que proteja a propriedade e a livre iniciativa e pelo estabelecimento de uma estrutura judiciária sólida, que permita uma prestação jurisdicional célere e adequada tecnicamente. Ou seja, a solidez e a eficácia das instituições jurídicas têm um papel decisivo para o desenvolvimento de um país.

O investidor precisa ter um ambiente legal/regulatório que lhe dê estabilidade para investir, confiando na obtenção do retorno e do lucro em um médio ou longo prazo. Precisa também ter a certeza do cumprimento dos contratos, ainda que seja necessário valer-se do Poder Judiciário para isso. O investidor precisa ter, em outras palavras, segurança jurídica.

Este artigo, à luz da Análise Econômica do Direito, centralizará o foco em dois dos principais aspectos da segurança jurídica: a estabilidade do arcabouço legal/regulatório e a previsibilidade das decisões judiciais. O Brasil propicia um ambiente com segurança jurídica suficiente para a atração de investimentos? Aplicando a Teoria Institucional e mediante a análise de estatísticas, artigos e reportagens, este artigo pretende esclarecer essa questão e propor um aprofundamento do estudo deste tema, visando a uma maior eficácia do Judiciário brasileiro e, consequentemente, melhores condições para o desenvolvimento econômico do País.

1. Teoria Institucional

O consagrado economista e professor de história econômica norte-americano Douglass North (1920-2015), em sua premiada obra intitulada Instituições, Mudança Institucional e Desempenho Econômico, publicada pela primeira vez em 1990, define que "instituições são as regras do jogo em uma sociedade ou, mais formalmente, as restrições concebidas pelo homem que moldam a interação humana"[1]. São os limites e parâmetros estabelecidos para balizar a conduta das pessoas e das organizações que a eles se sujeitam.

Tais restrições podem ser formais, como, por exemplo, a lei, em sentido amplo, ou informais, como os costumes, a moral, a religião, etc.

Dentro desse ambiente institucional, um outro componente indispensável no tabuleiro onde é jogado o jogo do mercado são as organizações. Elas são os *players*, que atuam dentro do contexto e dos limites institucionalmente estabelecidos. A natureza e a finalidade das organizações serão fortemente influenciadas pelo ambiente institucional onde elas se desenvolvem e desempenham as suas atividades, considerando dois princípios econômicos:

I) Escolha racional: A ciência econômica parte do pressuposto de que o homem, sendo um animal racional e vivendo em sociedade, tomará suas decisões utilizando-se sempre de um critério racional. Não se trata de uma questão de escolaridade, intelectualidade, ou de maior ou menor grau de estudo, embora tais circunstâncias possam contribuir para tomadas de decisão mais ou menos acuradas. Cada indivíduo – e o mesmo vale para as organizações –, dentro das suas limitações e contando com as informações de que dispõe, tomará a decisão que lhe parece mais razoável em uma avaliação custo/risco *versus* benefício, por mais rápida e instantânea que seja tal decisão. Por exemplo, uma simples decisão, tomada em cerca de um ou dois segundos, por atravessar uma rua no ponto em que se está, de forma mais rápida, ou no quarteirão seguinte, de forma mais segura, é o resultado de uma decisão racional que pondera riscos e benefícios.

II) Escassez de recursos: Outro pressuposto necessário na ciência econômica é o de que os recursos disponíveis no planeta são finitos, principalmente o tempo e o dinheiro. Por essa razão, o tempo e o dinheiro são os recursos mais valiosos para qualquer pessoa ou organização. Não é à toa que a análise financeira de qualquer possível negócio costuma levar em conta o tempo e o valor envolvidos, procurando trazer as alternativas de negócio a valor presente (Valor Presente Líquido, ou VPL), para avaliar qual o melhor caminho. Esse exemplo permite identificar os dois pressupostos em tela, por se tratar de uma decisão racional, tomada considerando a escassez de recursos.

Combinando-se os dois pressupostos acima, chega-se à conclusão de que todas as decisões na vida são, na verdade, um *trade-off*. Como os recursos são escassos, em cada escolha que se faz abre-se mão de algo, racionalmente, considerando o custo de oportunidade, ou seja, o valor que aquela pessoa a quem cabe a escolha atribui à melhor alternativa que ela rejeita. Segundo James M. Buchanan, *"opportunity cost is the evaluation placed on the most highly valued of the rejected alternatives or opportunities"*[2]. No exemplo que utilizamos anteriormente, quanto a atravessar a rua no ponto em que se está ou no quarteirão seguinte, a escolha põe em xeque a preferência pelo tempo ou pela segurança. Ao optar por atravessar a rua de imediato, assume-se um risco quanto à segurança, privilegiando a economia de tempo. Ao contrário, optando por atravessar a rua no quarteirão seguinte, resguarda-se a segurança, aceitando que o tempo será mais demorado.

Portanto, além de a natureza e a finalidade das organizações serem fortemente influenciadas pelo ambiente institucional em que se desenvolvem, como já dissemos acima, podemos concluir também que as decisões tomadas pelas organizações também dependerão essencialmente do aparato institucional existente. É natural que as organizações pautem a sua estratégia com base nos incentivos que elas conseguem identificar, para obter o melhor resultado possível nos respectivos mercados em que atuam. Tais incentivos incluem mas não se limitam a incentivos naturais de mercado, como preço, concorrência, etc. Tão importantes quanto, ou até mais importantes, são os incentivos de natureza normativa, legal ou institucional. Ou seja, as instituições, de um modo geral, têm um papel fundamental para o estímulo e o direcionamento da atividade econômica.

E, nesse arranjo institucional, as instituições jurídicas, particularmente, têm um peso deveras relevante, capaz de influenciar de forma significativa os rumos da economia.

2. Segurança Jurídica como Incentivo para Investimentos

Entre outros, um ponto chave a ser avaliado por qualquer organização, antes da tomada de decisão por investir ou não investir em um País é a segurança jurídica. Podemos enxergar a segurança jurídica sob diversos aspectos, mas, para efeitos deste estudo, vamos voltar a nossa atenção para dois aspectos principais: (i) a estabilidade do arcabouço legal/regulatório; e (ii) a previsibilidade das decisões judiciais.

2.1. Estabilidade do Arcabouço Legal/Regulatório

Qualquer investidor que, naturalmente, vise à amortização do seu investimento e à obtenção de lucro no médio ou longo prazo tem uma evidente preocupação com qualquer mudança no ambiente legal/regulatório em que pratica negócios. O investidor precisa ter a segurança de que, independentemente da composição do governo ou do cenário político do país, as premissas consideradas para a sua decisão de investir continuarão sendo válidas.

É possível identificar que o Brasil, no entanto, não vem propiciando tal segurança. Podemos citar como exemplo a Medida Provisória nº 579, convertida na Lei 12.783/2013, que alterou as regras do setor elétrico. A MP renovou antecipadamente as concessões de geradoras e transmissoras de energia que venceriam em 2015, desde que as concessionárias aceitassem as novas tarifas e os novos padrões de qualidade estabelecidos pela ANEEL – Agência Nacional de Energia Elétrica. A renovação mediante tais condições foi considerada, pelo mercado, uma quebra de contrato; uma alteração das regras durante a vigência das concessões[3]. No dia seguinte ao anúncio das mudanças, as ações das empresas de capital aberto do setor elétrico registraram uma queda de 20% no seu valor. E, para compensar o desequilíbrio causado pelas novas regras, o Governo lançou mão de um mecanismo de indenizações e repasses que, segundo especialistas, provocou perdas de cerca de R$105 bilhões para o Tesouro Nacional. Sem analisar o mérito da MP no tocante à sua eficácia e mantendo o foco apenas na questão da segurança jurídica, podemos considerá-la um exemplo de como o Brasil, atualmente, ainda não propicia um ambiente juridicamente seguro no tocante à estabilidade do arcabouço legal/regulatório.

2.2. Previsibilidade das Decisões Judiciais

Outra condição importante para que se tenha uma percepção de segurança jurídica é a previsibilidade das decisões judiciais. Afinal, a solução mais comum diante de um contrato não cumprido é a judicialização do litígio, contando com o Judiciário para promover a execução forçada do contrato, ou para obter a respectiva indenização. É possível afirmar que, no Brasil, pode-se efetivamente contar com uma prestação jurisdicional segura, tecnicamente adequada e dentro de razoável previsibilidade?

Para contribuir com a resposta à indagação acima, utilizaremos o resultado de uma pesquisa realizada pela ABJ – Associação Brasileira de Jurimetria, em 2015, que analisou os acórdãos proferidos por todas as Câmaras de Direito Criminal do Tribunal de Justiça de São Paulo em 2014, em apelações contra sentenças de prisão[4]. O resultado, sintetizado no gráfico abaixo, é, no mínimo, preocupante:

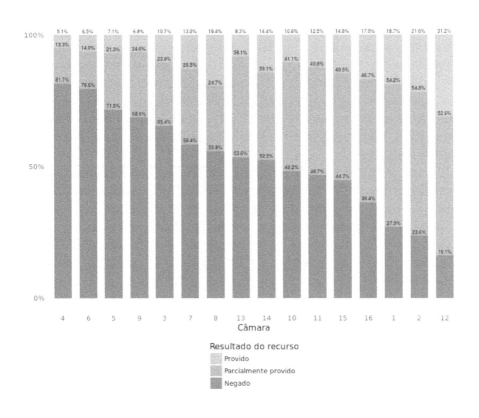

O DIREITO ADMINISTRATIVO SOCIAL E ECONÔMICO

Considerando que a distribuição dos processos entre as Câmaras é feita por sorteio e que não há entre as Câmaras uma divisão de competência em razão da natureza dos processos, ou seja, que todas as Câmaras julgam, em média, uma quantidade semelhante de processos da mesma natureza, podemos extrair do gráfico acima algumas conclusões estarrecedoras:

I) Enquanto a 4ª. Câmara nega provimento em 81,7% dos casos, a 12ª. Câmara nega provimento em apenas 16,1% dos casos. Ou seja, se a apelação for distribuída para a 12ª. Câmara, a chance de o réu ser solto é cinco vezes maior que em um julgamento pela 4ª Câmara.

II) Considerando a média de todas as Câmaras, o TJ nega provimento em 53,9% dos casos. Trata-se de uma média muito próxima de 50%, o que denota, praticamente, um *coin flip*, ou seja, uma aleatoriedade perfeita.

A conclusão do estudo acima referido indica duas possíveis hipóteses para justificar tamanha variância: (i) a distribuição entre as Câmaras não ser aleatória; ou (ii) existir uma discrepância na atuação dos magistrados.

Qualquer uma das hipóteses acima é um motivo de grande preocupação. A primeira, por se tratar de uma burla ao sistema; e a segunda, por denotar uma total imprevisibilidade na prestação jurisdicional. De qualquer forma, a percepção de insegurança jurídica, a partir dos dados apurados é inevitável.

Estaria, porém, a imprevisibilidade restrita à área criminal? Para rechaçar essa hipótese, vale mencionar o relatório final da pesquisa "Diagnóstico sobre as causas de aumento das demandas judiciais cíveis, mapeamento das demandas repetitivas e propositura de soluções pré-processuais e gerenciais à morosidade da Justiça", coordenado por Daniela Monteiro Gabbay e Luciana Gross Cunha, da Escola de Direito da Fundação Getulio Vargas de São Paulo.

A referida pesquisa, concluída em novembro de 2010, dirigiu o foco para as causas previdenciárias (Justiça Federal) e consumeristas (Justiça Estadual), nos estados do Rio Grande do Sul, São Paulo e Rio de Janeiro, baseando-se em estatísticas, estudos de casos e entrevistas. Além de ter sido detectada a existência de zonas cinzentas regulatórias, que, por si só, geram insegurança e funcionam como um convite à litigiosidade, foi apontada como um problema a atuação do Poder Judiciário, considerada instável e pouco uniforme. Como exemplo, podemos citar, na área previdenciária, a divergência existente no Judiciário quanto à necessidade de se esgotar a via administrativa antes do ingresso em juízo. Portanto, a imprevisibilidade das decisões judiciais no Brasil vai além da área criminal, permeando também outras áreas do Direito.

É fato que tivemos avanços nos últimos 15 anos, após a Emenda Constitucional nº 45/2004, a chamada Reforma do Judiciário. A referida Emenda Constitucional trouxe como novidades: (i) a criação do Conselho Nacional de Justiça – CNJ; (ii) a autorização do Supremo Tribunal Federal para a edição de Súmulas Vinculantes; e (iii) mudança significativa no instituto do Recurso Extraordinário, cuja admissão passou a ser examinada à luz da repercussão geral.

O Min. Gilmar Mendes, nas conclusões do artigo de sua autoria, intitulado "A Reforma do Sistema Judiciário no Brasil: elemento fundamental para garantir segurança jurídica ao investimento estrangeiro no País"[6], publicado em 2009, defende que "as inovações trazidas para o sistema judiciário brasileiro pela Reforma realizada por meio da Emenda Constitucional nº 45 vêm possibilitando a concretização da promessa constitucional de um Judiciário a um só tempo célere e efetivo, fortalecendo o princípio da segurança jurídica do País." Não há dúvida que o CNJ já vem desempenhando um papel de grande importância na gestão do Poder Judiciário, o que é perceptível, por exemplo, na influência exercida na informatização de todos os órgãos da Justiça no País. É inegável, também, que os novos institutos da súmula vinculante e da repercussão geral trouxeram avanços no que diz respeito a desafogar o congestionamento do Supremo Tribunal Federal. O próprio Min. Gilmar Mendes, no mesmo artigo, revela que a aplicação do instituto da repercussão geral resultou, em 2008, em uma redução de 41,9% no número de processos no Supremo Tribunal Federal. Portanto, ao menos no âmbito do STF, há resultados significativos na celeridade dos processos. Há, também, ao menos uma tendência a uma maior uniformização da jurisprudência. No entanto, existe ainda um longo caminho a ser percorrido, principalmente no que diz respeito às decisões proferidas em primeira e segunda instâncias, como demonstram os estudos realizados pela ABJ e pela Escola de Direito da FGV/SP, mencionados anteriormente neste artigo.

3. Consequências e Riscos Decorrentes da Insegurança Jurídica

Vimos que boa parte da insegurança jurídica percebida advém da insuficiente uniformização da jurisprudência e também do fato de não haver, em muitos casos, a definição clara de uma interpretação preponderante em questões onde há uma espécie de zona cinzenta normativa/regulatória. O grande perigo dessa situação é que, por existir uma pluralidade de interpretações e decisões precedentes, suficientes para fundamentar decisões tanto numa determinada direção quanto na direção oposta, abre-se uma margem perigosa para que o magistrado decida de acordo com a sua conveniência, e não conforme a melhor técnica para a solução do litígio. Afinal, ele terá argumentos e precedentes suficientes para fundamentar a sua decisão, seja qual for a direção. Torna-se possível, em tese, que a decisão aconteça "de trás para a frente": ao invés de analisar os argumentos, consultar a jurisprudência e interpretar a lei para chegar à melhor decisão como consequência desse fluxo, o magistrado poderia tomar a decisão que melhor lhe conviesse, buscando na jurisprudência não-uniforme e no leque de interpretações possíveis da lei a fundamentação que fosse mais adequada para a decisão que pretendesse aplicar.

Com isso, abre-se espaço para que relações influenciem a atuação do Judiciário. O sociólogo Roberto Da Matta, em seu livro "A Casa e a Rua", define a sociedade brasileira como "heterogênea, desigual, relacional e inclusiva."[7] Segundo ele, o que vale é a relação. Em uma sociedade onde, historicamente, as relações têm a capacidade de influenciar condutas, é perigoso que aquelas pessoas que detêm o poder jurisdicional, também integrantes dessa sociedade, tenham à sua disposição, em alguns casos, argumentos, precedentes jurisprudenciais e interpretações legais que lhes permitam fundamentar uma decisão para qualquer dos lados envolvidos, independentemente de qual seja a decisão tecnicamente mais adequada para a solução do litígio. É claro que esse perigo não significa a certeza de decisões arbitrárias, mas indica, por si só, uma fragilidade que reforça a percepção de insegurança jurídica.

Por fim, como consequência grave da insegurança jurídica, está a dificuldade na atração de investimentos para o País e, por conseguinte, para o desenvolvimento da economia. Voltando aos conceitos da ciência econômica evidenciados por Douglass North, temos que as instituições desempenham um papel decisivo ao estabelecer as regras do jogo e que as organizações buscarão adotar a melhor estratégia, dentro do ambiente ins-

A SEGURANÇA JURÍDICA COMO INCENTIVO PARA OS INVESTIMENTOS, SOB A ÓPTICA...

titucional estabelecido, para obter o resultado pretendido. A insegurança jurídica existente no Brasil, demonstrada neste artigo, não só é percebida pelas organizações, como, de fato, influencia as tomadas de decisões. Ela implica em um custo de transação mais elevado para fazer negócios no Brasil, comparando com a realidade de países desenvolvidos. Afinal, em um ambiente com baixo nível de confiança, gasta-se mais para obter informações, para encontrar um parceiro comercial, para fechar negócios de forma segura, para monitorar o cumprimento dos contratos e, ainda, para executar o contrato caso não seja cumprido. São as três formas de custos de transação, assim definidas por Cooter & Ullen: *"(1) search costs, (2) bargaining costs, and (3) enforcement costs."*[8], ou seja, os custos de busca, de negociação e de monitoramento/execução.

É fato que as organizações consideram o impacto de tal insegurança jurídica nas suas decisões de investimento. Um exemplo foi a decisão tomada pela Shell Brasil Ltda., em 2000, de se desfazer de 285 postos revendedores de combustíveis e 6 bases de distribuição localizados na Região Centro-Oeste, conforme noticiou o Diário do Grande ABC na edição de 24/02/2000[9]. O principal argumento revelado pela Shell foi o de estratégia comercial, alegando que aquela região seria de baixa rentabilidade para a empresa. Mas o presidente da Shell deixou claro, também, que "contribuiu para a venda a situação no mercado distribuidor, onde muitas empresas continuavam lançando mão de liminares judiciais para não descontar o Imposto sobre Circulação de Mercadorias e Serviços (ICMS) e outras mantinham práticas ilegais para adulterar a composição do combustível e baratear os custos." Ou seja, o ambiente de insegurança jurídica teve influência, ainda que não tenha sido o único fator para a decisão tomada pela empresa. Adicione-se também que, embora não tenha sido comentado pelos diretores da Shell e ainda que tal fato não tenha influenciado a decisão da empresa, em setembro de 1999, ou seja, menos de 6 meses antes, um juiz do Tribunal de Justiça de Mato Grosso foi morto após denunciar um suposto esquema de venda de sentenças e outras irregularidades naquele Tribunal[10].

Nos últimos anos, os investimentos diretos no Brasil têm registrado uma queda significativa. Segundo o Relatório de Investimento Direto no País[11], divulgado pelo Banco Central, de 2012 a 2015 o Investimento Direto no País (IDP) passou de US$731 bilhões (26,2% do PIB) para US$568 bilhões (23,6% do PIB). Em 2016 houve uma recuperação, mas, no primeiro trimestre de 2017, o resultado já foi novamente de queda, comparando com o mesmo período do ano anterior. É claro que não podemos relacionar tal variação a apenas uma causa, mas é bem provável que tenha relação direta com o nível de percepção de segurança jurídica, cabendo um estudo mais aprofundado sobre o assunto.

Conclusões

As noções de Análise Econômica do Direito nos ajudam a compreender fatores que influenciam o desempenho das atividades econômicas e, consequentemente, o desenvolvimento econômico de um país. Mais especificamente, a Teoria Institucional, desenvolvida por Douglass North, nos permite compreender melhor a importância das instituições jurídicas para a economia. A percepção de segurança jurídica está entre os principais fatores ponderados pelas organizações nas tomadas de decisão quanto a investir ou não investir em um país. Através de estatísticas e fatos constatados, apresentados neste artigo, podemos concluir que, apesar de ter realizado avanços, o Brasil ainda não propicia um ambiente de segurança jurídica capaz de assegurar o nível de previsibilidade na atividade jurisdicional desejado pelas organizações. Através da pesquisa científica, é possível obter estatísticas e informações úteis para a propositura de mudanças positivas para o ambiente institucional do País. Com o avanço da tecnologia, que permite um acesso maior a dados dos tribunais de todo o País, e com o crescimento da utilização da jurimetria, pesquisas que esmiuçarem com os olhos da Análise Econômica do Direito os dados provenientes da atuação do Poder Judiciário poderão obter uma quantidade riquíssima de informações, que, se forem utilizadas para a melhoria do Poder Judiciário, poderão impulsionar mudanças institucionais relevantes e, consequentemente, estimular o desenvolvimento econômico do País.

Referências

[1] NORTH, Douglass C. *Instituições, mudança institucional e desempenho econômico*. São Paulo: Três Estrelas, 2018, p. 17

[2] BUCHANAN, James M. *Opportunity cost*. In S. N. Durlauf & L. E. Blume (Eds.), The New Palmgrave Dictionary of Economics. Basingstroke: Nature Publishing Group, p. 198-201.

[3] MP 579 MUDA REGRAS E COMPLICA EQUAÇÃO. *Revista Em Discussão!*. Brasília: Senado Federal, n. 25, jun. 2015. Disponível em: <https://www12.senado.leg.br/emdiscussao/edicoes/o-desafio-da-energia/realidade-brasileira/complexidade-do-setor-

-desafia-governos-e-modelos-de-gestao/mp-579-muda-regras-e-complica-equacao>. Acesso em: 20/11/2018.

[4] NUNES, Marcelo G, TRECENTI, Julio A. Z. *Reformas de decisão nas câmaras de direito criminal em São Paulo.* Disponível em: <https://abj.org.br/cases/camaras-2/>. Acesso em 20/11/2018.

[5] GABBAY, Daniela Monteiro; CUNHA, Luciana Gross. *Diagnóstico sobre as causas de aumento das demandas repetitivas e propositura de soluções pré-processuais, processuais e gerenciais à morosidade da Justiça.* Disponível em <http://cnj.jus.br/images/pesquisas-judiciarias/Publicacoes/relat_pesquisa_fgv_edital1_2009.pdf>. Acesso em 20/11/2018.

[6] MENDES, Gilmar. *A reforma do Sistema Judiciário no Brasil: elemento fundamental para garantir segurança jurídica ao investimento estrangeiro no Brasil.* Revista de Direito Bancário e do Mercado de Capitais: RDB, v. 12, n. 43, p. 9-16, jan./mar. 2009. Disponível em <https://bdjur.stj.jus.br/jspui/handle/2011/83723>. Acesso em 20/11/2018.

[7] DA MATTA, Roberto. *A Casa e a Rua.* Rio de Janeiro: Rocco, 1997, p. 71-77.

[8] COOTER, Robert, & ULLEN, Thomas. *Law and Economics.* Reading: Addison Wesley Longman, 2000, p. 87-88.

[9] PEDROSO, Soraia. *Shell vende 285 postos de revenda de combustíveis.* Diário do Grande ABC. Santo André, 24 fev. 2000. Caderno Economia. Disponível em <https://www.dgabc.com.br/Noticia/323755/shell-vende-285-postos-de-revenda-de-combustivel>. Acesso em 20/11/2018.

[10] SOUZA, André. *Delegado condenado por fraude em investigação da morte de juiz de MT deve voltar à prisão.* G1 MT. s.I. 24 aug. 2017. Disponível em <https://g1.globo.com/mato-grosso/noticia/delegado-condenado-por-fraude-em-investigacao-da-morte-de-juiz--de-mt-deve-voltar-a-prisao.ghtml>. Acesso em 20/11/2018.

[11] RELATÓRIO DE INVESTIMENTO DIRETO NO PAÍS. Brasília: Banco Central do Brasil. Disponível em <https://www.bcb.gov.br/Rex/CensoCE/port/RelatorioIDP2016.pdf>. Acesso em 20/11/2018.

7
Contratação Integrada no RDC: A Majoração de Custos Decorrente de sua Adoção no Brasil

João Paulo Forni

Introdução

A iminência da Copa do Mundo FIFA de 2014 e dos Jogos Olímpicos de 2016, no Brasil, gerou o ambiente necessário para uma intensificação[1] de debates acerca da imprescindibilidade de mudanças nos procedimentos licitatórios, marcados, sob a égide da Lei n. 8.666/1993 (Lei Geral de Licitações – LGL), pela lentidão e burocracia[2]. Foram várias as tentativas nesse sentido, com destaque para a Medida Provisória (MP) n. 489/2010, que perdeu eficácia por decurso de prazo; para a MP n. 503/2010, que, após uma

---

[1] Inúmeras foram as tentativas de mudança da LGL anteriores ao cenário imposto pelos grandes eventos esportivos. "Em 1997, o Anteprojeto de Nova Lei de Licitações, apelidado de Anteprojeto Bresser (elaborado pelo então Ministério de Administração Federal e Reforma do Estado); em 2002, o denominado Anteprojeto de Lei Geral de Contratações da Administração Pública (originário do Ministério do Planejamento, Orçamento e Gestão); em 2003, o PL n. 146, apresentado pelo Dep. José Santana de Vasconcellos; em 2007 o PL n. 7.907, apresentado pelo Dep. Márcio Reinaldo; e também em 2007 seu sucessor, o PL n. 32 e substitutivo de autoria do Senador Eduardo Suplicy". (BICALHO, Alécia Paolucci Nogueira; PEREIRA, Flávio Henrique Unes. Comentários ao PLS n. 559/2013. Modernização e atualização da Lei de Licitações e Contratos. Fórum de Contratação e Gestão Pública – FCGP, Belo Horizonte, ano 16, n. 181, p. 9-23, jan. 2017).

[2] Referimo-nos, neste ponto, ao que se denomina disfunções do modelo burocrático, proposto por Max Weber. Para aprofundamento do tema, vide PEREIRA, Luiz Carlos Bresser. Da Administração Pública burocrática à gerencial. Revista do Serviço Público, ano 47, n. 1, jan.-abr. 1996.

O DIREITO ADMINISTRATIVO SOCIAL E ECONÔMICO

série de emendas, foi convertida em Lei, mas revogada posteriormente; e para a MP n. 521/2010, que também não logrou êxito.[3]

Como fruto desse debate e como possível solução para as dificuldades relacionadas às obras necessárias aos grandes eventos esportivos, surge o Regime Diferenciado de Contratações Públicas (RDC), fruto de conversão em Lei (n. 12.462/2011) da MP n. 527/2011.

Inicialmente aplicável no âmbito da Copa das Confederações FIFA de 2013, da Copa do Mundo FIFA 2014 e dos Jogos Olímpicos e Paraolímpicos de 2016, o regime apresentava característica de transitoriedade. No entanto, após a inclusão, em seu escopo de aplicação, das ações integrantes do Programa de Aceleração do Crescimento (PAC) e de obras e serviços de engenharia no âmbito do Sistema Único de Saúde, o RDC passou a ser um regime permanente, tendo sua aplicabilidade estendida, ainda, a ações no âmbito de segurança pública e de órgãos e entidades dedicados à ciência, à tecnologia e à inovação, entre outras.[4]

O novo marco legal, no intuito de conferir, ao menos em tese, maior celeridade e competitividade aos certames, trouxe algumas inovações[5] em relação à LGL, entre as quais se destacam: menores prazos; inversão de fases[6]; julgamento por disputa aberta fechada ou combinada das propostas;

---

[3] BENATTI, Roberta Moraes Dias. Contratação integrada do regime diferenciado de contratação: estudo de caso à luz da economia dos custos de transação. Revista de Direito Público da Economia – RDPE, Belo Horizonte, ano 12, n. 48, out./dez. 2014. Disponível em: <http://www.bidforum.com.br/PDI0006.aspx?pdiCntd=230811>. Acesso em: 24 abr. 2017.

[4] Vide art. 1º da Lei n. 12.462/2011. Além dos incisos de I a X, ali constantes, há remissão ao RDC por parte de outras leis, a exemplo da Lei n. 12.873/2012, que autoriza a Companhia Nacional de Abastecimento a utilizar o RDC para a contratação de todas as ações relacionadas à reforma, modernização, ampliação ou construção de unidades armazenadoras próprias destinadas às atividades de guarda e conservação de produtos agropecuários em ambiente natural.

[5] Segundo estudo empírico empreendido pelo TCU, a forma eletrônica, em linha com o que aponta a doutrina, mostrou-se vantajosa em todos os regimes de execução do RDC, quando comparada à forma presencial. O mesmo ocorre com a combinação dos modos de disputa aberto e fechado, que se mostrou mais vantajosa, para todos os regimes, que o uso exclusivo de um dos modos. Já o orçamento sigiloso mostrou-se mais vantajoso para todos os regimes, exceto para a contratação integrada. Essas questões, no entanto, não serão abordadas no presente trabalho. Para mais detalhes, vide: BRASIL. Tribunal de Contas da União. Acórdão n. 306/2017. Plenário. Relator: Ministro Bruno Dantas. Sessão de 22/02/2013. Disponível em: <https://contas.tcu.gov.br/sagas/SvlVisualizarRelVotoAcRtf?codFiltro=SAGAS-SESSAO-EN CERRADA&seOcultaPagina=S&item0=573366>. Acesso em: 24 mai. 2018.

[6] Algumas dessas inovações já constavam de outras normas, sendo a inversão de fases um exemplo. Tal prática já constava do procedimento do pregão (Lei n. 10.520/2002).

disputa por lances intermediários; forma eletrônica; orçamento sigiloso; remuneração variável, conforme critérios de desempenho estabelecidos no edital; possibilidade de indicação de marcas; fase recursal única; e a principal delas, a contratação integrada, objeto do presente estudo e verdadeira espinha dorsal[7] do novo regime, muitas vezes até confundida com o RDC[8].

A contratação integrada (CI) é um regime de execução contratual inspirado no Decreto n. 2.745/98, norma que disciplinava, até o advento da Lei n. 13.303/2016 (Lei das Estatais)[9], as licitações no âmbito da Petrobras, com a seguinte redação:

> Item 1.9 Sempre que economicamente recomendável, a PETROBRAS poderá utilizar-se da contratação integrada, compreendendo realização de projeto básico e/ou detalhamento, realização de obras e serviços, montagem, execução de testes, pré-operação e todas as demais operações necessárias e suficientes para a entrega final do objeto, com a solidez e segurança especificadas.[10]

Nesse regime, restrito a casos que envolvam inovação tecnológica ou técnica, possibilidade de execução com diferentes metodologias ou com tecnologias de domínio restrito no mercado, o particular compromete-se a oferecer o projeto, construí-lo e entregá-lo em perfeitas condições de funcionamento e operação.[11]

Trata-se de modalidade de preço global fixo, como a empreitada integral e a empreitada por preço global, ambas previstas na Lei n. 8.666/1993, porém com escopo ainda mais amplo. Inclui a elaboração e o desenvolvimento dos projetos básico e executivo, a execução de obras e serviços de

---

[7] ZYMLER, Benjamin; DIOS, Laureano. O Regime Diferenciado de Contratação – RDC. 3. ed. Belo Horizonte: Fórum, 2014. p. 232.

[8] BICALHO, Alécia Paolucci Nogueira; PEREIRA, Flávio Henrique Unes. Op. cit.

[9] Com o advento da Lei n. 13.303/2016, o Decreto n. 2.745/98 perdeu seu fundamento de validade, uma vez que o art. 67 da Lei n. 9.478/97, que legitimava o regulamento, foi revogado expressamente.

[10] BRASIL. Decreto n. 2.745/1998. Disponível em: <http://www.planalto.gov.br/ccivil_03/decreto/d2745.htm>. Acesso em: 19 mai. 2018.

[11] ROCHA, Silvio Luís Ferreira da. Breves considerações sobre a contratação integrada. Revista Brasileira de Infraestrutura – RBINF, Belo Horizonte, ano 3, n. 6, jul./dez. 2014. Disponível em: <http://www.bidforum.com.br/PDI0006.aspx?pdiCntd=217497>. Acesso em: 24 abr. 2017.

engenharia, a montagem, a realização de testes, a pré-operação e todas as demais operações necessárias e suficientes para a entrega final do objeto.[12]

Quando adotada a CI, portanto, o projeto básico (PB) faz parte do objeto da licitação, surgindo, assim, a necessidade de oferecer elementos mínimos aos licitantes, no instrumento convocatório, para que possam elaborar suas propostas. O anteprojeto de engenharia é o documento que visa preencher essa lacuna.

O anteprojeto pode ser definido como a peça prévia, desenvolvida após os estudos de viabilidade, que representa a linha de contorno das soluções técnicas, a ser devidamente preenchida em projeto detalhado, necessária e fundamental à obtenção do PB. Esse documento deve abranger todos os elementos necessários à elaboração e comparação das propostas, com isonomia, bem como à posterior elaboração do PB pelas contratadas.[13]

Retornando à contratação integrada, esse regime vem sendo cada vez mais utilizado pela Administração Pública no Brasil. Exemplo disso é o percentual crescente que a CI representa nas licitações do DNIT,[14] autarquia que ocupa a primeira posição em ordem decrescente de despesas liquidadas de 2010 a 2017 no elemento de despesa "obras e instalação", entre 287 órgãos e/ou unidades gestoras da Administração Pública Federal, em montante que se aproxima a R$ 45 bilhões.[15] Essa entidade passou a utilizar a CI a partir de 2012, e, cada vez mais, ano a ano, esse regime ganhou representatividade em relação aos demais, até atingir quase a totalidade das contratações em 2015, conforme demonstrado no Gráfico 1:

---

[12] Art. 9º Nas licitações de obras e serviços de engenharia, no âmbito do RDC, poderá ser utilizada a contratação integrada, desde que técnica e economicamente justificada e cujo objeto envolva, pelo menos, uma das seguintes condições: [...] §1º A contratação integrada compreende a elaboração e o desenvolvimento dos projetos básico e executivo, a execução de obras e serviços de engenharia, a montagem, a realização de testes, a pré-operação e todas as demais operações necessárias e suficientes para a entrega final do objeto. BRASIL. Lei Federal n. 12462/2011. Disponível em: <http://www.planalto.gov.br/ccivil_03/_ato2011-2014/2011/lei/L12462.htm>. Acesso em: 17 jan. 2019.

[13] ALTOUNIAN, Cláudio Sarian; CAVALCANTE, Rafael Jardim. RDC e Contratação Integrada na prática: 250 questões fundamentais. Belo Horizonte: Fórum, 2014. p. 257-262.

[14] BRASIL. Tribunal de Contas da União. Acórdão n. 306/2017. Op. cit.

[15] Informação constante do Painel de Informações do Tribunal de Contas da União – Despesas da Administração Pública Federal. Disponível em: <http://www.tcu.gov.br>. Acesso em: 19 mai. 2018.

GRÁFICO 1
REPRESENTATIVIDADE DA CI DE 2007 A 2015 NO DNIT

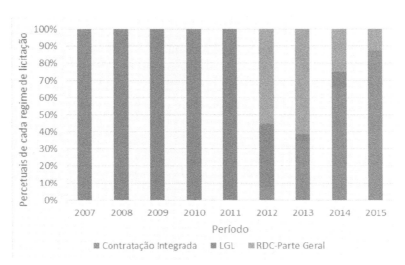

Fonte: Relatório do Acórdão 306/2017 – Plenário do TCU

Além de constar do RDC, a CI figura no art. 43, inciso VI, da recente Lei das Estatais e do art. 41, inciso V, do Projeto de Lei n. 6814/2017[16] (apensado ao PL 1292/1995)[17], que visa substituir a atual lei de licitações. Tais fatos corroboram a intenção de continuidade, por parte do legislador, da utilização do regime.

Tanto a crescente utilização da modalidade quanto sua inserção em novos normativos tornam relevante uma investigação dos resultados obtidos quando adotada a CI. Na manifestação da Advocacia-Geral da União (AGU), no âmbito da ADI n. 4645[18], movida pelo Partido da Social Democracia Brasileira, pelo Democratas e pelo Partido Popular, que questiona aspectos formais e materiais do RDC, é possível vislumbrar quatro pres-

---

[16] BRASIL. Projeto de Lei 6814/2017. Disponível em: <https://www.camara.leg.br/proposicoesWeb/fichadetramitacao?idProposicao=2122766>. Acesso em: 17 out. 2019.

[17] BRASIL. Projeto de Lei 1292/1995. Disponível em: <http:// https://www.camara.leg.br/proposicoesWeb/fichadetramitacao?idProposicao=16526&ord=1>. Acesso em: 17 out. 2019.

[18] BRASIL. Supremo Tribunal Federal. Manifestação da AGU na Ação Direta de Inconstitucionalidade n. 4.645/DF. Relator: FUX, Luiz. Disponível em: <http://redir.stf.jus.br/estfvisualizadorpub/jsp/consultarprocessoeletronico/ ConsultarProcessoEletronico.jsf?seqobjetoincidente=4131802>. Acesso em: 15 abr. 2018.

O DIREITO ADMINISTRATIVO SOCIAL E ECONÔMICO

supostos utilizados como justificativas para a utilização da CI, quais sejam: o alinhamento às melhores práticas internacionais; a ausência de aditivos; a redução de prazos das contratações; e a redução de custos para o Poder Público. Tais pressupostos são citados em outras publicações do setor público[19] e por boa parte da doutrina.[20]

Diante deste contexto, este trabalho, por intermédio de revisão bibliográfica, pesquisa de atos legislativos e análise de estudos empíricos, objetiva testar especificamente o pressuposto relacionado aos custos quando adotada a contratação integrada, em oposição à LGL e outros regimes do RDC. Conclui-se pelo aumento de custos, em regra, quando se opta pela CI, ou seja, o pressuposto será rejeitado.

O delineamento dos pressupostos ora tratados pode ser extraído dos seguintes trechos da citada manifestação da AGU no âmbito da ADI n. 4645:

> [...] em vez de dois processos licitatórios – o primeiro tendo por objeto a elaboração do projeto básico e o segundo a execução da obra – tem-se apenas um, para a contratação da empreiteira, fundamentado no anteprojeto de engenharia.

Percebe-se, claramente, que a inovação trazida pelo diploma legal importará em (...) economia ao erário [...].

Ademais, o trabalho se debruça sobre a experiência do DNIT no uso da CI, uma vez que essa autarquia está na vanguarda da utilização dessa modalidade e entre a totalidade dos órgãos e entidades federais é, de acordo com a CGU, seguramente a entidade que mais utilizou o novo regime.[21] A título de comparação, enquanto o DNIT realizou mais de uma centena

---

[19] Como exemplo, vide BRASIL. Departamento Nacional de Infraestrutura de Transportes – DNIT. Regime Diferenciado de Contratações: lições aprendidas. 1º Seminário de Licitações e Contratos do DNIT, 2014. Disponível em: <http://www.dnit.gov.br/download/sala-de-imprensa/03-dnit-seminario-licitacoes-e-contratos-22-set-2014.pdf>. Acesso em: 01 de jun. 2018.

[20] Por todos, vide RAMOS, Clarissa Pacheco; CARMONA, Paulo Afonso Cavichioli. A contratação integrada à luz da doutrina e da jurisprudência do Tribunal de Contas da União. Fórum de Contratação e Gestão Pública – FCGP, Belo Horizonte, ano 13, n. 153, set. 2014. Disponível em: <http://www.bidforum.com.br/PDI0006.aspx?pdiCntd=155437>. Acesso em: 24 abr. 2017.

[21] "[...] pode-se afirmar, seguramente, que, nesses mais de 3 (três) anos do advento do RDC, o DNIT foi, dentro dos jurisdicionados da CGU, a entidade que mais utilizou o novo regime jurídico". BRASIL. Ministério da Transparência, Fiscalização e Controladoria Geral da União

de licitações utilizando a CI apenas entre setembro de 2012 e setembro de 2014[22], a VALEC, empresa pública responsável pela construção e exploração de infraestrutura ferroviária brasileira, realizou apenas 11 certames sob esse regime, sendo 3 deles fracassados.[23]

A confirmação ou contestação empírica do pressuposto da redução dos custos na CI tomou por base estudos realizados pela Câmara dos Deputados[24], pelo TCU[25], pela Controladoria-Geral da União (CGU)[26], pelo SINAENCO (Sindicato Nacional das Empresas de Arquitetura e Engenharia Consultiva) e pelo CAU/BR (Conselho de Arquitetura e Urbanismo do Brasil)[27]. Todos esses estudos exploram as contratações realizadas pelo DNIT, pelos motivos já mencionados.

O intuito deste artigo não é advogar a extirpação sumária da contratação integrada do ordenamento jurídico, ante a não verificação do pressuposto analisado. Intenta-se apenas apontar a necessidade de novas pesquisas para que se entenda o que pode ser aperfeiçoado e se avalie se, de fato, e em que circunstâncias, a CI traz benefícios ao ambiente contratual público.

1. Apontamentos Preliminares sobre o RDC

Preliminarmente, faz-se necessário tecer breves comentários a respeito de eventual redução de custos quando adotado o RDC, ainda sem entrar no mérito especificamente da contratação integrada, que é um regime de execução específico no âmbito da Lei n. 12.462/2011.

– CGU. Relatório de Auditoria OS n. 201505075. Disponível em: <http://auditoria.cgu.gov.br/public/relatorio/consultar.jsf?rel=9107>. Acesso em: 11 mar. 2017.

[22] Dossiê DNIT: Dossiê atualizado sobre a ineficiência da Contratação Integrada no Brasil. Disponível em: <http://www.caubr.gov.br/dossie-comprova-ineficacia-da-contratacao-integrada-no-dnit/>. Acesso em 28 mai. 2018.

[23] Informação disponível em: <http://valec.gov.br/a-valec/licitacoes/licitacoes>. Acesso em: 21 ago. 2018.

[24] BRASIL. Câmara dos Deputados. Consultoria de Orçamento e Fiscalização Financeira. Nota Técnica n. 21/2015. Disponível em <http://www2.camara.leg.br/orcamento-da-uniao/estudos/2015/nt21_2015>. Acesso em: 23 maio 2018.

[25] Idem.

[26] BRASIL. Ministério da Transparência, Fiscalização e Controladoria Geral da União – CGU. Op. cit.

[27] Dossiê DNIT: Dossiê atualizado sobre a ineficiência da Contratação Integrada no Brasil. Op. cit.

O DIREITO ADMINISTRATIVO SOCIAL E ECONÔMICO

Iniciando a análise, é patente que a inversão de fases[28] constante do RDC apresenta enorme potencial em termos de redução de custos. A habilitação de todos os concorrentes para posterior julgamento das propostas, como ocorre no âmbito da Lei n. 8.666/1993, costuma encarecer o processo licitatório, não só pelo tempo de análise dos documentos, mas pelo incentivo a recursos administrativos e judiciais. No RDC, como se analisa a documentação apenas do licitante julgado vencedor do certame, ganha-se tempo, o que se reflete em economia de recursos, em linha com a diretriz da eficiência.

O mesmo se dá com a fase recursal única[29], que agrega as análises dos recursos referentes à habilitação e ao julgamento em apenas um momento, e com a forma eletrônica[30], que permite uma ampliação do universo de concorrentes e barateia o procedimento licitatório.

Essas duas vantagens do RDC ficarão claras quando da análise dos estudos empíricos, que mostram menores custos quando utilizados os regimes da parte geral do RDC (todos os regimes menos a CI) em relação à LGL.

Todavia, mesmo com esses fatores favoráveis, a CI não logra reduzir custos em relação à LGL, muito menos em relação aos outros regimes do RDC. A menor competição, decorrente da maior complexidade e incerteza do regime, além de problemas relacionados às taxas de sucesso dos certames e de problemas de cálculo relacionados à taxa de risco são os principais fatores que contribuem para a contestação do pressuposto. Tais aspectos serão avaliados nos próximos tópicos, primeiro no âmbito teórico, e depois no âmbito empírico.

---

[28] Art. 12. O procedimento de licitação de que trata esta Lei observará as seguintes fases, nesta ordem: I – preparatória; II – publicação do instrumento convocatório; III – apresentação de propostas ou lances; IV – julgamento; V – habilitação; VI – recursal; e VII – encerramento. BRASIL. Lei Federal n. 12462/2011. Op. cit.

[29] Art. 27. Salvo no caso de inversão de fases, o procedimento licitatório terá uma fase recursal única, que se seguirá à habilitação do vencedor. Parágrafo único. Na fase recursal, serão analisados os recursos referentes ao julgamento das propostas ou lances e à habilitação do vencedor. Ibidem.

[30] Art. 13. As licitações deverão ser realizadas preferencialmente sob a forma eletrônica, admitida a presencial.

Parágrafo único. Nos procedimentos realizados por meio eletrônico, a administração pública poderá determinar, como condição de validade e eficácia, que os licitantes pratiquem seus atos em formato eletrônico. Idem.

2. Considerações Teóricas sobre a Redução de Custos na Contratação Integrada

O pressuposto da redução de custos aparece na já citada manifestação da AGU, no âmbito da ADI n. 4.645, que aponta a CI como fator que importará em economia ao erário.[31] Da mesma forma, a CGU, ao discorrer sobre os objetivos pelos quais a CI foi editada, cita, entre eles, a economia financeira.[32]

Ainda no âmbito do setor público, a redução dos custos é citada pelo DNIT como vantagem da CI, em decorrência da associação entre esse regime e o *design-build* norte-americano:

> Em 2006, a Agência do Governo Federal Norte-Americano (FHWA, 2006) elaborou um relatório, cujo objetivo era aferir a efetividade do novo modelo de contratação – design-build (**contratação integrada**) – em obras de implantação, adequação da capacidade, restauração, túneis e pontes. Uma das conclusões do estudo foi de que (...) **o custo dos projetos foi reduzido em 3%** (grifos nossos).[33]

Contudo, diferentemente do que ocorre em relação à redução dos prazos, o pressuposto da diminuição de custos não é tão difundido. As vantagens da CI restringir-se-iam, para alguns, à melhoria da qualidade, à redução de prazos, à definição clara de parâmetros de performance e à flexibilidade para discutir rapidamente soluções inovadoras.[34] Logo, a economia de recursos não deveria ser o foco do Governo ao adotar a CI.[35]

De fato, a redução nos custos parece, à primeira vista, contrária à lógica econômica da CI, uma vez que há maiores incumbências direcionadas aos particulares por fatos supervenientes ou desconhecidos, e maiores riscos repercutem em preços mais elevados. Há quem diga, inclusive, que a afe-

---

[31] BRASIL. Supremo Tribunal Federal. Manifestação da AGU na Ação Direta de Inconstitucionalidade n. 4.645/DF. Op. cit.

[32] BRASIL. Ministério da Transparência, Fiscalização e Controladoria Geral da União – CGU. Op. cit.

[33] BRASIL. Departamento Nacional de Infraestrutura de Transportes – DNIT. Guia de Gerenciamento de Riscos de Obras Rodoviárias. Brasília, 2013, p. 7. Disponível em: <http://www.dnit.gov.br/download/servicos/guia-de-gerenciamento-de-riscos-de-obras-rodoviarias/guia-fundamentos-simplificado2.pdf>. Acesso em: 01 de jun. 2018.

[34] NÓBREGA, Marcos. Por que optar pela contratação integrada? Vantagens e riscos. Revista de Direito Público da Economia – RDPE, Belo Horizonte, ano 13, n. 51, jul./set. 2015. Disponível em: <http://www.bidforum.com.br/PDI0006.aspx?pdiCntd=239052>. Acesso em: 24 abr. 2019.

[35] Ibidem.

O DIREITO ADMINISTRATIVO SOCIAL E ECONÔMICO

rição de vantajosidade da CI não deve tomar como parâmetro os valores obtidos com outros regimes de execução, mas o conjunto da obra ou serviço de engenharia, em termos de qualidade, pois o custo das propostas, com a CI, será quase sempre maior, haja vista a maior transferência ao particular do risco negocial.[36]

Porém, não é desarrazoado pensar que uma análise detalhada de cada risco associado à contratação, com a consequente transferência à parte que melhor possa gerenciá-lo, associada à inovação tecnológica e metodológica proveniente dos particulares, pode ensejar redução de preços.[37]

A incerteza associada aos riscos transferidos aos particulares, apesar de impactar o orçamento da obra, deverá ser contrabalanceada com maior liberdade na busca da melhor solução quando da execução contratual. Para isso, as especificações do anteprojeto deverão se restringir aos critérios de qualidade, segurança e durabilidade do empreendimento. Essa maior liberdade poderá redundar em alternativas com menores custos do que aquela que eventualmente teria sido fixada no projeto básico, se fosse adotado o regime tradicional. Os menores custos, em decorrência do ambiente competitivo, deverão repercutir em propostas mais vantajosas, privilegiando o princípio da economicidade.[38]

Ademais, a transferência de maiores responsabilidades ao contratado estaria acompanhada de estímulos à utilização de sua capacidade de engenharia e inovação para reduzir os custos do empreendimento, pois parte dos ganhos de eficiência seriam a ele destinados, diferentemente dos demais modelos de obras públicas, que transferem esses ganhos integralmente ao Poder Público.[39-40]

Contudo, não é apenas a maior transferência de riscos que torna esse pressuposto menos popular que a redução de prazos. Há, ainda, a restrição

[36] MARRY, Michelle; TORRES, Ronny Charles Lopes de. RDC – regime diferenciado de contratações. Salvador: Editora JusPodivm, 2014. p. 114.
[37] ALTOUNIAN, Cláudio Sarian; CAVALCANTE, Rafael Jardim. Op. cit. p. 293-294.
[38] ZYMLER, Benjamin; DIOS, Laureano. Op. cit. p. 247.
[39] Ibidem. p. 247.
[40] Para que de fato ocorra essa apropriação de ganhos de eficiência, pode ser necessário valer-se do instituto da remuneração variável, constante do art. 10 da Lei n. 12462/2011: Na contratação das obras e serviços, inclusive de engenharia, poderá ser estabelecida remuneração variável vinculada ao desempenho da contratada, com base em metas, padrões de qualidade, critérios de sustentabilidade ambiental e prazo de entrega definidos no instrumento convocatório e no contrato. BRASIL. Lei Federal n. 12462/2011. Op. cit.

à competitividade decorrente da integração de todas as etapas da solução. O parcelamento do objeto, cuja racionalidade reside na ampliação da competitividade ocasionada pela segmentação qualitativa e quantitativa do que se deseja contratar, ocasiona redução da dimensão dos requisitos de participação na licitação, ensejando a ampliação do universo de ofertantes, com ganhos econômicos para a Administração.[41] A CI vai de encontro a essa lógica, pois, concentrando parcelas da contratação, restringe o escopo de agentes privados aptos a participar do certame. Esse efeito da integração entre projeto e execução é observado, inclusive, no *design-build* norte-americano, cuja redução do número de licitantes e majoração das chances de fracasso dos certames são apontados como riscos desse modelo.[42]

Tal fato pode, ainda, ensejar uma ampliação do denominado "efeito cotação", que surge em vista dos preços constantes das tabelas de preços oficiais, como Sicro e Sinapi, não considerarem fatores específicos das negociações, como parcelamento das compras e poder de barganha por grande escala, sendo normalmente maiores.[43] Uma competição acirrada entre as propostas, mais provável quando houver grande número de licitantes, mitiga esse efeito, o que, em vista do distanciamento da diretriz do parcelamento, pode não ocorrer na contratação integrada.

Porém, também a esse segundo fator de impopularidade é possível opor alguns argumentos. O parcelamento não é solução aplicável a todos os casos. Há hipóteses que ensejam a integração de prestações diversas, como forma de evitar perdas e ineficiência na execução contratual. Ou seja, razões de ordem econômica e técnica poderão recomendar a integração de escopos sob a mesma contratação, o que excepcionará o dever de fracionamento.[44]A ampliação da competição é importante, mas não é o único objetivo do Poder Público com a licitação. A obtenção da proposta

---

[41] MOREIRA, Egon Bockmann; GUIMARÃES, Fernando Vernalha. Licitação pública: a Lei Geral de Licitações/LGL e o Regime Diferenciado de Contratações/RDC. São Paulo: Malheiros, 2012. p. 206.

[42] PARK, Moonseo; JI, Sae-Hyun; LEE, Hyun-Soo; KIM, Wooyoung. Strategies for Design-Build in Korea Using System Dynamics Modeling. Journal of Construction Engineering and Management, 2009, vol. 135, p. 1125-1137.

[43] PEREIRA JUNIOR, Jessé Torres, DOTTI, Marinês Restelatto. Regimes de execução indireta de obras e serviços de engenharia no RDC: o "Padrão FIFA" é legítimo? Fórum de Contratação e Gestão Pública – FCGP. Belo Horizonte, ano 12, n. 141, p. 21-43, set/2013.

[44] MOREIRA, Egon Bockmann; GUIMARÃES, Fernando Vernalha. Licitação pública: a Lei Geral de Licitações/LGL e o Regime Diferenciado de Contratações/RDC. Op. cit. p. 206.

O DIREITO ADMINISTRATIVO SOCIAL E ECONÔMICO

mais vantajosa vem em primeiro lugar. A divisão do objeto pode, inclusive, gerar atraso na execução, pois exige grande esforço na harmonização das partes, num país em que a responsabilidade pelo atraso enseja penalidades ínfimas e falta qualificação nos gestores públicos.[45]

Nesse sentido, cita-se julgado do TCU relacionado a denúncia de possíveis restrições ao caráter competitivo das licitações empreendidas pela INFRAERO para a reforma e ampliação dos aeroportos Santa Genoveva, em Goiânia; de Vitória, no Espírito Santo; e Santos Dumont, no Rio de Janeiro, no qual se assentou que, no âmbito de determinadas obras, nem sempre o parcelamento é tecnicamente viável, uma vez que as segmentações podem constituir um conjunto indissociável, sendo "elementos de um sistema". Entendeu a Corte de Contas que obras aeroportuárias são complexas e de alto custo, com necessária integração entre as diversas etapas e setores envolvidos, em que soluções tecnológicas adotadas para um setor podem gerar reflexos no sistema como um todo, com grande interdependência.[46]

O fracionamento, pois, mostrou-se inadequado para empreendimentos do porte de construção de aeroportos, gerando carga de trabalho excessiva para o Poder Público, perda de tempo e insucessos dos processos.[47] A ausência de um integrador definido termina por alocar essa responsabilidade à Administração e por isentar os contratados pelo insucesso no gerenciamento do conjunto de atividades. Por tudo isso, conclui o TCU que a decisão da INFRAERO de licitar as obras como um todo foi coerente com jurisprudência da Corte de Contas.[48]

Apenas para aclarar esse ponto, entende-se, aqui, que o fracionamento não é solução adequada a todos os casos, o que quer dizer que a diretriz do parcelamento pode ser mitigada, e adaptada à lógica da contratação integrada.

---

[45] JACOBY FERNANDES, Jorge Ulisses; REOLON, Jaques Fernando. Regime Diferenciado de Contratações Públicas (RDC). Fórum de Contratação e Gestão Pública – FCGP, Belo Horizonte, ano 10, n. 117, set. 2011. Disponível em: <http://www.bidforum.com.br/PDI0006.aspx?pdiCntd=74995>. Acesso em: 18 jul. 2018.

[46] BRASIL. Tribunal de Contas da União. Acórdão n. 1692/2004. Plenário. Relator: Ministro Walton Alencar Rodrigues. Sessão de 27/10/2004. Disponível em: <http://www.tcu.gov.br/Consultas/Juris/Docs/judoc/Acord/20041117/TC%20020.010.doc>. Acesso em: 24 mai. 2018.

[47] Ibidem.

[48] Idem.

Contudo, isso não afasta a imprescindibilidade da maior competição, benéfica a qualquer regime e sempre favorecida por um maior número de licitantes devidamente preparados. Portanto, apesar de ser inerente à CI um menor número de empresas aptas a concorrer, deve-se colocar em prática medidas que ampliem a competitividade nos certames, exigindo-se apenas a qualificação estritamente necessária à execução do empreendimento, afinal, o maior número de concorrentes, como dito, é fator que possui forte correlação com menor preço. Uma medida possível é o estímulo à qualificação de construtoras para que se tornem aptas a projetar e executar obras, e assim participarem de certames sob esse regime.

Em suma, o que se quis demonstrar neste tópico é que há, *a priori*, argumentos defensáveis e coerentes sugerindo a possibilidade de redução de custos quando utilizada a CI, tanto em termos da maior transferência de riscos, que seria compensada pela integração e pela liberdade referente à solução, quanto em relação à menor concorrência pelo não parcelamento das atividades, uma vez que nem todos os objetos devem ser fracionados. Vê-se, pois, que o pressuposto ora em comento não é de todo desarrazoado na teoria.

No entanto, as verificações empíricas realizadas no Brasil, que são o instrumento próprio para testar vantagens teóricas, demonstraram a inadequação de se defender esse regime com base na economia de recursos por ele gerada, conforme será descrito a seguir.

3. A Contestação Empírica do Pressuposto de Redução de Custos na Contratação Integrada

Os estudos empíricos realizados pela Câmara dos Deputados, pelo TCU, pela CGU, pelo SINAENCO e pelo CAU/BR aferiram as diferenças de custos na adoção dos regimes de execução de obras e serviços de engenharia. As verificações apontaram, em geral, no sentido do maior dispêndio de recursos na CI, quando comparada ao regime da LGL e à parte geral do RDC.

Um primeiro ponto que contribui para isso é o aumento da incerteza em relação aos custos dos empreendimentos na CI, medida pela variação das propostas dos licitantes, conforme Quadro 1:

O DIREITO ADMINISTRATIVO SOCIAL E ECONÔMICO

QUADRO 1
VARIAÇÃO DA PROPOSTAS

	Diferença média entre o 3º e o 1º LANCE
Empreitada por Preço Unitário	12,81%
Contratação Integrada	18,36%

Fonte: NT n. 21/2015, da Câmara dos Deputados.

Quando se compara os valores da CI com a Empreitada por Preço Unitário (EPU), fica clara a maior variação das propostas na CI, de 18,36% (na EPU, a diferença entre a 3ª e a melhor proposta é, em média, de 12,81%). Há aumento da incerteza da ordem de 43% quando utilizada a CI (em oposição à EPU). Essas incertezas podem contribuir tanto para o menor número de licitantes, o que, como se viu, enseja menor competitividade e, consequentemente, menor desconto, quanto para o aumento do preço das propostas, pela precificação do risco.

A esse respeito, o TCU já havia constatado que a competitividade, avaliada pela maior quantidade de licitantes participando do certame, é fator que aumenta os descontos obtidos, corroborando a teoria:

> [...] pode-se afirmar que as médias de desconto obtidas, na INFRAERO, aumentaram à medida que houve maior quantidade de licitantes participando do certame. (...) no grupo de RDCs que tiveram um ou dois licitantes, a média de desconto obtida foi de 3,28%. No grupo que tiveram três ou quatro licitantes participantes, a média foi de 4,03%, enquanto que no grupo que teve cinco ou mais participantes a média foi de 7,30%.[49]

No estudo do TCU, específico sobre a CI, tal correlação novamente mostrou-se presente, uma vez que maiores médias de licitantes na LGL (6,8) e nos outros regimes do RDC (6,7) estão acompanhadas de maiores descontos médios nas licitações (5,87% e 9,84%). Na CI, um menor número médio de licitantes (5,7) está correlacionado a um menor desconto médio (4,41%), conforme se depreende do Quadro 2.

[49] BRASIL. Tribunal de Contas da União. Acórdão n. 1901/2016. Plenário. Relator: Ministro Walton Alencar Rodrigues. Sessão de 20/07/2016. Disponível em: <https://contas.tcu.gov.br/etcu/AcompanharProcesso?p1=11751&p2=2016&p3=9>. Acesso em: 24 mai. 2018.

QUADRO 2
DESCONTOS MÉDIOS POR REGIME DE EXECUÇÃO (TCU)

Regime de Execução	Média de licitantes	Desconto médio na licitação	Desvio padrão	N. de licitações
Contratação Integrada	5,7	4,41%	5,82%	5C
RDC-Outros	6,7	9,84%	8,66%	74
Lei n. 8.666/1993	6,8	5,87%	6,61%	236

Fonte: Relatório do Acórdão 306/2017 – Plenário do TCU, p. 15.

A partir desses dados, conclui-se que os descontos médios obtidos em licitações que utilizam a CI são menores, refletido no menor número de participantes. Em relação ao preço médio por quilômetro das obras, os dados fornecidos pelo DNIT ao TCU não permitiram uma avaliação conclusiva desse quesito, ante problemas metodológicos.[50]

O quadro acima deixa clara, também, a vantagem do RDC frente à LGL, uma vez, mesmo com número praticamente igual de licitantes (em média), o desconto médio obtido com o uso dos outros regimes do RDC (desconsiderada a CI) foi 67% maior que o decorrente do uso da LGL.

O estudo realizado pela CGU reafirmou a conclusão do TCU de que existe correlação entre o número e licitantes e o desconto médio ofertado ao Poder Público, primeiramente no plano teórico:

> Um dos indicadores de economicidade em compras governamentais é a existência de concorrência nos certames promovidos. No caso de obras públicas, considerando a hipótese que a mesma será concluída nos termos em que foi contratada, a existência de concorrência garante que o preço avençado corresponde ao efetivo preço de mercado, ressalvada e existência de cartel ou fraude.

E, posteriormente, no plano empírico, quando constatou que o desconto obtido com o uso da CI é menor que o obtido com o regime de preço global, que é menor que o obtido com preço unitário, em variação inversa à média de licitantes, como se vê no quadro abaixo:

---

[50] Vide itens 122 e 123 do Relatório do Acórdão 306/2017-TCU-Plenário.

QUADRO 3
DESCONTOS MÉDIOS POR REGIME DE EXECUÇÃO (CGU)

Regime de Execução	Desconto médio por edital	Média de licitantes
Contratação Integrada	6,56%	4,29
RDC-Preço Global	10,77%	4,47
RDC-Preço Unitário	15,87%	6,33

Fonte: Relatório de Auditoria OS n. 201505075, da CGU.

Esses percentuais de desconto foram analisados com mais detalhe. Contatou-se que há forte concentração na faixa de até 1%, ou seja, muito próximos ao orçamento estimado pela Administração, como se percebe no gráfico abaixo, que engloba os três regimes:

GRÁFICO 2
NÚMERO DE EDITAIS POR FAIXA DE DESCONTO

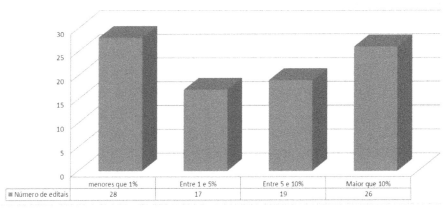

Fonte: Relatório de Auditoria OS n. 201505075, da CGU, p. 43.

Desses 28 editais com descontos inferiores a 1%, 24 são regidos por CI, fortalecendo a conclusão de que um menor número de licitantes enseja menores descontos.

Em relação aos custos totais por regime de execução, a CGU fez um exercício de comparação, adotando um mesmo orçamento de referência de R$ 100 milhões, agregando os dados referentes às taxas médias de desconto, risco e aditivos, e chegou ao seguinte resultado, conforme Quadro 4:

QUADRO 4
COMPARAÇÃO ENTRE CUSTOS DOS REGIMES (CGU)

	Contratação Integrada	Preço Global	Preço Unitário
Orçamento de Referência	100	100	100
Taxa de Risco	4,79	-	-
Preço de referência para Licitação	104,79	100	100
Desconto médio obtido por regime	4,04	10,49	12,36
Preço inicial do Contrato	100,56	89,51	81,64
Aditivos médios por regime	3,70%	9,99%	8,37%
Frequência de aditivos de Valor	10%	55%	85%
Preço Final do Contrato	100,93	94,43	93.88
Diferença entre os regimes	-	6,9%	7,5%

Fonte: Relatório de Auditoria OS n. 201505075, da CGU, p. 72

Partindo da premissa da correção dos dados da CGU, além de presumir que os descontos não são frutos de superestimativas por parte do Poder Público, chega-se à conclusão de que o custo final, ao se adotar a CI, é em média 7,5% maior que o obtido quando se adota o regime de preço unitário, e 6,9% maior que o obtido quando se adota o regime de preço global. Esses valores já levam em conta tanto a frequência dos aditivos nos regimes quanto seus valores médios.

Por fim, o estudo empreendido pelo CAU/BR e pelo SINAENCO, comparando-se o montante orçado pelo DNIT e o valor total das contratações, chegou ao seguinte:

QUADRO 5
DESCONTOS TOTAL POR REGIME DE EXECUÇÃO

Regime de Execução	Montante licitado (R$)	Montante contratado (R$)	Desconto total
Contratação Integrada	13.775.000	12.974.000	5,8%
RDC-Outros	10.837.000	9.947.000	12,4%

Fonte: "Dossiê DNIT", elaborado pelo CAU/BR e pelo SINAENCO, p. 10.

Verifica-se, pois, no estudo das entidades de arquitetura e engenharia, descontos mais de 100% maiores ao se adotar os outros regimes de execução do RDC (12,4%), em relação à adoção da CI (5,8%).

Outro fator que contribui para o aumento de custos é a quantidade de licitações malsucedidas, pois há necessidade de repetição do pleito, com retrabalho. Nesse ponto, o TCU detectou percentuais mais elevados de licitações anuladas, desertas e revogadas na CI em comparação com os demais regimes, como se depreende do seguinte quadro:

QUADRO 6
ÍNDICE DE LICITAÇÕES MALSUCEDIDAS (TCU)

Regime de Execução	Anulada	Deserta	Revogada	Suspensa	N de licitações
Contratação Integrada	7,4%	1,1%	31,6%	0%	95
RDC-Outros	5,6%	0,9%	20,4%	0%	108
Lei n. 8.666/1993	4,1%	0,9%	21,3%	0,3%	342

Fonte: Relatório do Acórdão 306/2017 – Plenário do TCU, p. 28.

Destacam-se, do quadro acima, os maiores percentuais relativos à CI, que, no entender do TCU, podem estar relacionados à ausência de PB. Outra razão para isso pode ser a necessidade de expertise mais abrangente por parte dos licitantes, que devem oferecer serviços de elaboração de projeto e execução de obras, normalmente complexas, o que demanda um amplo preparo por parte das empresas, e não há preparação nas escolas de engenharia e de arquitetura para manejar tamanho grau de complexidade.[51]

Já a CGU mediu a taxa de sucesso por regime de execução, sendo essa taxa o número de lotes homologados em relação ao número de lotes publicados menos os revogados e anulados: Taxa de Sucesso = Lotes Homologados / [Lotes Publicados – (Anulados + Revogados)]. O resultado foi que a taxa de sucesso da CI mostrou-se ligeiramente inferior à do Preço Global e significativamente inferior à do Preço Unitário.

QUADRO 7

TAXA DE SUCESSO POR REGIME DE EXECUÇÃO

	Contratação Integrada	Preço Global	Preço Unitário
Taxa de Sucesso	70,6%	71,4%	93,1%

Fonte: Relatório de Auditoria OS n. 201505075, da CGU, p. 15.

Nesse quesito, a CGU afirmou que o pior desempenho da CI já era esperado, pois, além da maior transferência de riscos, que é um fator inibidor, a orçamentação com anteprojetos é mais imprecisa, gerando preços de referência irreais para as obras. Quando esse preço de referência é inferior ao de mercado, ou seja, quando há subestimativa dos custos de referência, há grande probabilidade de ocorrer uma licitação fracassada ou deserta.[52]

Por fim, a Câmara dos Deputados, analisando o mesmo quesito, apontou que a média de licitações fracassadas utilizando o RDC (todos os regimes) foi de 37%, sendo a média específica da CI de 40%, ligeiramente maior, portanto.[53]

Há, ainda, um último fator a ser considerado quando da análise dos custos nos regimes de execução: a taxa de risco, instituída no art. 9º da Lei do RDC:

[51] NÓBREGA, Marcos. Op. cit.
[52] BRASIL. Ministério da Transparência, Fiscalização e Controladoria Geral da União – CGU. Op. cit.
[53] BRASIL. Câmara dos Deputados. Consultoria de Orçamento e Fiscalização Financeira. Op. cit.

O DIREITO ADMINISTRATIVO SOCIAL E ECONÔMICO

Art. 9º Nas licitações de obras e serviços de engenharia, no âmbito do RDC, poderá ser utilizada a contratação integrada, desde que técnica e economicamente justificada e cujo objeto envolva, pelo menos, uma das seguintes condições: [...]

§5º Se o anteprojeto contemplar matriz de alocação de riscos entre a Administração Pública e o contratado, o valor estimado da contratação poderá considerar taxa de risco compatível com o objeto da licitação e as contingências atribuídas ao contratado, de acordo com metodologia predefinida pela entidade contratante.[54]

Sobre esse instituto, o art. 75 do Decreto n. 7.581/2011 assim dispõe:

Art. 75. O orçamento e o preço total para a contratação serão estimados com base nos valores praticados pelo mercado, nos valores pagos pela administração pública em contratações similares ou na avaliação do custo global da obra, aferida mediante orçamento sintético ou metodologia expedita ou paramétrica.

§1º Na elaboração do orçamento estimado na forma prevista no caput, poderá ser considerada taxa de risco compatível com o objeto da licitação e as contingências atribuídas ao contratado, devendo a referida taxa ser motivada de acordo com metodologia definida em ato do Ministério supervisor ou da entidade contratante.

§2º A taxa de risco a que se refere o § 1º não integrará a parcela de benefícios e despesas indiretas – BDI do orçamento estimado, devendo ser considerada apenas para efeito de análise de aceitabilidade das propostas ofertadas no processo licitatório.[55]

O objetivo da taxa de risco, portanto, é compensar parcela do risco transferido ao contratado, decorrente das imprecisões do anteprojeto, como uma espécie de reserva de contingência em razão das possibilidades mais restritas de aditivos. Já sua não inclusão no BDI (*Budget Difference Income* ou Benefícios e Despesas Indiretas)[56] tem o propósito de afastar

---

[54] BRASIL. Lei Federal n. 12462/2011. Op. cit.

[55] BRASIL. Decreto n. 7581/2011. Disponível em: <http://www.planalto.gov.br/ccivil_03/_ato2011-2014/2011/decreto/d7581.htm>. Acesso em: 19 mai. 2018.

[56] BDI: "Benefício e Despesas Indiretas, vem do termo em inglês "Budget Difference Income" do qual manteve as mesmas letras iniciais (Sigla) apesar do significado não indicar claramente a sua constituição: valor da diferença ("difference") entre o custo orçado ("budget") e

sua aplicação em eventuais reequilíbrios ou aditivos, hipótese em que, ocorrido evento superveniente que enseje a alteração contratual, os riscos existentes à época da contratação não devem ser considerados para formação de preços.[57]

Em relação à taxa de risco, a CGU constatou, em seu estudo, acréscimos por conta desse instituto em 21 de 48 contratos (assinados sob regime de contratação integrada), com média de 10,95%. Para o cálculo dessa taxa, o DNIT utiliza uma metodologia baseada em dados históricos, ou, na sua ausência, baseada na opinião de especialistas. Dos 21 contratos com taxa de risco analisados pela CGU, 18 basearam-se em dados históricos, com taxa média de 11,94%; e 3 se basearam na opinião de especialistas, com taxa média de 5%.

Segundo a CGU, esses percentuais sugerem deficiência na metodologia do DNIT no cálculo com dados históricos, uma vez que não foi considerada a motivação dos aditivos. Muitos desses aditivos foram lavrados a pedido da Administração, o que também é permitido na CI, e não por erros de projeto ou variações de quantidades, ou seja, sem relação com as diferenças entre a CI e os demais regimes. Logo, o DNIT estaria superestimando os riscos da futura contratada.[58]

Outro problema metodológico atinente à taxa de risco é a desconsideração dos "riscos positivos", que são a probabilidade de que a obra seja executada a um preço menor que o previsto. De acordo com a CGU, o anteprojeto, diferentemente de projetos mais desenvolvidos, não apresenta soluções "otimizadas" e parte de premissas conservadoras ou até antieco-

---

o custo total da obra, com o valor do lucro/Provento ("Income") adicionado ao orçamento. (...) O BDI é uma percentagem destes custos em relação ao custo direto. Ele surgiu pela necessidade de se incorporar aos custos diretos um percentual que represente todas as demais despesas indiretas, impostos e lucro do construtor. Isto porque os custos unitários diretos são utilizados para expressar mensalmente a apropriação de despesas incorridas na obra e a eles devem ser agregados os demais custos acima referidos para completo ressarcimento de fornecedores, operários, o Construtor (Lucro Líquido) e o Governo (impostos)". VALLE, José Angelo Santos. Metodologia para cálculos do BDI – Benefícios e Despesas Indiretas. VII Congresso Brasileiro de Custos – Recife, PE, Brasil, 2 a 4 de agosto de 2000. Disponível em: <https://anaiscbc.emnuvens.com.br/anais/article/viewFile/2963/2963>. Acesso em 6/7/2018.

[57] PESSOA NETO, José Antônio Pessoa; CORREIA, Marcelo Bruto da Costa. Comentários ao Regime Diferenciado de Contratações Lei 12.462/11 – Uma perspectiva gerencial. Curitiba: Editora Negócios Públicos do Brasil, 2015. p. 154.

[58] BRASIL. Ministério da Transparência, Fiscalização e Controladoria Geral da União – CGU. Op. cit.

nômicas, o que aumenta a probabilidade de as contratadas incorrerem em custos menores que os previstos pelo DNIT.[59] A desconsideração dos "riscos positivos" também contribuiria para superestimativas da taxa de risco.

Conclui-se, portanto, que os quatro estudos aqui analisados demonstram aumentos nos custos quando adotada a contratação integrada, tanto em relação à LGL quanto em relação aos demais regimes do RDC. Isso ocorreu tanto por conta dos menores descontos, decorrentes da menor competição, quanto por conta das menores taxas de sucesso, e até mesmo por problemas no cálculo da taxa de risco.

4. Ressalvas e Contrapontos à Contestação do Pressuposto

A rejeição do pressuposto analisado, especialmente quando considerados os estudos empíricos analisados, demonstram um viés crítico em relação à contratação integrada. Porém, é possível fazer certos contrapontos, ou ressalvas, a essa posição levando-se em conta certos problemas inerentes aos estudos analisados. Há problemas tanto relacionados à homogeneidade e qualidade das amostras, quanto a questões ligadas ao mau uso do regime.

Em relação à metodologia, as obras do DNIT estavam, na época de realização dos estudos, em etapas inicias do cronograma, o que prejudica a análise conclusiva acerca dos custos e prazos de toda a execução contratual, de eventuais litígios, de cumprimento de prazos e de preços finais. Ainda, há possibilidade de algum viés ter sido imprimido às amostras, considerando que alguns objetos licitados mediante CI não seriam próprios para esse regime, ou seja, o problema poderia estar na utilização desenfreada e inadequada da modalidade, por falta de preenchimento dos requisitos específicos previstos no art. 9º da Lei n. 12.462/2011, e não em características inerentes ao modelo, como se depreende do seguinte trecho do estudo do TCU:

Em análise amostral, verificou-se que as justificativas registradas pelo DNIT para a adoção da Contratação Integrada, segundo o inciso II, art. 9º, da Lei 12.462/2011, são genéricas e padronizadas para todos os tipos de obras (Evidência 3). Citam, entre outros, a necessidade de celeridade, eficiência e transparência no uso de recursos públicos, bem como a necessidade de adoção de metodologias inovadoras.[60]

---

[59] Ibidem.
[60] BRASIL. Tribunal de Contas da União. Acórdão n. 306/2017. Op. cit.

Um fator que, a princípio, pode contribuir para essa possibilidade é o fato de boa parte das obras do DNIT envolver grande movimentação de terra, interferências e manutenção rodoviária, características que, de acordo com o Acórdão 1977/2013-TCU-Plenário, tornam preferencial o uso do regime de preço unitário. Conforme explicitado:

> [...] 9.1.3. a empreitada por preço global [...] deve ser adotada quando for possível definir previamente no projeto, com boa margem de precisão, as quantidades dos serviços a serem posteriormente executados na fase contratual; enquanto que a **empreitada por preço unitário deve ser preferida nos casos** em que os objetos, por sua natureza, possuam uma imprecisão inerente de quantitativos em seus itens orçamentários, como são os casos **de reformas de edificação, obras com grandes movimentações de terra e interferências, obras de manutenção rodoviária, dentre outras.**[61]

Ainda em relação às amostras, essas apresentaram desvios-padrão relativamente altos, o que significa uma grande variação nos resultados em relação à média, demonstrando a pouca uniformidade dos dados (amostra internamente heterogênea). Além disso, não é aleatória a distribuição das obras em cada grupo de comparação, uma vez que existem razões de ordem factual que levam o DNIT a licitar uma determinada obra utilizando a LGL ou o RDC, e a optar pela contratação integrada, como envergadura do empreendimento, tipo de obra, complexidade da solução de engenharia, existência de projetos finalizados ou materialidade envolvida.[62] Logo, seria válido supor que o perfil das obras licitadas via CI é composto por objetos que, por razões intrínsecas, atraem menos concorrentes, eis que existem menos empresas aptas a realizar o trabalho.

Avaliações comparativas exigem que o grupo de controle (aquele com o qual o objeto avaliado é comparado) disponha, na medida do possível, das mesmas características observáveis no objeto avaliado, ou seja, certo grau de homogeneidade, a fim de que a variável testada seja isolada, elimi-

---

[61] BRASIL. Tribunal de Contas da União. Acórdão n. 1977/2013. Plenário. Relator: Ministro Valmir Campelo. Sessão de 31/07/2013. Disponível em: <https://contas.tcu.gov.br/sagas/Svl VisualizarRelVotoAcRtf?codFiltro=SAGAS-SESSAO-ENCERRADA&seOcultaPagina=S& item0=481220>. Acesso em: 19 mar. 2018. Grifos acrescidos.

[62] Ibidem.

O DIREITO ADMINISTRATIVO SOCIAL E ECONÔMICO

nando-se outros fatores que poderiam influir nos resultados observados. Isso certamente não ocorreu nos estudos aqui utilizados.[63]

Outro ponto merece atenção diz respeito à redução da concorrência – contrária ao objetivo inscrito no art. 1º, §1º, I, da Lei do RDC[64] –, que está associada à majoração custos. Há quem entenda que a competição, por meio do maior número de concorrentes, não é o fim último da licitação, e sim a obtenção da proposta mais vantajosa. Há casos em que a coligação contratual propicia ganhos significativos ao Poder Público, em razão das sinergias daí decorrentes. Argumenta-se que, nesses casos, a adoção da CI favorece a proposta mais vantajosa, mesmo com a eventual limitação do universo de potenciais licitantes. O mais importante seria a qualidade da concorrência e sua aptidão de produzir o melhor resultado para a Administração, e não a quantidade de licitantes que comparece ao certame.[65]

Contudo, mesmo diante dessas ponderações, até o presente momento, nem a mencionada maior qualidade da concorrência nem os supostos ganhos de sinergia foram demonstrados nos estudos empíricos realizados. A dificuldade de testar essas vantagens é imensa, em vista da sua subjetividade e da variabilidade dos momentos de verificação.

É, de fato, pouco provável que as contratações integradas contem com o mesmo número de concorrentes que os outros regimes, em vista da grande especialização e escopo de aptidões necessárias para participar desse tipo de certame. Além disso, a precificação estimativa na CI está sujeita a grandes imprecisões, que só serão corrigidas pela efetiva competição. Os editais de licitação devem ter cláusulas que contribuam para maximizar a competitividade, de maneira que o preço de referência estabelecido com certa folga possa ser corrigido para valores de mercado,[66] o que apenas reforça a importância de um maior número de concorrentes.

Logo, tendo em vista a dificuldade da mensuração da qualidade dos competidores e a comprovada associação entre competição e menores custos, a ênfase no fomento à concorrência ainda parece ser o caminho mais seguro. Porém, é provável que esse incremento da competição leve

[63] BRASIL. Tribunal de Contas da União. Acórdão n. 306/2017. Op. cit.

[64] Vide notas da página anterior.

[65] RIBEIRO, Maurício Portugal; PRADO, Lucas Navarro; PINTO JÚNIOR, Mario Engler. Regime Diferenciado de Contratação: Licitação de Infraestrutura para a Copa do Mundo e Olimpíadas. São Paulo. Atlas, 2012. p. 48.

[66] Ibidem. p. 53.

certo tempo. Procedimentos inovadores, em geral, ensejam maior insegurança, o que justifica uma menor participação de licitantes num primeiro momento.[67]

Ainda em relação aos preços, um fator que atenua a importância da majoração de custos verificada nos estudos é que os valores iniciais, na CI, incorporaram riscos decorrentes da impossibilidade de aditivos, o que os torna mais elevados. A lógica do regime é menor desconto inicial em relação ao valor base da licitação e pouco acréscimo posterior, decorrente de aditivos. Nos regimes tradicionais, há maior desconto inicial e aumento do valor do contrato durante a evolução do empreendimento, por meio de aditivos.[68]

Deve-se atentar, portanto, para o fato de que os custos examinados nos estudos se relacionam, essencialmente, à realização da licitação e feitura dos projetos, mas não ao principal, que é o efeito da integração entre projeto e obra sobre o empreendimento como um todo, só passível de ser analisado em obras concluídas.[69] Ademais, a vantagem na utilização da CI deve basear-se mais nos ganhos para a Administração advindos das soluções inovadoras do que propriamente pelos descontos obtidos inicialmente.[70] Essa questão da qualidade final não foi objeto dos estudos empíricos.

Ante o exposto, vê-se que os fatores apontados neste tópico atenuam as conclusões anteriores apresentadas, sem, contudo, infirmar o desatendimento ao pressuposto objeto de análise, ou seja, em que pesem as limitações dos estudos realizados, é fato que a CI ainda não provou sua capacidade de reduzir custos.

Conclusões

Por meio de revisão bibliográfica, pesquisa de atos normativos e análise de estudos empíricos, este estudo testou o pressuposto, exposto na manifestação da AGU, no âmbito da ADI n. 4645, que associa a adoção da contratação integrada à redução de custos.

Inicialmente, apontaram-se as vantagens decorrentes da adoção do RDC nas contratações públicas – frente ao modelo da Lei n. 8.666/1993 –, tais como a inversão das fases de habilitação e julgamento, e a fase recursal única.

---

[67] BRASIL. Tribunal de Contas da União. Acórdão n. 306/2017. Op. cit.
[68] Ibidem.
[69] PESSOA NETO, José Antônio Pessoa; CORREIA, Marcelo Bruto da Costa. Op. cit. p. 135.
[70] ALTOUNIAN, Cláudio Sarian; CAVALCANTE, Rafael Jardim. Op. cit. p. 295.

Viu-se que, em que pesem tais vantagens, que incidem sobre a contratação integrada, este regime não logrou reduzir os custos das contratações, quer quando comparado aos outros regimes do RDC, quer quando comparado ao modelo da LGL. Logo, o pressuposto aventado tanto pelo Poder Público quanto por parte da doutrina – relacionado a suposta redução de custos decorrente da adoção da CI – foi contestado.

Após um análise de considerações teóricas relacionadas aos custos na contratação integrada, viu-se que a majoração verificada deveu-se, principalmente, à diminuição da concorrência, por conta da complexidade do regime, que exige diversas expertises das empresas concorrentes; pelas menores taxas de sucesso nas licitações, o que decorre do menor número de agentes capacitados a participar dos certames, além da maior complexidade e incerteza associada aos objetos dos contratos; e de problemas relacionados ao cálculo da taxa de risco, que é, constantemente, superestimada.

Contudo, há ressalvas a essas conclusões. Estas decorrem do estágio das obras analisadas. Poucas foram concluídas, não sendo possível analisar os custos totais dos empreendimentos, nem o efeito da integração entre projeto e obra sobre o custo do empreendimento como um todo, só passível de ser analisado em obras concluídas.

Ademais, a composição das amostras analisadas, centradas em obras rodoviárias, pode ter enviesado os resultados, assim como o período de verificação, envolto em redução da disponibilidade de recursos.

Ante o exposto, é cedo para chancelar o sucesso ou o fracasso da contratação integrada, em que pese a contestação do pressuposto aqui tratado. Somente o tempo e o uso reiterado do instituto poderão dar mais subsídios para isso. Além disso, a única forma de conhecer o desempenho de novas formas contratuais é experimentando-as. O apego ao formalismo e a estruturas jurídicas recorrentemente usadas pela Administração pode ser visto como a decisão mais prudente a ser tomada pelo gestor público, mesmo que isso resulte em arranjos improváveis de maximizar o ganho de utilidade da Administração.[71] Logo, o experimentalismo deve ser incentivado, mas, reforça-se, isso deve ser feito com uma rigorosa análise contextual e empírica, sedimentada em estudos metodologicamente consistentes, e não em pressupostos intuitivos.

---

[71] BENATTI, Roberta Moraes Dias. Op. cit.

Referências

ALTOUNIAN, Cláudio Sarian; CAVALCANTE, Rafael Jardim. RDC e Contratação Integrada na prática: 250 questões fundamentais. Belo Horizonte: Fórum, 2014.

BENATTI, Roberta Moraes Dias. Contratação integrada do regime diferenciado de contratação: estudo de caso à luz da economia dos custos de transação. Revista de Direito Público da Economia – RDPE, Belo Horizonte, ano 12, n. 48, out./dez. 2014. Disponível em: <http://www.bidforum.com.br/PDI0006.aspx?pdiCntd=230811>. Acesso em: 24 abr. 2017.

BICALHO, Alécia Paolucci Nogueira; PEREIRA, Flávio Henrique Unes. Comentários ao PLS n. 559/2013. Modernização e atualização da Lei de Licitações e Contratos. Fórum de Contratação e Gestão Pública – FCGP, Belo Horizonte, ano 16, n. 181, p. 9-23, jan. 2017.

BRASIL. Departamento Nacional de Infraestrutura de Transportes – DNIT. Guia de Gerenciamento de Riscos de Obras Rodoviárias. Brasília, 2013, p. 7. Disponível em: <http://www.dnit.gov.br/download/servicos/guia-de-gerenciamento-de-riscos-de--obras-rodoviarias/guia-fundamentos-simplificado2.pdf>. Acesso em: 01 de jun. 2018.

Dossiê DNIT: Dossiê atualizado sobre a ineficiência da Contratação Integrada no Brasil. Disponível em: <http://www.caubr.gov.br/dossie-comprova-ineficacia-da-contratacao--integrada-no-dnit/>. Acesso em 28 mai. 2018.

MARRY, Michelle; TORRES, Ronny Charles Lopes de. RDC – regime diferenciado de contratações. Salvador: Editora JusPodivm, 2014.

MOREIRA, Egon Bockmann; GUIMARÃES, Fernando Vernalha. Licitação pública: a Lei Geral de Licitações/LGL e o Regime Diferenciado de Contratações/RDC. São Paulo: Malheiros, 2012. p. 206.

NÓBREGA, Marcos. Por que optar pela contratação integrada? Vantagens e riscos. Revista de Direito Público da Economia – RDPE, Belo Horizonte, ano 13, n. 51, jul./set. 2015. Disponível em: <http://www.bidforum.com.br/PDI0006.aspx?pdiCntd=239052>. Acesso em: 24 abr. 2019.

PARK, Moonseo; JI, Sae-Hyun; LEE, Hyun-Soo; KIM, Wooyoung. Strategies for Design--Build in Korea Using System Dynamics Modeling. Journal of Construction Engineering and Management, 2009, vol. 135, p. 1125-1137.

PESSOA NETO, José Antônio Pessoa; CORREIA, Marcelo Bruto da Costa. Comentários ao Regime Diferenciado de Contratações Lei 12.462/11 – Uma perspectiva gerencial. Curitiba: Editora Negócios Públicos do Brasil, 2015.

PEREIRA JUNIOR, Jessé Torres, DOTTI, Marinês Restelatto. Regimes de execução indireta de obras e serviços de engenharia no RDC: o "Padrão FIFA" é legítimo?. Op. cit.

RIBEIRO, Maurício Portugal; PRADO, Lucas Navarro; PINTO JÚNIOR, Mario Engler. Regime Diferenciado de Contratação: Licitação de Infraestrutura para a Copa do Mundo e Olimpíadas. São Paulo. Atlas, 2012.

ROCHA, Silvio Luís Ferreira da. Breves considerações sobre a contratação integrada. Revista Brasileira de Infraestrutura – RBINF, Belo Horizonte, ano 3, n. 6, jul./dez. 2014. Disponível em: <http://www.bidforum.com.br/PDI0006.aspx?pdiCntd=217497>. Acesso em: 24 abr. 2017.

VALLE, José Angelo Santos. Metodologia para cálculos do BDI – Benefícios e Despesas Indiretas. VII Congresso Brasileiro de Custos – Recife, PE, Brasil, 2 a 4 de agosto de 2000. Disponível em: <https://anaiscbc.emnuvens.com.br/anais/article/viewFile/2963/2963>. Acesso em 6/7/2018.

ZYMLER, Benjamin; DIOS, Laureano. O Regime Diferenciado de Contratação – RDC. 3. ed. Belo Horizonte: Fórum, 2014.

PARTE III
O DIREITO ADMINISTRATIVO COMPARADO

8
Consórcios Públicos no Brasil: Comparativo com Experiências de Cooperação Intergovernamental em Portugal, França e Espanha

Breno Longobucco

Introdução

O Brasil é a quinta nação do mundo em população, apresentando um crescimento demográfico considerável se comparado aos demais países populosos do globo. Tal processo foi acompanhado de expressivo aumento do número de cidades ao longo dos anos, o que favoreceu a ocorrência de crescentes taxas de urbanização. A Constituição Federal de 1988 veio favorecer esse processo ao criar estímulos à descentralização, facilitando a formação de novos municípios, sendo que, grande parte destes, possui população inferior a 10.000 (dez mil) habitantes. No entanto, se de um lado as municipalidades alcançam maior autonomia com o advento da Constituição de 1988, de outro, acumulam maiores responsabilidades na implementação de políticas públicas, realidade esta que não veio alinhada ao incremento da receita orçamentária ou a uma revisão do pacto federativo (Gouvêa, 2005).

Deste modo, mostra-se cogente a articulação em torno de novas estratégias organizacionais que propiciem a manutenção da entrega de serviços públicos à população. Neste cenário, ganharam destaque arranjos de cooperação intergovernamental, ou seja, distintas formas de articulação e cooperação entre os entes federados, diante da perspectiva de que ações conjuntas podem implicar na redução de custos e na garantia da oferta de políticas públicas. Neste sentido, a Emenda Constitucional nº 19 de 1988 trouxe nova redação ao art. 241 da Constituição Federal, ao dispor acerca da possibilidade da formatação dos chamados consórcios públicos entre os entes federados para a gestão associada de serviços públicos.

Trata-se, portanto, de entidades dotadas de personalidade jurídica própria, seja esta de direito público ou direito privado, que são constituídas pelos entes federados para a gestão associada de serviços públicos, sob a perspectiva de que uma atuação conjunta permite ganhos de escala e otimização na implementação de políticas públicas, bem como diante do entendimento que soluções para determinados temas ultrapassam a esfera local, demandando articulação em torno de propostas de caráter regional.

O surgimento de arranjos de cooperação intergovernamental não é algo próprio do Brasil. De maneira semelhante, mesmo diante de cenários em que vigoram formas de Estado muitas vezes distintas, instâncias de poder de caráter local do continente europeu, vem, há algum tempo, investindo esforços na configuração de mecanismos de cooperação no intuito de garantir a oferta de políticas públicas.

Destaca-se, por exemplo, o modelo francês, país que adota a forma de Estado unitário, mas cuja organização administrativa vem, ao longo dos últimos anos, fortalecendo uma tendência descentralizadora. Suas mais de 35 mil comunas enfrentam, em muitos casos, dificuldades para lidar com a oferta de serviços públicos importantes, o que levou à formatação de arranjos coordenados entre si, substituindo, em certa medida, a configuração local destas comunas para instâncias de caráter regional (SEERDEN, 2018, p. 10)

No caso da Espanha, país no qual o princípio da cooperação rege a atuação da Administração Pública, tem-se um exemplo que mais se aproxima da configuração dos consórcios públicos brasileiros. Trata-se das chamadas "mancomunidades", que são associações de municípios das quais se origina uma entidade dotada de personalidade (NEGRINI, 2009, p.127). Em Portugal, a constituição das "comunidades intermunicipais" e das "associações" de municípios também são estratégias adotadas pelo legislador com concepção semelhante aos consórcios públicos (TEIXEIRA, 2018, p. 109).

Assim, entende-se que a interligação entre espaços locais, o caráter regional de determinadas políticas públicas e a necessidade de otimização de recursos vem contribuindo para a criação de concertações interadministrativas em países da Europa Continental, tal qual ocorre no Brasil, mesmo diante de sistemas jurídicos e formas de Estado distintos.

Deste modo, busca-se, a partir de uma investigação do tipo jurídico-interpretativa (GUSTIN e DIAS, 2002), compreender a formatação destes arranjos na Espanha, França e Portugal, em comparação ao modelo de consorciamento público no Brasil, buscando-se, a partir deste exercício, identificar pontos de alinhamento; a evolução da atuação intermunicipal coordenada ao longo dos anos em cada um destes países, eventuais influências e os respectivos ganhos na prestação de serviços públicos e no desenvolvimento regional.

Utilizando-se do método de direito comparado, a pesquisa assume o caráter de microcomparação, na medida em que se propõe realizar um estudo dos pontos de alinhamento e distinção entre os arranjos de cooperação intergovernamental adotados em diferentes sistemas jurídicos (ALMEIDA, 2018). Serão avaliados dados de caráter primário e secundário. Os dados primários incluem a análise da legislação constitucional e infraconstitucional referente ao tema no Brasil, Espanha, França e Portugal. Como dados secundários serão analisados os artigos e doutrinas referentes ao tema, bem como as construções teóricas sobre consensualidade na Administração Pública, que dão embasamento ao trabalho.

1. A Construção de um Federalismo Cooperativo no Brasil

Ao discorrer sobre cooperação intergovernamental em meio à reforma federativa, Andreas Krell (2008, p. 40) define o modelo federativo como a construção de uma unidade subdividida em partes coordenadas entre si para desenvolverem permanente eficácia comum, por meio de uma conjugação das necessidades de regulação do poder central e das vantagens da descentralização federativa. Trata-se, portanto, de um ajuste de interesses que culmina com vantagens ao todo, na medida em que propõe uma divisão de tarefas e funções entre as partes que se envolvem no pacto. Nesta concepção, entende-se que o federalismo constitui, de maneira geral e abstrata, um pacto entre os entes federados, por meio de um equilíbrio de funções e espaço político, econômico e social, que garanta o funcionamento do Estado como um todo, respeitando suas limitações e diversidades (KRELL, 2008, p. 40)

Conforme expõe Justen Filho (2005), não existe um modelo abstrato, único, de federação. Cada Estado federado apresenta soluções organizacionais concretas distintas. "A extensão da autonomia dos entes federados depende da formação histórica e da relação de forças sócio-políticas concretamente existentes" (JUSTEN FILHO, 2005, p. 6).

Ao discutir sobre o tema, Abrucio e Soares (2001, p.38) destacam a existência de dois tipos de relacionamento intergovernamental dentro de um modelo federativo: o competitivo e o cooperativo.

O primeiro, que coloca ênfase na separação entre os níveis de governo, é oriundo, sobretudo, dos efeitos competitivos da globalização. Aproxima-se significativamente do federalismo norte americano. Prevê a competição política como uma forma de controle entre os níveis de governo, a fim de evitar domínios de caráter autoritário; estimula governos locais a serem mais eficientes e responsivos em virtude do potencial competitivo dos demais entes; cria incentivos no terreno de inovação de políticas públicas e, por fim, evita um excessivo entrelaçamento de funções e espaço político, garantindo maior autonomia.

O segundo modelo descrito pelos autores, dito cooperativo, tem suas bases na experiência alemã. Dá ênfase a um maior entrelaçamento entre os níveis de governo, na busca de se compartilhar tarefas de forma que haja uma interação entre as atividades dos entes federados. Assim, tornam-se necessários mecanismos que viabilizem ações conjuntas nas políticas, garantindo a representação e participação de todos os entes federados (ABRUCIO e SOARES, 2001, p. 38-42).

Historicamente, o Brasil teve idas e vindas no que diz respeito à sua organização e estruturação federativa. A própria tradição unitária e centralista da monarquia portuguesa promoveu a independência do país, o que fez com que sua identificação inicial se pautasse na promoção de uma unidade na nação, que a mantivesse coesa o bastante para evitar a desfragmentação territorial. Na primeira fase da federação brasileira, após a Proclamação da República, as oligarquias, como meio de garantir seu poder e autonomia, barraram o florescimento da democracia. Mais tarde, durante o Estado Novo, as bases de caráter totalitário promoveram um falso federalismo, que era suplantado pela tendência centralizadora e autoritária do governo central. Somente em 1946, com o restabelecimento da democracia, é que podemos enxergar de fato um federalismo democrático no país, com equilíbrio de autonomias estaduais. Entretanto, tal avanço foi barrado com a entrada em vigor do Regime Militar, em que novamente vislumbra-se um falso federalismo, por trás do forte controle pelo poder central, no qual até mesmo os governadores dos Estados e prefeitos das capitais chegaram a ser designados pelo chefe do executivo federal (FERREIRA, 2001, p.52-53).

As mudanças que eclodiram na década de 1980 e a superação do antigo regime, aliado a uma série de movimentos sociais de caráter participativo, fizeram com que, em 1988, o nosso texto constitucional trouxesse o denominado federalismo democrático, fortalecendo a tendência descentralizadora no país, apesar do chefe do Poder Executivo Federal ainda concentrar importantes poderes. Soma-se ainda, o forte movimento municipalista, com a pressão desses entes por maior autonomia. Assim, seguindo esta tendência, a Constituição conferiu-lhes status de entes federativos, aumentando a abrangência do federalismo e acompanhando a tendência de fortalecimento da sociedade civil que se passava no contexto político (FERREIRA, 2001, p.52-53).

2. Espanha, França e Portugal: Estados Unitários e a Descentralização Administrativa

Na Espanha, após um longo período de ditadura que durou cerca de 40 anos, a Constituição de 1978 trouxe, nas bases da redemocratização, um modelo de organização político territorial que faz do país um dos mais descentralizados da Europa, funcionando de maneira muito semelhante a um Estado Federado, apesar de ser formalmente um país sob a forma de Estado unitário, cujo regime é uma Monarquia Parlamentarista (PEREIRA apud REQUEJO, 2006).

Conforme expõe Cuesta (1998, p. 26), a descentralização é inclusive consagrada como princípio no art. 103 do texto constitucional espanhol, de maneira que se tem a formação de uma organização administrativa baseada na ideia de aproximação entre a Administração e o administrado, mediante a transferência de funções aos entes territoriais locais (CUESTA, 1988).

Nos termos do artigo 137 da Constituição Espanhola, o Estado se organiza territorialmente em municípios, províncias e nas comunidades autônomas. Os municípios têm autonomia garantida e são dotados de personalidade jurídica plena. As províncias são entidades locais, também com personalidade jurídica própria, determinadas por um agrupamento de municípios (ESPANHA, 1978). Já as chamadas comunidades autônomas surgem como fruto do movimento descentralizador da década de 70, em que se fortalecem as pressões das identidades regionais. São formadas por províncias limítrofes, com características históricas, culturais e econômicas comuns; territórios insulares ou por províncias com identidade regional. Ao todo são 17 comunidades autônomas; 50 governos provinciais e cerca de 8 mil governos locais (PEREIRA,2015).

O DIREITO ADMINISTRATIVO SOCIAL E ECONÔMICO

Conforme expõe Adelyne Pereira et al (2015), a distribuição efetiva de poder ocorre, em maior peso, entre o Governo Central e as Comunidades Autônomas, ficando os municípios e províncias com um papel marginal, a despeito da constituição lhes garantir autonomia.

Também constituída sob a forma de Estado unitário, a França carrega a tradição de ser um país centralizado, no qual o Estado, por meio de seus órgãos centrais, está no comando das decisões. No entanto, desde a década de 80, iniciou-se um processo de descentralização no país, com a transferência de funções às chamadas coletividades territoriais. Este processo foi ainda mais consolidado com a reforma constitucional de 2003, que alterou o conteúdo do artigo 1º, o qual passa a dispor que a "França é uma república indivisível...sua organização é descentralizada" (FRANÇA, 1958). As coletividades territoriais, dotadas de personalidade jurídica, passam, portanto, a assumir maior autonomia, o que é inclusive reforçado pelo texto constitucional francês, ao dispor, no art. 72, que as coletividades são administradas de maneira autônoma por conselhos eleitos (SEERDEN, 2018, p. 10).

A descentralização na França se dá em três níveis distintos: no topo, estão 13 (treze) Regiões; no meio existem 96 (noventa e seis) Departamentos; estes se subdividem em 35.756 (trinta e cinco mil setecentos e cinquenta e seis) comunas. Para garantir o controle do poder central, mesmo diante do fortalecimento da tendência descentralizadora, o Estado mantém mecanismos de intervenção, como por exemplo, a manutenção de certa dependência financeira em alguns setores (SEERDEN, 2018, p. 10).

Assim como Espanha e França, o Estado Português também é unitário. Sob inspiração do modelo espanhol, tem-se, na segunda metade do século XX, um fortalecimento da descentralização, estimulando um modelo de Estado unitário regional, ou seja, sob o controle de um poder central, mas com descentralização de atividades a instâncias locais e garantia de autonomia a estas. Nesse sentido, a Constituição Portuguesa de 1976 consagrou 3 (três) princípios fundamentais no que se refere à organização do Estado: o princípio da unidade do Estado, o que reforça o caráter unitário da nação; o princípio da autonomia das chamadas autarquias locais e o princípio da descentralização democrática da Administração Pública (CARVALHO, 2011, p. 313).

Nos termos dos artigos 237 e 238 da Constituição de Portugal, as autarquias locais são definidas como integrantes da organização democrática do Estado, sendo ainda dotadas de patrimônio e finanças próprias

(PORTUGAL, 1976). As autarquias locais são representadas pelas fregue-sias e municípios. Ao todo, o território nacional compreende 308 municí-pios e 3.092[1] freguesias (SILVA, 1996, p.232)

Há ainda a previsão no texto constitucional de divisão do país em regi-ões administrativas. Em 1998, a Lei 19/98 criou 8 regiões administrativas: Entre Douro e Minho, Trásos-Montes e Alto Douro, Beira Litoral, Beira Interior, Estremadura e Ribatejo, Lisboa e Setúbal, Alentejo e Algarve. Ainda em 1998, a referida proposta foi submetida à votação pela popula-ção portuguesa, mas não houve adesão suficiente de eleitores no referendo, de modo que esta divisão não possui valor administrativo. A proposta de instituição de regiões administrativas tinha por fundamento a promoção de potencialidades regionais, com a transferência de competências espe-cíficas, criadas essencialmente atuar nas áreas de planejamento econô-mico e social; promoção de incentivos ao investimento; investimentos em infraestrutura e equipamentos sociais de valor estratégico e de apoio as atividades produtivas; bem como no reforço aos municípios, estimulando o associativismo municipal (SILVA, 1996, p.240)

Fatores diversos, que vão desde questões político-partidárias, até argu-mentos relativos ao risco que estas unidades regionais poderiam oferecer à coesão nacional ou às competências dos municípios e freguesias barraram o fortalecimento da pauta, o que manteve a divisão limitada a um plano simbólico (CARVALHO, 2011).

3. Consensualidade e Contratualização na Administração Pública

Conforme expõe Eurico Bitencourt Neto (2017, p. 198), é cada vez mais comum a utilização de instrumentos de concertação administrativa no âmbito da Administração Pública, em um movimento em que a ideia de uma gestão unilateral perde força, cedendo espaço a uma consensualidade. Em sentido amplo, trata-se da contratualização das relações da Administra-ção com particulares, bem como da própria relação contratual entre entida-des públicas e da relação entre órgãos públicos (BITENCOURT NETO, 2017).

Segundo o autor, quando tratamos da concertação entre entidades públicas personalizadas, temos a chamada concertação interadministra-

---

[1] No ano de 2013, após reforma administrativa em Portugal, as freguesias foram reduzidas para um total de 3092 unidades. O texto de Carlos Nunes Silva, produzido em 1996, citava o total de 4241 freguesias (SILVA, 2014)

tiva. Do outro lado, quando a relação se dá entre órgãos despersonalizados, tem-se a concertação interorgânica. Assim, as relações interadministrativas podem envolver acordos entre entes estatais entre si; entes estatais e entidades da administração indireta, além de relações de entidades da administração indireta entre si. Tem-se, portanto, neste rol, acordos firmados entre pessoas jurídicas estatais, pertencentes ao aparato jurídico público, sejam estas pessoas políticas (União, Estados, Distrito Federal e Municípios, no caso brasileiro), sejam pessoas que compõem a administração indireta.

A Administração concertada surge diante de um cenário em que as decisões passam a ser tomadas cada vez mais sob um prisma de participação e diálogo, superando uma perspectiva piramidal e fundada no conceito de autoridade. Tem-se então, conforme nos explica o autor, uso alargado de instrumentos bilaterais ou multilaterais de decisão, com a formação de consensos sobre o conteúdo de atos unilaterais.

Assim, a negociação e a celebração de acordos se tornam elementos imprescindíveis à função administrativa, cenário no qual ganha relevância a cooperação entre entidades públicas em uma perspectiva colaborativa, em busca do interesse público (2017, p. 248). Fala-se, portanto, em um modelo de Estado cooperativo, com uma tendência a se privilegiar uma atuação administrativa de caráter consensual (BITENCOURT NETO, 2017).

Por meio dos estudos do presente trabalho, verifica-se que no plano concreto, diversas nações vêm lançando mão de instrumentos de coordenação intergovernamental no intuito de adotar medidas consensuais que possam gerar ganhos às partes envolvidas. No âmbito local, tais instrumentos ganham ainda mais força diante da percepção de que muitas soluções ultrapassam a esfera local, sendo imprescindível a consensualialidade para se obter resultados ótimos. Nesta medida, é cada vez mais comum a gestão associada de bens e serviços públicos, por meio de concertações das mais variadas, sejam estas dotadas de maior estabilidade, por meio da criação de entidades específicas para fins desta cooperação, ou por meio de ajustes mais precários, que dão forma a outros tipos de concertação.

O autor ainda destaca que questões regionais, que estimulam a formação de identidade própria, fortalecem também a autonomia organizatória e a concertação. Nesse sentido, cita o exemplo da Espanha, país europeu objeto de estudo deste trabalho, em que fatores históricos culturais incentivam a autonomia organizatória, o que desaguou na formação das comunidades autônomas, por exemplo.

No âmbito das relações interadministrativas espanholas, o autor (2017, p.253) destaca que o Direito Espanhol prevê instrumentos de atuação concertada, como conferências setoriais (plataformas de encontros entre o Estado central e regiões autônomas para deliberação sobre assuntos de interesse comum); celebração de convênios (para diversas finalidades como realização de obras, prestação de serviços; delegação de competências; aprovação de normas e outros fins de atuação cooperativa entre vários entes políticos administrativos) e ainda as chamadas mancomunidades, dotadas de personalidade jurídica própria, para realização de objetivos de interesse comum (BITENCOURT NETO, 2017).

Mesmo em Estados de caráter unitário, como é o caso da Espanha, França e Portugal, nota-se uma tendência à descentralização e à forma-ção de arranjos de colaboração, no intuito de prover maior capacidade na prestação de serviços públicos por parte das instâncias locais, porém, em muitos casos, por meio de uma relação mais verticalizada, dada a atuação de um poder central.

Na experiência do federalismo brasileiro, a conjugação de esforços entre entes federativos não é um fenômeno recente. O texto constitucional de 1937, no art. 39, previa a existência de agrupamentos de municípios de uma mesma região, voltados para a prestação de serviços comuns, porém sem a previsão da criação de uma entidade com personalidade jurídica própria. Mais tarde, a Constituição de 1967 previa, no âmbito do § 3º do art. 13, a possibilidade da celebração de convênios entre os Estados Federados, a União e os Municípios para a execução de suas leis, serviços ou decisões (JUSTEN FILHO, 2005, p.9).

A despeito das iniciativas destacadas, ainda não se vislumbrava a ins-titucionalização de um modelo efetivo de atuação coordenada, com solu-ções que promovessem maior estabilidade a ações de cooperação regional no modelo federativo brasileiro. No texto constitucional vigente, o con-teúdo do parágrafo único do art. 23 traz uma das bases para a construção de instrumentos de gestão compartilhada entre os entes federados, con-siderando a cooperação como um dos alicerces para o desenvolvimento:

> Art. 23.
> Parágrafo único. Leis complementares fixarão normas para a coopera-ção entre a União e os Estados, o Distrito Federal e os Municípios, tendo em vista o equilíbrio do desenvolvimento e do bem-estar em âmbito nacional (BRASIL, 1988)

O DIREITO ADMINISTRATIVO SOCIAL E ECONÔMICO

Nesta mesma linha, a Emenda Constitucional nº19/1998, trouxe nova redação ao art. 241 da Constituição Federal, passando a ter o seguinte conteúdo:

> Art. 241. A União, os Estados, o Distrito Federal e os Municípios disciplinarão por meio de lei os consórcios públicos e os convênios de cooperação entre os entes federados, autorizando a gestão associada de serviços públicos, bem como a transferência total ou parcial de encargos, serviços, pessoal e bens essenciais à continuidade dos serviços transferidos (BRASIL, 1988).

Trata-se, portanto, de mais uma iniciativa do Constituinte no sentido de alavancar o regime cooperativo, com o foco na prestação de serviços públicos de forma associada, dispositivo este, que pode ser considerado a fonte imediata da instituição dos consórcios públicos.

Ao discutirem sobre articulação intergovernamental como instrumento para a implementação de políticas públicas no Brasil, Pires e Nogueira (2008, p. 43) apontam que o modelo de federalismo de cooperação brasileiro, ao mesmo tempo em que estimula a cooperação dos entes federados, define atribuições que acirram, em determinados pontos, uma lógica competitiva. Neste sentido, soluções de consensualidade assumem um importante papel, na medida em que trazem alternativas "parcializadas" que podem convergir para a obtenção de soluções comuns (PIRES e NOGUEIRA, 2008)

Deste modo, nota-se que a consensualidade e a contratualização tornam-se elementos cada vez mais imprescindíveis à uma Administração Pública moderna, em que a negociação se faz presente como elemento indispensável na obtenção de resultados. Se de um lado assistimos à um movimento de descentralização de competências e atividades à esfera local, mesmo em países com tradição unitarista, de outro lado, crescem os movimentos em torno de soluções concertadas.

4. A Experiência dos Consórcios Públicos no Brasil

Conforme exposto anteriormente, por força da Emenda Constitucional nº19/1998, que trouxe nova redação ao conteúdo do art. 241, tem-se a primeira menção à figura dos consórcios públicos no texto constitucional vigente.

Ressalta-se, que, apesar do conteúdo da emenda, os consórcios públicos somente foram efetivamente regulamentados em 2005, por meio da

Lei Federal nº 11.107/05. Até a referida regulamentação, eram efetivadas outras iniciativas de caráter semelhantes, como por exemplo, os denominados consórcios administrativos e os convênios de cooperação, instrumentos de natureza congruente, que representam um pacto de cooperação mútua ente os signatários, porém, sem a instituição de qualquer pessoa jurídica (CARVALHO FILHO, 2008, p.9). Tem-se ainda as denominadas Associações Microrregionais de Municípios, associações civis que seguem as normas de Direito Privado e que consistem na reunião de municípios de determinada região, no intuito de promover ações de interesse comum entre as municipalidades.

A Lei Federal 11.107/05 surge no intuito de positivar na organização administrativa brasileira um novo instrumento de cooperação entre os entes públicos, superando outros instrumentos de gestão, oriundo de vínculos de maior precariedade. Conforme prevê o inciso I do art. 2º do Decreto Federal nº 6.017/2007, que regulamenta a Lei supracitada, o consórcio público constitui pessoa jurídica formada exclusivamente por entes da federação – União, Estados, Distrito Federal e Municípios -, no intuito de firmar relações de cooperação, destinadas à gestão associada de serviços públicos.

Os consórcios públicos poderão adquirir personalidade jurídica de direito público ou privado. Quando de direito público, são constituídos como associação pública, e integram a administração indireta de todos os entes consorciados, sob a forma de autarquia e adquirem a sua personalidade mediante a vigência das leis de ratificação do documento denominado protocolo de intenções. Quando de direito privado, adquirem personalidade mediante a inscrição de seus atos constitutivos no respectivo registro e seu enquadramento na organização administrativa brasileira constitui tema controverso.

A constituição de consórcios públicos segue rito predefinido, estabelecido em lei. Após a identificação de interesses congruentes entre os entes, firma-se um negócio jurídico preliminar, denominado protocolo de intenções, que deverá ser subscrito pelos representantes dos entes federativos interessados na cooperação. Este documento possui um rol de cláusulas necessárias, dentre as quais se incluem a finalidade, área de atuação, prazo de duração, dente outras. Na sequência, tem-se a ratificação, mediante lei, do conteúdo do protocolo, que passa a vigorar mediante a denominação de contrato de consórcio, o que formaliza efetivamente a entidade.

O DIREITO ADMINISTRATIVO SOCIAL E ECONÔMICO

A opção pelo consorciamento público traz algumas vantagens inerentes às diversas iniciativas de cooperação regional, com a possibilidade de incrementar a efetividade das políticas públicas executadas pelos entes federados. Conforme já destacado, o processo de municipalização do Brasil construiu um cenário em que a maior parte das cidades do país possui população inferior a 10.000 (dez mil) habitantes e não dispõe de recursos suficientes para uma prestação adequada de serviços públicos em diversas áreas. Deste modo, ao optar pela formatação de consórcio público, o rateio dos custos dentre os integrantes permite maiores patamares de eficiência na prestação de determinado serviço, atendendo a toda população dos municípios consorciados. Agrega-se ainda, a possibilidade de adotar soluções conjuntas para determinados temas cujas respostas adequadas ultrapassam os limites locais, tal qual ocorre no tratamento das denominadas funções públicas de interesse comum, que são aquelas que causam impacto a um grupo de municípios integrantes de uma mesma região, como o aproveitamento de recursos hídricos, por exemplo. Tem-se, também, por meio do consorciamento, a possibilidade de realização de compras compartilhadas, o que permite aquisições públicas a preços mais vantajosos em razão de uma escala maior.

O Decreto 6.017/07 tratou de estabelecer alguns objetivos atrelados à constituição de um consórcio público por meio de um rol expresso no art. 3º. A lista não poderia ser taxativa, uma vez que, na prática, são inúmeras as possibilidades de cooperação que se estabelecem entre os entes consorciados, que vão desde à prestação de serviços até a formulação de políticas de desenvolvimento econômico e regional (BRASIL, 2007).

5. Arranjos de Cooperação Intergovernamental na Espanha, França, Portugal

A Constituição Espanhola de 1978 deixou em aberto a possibilidade de criação de entidades supra municipais. Da leitura do artigo 141.3 observa-se a possibilidade de se instituir agrupações de municípios com formatação distinta das províncias, que representam o segundo nível hierárquico. Em 1985, tem-se a chamada Lei de Bases de Regime Local (LBRL), instrumento que regulamenta as chamadas supra municipalidades, destacando as suas características, objetivos e competências (FIGUERAS et al, 2005, p. 152).

Conforme consta do preâmbulo da LBRL, o normativo surge como resposta de uma nova realidade territorial e social que se formava na Espanha, o que foi fortalecido com o surgimento das Comunidades Autônomas, discutidas anteriormente. Mostrava-se necessária a atuação do Estado no sentido de regulamentar a autonomia local e o princípio da descentralização, que norteavam o texto constitucional Espanhol, sem que se deixasse de lado a unidade da nação (ESPANHA, 1985).

Nesse sentido, ao tratar das entidades territoriais da Espanha, o artigo 3.2 da LBRL define que, para além dos municípios e províncias, outras entidades assumem a condição de entidades locais, conforme disposto a seguir:

3.2. Gozam da condição de entidades locais:
a) As Comarcas e outras entidades que agrupem vários municípios, instituídas pelas Comunidades Autônomas em conformidade com esta lei e os correspondentes Estatutos de Autonomia.
b) As Áreas Metropolitanas.
c) As Mancomunidades de Municipios.(ESPANHA, 1985)[2]

A criação das Comunidades Autônomas já foi tema discutido em seção anterior e as áreas metropolitanas equivalem à figura das regiões metropolitanas no Brasil. Assim, merece destaque o crescimento das chamadas *mancomunidades*, constantes da alínea c do artigo 3.2.

As *mancomunidades* são criadas por meio de acordos voluntários entre os municípios, são dotadas de personalidade jurídica e assumem a prestação de diversos serviços de competência municipal, sendo de grande valia sobretudo para aquelas localidades pequenas. Incorporam ainda políticas e estratégias de desenvolvimento econômico e social. Figueras et al (2005, p. 153) destacam a flexibilidade atrelada à figura destas entidades. Sua criação não exige grandes formalidades; os municípios podem ingressar e sair com facilidade e a modificação e ampliação de seus objetivos também se dá com facilidade (FIGUERAS et al, 2005).

Os autores ainda destacam a sua diferenciação com outras entidades semelhantes na Espanha, como os chamados consórcios, que de forma distinta às mancomunidades, podem conter em sua formação entidades de

---

[2] 3.2. *Gozan, asimismo, de la condición de Entidades Locales:*
a) Las Comarcas u otras entidades que agrupen varios Municipios, instituidas por las Comunidades Autónomas de conformidad con esta Ley y los correspondientes Estatutos de Autonomía.
b) Las Áreas Metropolitanas.
c) Las Mancomunidades de Municipios (ESPANHA, 1985)

O DIREITO ADMINISTRATIVO SOCIAL E ECONÔMICO

instâncias superiores, não apenas municípios. Há ainda a figura dos convênios administrativos, que também são instrumentos de concertação interadministrativa utilizados no país, porém dotados de maior precariedade (FIGUERAS et al, 2005, p. 152).

No caso francês, conforme exposto anteriormente, tem-se na figura das comunas, as instâncias responsáveis pela gestão a nível local. Trata-se de uma unidade que se equipara, em certa medida, aos municípios brasileiros, porém não são dotados de autonomia política, dado o caráter unitário do Estado francês. A obra de Direito Administrativo Comparado organizada por René Seerden (2018, p. 10) destaca que, sobretudo nas últimas décadas, a França assistiu a uma reforma de descentralização, com o fortalecimento dos governos locais e da regionalização. Tal processo foi ainda mais consolidado em 2003, quando a descentralização foi introduzida como princípio da organização do Estado no artigo 1º da Constituição.

As comunas exercem, portanto, um importante papel na prestação de serviços públicos, como, por exemplo, distribuição de água; coleta de lixo; ensino primário, dentre outras competências dentro de sua área de jurisdição. No entanto, dado o elevado número de comunas, com cerca de 80% delas com menos de 1000 habitantes, tem-se um descompasso entre os recursos distribuídos e as obrigações acumuladas. Assim, tal qual ocorre no sistema federativo brasileiro, estas se viram, ao longo dos anos, inclinadas à formatação de mecanismos de cooperação para uma melhor e mais eficiente oferta de serviços públicos (SEERDEN, 2018).

Suely Leal (2008, p. 61) destaca que ao longo das últimas décadas o governo francês lançou algumas iniciativas de agrupamentos entre as comunas, bem como de criação de instâncias de coordenação entre elas. Em 1959 foram instituídos os chamados sindicatos intercomunais, os quais deliberavam sobre assuntos de interesse comum entre as comunas (LEAL, 2008).

Conforme explica Rodrigues (2011, p. 4), mais tarde, mudanças na ordem jurídica e política estimularam a formação de estruturas formais de arranjo intercomunal. A autora destaca o arcabouço legislativo da década de 90, que formou as bases para a construção de novas concertações. Em 1992 tem-se a formação de um novo projeto de intermunicipalidade com a promulgação da Lei de Orientação nº 92-125, de 06 de fevereiro de 1992 (FRANÇA, 1992). Tal instrumento prevê a livre associação por meio da previsão dos chamados Estabelecimentos Públicos de Cooperação Intercomunal – EPCIS, em que prevalece a livre iniciativa de associação, diferente de tentativas de fusão impostas em momentos anteriores. Tais entidades são dotadas de tributação própria, o que lhe propicia conduzir projetos de desenvolvimento econômico e territorial com maior autonomia. Mais tarde, tem-se a edição da Lei 99-586 de 12 de julho de 1999, em que são traçadas diretrizes para a simplificação da cooperação intercomunal, o que fortaleceu a importância e trouxe crescimento das EPCIs (FRANÇA, 1999).

Suely Leal (2008, p.62) explica que a legislação de 1992 limitava a cooperação intercomunal a médias aglomerações, o que não permitia resolver os problemas de pequenas comunas. Em 1999, de forma a atender ao contexto fático regional, a legislação desdobra a cooperação em três instâncias distintas: as comunidades urbanas (*communauté urbaine*) que servem às maiores aglomerações, que contam com mais de 500 mil habitantes; as comunidades de aglomeração (*communauté d'agglomération)*, em que a população total das comunas deve ser de, no mínimo, 50 mil habitantes, e a comuna sede deve possuir, no mínimo, 15 mil habitantes e as comunidades de municípios (*communauté de communes*) não submetidas a um limite demográfico, que atendem também às áreas rurais (LEAL, 2008)

Para além da implementação de políticas públicas setoriais e a prestação conjunta de serviços, Juliana Rodrigues destaca que a coordenação intermunicipal na França visa ao desenvolvimento de projetos territoriais, no intuito de valorizar a integração das comunas como espaços políticos. (RODRIGUES, 2011).

No que se refere à efetividade dos arranjos, deve-se destacar que estes ajustes, surgem, em primeiro plano, em decorrência de uma necessidade concreta de articulação para o melhor alcance de resultados. No entanto, a despeito de inquestionáveis ganhos no que tange à otimização de recursos e construção de soluções regionais, o processo de construção cooperativa na França também enfrenta dificuldades.

Tal qual ocorre no Brasil, em que é comum o mesmo município integrar mais de um consórcio público com finalidades semelhantes, Suely Leal (2008, p. 69) destaca que este é um problema na França. O processo de descentralização conduzido pelo Estado não se deu pautado por mecanismos de planejamento coordenados e esta falta de integração se refletiu nos instrumentos de cooperação intercomunal. Existe, por exemplo, a delegação das mesmas competências comunais a mais de um Estabelecimento Público de Cooperação Intercomunal – EPCI, bem como o exercício de competências não delegadas pelas comunas por parte dos EPCIs. Tem-se, assim, uma falta de clareza quanto às responsabilidades e conflitos de competências, o que reduz o alcance de resultados em determinadas situações (LEAL, 2008).

Por fim, discute-se a construção de arranjos de concertação interadministrativa em Portugal. A despeito de ser constituído sob a forma de Estado unitário, Portugal também assistiu a um processo de descentralização de competências e serviços aos poderes locais, que são as chamadas autarquias, constituídas sob a forma de freguesias ou municípios.

Frédéric Teixeira (2018, p. 2) explica que a cooperação intermunicipal tem gerado um interesse prático cada vez maior em Portugal. Este interesse advém, em geral, de fatores semelhantes àqueles que ensejaram a coordenação nas demais nações citadas neste estudo: limitações funcionais dos municípios derivadas de restrições financeiras, técnicas e organizativas; a ausência de níveis intermediários de decisão que levem em consideração aspectos regionais e a percepção de forte centralismo na definição e execução de políticas estratégicas de investimento e intervenção territorial (TEIXEIRA, 2018).

Até 1976, as concertações intermunicipais em Portugal eram formalizadas por meio de acordos de cooperação pública e por meio das chamadas federações de municípios de direito público e natureza administrativa, previstas no Código Administrativo de 1936-40. Tais instrumentos eram formas voluntárias de organização concertada entre os municípios. (TEIXEIRA, 2018).

Entre 1976 e 2003, o autor (2018, p. 87) destaca que houve uma evolução na matéria legislativa referente à construção da coordenação intermunicipal. O artigo 253 da Constituição prevê a possibilidade de os municípios formarem as chamadas associações ou federações para administrarem interesses comuns, às quais a lei pode conferir atribuições e competências próprias (PORTUGAL, 1976). Frédéric destaca ainda, neste período, o surgimento de outros instrumentos, como os planos intermunicipais de ordenamento do território e a previsão de empresas intermunicipais.

A partir de 2003, a cooperação ganha força, sendo entendida por uma perspectiva de princípio a serviço da organização territorial, como forma de suprir lacunas decorrentes da ausência de um nível regional de gestão na organização administrativa de Portugal. Passou-se a conceber as entidades intermunicipais como agentes públicos autônomos de intervenção territorial, com poderes semelhantes àqueles previstos para as chamadas "regiões administrativas", previstas no texto constitucional, mas que não lograram êxito prático. A Lei 11 de 13 de maio de 2003 vem regulamentar a questão e prevê a possibilidade de formatação, pelos municípios, de Comunidades Intermunicipais de Direito Público, que podem constituir-se, nos termos do art. 2º do referido diploma legal, de duas formas: (1) Comunidades Intermunicipais para Fins Gerais, pessoa coletiva de direito público, constituída por municípios ligados entre si por um nexo territorial e (2) Associação de Municípios de Fins Específicos, pessoa coletiva de direito público, criada para a realização de interesses específicos comuns aos municípios que a integram (PORTUGAL, 2003)

Da leitura do referido normativo, observa-se que se trata de iniciativa semelhante àquela que regulamentou os consórcios públicos no Brasil. As Comunidades Intermunicipais e/ou Associações adquirem personalidade jurídica de direito público, sua constituição deve ser aprovada pelas respectivas câmaras dos municípios constituintes, com atribuições das mais diversas relacionadas ao desenvolvimento regional e à gestão associada de serviços públicos. De maneira acertada, o legislador estabeleceu prazos mínimos de permanência dos municípios nestas entidades, bem como mecanismos mais concretos de *enforcement*, como obrigações severas em caso de saída e descumprimento de acordos e proibição expressa de participação em duas entidades intermunicipais para a mesma finalidade, o que poderá garantir maior estabilidade ao modelo (PORTUGAL, 2003).

Conclusões

A construção de concertações no âmbito da Administração Pública não é um fenômeno recente e isolado. O grande volume de tarefas e desafios que se impõem à gestão pública ao longo dos anos faz com que, de maneira recorrente, sejam criados mecanismos e instrumentos de forma a garantir a finalidade última da Administração, qual seja, a garantia dos interesses da coletividade.

O poder local – que no Brasil encontra sua materialização na figura dos municípios – assume, mesmo naqueles Estados unitários, cada vez mais a responsabilidade pela entrega de diversos serviços, diante de um fenômeno de descentralização que se fortaleceu nas últimas décadas em nosso país e em diversas outras nações, como é o caso da Espanha, França e Portugal. Tal configuração se dá de forma natural, uma vez que as instâncias locais representam os espaços nos quais as demandas dos cidadãos se expressam e nos quais os serviços públicos, de maneira geral, se materializam.

No entanto, nem sempre esta descentralização é acompanhada de um repasse de recursos e competências organizacionais e técnicas que sejam capazes de absorver as demandas. Nesse sentido, a articulação em torno de uma atuação concertada se mostra como uma saída na medida em que a cooperação pode não apenas trazer ganhos de eficiência, como também prover soluções que ultrapassam a esfera local de decisão.

A criação de instâncias regionais de coordenação alcança outras perspectivas, como aquela relativa ao fortalecimento da identidade e à promoção do desenvolvimento regional, unindo espaços que possuem não apenas convergência técnica na promoção de políticas públicas, como uma relação histórica e cultural.

Conforme discutido ao longo deste trabalho, a adoção de mecanismos de cooperação é cada vez mais comum entre instâncias locais de governo. Ao se confrontar a experiência brasileira com a das três nações da Europa Continental estudadas – Espanha, França e Portugal, é possível concluir que, sobretudo no plano intermunicipal, as construções de modelos cooperativos seguem uma tendência semelhante.

No Brasil, para além de outras iniciativas, ganha destaque a figura dos consórcios públicos. Tais entidades, dotadas de personalidade jurídica, a despeito de não alcançarem o status de entes federados, representam a forma de ajuste de maior estabilidade e segurança jurídica para a gestão associada de serviços públicos, dada pelo nosso ordenamento.

De maneira semelhante, tem-se na Espanha a figura das *"mancomunidades"*; na França, as *"communautés"*, que se revestem de três formas distintas, conforme tamanho das comunas inseridas; e, em Portugal, a possibilidade de criação de "comunidades intermunicipais" ou "associações".

Diante da contraposição de institutos oriundos de ordem jurídicas distintas, sob uma perspectiva de Direito Comparado, nota-se que, a despeito da contraposição fundar-se sobre nações constituídas sob formas de Estado distintas à do Brasil e com contextos históricos e padrões de desenvolvimento também díspares, há uma grande convergência entre os institutos estudados.

Os fundamentos que orientam a construção histórica de mecanismos e institutos de cooperação intermunicipal no Brasil encontram congruência com as motivações que suscitaram iniciativas correlatas nas nações europeias estudadas. Ademais, nota-se ainda o crescimento destes arranjos ao longo das últimas décadas, sobretudo diante de uma tendência descentralizadora tanto no Brasil quanto nas nações europeias em estudo, em que os espaços locais assumiram crescentes responsabilidades.

Por fim, como contraponto, destaca-se que nos países europeus é comum assistir à formação de arranjos pautados por uma identidade cultural e histórica dos territórios regionais, na conformação de políticas de desenvolvimento e integração territorial. Esta finalidade não é muito comum ao tratarmos dos incentivos à formatação de consórcios públicos no Brasil, que, em muitos casos, são articulados em razão de proximidade geográfica, política ou pela aderência técnica na prestação compartilhada de serviços.

Referências

ABRUCIO, Luiz Fernando e SOARES, Márcia Miranda. Redes Federativas no Brasil: Cooperação Intermunicipal no Grande ABC. Fundação Konrad Adenauer, São Paulo, 2001. 236p.

ALMEIDA, Carlos Ferreira de; CARVALHO, Jorge Morais. Introdução ao Direito Comparado. 3 ed. Coimbra: Almedina, 2018.

BITENCOURT NETO, Eurico. Concertação Administrativa Interorgânica. Direito Administrativo e organização no século XXI. São Paulo: Almedina, 2017. 462p.

BITENCOURT NETO, Eurico. Transformações do Estado e a Administração Pública no século XXI. Revista de Investigações Constitucionais. vol.4 nº.1 Curitiba Jan./ Apr. 2017. Disponível em < http://www.scielo.br/scielo.php?script=sci_arttext&pid=S2359-56392017000100207> Acesso em 25 de junho de 2019

BRASIL. Constituição da República Federativa do Brasil, de 5 de outubro 1988. Brasília, Diário Oficial da União, 1988. Disponível em: http://www.planalto.gov.br/ccivil_03/Constituicao/Constituicao.htm. Acesso em: 20 de junho de 2019.

_____. Lei n. 11.107, de 2005. Dispõe sobre normas gerais de contratação de consórcios públicos e dá outras providências. Disponível em: http://www.planalto.gov.br/ccivil_03/_ato2004-2006/2005/lei/l11107.htm. Acesso em 11 jun. 2019

_____.Decreto n. 6.017, de 2007. Regulamenta a Lei no 11.107, de 6 de abril de 2005, que dispõe sobre normas gerais de contratação de consórcios públicos. Disponível em: http://www.planalto.gov.br/ccivil_03/_ato2007-2010/2007/decreto/d6017.htm. Acesso em 11 jun. 2019

CUESTA ENTRENA, Rafael. Curso de Derecho Administrativo. Volumen ½. Organización Administrativa. 12ª Edición. Madrid, 1998. 333p.

CARVALHO, Manoel Ferreira de. Gestão Pública: um novo paradigma para a governação da administração local em Portugal. 8º Congresso Nacional de Administração Pública. Instituto Nacional de Administração. Lisboa. 2011. Disponível em <http://repap.ina.pt/bitstream/10782/577/1/Gestao%20publica_um%20novo%20paradigma%20governancao%20AP%20local.pdf>. Acesso em 22 de junho de 2019.

O DIREITO ADMINISTRATIVO SOCIAL E ECONÔMICO

CARVALHO FILHO, José dos Santos. Consórcios Públicos. São Paulo: Editora Atlas. 2013. 221p.

ESPANHA. Constituição da Espanha, de 27 de dezembro 1978. Disponível em < http://www.senado.es/web/conocersenado/normas/constitucion/detalleconstitucioncompleta/index.html#t4> Acesso em: 22 de junho de 2019.

_____. Lei 7/1985, de 2 de abril. Reguladora de las Bases del Regímen Local. Disponível em <https://www.boe.es/buscar/act.php?id=BOE-A-1985-5392> Acesso em 23 de junho de 2019.

FERREIRA, Aloysio Nunes. Desafios Atuais do Federalismo no Brasil. Federalismo na Alemanha e no Brasil. Fundação Konrad Adenauer, SP, 2001. p. 52-53.

FIGUERAS, Pilar Riera et al. Las mancomunidades en España. Boletim de la AGE, Nº39. 2005. Disponível em <file:///C:/Users/Meu%20Computador/Downloads/Dialnet--LasMancomunidadesEnEspana-1161260.pdf> Acesso em 23 de junho de 2019.

FRANÇA. Constituição da França, de 4 de outubro 1958. Disponível em < https://www.conseil-constitutionnel.fr/sites/default/files/as/root/bank_mm/portugais/constitution_portugais.pdf> Acesso em: 22 de junho de 2019.

_____. Loi n° 99-586 du 12 juillet 1999 relative au renforcement et à la simplification de la coopération intercommunale. Disponível em <https://www.legifrance.gouv.fr/affichTexte.do?cidTexte=JORFTEXT000000396397&dateTexte=> Acesso em 26 de junho de 2019

_____. Loi d'orientation n° 92-125 du 6 février 1992 relative à l'administration territoriale de la République . Disponível em <https://www.legifrance.gouv.fr/affichTexte.do?cidTexte=JORFTEXT000000722113&dateTexte=&categorieLien=id>. Acesso em 26 de junho de 2019

GOUVÊA, Ronaldo Guimarães. A questão metropolitana do Brasil. Rio de Janeiro: Ed. Fundação Getúlio Vargas. 2005. 324 p.

GUSTIN, Miracy Barbosa de Sousa; DIAS, Maria Tereza Fonseca. (Re)pensando a pesquisa jurídica: teoria e prática. 4ª ed. rev. e atual. Belo Horizonte: Del Rey, 2013

KRELL, Andreas Joachim. Leis de Normas Gerais, Regulamentação do Poder Executivo e Cooperação Intergovernamental em Tempos de Reforma Federativa. Belo Horizonte: Editora Fórum, 2008. 155p.

JUSTEN FILHO, Marçal. Parecer elaborado pelo professor Marçal Justen Filho, versando sobre a proposta legislativa de criação de consórcios Públicos. Revista Eletrônica de Direito do Estado. Salvador: Instituto de Direito Público da Bahia. nº. 3 Julho/Agosto/Setembro, 2005. Disponível em: < http://www.direitodoestado.com.br/codrevista.asp?cod=36>. Acesso em: 20 de jun. 2019.

LEAL, Suely Maria Ribeiro. Territórios e escalas de cooperação e gestão consorciada: o caso francês e seus aportes à experiência brasileira. Cadernos Metrópole 20. Puc SP. Pags.. 57-79. São Paulo. 2008. Disponível em <https://revistas.pucsp.br/index.php/metropole/article/viewFile/8636/6423> Acesso em 20 de junho de 2019

NEGRINI, Ricardo Augusto. Os consórcios públicos no Direito Brasileiro. Dissertação de Mestrado apresentada à Faculdade de Direito da USP. São Paulo. 2009. 221p. Disponível em <https://www.teses.usp.br/teses/disponiveis/2/2134/tde-10112011-161301/publico/Dissertacao_Ricardo_Negrini_Consorcios.pdf.> Acesso em 20 de junho de 2019

PEREIRA, Adelyne Maria Mendes, et al. Descentralização e regionalização em saúde na Espanha: trajetórias, características e condicionantes. Scielo. Saúde Pública. 2015Disponível em < https://www.scielosp.org/scielo.php?pid=S0103--11042015000500011&script=sci_arttext&tlng=en> Acesso em 22 de junho de 2019.

PIRES, Maria Coeli Simões; NOGUEIRA, Jean Alessandro Serra Cyrino. "O federalismo brasileiro e a lógica cooperativa-competitiva". In: Consórcios Públicos: Instrumento de Federalismo Cooperativo. Organizado por Maria Coeli Simões Pires e Maria Elisa Braz Barbosa. Belo Horizonte: Editora Fórum, p. 87-121, 2008.

PORTUGAL. Constituição da República Portuguesa, de 25 de abril de 1974. Disponível em < https://www.parlamento.pt/Legislacao/PAGINAS/CONSTITUICAOREPUBLI-CAPORTUGUESA.ASPX> Acesso em: 22 de junho de 2019.

_____. Lei nº11 de 13 de maio de 2003. Estabelece o regime de criação, o quadro de atribuições e competências das comunidades intermunicipais de direito público e o funcionamento dos seus órgãos. Disponível em <https://dre.pt/pesquisa/-/search/533576/details/maximized>. Acesso em 28 de junho de 2019.

RODRIGUES, Juliana Nunes. Cooperação Intermunicipal na França e no Brasil em perspectiva comparada. Mercator – Revista de Geografia da UFC, vol. 10, núm. 23, 2011, pp. 23-31. Fortaleza. Disponível em <http://www.redalyc.org/pdf/2736/273621468003.pdf> Acesso em 25 de junho de 2019.

SILVA, Carlos Nunes. A região em Portugal: do reforço da descentralização à fragmentação do Estado. Treballs de la Soeietat Catalana de Geografia – Núm. 49 – Vol.:XV. Universidade de Lisboa. Lisboa. 1996 Disponível em < https://www.raco.cat/index.php/treballsscgeografia/article/viewFile/236361/318624>. Acesso em 28 de junho de 2019.

SILVA, Matias Reis Silva. O impacto da reforma da administração local ao nível das competências das Assembleias e Câmaras Municipais. Dissertação de Mestrado apresentada ao Instituto Superior de Ciências Sociais e Políticas. Universidade de Lisboa. Lisboa, 2014. Disponível em <https://www.repository.utl.pt/bitstream/10400.5/7961/5/Miguel_dissertac%CC%A7a%CC%83o_revista_V5.pdf>. Acesso em 30 de junho de 2019

SEERDEN, René (ed.). Comparative Administrative Law: Administrative Law of the European Union, its member states and the United States. Administrative Law in France, p. 5-48. 4 ed. Cambridge – Antwerp – Portland: Intersentia, 2018.

TEIXEIRA, Frédéric Alexandre. O fundamento jurídico da cooperação intermunicipal em Portugal. Revista da Faculdade de Direito e Ciência Política. Nº. 12, pag. 86-113. Universidade Lusófona do Porto. 2018. Porto. Disponível em < file:///C:/Users/Meu%20Computador/Downloads/6802-337-20011-1-10-20190615.pdf> Acesso em 26 de junho de 2019

9
Controle Jurisdicional da Margem de Liberdade Administrativa: Brasil, França e Alemanha

LEONARDO ANTONACCI BARONE SANTOS

Introdução

A história e a axiologia do Direito Administrativo encobertam, desde suas origens, uma nada sutil (mas nem sempre percebida) tentativa de contenção do poder político pela liberdade, como aliás é dialético na história do Estado. No Estado de Direito esta contenção tenta se fazer através da submissão do poder ao direito democraticamente elaborado.

Evidentemente, a margem de liberdade decisória da Administração Pública e, mais reconhecidamente, a discricionariedade, participam desta história. A discricionariedade é conhecida por ser o "cavalo de Tróia dentro do Estado de Direito"[1], visto que permite a livre expressão do poder em meio às sujeições legais. Isso porque, historicamente, a discricionariedade adveio e foi confundida com a arbitrariedade do poder absolutista e deveria ser, agora, arrematada pelo direito.

E, de fato, a discricionariedade tem sido cada vez mais sujeita à legalidade, num forte processo que se iniciou no século XIX, com o estabelecimento do Estado de Direito; e que, mais recentemente, nos últimos cinquenta anos, tem se aprofundado visivelmente com a insurgência de um (neo) constitucionalismo que pretende sujeitar toda a atuação administrativa a parâmetros legais e valorativos.

---

[1] A expressão é atribuída a Hans Huber por Garcia de Enterría e Tomas Ramon Fernandez (1991).

Em que pese estes esforços de restrição da liberdade administrativa, é de se identificar que esta se trata de uma exigência da própria realidade e que a Administração dela precisa lançar mão para governar. Tal fato se verifica historicamente e, na contemporaneidade é ainda mais presente, haja vista forte expansão da atividade administrativa em um contexto normativo em que o Estado deve tutelar harmonicamente uma multiplicidade conflitante de interesses individuais e difusos, o que demanda cada vez mais margem de liberdade de atuação.

Assim, diante desta dinamicidade, incerteza e especialidade da atuação administrativa, a legislação não tem a capacidade de se portar como limite estanque e norteador, de sorte acaba por estabelecer as orientações e permissões cada vez mais genéricas e deixar a cargo da Administração a efetivação e concretização dos direitos e interesses juridicamente previstos. Neste cenário, então, tem-se que a outorga de margem de liberdade decisória para a Administração Pública se faz cada vez mais necessária ao cumprimento de suas missões constitucionais.

Nessa linha de entendimento de que a margem de liberdade decisória da Administração Pública é realidade que se impõe em todo sistema jurídico, a questão girará em torno de se entender o quanto e como, em cada ordenamento, esta margem de liberdade está submetida ao direito, através da doutrina e da jurisprudência. Nesse sentido, busca-se responder neste breve estudo *como que os direitos brasileiro, francês e alemão preveem o exercício do controle jurisdicional frente à margem de liberdade subjetiva legalmente instituída.*

Por margem de liberdade administrativa, aqui, quer-se referir à existência de um plexo de opções que a Administração Pública detém para escolher qual adotar em sua atuação perante o caso concreto. Este plexo pode ser maior ou menor, mas sempre constante de ao menos duas opções.

Pretende-se enquadrar esta margem de liberdade como um "fato administrativo", para usar as palavras e a metodologia de Jean Rivero (1995). Entende-se, junto ao autor, que enfoque deve ser o problema prático a ser formulado, em termos idênticos, aos países estudados, de forma a se possibilitar ler o direito estrangeiro da maneira como ele é posto naquele país, sem jogar as lentes do direito nacional do comparatista.

Para respondê-la, considera-se, de um lado, que todos os países estudados são Estados de Direito, de forma que esta margem está ou deverá estar sempre sujeita à legalidade, posto não ser autorizado à Administração Pública agir se não em sua conformidade. De outro lado, também se considera que o mérito das decisões administrativas é insindicável pelo poder jurisdicional, tendo em vista o princípio da separação de poderes que também encerra o Estado de Direito. Estas duas premissas serão brevemente abordadas nos itens abaixo e serão adotadas como axiomas, devendo-se a outros estudos a sua confirmação ou denegação.

Assim, como hipótese, *supõe-se que há semelhança na conceituação da margem de liberdade, entre os institutos da discricionariedade e dos conceitos indeterminados, mas cada ordem jurídica apresenta diferentes comportamentos jurisdicionais (níveis de intensidade) no controle desta margem.* Isto é, espera-se encontrar diferentes graus de deferência judicial[2] no controle da atividade administrativa (JORDÃO, 2016).

Para tanto, o texto se organiza em quatro partes. Primeiro, é examinada a teoria da discricionariedade administrativa, aquela que mais reflete a ideia de margem de liberdade à Administração Pública em conformidade com a juridicidade. Em seguida, dá-se o estudo sobre os conceitos indeterminados, também já clássicos na doutrina, e nos quais diverge-se entre vinculação e liberdade para a Administração. No terceiro momento, vê-se como esta margem de liberdade é tratada pelas cortes, especialmente percebendo-se maior ou menor deferência às opções administrativas feitas. E, por fim, tentar-se-á elaborar uma síntese comparativa entre todos estes elementos e países, tentando recapitular as conclusões parciais obtida e dar-lhes algum sentido uniformizador, extraindo-lhes alguma tendência.

1. Discricionariedade: Politicidade e Juridicidade da Decisão Administrativa

O primeiro e mais evidente caso em que a Administração Pública possui margem de liberdade decisória é o da discricionariedade administrativa. Preliminarmente, antes de adentrar às especificidades, entenda-se a discricionariedade como o espaço de liberdade que o administrador detém para escolher a decisão a ser tomada.

O breve exame do direito comparado objeto deste estudo já demonstra que as doutrinas dogmáticas de cada uma dessas jurisdições quanto à discricionariedade administrativa são bastante semelhantes, seja quanto aos fundamentos, teorizações, sistematizatizações e quanto ao regime. Tenta-se, então, descrever este fio condutor comum e ressaltar algumas particularidades de cada país úteis à comparação.

---

[2] Abaixo, no item 2, descreve-se o que se entende por "deferência jurisdicional".

Esta similaridade em boa medida advém de a discricionariedade ser um imperativo lógico do funcionamento de poderes públicos que precisam de espaços livres para decisões políticas a serem tomadas segundo interesses e possibilidades que a realidade apresenta àquele momento. Sem esta liberdade, a Administração se converteria em mera replicação mecânica de decisões já tomadas pela lei, sem qualquer responsividade às exigências reais. Por outro lado, somando-se a esta necessidade, veja-se que todos os três países são Estados de Direitos e democracias constitucionais, de tal sorte que todo o Estado e, especialmente, a atuação da Administração Pública devem estar sujeitos à legalidade.

Reforçando ainda mais este imperativo, na atualidade é possível perceber que os ordenamentos jurídicos estão cada vez mais complexos e amplos, de sorte que regulam cada vez setores da vida moral, social e econômica. Nesse passo, colocam-se a cargo da Administração Pública múltiplos interesses públicos, cada vez maiores e inclusive contraditórios, de forma a se exigir uma Administração Pública muito mais ágil e eficiente (BITENCOURT NETO, 2017; OTERO, 2017). Assim, a discricionariedade se converte em elemento essencial para que a Administração possa navegar e governar em meio a este contexto.

Note-se que, nesta realidade, é ainda mais essencial a motivação dos atos administrativos, para que a Administração demonstre no caso concreto como a decisão discricionária tomada sopesou estes múltiplos interesses e requisitos de legalidade daí decorrentes, o que possibilita o controle jurisdicional. Razão pela qual a motivação das decisões administrativas devem ser constitucionalmente obrigatórias e justificadoras de sua invalidação (ARAÚJO, 1992).

É a partir deste enquadramento entre a iminente realidade e sujeição normativa que se deve entender o lugar que a discricionariedade atualmente ocupa nestes sistemas administrativos e constitucionais e daí que surgem os desafios para a compreensão de seu controle jurisdicional.

Nesse sentido, em primeiro lugar é preciso apontar que a discricionariedade – em perspectiva teórica e prática – tem natureza política. Dessa sorte, não é calcada em regras (jurídicas) de subsunção ou um ser *versus* dever ser, mas em apreciações subjetivas de cunho valorativo e estratégico, o que tradicionalmente se nomeia de "conveniência e oportunidade", tanto na França quanto no Brasil, e cuja ideia também é aplicável à Alemanha. Vê-se, então, que o regime da discricionariedade reflete e serve a resguardar esta de opção política existente na atuação administrativa.

Muito representativa desta visão é a evolução histórica do instituto no direito francês, na qual, conforme registra Paul Duez (2006), houve uma progressiva substituição dos *actes de gouvernement* pelo poder discricionário. Usual no século XVIII ao início do século XX, estes atos de governo se constituíam em conceito que determinava que certos atos tomados pela Administração Pública, em função de seu alto teor político-governamental, estariam absolutamente afastados de análise jurisdicional, quanto ao conteúdo ou qualquer de seus elementos. Tratavam-se de atos ligados à diplomacia, às relações entre os poderes da república ou à manutenção da ordem pública em caso de crises (CORREIA, 2013). Contudo, este instituto caiu em descrédito pela ausência de fundamentos que justificassem a subtração absoluta da análise contenciosa, tendo se encontrado no poder discricionário salvaguarda suficiente das opções políticas frente ao poder jurisdicional.

Assim fazendo, a discricionariedade será limite ao controle jurisdicional que encontra fundamento na separação de poderes, de forma a impedir que a jurisdição adentre às competências exclusivas dos demais poderes, onde estão as escolhas discricionárias, limitando-se ao controle da legalidade de sua atuação.

Importa perceber que cada país encontrará não só uma estrutura diferente para a separação dos poderes, mas também justificativas distintas para sua existência e para sua aplicação no tema da discricionariedade. Na França, ressaltam-se as motivações históricas que remontam às preocupações revolucionárias com a casta de juízes, com consequente formação de uma jurisdição administrativa e mais permissiva à Administração. Já na Alemanha, verifica-se que o constitucionalismo do segundo pós-guerra se preocupou ostensivamente na garantia de direitos fundamentais, o que tende a fortalecer o controle jurisdicional e deverá ser equilibrado com a independência dos poderes democraticamente eleitos[3] (ROSENFELD, 2001). Perspectivas mais atuais sobre a separação de poderes enfatizam a incapacidade funcional do poder jurisdicional (especialmente, do Poder Judiciário) para lidar e controlar profundamente as atividades da Administração Pública, o que incentivaria a políticas de deferência (JORDÃO, 2016; OSTER, 2019).

---

[3] O que terá desdobramentos na forma de seu controle jurisdicional, a seguir exposto no item 4.

Em todo caso, a discricionariedade aparece, funcionalmente, como veículo de impedimento do controle jurisdicional do conteúdo, da conveniência e da oportunidade das decisões administrativas, de forma a se resguardarem as opções políticas sob fundamento da separação dos poderes.

Noutro giro, os tons da politicidade e da liberdade decisória da Administração Pública são continuamente amenizados e enquadrados no Estado de Direito[4], fazendo-se com que o instituto da discricionariedade amolde-se também à legalidade e aos direitos fundamentais. Conforme é unívoco nos três países, só se admite a discricionariedade criada pela lei, exercida nos seus limites e segundos suas finalidades, não podendo ser confundida com arbitrariedade ou exercício de preferências pessoas do administrador.

É nesta senda que se coloca a questão do controle jurisdicional das decisões administrativas que contenham elementos discricionários. Considerada a sua natureza política, estas decisões só podem ser controladas naquilo que se refere à legalidade, a qual é inafastável em um Estado de Direito (CORREIA, 2013); mas o desafio e a questão residem justamente em saber onde se exaure a legalidade.

Ainda sobre isto, ver-se-á que os três países adotam teorizações dogmáticas semelhantes. Todas as ordens jurídicas adotarão o conceito de discricionariedade articulado entre dois elementos, o da liberdade de escolha e da limitação desta à legalidade.

Primeiro, veja-se o conceito francês[5], pelas palavras do clássico René Chapus:

---

[4] Não quer se dizer que o Estado de Direito é fenômeno idêntico, mas que comporta relevantes alterações em cada cultura jurídica. O que se indica, aqui, é que o efeito da legalidade sobre o conceito e regime da discricionariedade é funcionalmente equivalente nestes países. Nesse sentido, cf.: ROSENFELD, M. The Rule of Law and the Legitimacy of Constitutional Democracy. **Southern California law review**, 2001. v. 74. CHEVALLIER, J. **O Estado de Direito**. 1. ed. Belo Horizonte: Editora Fórum, 2013. ZOLO, D. Teoria e crítica do Estado de Direito. *In*: ZOLO, D.; COSTA, P. (Org.). **Estado de Direito: história, teoria e crítica**. São Paulo: Martins Fontes, 2006, p. 3–95.

[5] Expressando sentido muito próximo e variação meramente vocabular: "En premier lieu, le pouvoir discrétionnaire correspond à un élément de la décision administrative non déterminé entièrement par le droit ; l'administration a un pouvoir discrétionnaire quand elle peut choisir, selon sa conception de ce que lui paraît le plus opportun, entre plusieurs décision qui son toute conformes au droit" (WOEHRLING, 1999, p. 76). Também : "Discretion is deemed to exist when the administration has power to make choices between two or several courses of action, or where, even though the end is specified, a choice exists as how that should be reached" (AUBY; CLUZEL-METAYER; XENOU, 2018, p. 27–28).

> *No entanto, o poder discricionário das autoridades administrativas nada mais é do que o poder de escolher entre duas decisões ou dois comportamentos (pelo menos dois) igualmente conformes à legalidade. Exercendo seu poder discricionário, a Administração só pode fazer o que a lei permite.(CHAPUS, 2001, p. 1056. Grifos do original)*

Sobre a teoria francesa, vale apontar, como é típico ao direito administrativo desse país, que se trata de uma construção forjada pelo Conselho de Estado e em função da sua jurisprudência, isto é, desenvolvida para compreender onde incidiria o controle jurisdicional e a partir dos julgados da corte (FRIER; PETIT, 2015).

Na Alemanha a ideia também se repete em torno destes dois eixos[6]:

> Estes poderes discricionários na sanção da norma *(then-side)* podem dizer respeito a (a) a decisão do administrador de agir ou não agir *(Entschlissungsermessen)* e (b) a questão de saber quais medidas (ao menos entre duas possíveis) a autoridade pode tomar *(Auswahlermessen).* (MARSCH; TUNSMEYER, 2016, p. 21)

No direito brasileiro[7], retorna-se a já consagrada definição de Celso Antônio Bandeira de Mello. Para ele:

> Discricionariedade, portanto, é a margem de liberdade que remanesça ao administrador para eleger, segundo critérios consistentes de razoabilidade, um dentre pelo menos dois comportamentos cabíveis, perante cada caso con-

---

[6] Igualmente: *"In Germany, discretionary powers require an express statutory authorization by Parliament. Discretion is an area of free exercise of power granted by the legislation"* (KUNNECKE, 2007, p. 77). E também: *"Por lo general se denomina discrecionalidad a la facultad o 'libertad de elección' entre dos o más alternativas válidas para el derecho1. Sin embargo, esa denominada 'libertad de elección' no implica una libertad en términos literales. Cuando se realiza esta afirmación, en realidad – aunque no se lo afirme expresamente– se refiere a los diversos matices de libertad dentro del espectro jurídico, o como afirma SCHMIDT-ASSMANN, una libertad dirigida en todo momento por el Derecho"* (CORVALÁN, 2017, p. 5)

[7] Neste mesmo sentido para o direito brasileiro: "Assim, atos administrativos discricionários são aqueles resultantes de alguma escolha efetuada pela autoridade administrativa. A escolha pode implicar em editar ou não editar, nesse ou naquele conteúdo, no momento de editar, por exemplo. Evidente que a margem de escolha não significa liberdade absoluta [...]; o próprio conteúdo tem de ser consentido pelas normas do ordenamento" (MEDAUAR, 2014, p. 169). "Na atuação discricionária, a Administração, diante de determinado caso concreto, tem mais de uma alternativa a sua escolha, qualquer delas inserindo-se dentro dos limites da legalidade." (DI PIETRO, 2001, p. 67).

creto, a fim de suprir o dever de adotar a solução mais adequada a satisfação da finalidade [...] (BANDEIRA DE MELLO, 2010, p. 48)

De se notar, ademais, que a semelhança entre a conceituação brasileira e francesa é reforçada pela proximidade teórica e cultura entre os dois países, na medida em que o Brasil amplamente adotou a mentalidade, a doutrina e a dogmática do direito administrativo francês, não só no campo da discricionariedade (DI PIETRO, 2007; GIACOMMUZI, 2011).

Estes conceitos de discricionariedade são aplicados a dois contextos diferentes, a que podem-se chamar de discricionariedade normativa e decisória, e nisto reside outra semelhança comparativa. No primeiro aspecto, trata-se dos casos cuja discrição é decorrente de normas legais programáticas, que não veiculam abertamente preceitos e sanções, mas exigem um balanceamento entre interesses e valores de infinitas possibilidades (JUSTEN FILHO, 2016; KUNNECKE, 2007; OSTER, 2019). Em segundo lugar, há os casos de discricionariedade atrelada a solução de um caso concreto, a discricionariedade decisória, normalmente mais restrita pelas normas legais direta e indiretamente aplicáveis e usuais no cotidiano da gestão pública.

Em que pese não se identificar no Brasil originalidade na conceituação da discricionariedade, é possível apontar que se encontra em Bandeira de Mello (2014, p. 996 et seq) uma construção própria a respeito da alocação da discrição na estrutura lógico-normativa. O autor indica a possibilidades de haver discricionariedade em vários lócus da norma: hipótese, mandamento e finalidade. Isto é, quanto aos motivos que ensejam a decisão, quanto à possibilidade ou não de tomar a decisão (e qual), e quanto ao conteúdo daquela finalidade a ser alcançada. O direito alemão, por outro lado, trabalha com a ideia de que a discricionariedade reside apenas na sanção da norma (*then-side*), como foi possível repetidamente verificar na bibliografia[8]. A Alemanha, assim, enxerga discricionariedade apenas no mandamento – não na hipótese, nem na finalidade.

---

[8] Para o direito alemão, repetitivamente desta opinião: OSTER, Jan. The Scope of Judicial Review in the German and U.S. Administrative Legal System. *German Law Journal*, Vol. 9, Nº. 10, 2008, pags. 1267-1297, 2019. PUNDER, Hermann; KLAFKI, Anika. Administrative Law in Germany. *Comparative Administrative Law*. Cambridge: Intersentia, 2018. KUNNECKE, Martina. *Tradition and change in administrative law: An anglo-german comparison.* Londres: Springer, 2007. Por outro lado, defendendo a inadequação desta construção: MARSCH, Nikolaus; TUNSMEYER,

Em Bandeira de Mello (2010, 2014) encontra-se elaboração da teoria da *redução da discricionariedade a zero* no direito brasileiro, originária da Alemanha (*Ermessensreduzierung auf null*). Nela, sustenta que a margem discricionária cometida pela lei (em tese) pode, diante de restrições normativas e fáticas, revelar-se uma discricionariedade inexistente em concreto. Ou seja, que, no caso concreto, só uma opção de decisão se mostra possível e legal, transformando-se a competência discricionária em competência vinculada.

No mesmo sentido, veja-se que a França reflete esta teoria em um processo criativo constante do Conselho de Estado para "descobrir" (verdadeiramente, criar) novas competências vinculadas através da enunciação de pressupostos legais daquele ato, no qual a ausência de critérios ensejava a discricionariedade (CORREIA, 2013; KTISTAKI, 1991). Ao que parece, ter-se-ia, assim, uma teoria da *redução da discricionariedade a zero* via jurisdição.

Em todo caso, estas restrições aptas a gerar redução da discricionariedade podem ser de duas sortes: fáticas ou normativas. As fáticas diz respeito às circunstâncias apresentadas diante do administrador que, vendo-as, deve restringir as suas possibilidades discricionárias. E as normativas são restrições decorrentes do próprio ordenamento jurídico, o qual serve como norma de parâmetro para a discricionariedade, em uma clara expansão da legalidade em prol da *juridicidade*. Esta, mais ampla que a lei formal, sujeita a Administração diretamente às normas constitucionais, princípios gerais de direito, de caráter abstrato, que deixam de ser normas meramente políticas ou programáticas para, então, terem vinculatividade e aplicabilidade direta.

Este mesmo fenômeno de expansão da legalidade (submissão da Administração à *juridicidade*) pode ser encontrado em ambos os três países (BINENBOJM, 2014; CHAPUS, 2001; PUNDER; KLAFKI, 2018).

Ícone da restrição à discricionariedade pela juridicidade, tem-se especialmente o princípio da proporcionalidade, do qual a Alemanha é responsável pela elaboração teórica e jurisprudencial. Brevemente, a proporcionalidade se comporia de três elementos: adequação, necessidade, proporcionalidade estrita. Logo, o princípio atuaria verificando se as possíveis condutas discricionárias passam neste teste e, se não passam, devem ser descartadas por antijurídicas (FROMONT, 1995; MARSCH; TUNSMEYER, 2016).

Vanessa. The principle of proportionality in German administrative law. *The judge and the proportionate use of discretion*. Londres: Routledge, 2016. p. 13–42.

Esta teoria encontra grande repercussão em todas as culturas jurídicas ocidentais[9]. No Brasil, a proporcionalidade é largamente utilizada – para bem ou para mal – pelos tribunais ordinários e pelo Supremo Tribunal Federal (Barroso, 2011). Igualmente na França, a proporcionalidade restringe o espectro da discricionariedade, como é reconhecido em diversos campos de atuação administrativa (Auby; Cluzel-Metayer; Xenou, 2018; Sanchez, 2016).

Assim, em conclusão parcial, verifica-se grande semelhança na conceituação de discricionariedade entre Brasil, França e Alemanha. Primeiro, concordam sobre a natureza política da discricionariedade, mas que esta deveria se obedecer à legalidade no Estado de Direito, nascendo daí uma dualidade a ser resolvida no regime. Segundo, também se encontra uma semelhança entre a conceituação da discricionariedade. E terceiro, então quanto ao regime, também se identifica a possibilidade de *redução da discricionariedade a zero* e o impedimento ao controle fundado na separação dos poderes.

Feito este levantamento teórico-dogmática, no item 4 analisa-se como se comportam os níveis de intensidade do controle jurisdicional de cada país frente a estas previsões teóricas quase idênticas. Antes disso, ver-se--á agora a estruturação dogmática dos conceitos indeterminados nos três países para compará-los.

2. Conceitos Indeterminados: Vinculação e Dúvida

Em um segundo momento, é preciso distinguir, ao menos didaticamente, a função da liberdade decisória (que se chamou de discricionariedade) de fato que se entende ser diverso, qual seja, do uso legislativo de termos vagos, fluidos e de conteúdo incerto, que dependerão de densificação para que possam determinar o sentido de uma decisão administrativa, ao que se chama usualmente de conceitos indeterminados.

Garcia de Enterría traz descrição bastante apropriada sobre o fato a que ora chamou-se de conceitos indeterminados, em trecho que, por sua clareza e precisão, pode ser aplicado nas três jurisdições estudadas:

---

[9] Veja-se, neste sentido, a excelente obra de Sofia Ranchordás e Boudewjin de Waard que organiza artigos sobre o controle jurisdicional do uso da discricionariedade face à proporcionalidade. Ranchordás, Sofia; Waard, Boudwjin De (Org.). *The judge and the proportionate use of discretion*. New York: Routledge, 2016.

a lei refere uma esfera de realidade cujos limites não aparecem bem precisados no seu enunciado, não obstante o qual é claro que tenta delimitar uma hipótese concreta. [...] trata de conceitos que não admitem uma quantificação ou determinação rigorosas, porém, em todo caso, é manifesto que se está referindo a uma hipótese da realidade que, não obstante a indeterminação do conceito, admite ser determinado no momento da aplicação. A lei utiliza conceitos de experiência (incapacidade para o exercício de suas funções, premeditação, força irresistível) ou de valor (boa-fé, padrão de conduta do bom pai de família, justo preço), porque as realidades referidas não admitem outro tipo de determinação mais precisa. (GARCIA DE ENTERRIA; FERNÁNDEZ, 1991, p. 393)

Antes de adentrar especificamente no tratamento doutrinário de cada país, é preciso versar ainda sobre uma questão da Teoria Geral do Direito afeita aos conceitos indeterminados. Brevemente, sem pretender discutir aspectos de Teoria Geral, aponte-se que podem existir duas concepções acerca da aplicação das normas que contém conceitos indeterminados. Primeiro, pode se entender que estes conceitos tem uma única solução e aplicação, posto que conceitos delimitam o sentido das coisas a que se referem. Com isso, ter-se-ia competência vinculada e nada de liberdade (ARAÚJO, 2006). Por outro lado, há quem defenda, como Kelsen (2009) que a interpretação desta norma estabeleceria uma moldura dentro da qual haveriam várias possibilidades de preenchimento, sendo conforme o Direito a opção por qualquer delas; portanto, discricionária. Este pano de fundo teórico está sempre presente nas discussões, mas vê-se que a doutrina administrativista, salvo exceções, não se referem a ele.

Em primeiro lugar, no Brasil, muito se debate acerca de se os conceitos indeterminados encerrarem casos de competências discricionárias ou vinculadas.

É representativa a noção de Bandeira de Mello (2014, p. 993 et seq), que assevera que os conceitos indeterminados aproximam-se da discricionariedade na medida em que a imprecisão residiria na própria *ideia* (significado) e não apenas no termo (significante), de sorte que o administrador deteria liberdade para optar entre as plurissignificações admitidas. Haveria, assim, autorização e intenção do legislador em cometer o administrador no encargo de buscar a solução adequada no caso concreto.

Normalmente, estes conceitos encontram-se na descrição da hipótese fática da norma, mas, conforme o autor, podem também estar presentes em sua finalidade. Quando se tem norma cujo fim é resguardar a "moralidade pública", tem-se conceito indeterminado cujo significado deixaria ao administrador para dar concretude ao que seria "moralidade pública", estando sujeito à variação. Neste sentido, para o autor, tem-se uma competência discricionária. Note-se que, por coerência, o autor admite que esta discrição possa ser reduzida a zero no caso concreto.

Confronto direto a este ponto de vista pode-se encontrar em Florivaldo Dutra de Araújo (1992, 2006) e em Marçal Justen Filho (2016) que defendem serem os conceitos indeterminados veiculadores de competências vinculadas, ainda que dependentes de esforço interpretativo do administrador. Seguindo a argumentação do primeiro autor, a indefinição não recai nem no conceito, nem no termo, mas na *subsunção* que se fará dos fatos ao conceito, onde reside a dificuldade de definição. Assim, "se a indeterminação dos conceitos existe enquanto a norma permanece em sua abstração e generalidade, ao tornar-se aplicada num caso concreto aquela desaparece, pois, diante de uma específica situação fática, a valoração desta [...] leva a uma só conclusão" (ARAÚJO, 1992, p. 79). Na dicção de Enterría (1991, p. 393), "ou se dá, ou não se dá o conceito", se cumpre ou não se cumpre a norma. Caso, portanto, de competência vinculada.

Há, ainda, um posicionamento intermediário expressado por Di Pietro (2001), no sentido de que existem dois tipos de conceitos indeterminados, os empíricos e os valorativos. Os primeiros, marcados por critérios objetivos, práticos, da experiência comum, permitem que se extraia uma única solução possível e, assim, afastam a discricionariedade. Ocorre, porém, o oposto com os conceitos valorativos e juízos mais abstratos, onde existirá discricionariedade, ainda que sujeita a limites, e insindicável pelo Poder Judiciário.

Vê-se, assim, não poder ser extraído uma concepção unitária da "doutrina brasileira sobre conceitos indeterminados", na medida em que vige um debate insuperável e que encontra variações significativas entre autores.

Passando ao direito alemão, é também possível encontrar a doutrina dos conceitos indeterminados (*Unbestimmte rechtsbegriff*) que teve grande repercussão no Direito Administrativo ocidental e, ao que se vê, foi incorporada pelo Brasil (MORAES, 2004). Nessa doutrina, os conceitos indeterminados são referidos como competências vinculadas e, assim, sujeitos a todo o controle jurisdicional de legalidade.

A tipicidade que a Alemanha apresenta é que este caráter vinculado do conceito indeterminado pode ser amenizado pela concessão de certa "margem de apreciação" (*beurteilungsspielraum*). Defende esta doutrina que, através dos conceitos indeterminados, o legislador autoriza que o administrador faça uma apreciação subjetiva da norma e da subsunção cabível, o que não estaria ao controle jurisdicional. Como narra Singh (1985), podem ser indicados diversos fundamentos para tal teoria, notadamente baseados em um *approach* funcional das capacidades de avaliação e julgamento das cortes[10].

Garcia de Enterría aporta precisão sobre a noção alemã de conceitos indeterminados. Para ele, mesmo que o conceito indeterminado admita uma só solução em concreto, a identificação de qual seja esta solução não é sempre fácil. Assim, em um extremo, haverá sempre uma "zona de certeza", onde é segura a identificação da solução; uma "zona intermediária", onde não há certeza e se está sujeito a discordância e, noutro extremo, uma "zona de certeza negativa", na qual é certa a exclusão do conceito (GARCIA DE ENTERRIA; FERNÁNDEZ, 1991, p. 395). Com isso não se quer dizer que há, nas zonas de certeza, competência vinculada e, na zona intermediária, competência discricionária. Apenas reconhece-se a dificuldade de se indicar com exatidão a solução única, estritamente jurídica. Esta precisão será útil à análise do comportamento jurisdicional, como se verá a frente.

Na verdade, tradicionalmente, a distinção entre margem de livre apreciação e discricionariedade, para os alemães, se dará a partir da estrutura lógica da norma jurídica. Dizem, a margem residiria na previsão (*Tatbestand*), o "*if-side*", no suporte fático da norma, que, por opção ou necessidade legislativa, estaria descrita em termos ambos e imprecisos a serem completados pelo administrador. Já a discrição está, como antecipado, no "*then-side*", na sanção (*Rechtsfolge*), no mandamento da norma, de sorte que o administrador poderia escolher *se* atuaria e *como* atuaria (CORREIA, 2013; MARSCH; TUNSMEYER, 2016). Assim, os motivos das decisões adminis-

---

[10] "*Proponents of restricted judicial review of indefinite legal concepts argue that through such concepts law imposes special responsibility on the administrative authorities subject only to limited judicial review; that such concepts admit varying evaluations; that the administration possesses better expertise and experience and stands in close relationship with the concrete problems; and that the administration as an organ of the state has certain responsibility of its own vis-à-vis the courts*". (SINGH, 1985, p. 96–97)

trativas estariam sempre vinculadas a determinação legal, mas poderia ocorrer ou não ao legislador de deixar que a Administração eleja discricionariamente a conduta aplicada. Também com esta dicotomia se definiria caber controle jurisdicional no primeiro caso, e não no segundo.

Esta perspectiva para distinção entre conceitos indeterminados e discricionariedade, porém, é alvo de críticas e não reflete fidedignamente a realidade jurídica da Alemanha. Para Krell (2004, p. 31 et seq), esta distinção sequer representa a maioria da doutrina alemã, tendo se revelado impropriedades teóricas e conduzido a incorreções na funcionalidade entre os poderes. Isto porque, tendo em vista esta dicotomia, a própria formulação (circunstancial) do texto legal pode fazer, por si só, aumentar ou diminuir o controle jurisdicional de uma mesma atuação administrativa[11]. Semelhantemente, Marsh e Tunsmeyer (2016), para quem a elaboração do texto é variada e randômica, de sorte que possibilidade do controle jurisdicional deveria seguir critérios funcionalistas para definição de seu escopo; mesmo assim, não é possível dizer que esta corrente seja majoritária na Alemanha, tendo em vista o profundo enraizamento da lógica tradicional.

Considerando as críticas apontadas ao tradicional instituto e sua incorporação no direito brasileiro, imperioso apontar que a doutrina nacional deve se atentar a estas novas correntes e não repetir acriticamente a doutrina tradicional alemã como se moderna fosse, sob pena de importar inadvertidamente seus defeitos. Desta forma, entende-se (assim como se fez) que é necessário conhecer e descrever a doutrina tradicional, posto que reiterada em diversos autores e útil à compreensão, mas abalizá-la mediante as críticas recentemente formuladas.

Por fim, na França, encontra-se situação atípica e bastante interessante à análise comparatista. Neste país, não foi possível localizar uma teoria doutrinária individualize a noção e o regime dos *conceitos indeterminados*, dis-

---

[11] "Assim, uma lei com o teor 'caso existir um perigo para a saúde pública, o órgão competente *pode* determinar medidas de vacinação'[...] No entanto, a lei poderia, sem nenhuma alteração material de conteúdo, apresentar também o seguinte teor 'caso existir um perigo para a saúde pública, e medidas de vacinação parecerem necessárias, o órgão competente *deve* determinar obrigações de vacinação'." (KRELL, 2004, p. 32). Como se vê na primeira formulação textual, há o emprego de um conceito indeterminado (perigo para a saúde pública) e um mandamento discricionário (pode), enquanto que na segunda tem-se competência totalmente vinculada. Mas, ora, da leitura se extrai que atuação administrativa seria a mesma em todo caso e, ainda assim, na primeira formulação, a atuação não estaria sujeita a controle jurisdicional.

tintivamente frente ao direito alemão e brasileiro. Isto é, partindo de uma perspectiva comparativa funcionalista, não se atribui um instituto jurídico para enquadrar o emprego de termos impreciso e vagos pela legislação e que são aplicados pelo administrador e controlados jurisdicionalmente.

Naturalmente, a legislação francesa também se utiliza de conceitos desta sorte, visto ser impossível deles se furtar na medida em que a lei regula um sem-número de hipóteses e assuntos sujeitos a variações e inovações. Por sua vez, também naturalmente, o administrador fundamentará sua atividade em uma determinada aplicação de conceito deste, o que, consequentemente, poderá ser levado à jurisdição administrativa para controle de legalidade.

Ocorre que o emprego dos ditos conceitos indeterminados, na França, se dá no processo de qualificação jurídica dos fatos, no qual a Administração relaciona os fatos concretos ao direito para então deduzir a conduta aplicável (subsunção). Nesta linha, pode-se assim descrever o controle jurisdicional:

> Deve, portanto, o juiz determinar se os fatos materiais foram apropriadamente 'qualificados' de um ponto de vista jurídico. A jurisprudência usa a expressão: 'Os fatos podem justificar legalmente tal decisão? Por exemplo: pode este fato ser descrito como uma falta disciplinar, pode tal conjunto de construções ser considerado como uma perspectiva monumental que justifique a aplicação de leis de proteção?(WOEHRLING, 1999, p. 77–78)

Como se denota, há sim controle sobre a aplicação que o administrador deu a termos usados pela lei que, nos outros países, convencionou-se chamar de conceitos indeterminados. Isso, porém, ocorre sem uma rígida distinção teórica entre conceito indeterminado (competência vinculada) e discricionariedade. Aliás, a doutrina trata os dois itens no mesmo bojo (CHAPUS, 2001; FRIER; PETIT, 2015). Na verdade, diferencia-se caso-a--caso na jurisprudência entre aqueles que terão um controle incisivo e determinante da conduta e um controle mais afastado, como se verá mais adiante.

Portanto, no presente quesito é possível encontrar diferentes respostas ao mesmo fato administrativo, qual seja, o emprego legislativo de termos vagos e imprecisos que direcionarão a atividade administrativa e seu controle jurisdicional. No Brasil, a teorização da questão leva a debate doutrinário sobre serem estes conceitos casos ou não de competência dis-

O DIREITO ADMINISTRATIVO SOCIAL E ECONÔMICO

cricionária e sujeitos ou não a controle jurisdicional. Adota-se posição de que são competência vinculada. Quanto à Alemanha, estes casos são tidos majoritariamente como competências vinculadas, ressalvada a margem de apreciação, ainda que esta dicotomia esteja sendo criticada por não ser tão útil à resposta dos casos de fronteira. Por fim, na França, vê-se a inexistência de um tratamento doutrinal que enderece este "fato administrativo", sendo tratado apenas nas decisões do Conselho de Estado.

Conforme se constatou, os fatos administrativos da existência de uma margem de escolha por parte da Administração e a percepção do uso de expressões vagas e imprecisas na legislação gerou, em cada um dos países, teorias mais ou menos uniformes como forma de endereçar juridicamente estes fatos. Neste passo, importa verificar, também, como as cortes se comportam ao controlarem as decisões administrativas e em que medida o fazem condizentemente com as doutrinas expostas.

3. Controle Jurisdicional: Juridicidade, Incertezas e Deferências

Os conceitos acima trabalhados, em que pese terem grande importância no sistema do Direito Administrativo, só ganham efetividade e se comprovam válidos quando aplicados pelas cortes de forma estruturada, transformando-se, assim, em direito positivo que conduzirá a atuação administrativa e fornecerá substanciosos elementos ao direito comparado.

No que importa, isto é, o controle sobre o conteúdo da decisão administrativa, entende-se que cada uma destas jurisdições apresentará comportamentos diferentes. Estes comportamentos oscilarão entre maior ou menor deferência judicial quanto à atividade administrativa. Conforme aduz Eduardo Jordão (2016, p. 50) "há deferência judicial quando os tribunais se limitam a avaliar [...] a razoabilidade da decisão realizada pela autoridade administrativa [...]. Nesta hipótese os tribunais evitam oferecer *sua própria solução* para a questão controvertida". Assim, existirão diferentes graus de intensidade que o poder jurisdicional utilizará para controlar a Administração, entendendo-se que nos níveis de menor intensidade, aparecerá a deferência e, nos de maior intensidade, aparecerá o controle completo, em que a jurisdição substitui a decisão administrativa por qualquer ilegalidade.

Veja-se, em primeiro lugar, a estrutura do controle jurisdicional francês.

Preliminarmente, sobre este país, é preciso pontuar que detém certa excepcionalidade por ter seu direito administrativo, desde as origens, criado, modificado e estudado em torno das decisões do Conselho de Estado. A sua jurisprudência deteve protagonismo no desenvolvimento do direito administrativo francês, elaborando com criatividade e "poder normativo" novas teorias e institutos vanguardistas (AUBY; CLUZEL--METAYER; XENOU, 2018; KTISTAKI, 1991). A doutrina, por sua vez, teve como principal trabalho a criação de teorias para compreensão da atuação do *juge administratif*[12.] É exatamente este o exemplo da discricionariedade, que foi concebida e teorizada em função de definir até aonde esten.de o controle jurisdicional, bem como incorporou restrições quando de julgados inovadores. Dessa forma, como se verá, há grande esforço da doutrina em compreender e sistematizar a jurisprudência do Conselho de Estado, ao redor da qual orbitará o direito administrativo (CHAPUS, 2001; DUEZ, 2006).

Para o estudo do controle no direito francês, utilizar-se-á a categorização de Pierre Laurent-Frier e Jacques Petit (2015) que é didática e compreensiva de outras categorizações, sem que isto prejudique a qualidade do conteúdo exposto. Para os autores, o controle jurisdicional se organiza em duas frentes: *qualificação jurídica dos fatos* e *adequação do conteúdo da decisão à condição legal*. Cada uma destas frentes significa um método de controle e comportará dois ou três níveis de intensidade desse controle.

No controle da qualificação jurídica dos fatos, como foi brevemente antecipado acima, o *juge administratif* avalia a operação realizada pela Administração para remeter os fatos concretos do caso em questão às regras e hipóteses legais, a fim de verificar se a realidade condiz com a descrição realizada na norma, ao que usualmente se chama de subsunção.

A este método de controle tem se atribuído como marco inicial o acórdão *Gomel* do Conselho de Estado datado de 4 de abril de 1914. Neste caso, uma permissão de construir rejeitada pela Prefeitura de Paris porque o imóvel se localizava na *Place Beauvau,* a qual foi considerada pela autoridade pública como tendo uma "perspectiva monumental" que permitiria à Prefeitura negar a permissão, segundo a legislação. Tendo a questão sido remetida ao Conselho de Estado, que se considerou na competência de

---

[12] Interessante apontar que a doutrina francesa se refere às cortes (tanto judiciais quanto administrativas) como *juge* (juiz), comumente seguindo de algum descritivo como *administratif, de l'excès de pouvoir, du fond* etc, conforme a atividade por ele desempenhada e ora referida. Pode se referir tanto ao juiz singular, quanto ao órgão colegiado; ou, ainda, abstratamente a uma metonímia para "função jurisdicional".

verificar a *qualificação jurídica* atribuída a praça e terminou por decidir que esta não detinha "perspectiva monumental", tendo a decisão denegatória da Administração sido declarada ilegal[13]. Esta foi a primeira vez que o juiz administrativo adentrou na decisão para verificar se os fatos importariam exatamente naquilo que a administração alega.

O raciocínio empregado no *arrêt Gomel* estabeleceu o que se indica ser o controle normal ou inteiro da qualificação (*contrôle normal/entier de qualification*). Neste nível de intensidade do controle, o juízo veta todos os erros de qualificação que encontrar levando à anulação da decisão, sem qualquer espaço de deferência. Este controle normal se aplicará mesmo que a legislação empregue conceitos imprecisos, como aliás é o caso de "perspectiva monumental" e outros como "ameaça à ordem pública" que a jurisprudência do Conselho de Estado já escrutinou.

O controle normal é o nível de intensidade padrão a ser empregado pela jurisdição administrativa. Como se vê, trata-se de nível em que o juízo controla de forma intensa a atividade administrativa, na medida em que, por vezes, tocará no próprio coração da decisão administrativa, substituindo a decisão do administrador pela que o juízo entende ser a única determinada pelo legislador.

Existe, porém, um nível de intensidade no controle da qualificação jurídica dos fatos que excepciona o controle normal. Trata-se do controle restrito (*contrôle restreint de qualification*), no qual entende-se que a qualificação jurídica é muito próxima e ligada à apreciação de oportunidade da decisão, de sorte a se reduzir a intensidade de escrutínio. Neste nível, dá-se vez à verificação do *erreur manifeste d'appréciation*, mediante o qual o juiz questiona se a qualificação jurídica atribuída aos fatos contém algum erro grosseiro, inaceitável, que salta aos olhos e que, por isto, não pode receber chancela (CORREIA, 2013; VINCENT, 1971). O método é o mesmo – verificação da qualificação jurídica –, mas, neste controle restrito o *juge* não sancionará todo e qualquer erro, mas apenas aqueles *manifestos*.

---

[13] Conforme trecho original da decisão: "*Mais considérant qu'il appartient au Conseil d'Etat de vérifier si l'emplacement de la construction projetée est compris dans une perspective monumentale existante et, dans le cas de l'affirmative, si cette construction, telle qu'elle est proposée, serait de nature à y porter atteinte; Considérant que la place Beauveau ne saurait être regardée dans son ensemble comme formant une perspective monumentale ; qu'ainsi, en refusant par la décision attaquée au requérant l'autorisation de construire, le préfet de la Seine a fait une fausse application de l'article 118 de la loi précitée du 13 juillet 1911 ;*" Disponível em https://www.legifrance.gouv.fr/affichJuriAdmin. do?idTexte=CETATEXT000007634222_Acesso em 26/06/2019.

CONTROLE JURISDICIONAL DA MARGEM DE LIBERDADE ADMINISTRATIVA...

Claramente, tem-se no controle restrito uma redução da intensidade do controle, com oferecimento de deferência entre a jurisdição e a Administração ativa, vez que a norma ensejadora da decisão até permitiria um controle inteiro de qualificação, mas o juiz opta pela autocontenção. Adota-se, assim, esta política jurisprudencial de deferência em casos em que (a) se busca evitar conflito com as autoridades políticas em questões sensíveis, (b) estão presentes questões de ordem técnica de difícil aferição pelo juízo e (c) há vontade de deixar espaço de livre manobra para a Administração com fim de evitar excessiva judicialização (WOEHRLING, 1999).

Passando ao segundo método de controle jurisdicional, tem-se o controle da *adequação do conteúdo da decisão à condição legal* que, a bem da verdade, recai sobre o "cerne da discricionariedade administrativa constituído pela livre configuração do conteúdo" (CORREIA, 2013, p. 74). Presume-se, também, que a decisão já passou pelo controle de qualificação dos fatos, afinal, se nele tivesse falhado, sequer poder-se-ia avaliar a decisão tomada, posto que todas seriam viciadas em uma qualificação errônea dos motivos fáticos (CHAPUS, 2001). Neste particular, encontram-se três níveis de controle.

O nível padrão de controle de adequação é a ausência de controle ou controle *infra-minimum*, uma espécie de nível zero, tendo em vista que, a princípio, o juízo não controla se foi realizada boa adequação no conteúdo da decisão, em função de sua estreita proximidade com a discricionariedade. Há, assim, total deferência para que a Administração decidir, por exemplo, se concede-se ou não anistia; ou quais entidades qualificadas comporão conselho da Administração (FRIER; PETIT, 2015).

Contudo, existirão decisões administrativas que conterão competências vinculadas ou competências discricionárias restritas por condições jurídicas (na linha do que se apontou acima sobre o efeito da juridicidade e da proporcionalidade sobre a discricionariedade). Assim se dará azo ao nível de "controle restrito de adequação" em que, semelhantemente, o juiz avaliará se a Administração cometeu algum erro manifesto ao decidir por este ou aquele conteúdo para a decisão.

Hipoteticamente, avalie-se a situação do caso *Gomel,* julgado pelo Conselho de Estado em 1914. A norma administrativa autorizava que, diante de um local com *perspectiva monumental,* a Prefeitura *poderia* negar a permissão de construir. Poderiam ser efetuados ambos os controles no caso. Primeiro (como feito na decisão), se entendeu que não haveria perspectiva monumental – de forma que a decisão da Administração seria vinculada para a

O DIREITO ADMINISTRATIVO SOCIAL E ECONÔMICO

outorga da permissão. Ademais, se entendendo que ali havia sim um local com perspectiva monumental, a Prefeitura ainda assim *poderia* outorgar a permissão. Contudo, ter-se-ia um erro manifesto de apreciação se a permissão de construir fosse requerida para um prédio tão pequeno que, de forma alguma, não interferiria na dita perspectiva (VINCENT, 1971). Neste caso, estaria entendendo o juízo administrativo que há erro manifesto.

Contrabalanceando este controle restrito, também existe o controle máximo de adequação (*contrôle maximal d'adéquation*). Neste caso, o juízo exige uma real e comprovada adequação entre o conteúdo da decisão e as condições que o justificam, de forma que, além de se qualificarem perfeitamente os fatos, deverá haver uma exata proporcionalidade na decisão.

Neste nível de controle, lança-se mão da técnica de avaliação do *bilan coûts-avantages* (relação entre custos e benefícios), no qual o julgador se dispõe a levantar e avaliar todas vantagens, desvantagens, ganhos, custos e deméritos implicados pela decisão tomada em face dos interesses e direitos envolvidos (CHAPUS, 2001; CORREIA, 2013; KTISTAKI, 1991). Do sopesamento entre estes elementos resultará ou não na anulação do ato.

Conforme argumenta Sanchez (2016), a doutrina tradicionalmente assevera que este teste de proporcionalidade só está presente em um nível de intensidade (o do controle máximo). Para este autor, mais atento à jurisprudência à doutrina, porém, aponta que existem dois "sub-níveis" nesse controle de proporcionalidade, um mais restrito e um mais intenso. No primeiro, marcado por decisões que empregam palavras como "óbvio" ou "manifesto"[14], apenas se perquire se não há grosseiras desproporções e a conclusão por um *bilan* marginalmente negativo não seria suficiente para anular o ato. Noutro sub-nível, que não é marcado por nenhuma palavra, efetua-se um controle completo sobre a perfeita proporção das medidas tomadas. Assim, conforme o subnível, tem-se exigências maiores ou menores quanto ao resultado da relação custos-vantagens para fins de anulação do ato.

Considerando que esta técnica não é de fácil emprego no processo de cognição jurisdicional e que as decisões tomadas por sua conta afetam seriamente as decisões e a oportunidade administrativa, o controle máximo só é emprego em algumas situações sensíveis como medidas de

---

[14] Vale lembrar que as decisões jurisdicionais francesas, tanto do Conselho de Estado quanto da Corte de Cassação, são excessivamente lacônicas usualmente comportando algo entre 5 e 10 parágrafos. Assim, o emprego de certas palavras pode ser bastante revelador e ensejar teorias doutrinais para compreensão da jurisprudência.

polícia, desapropriações e sanções, tendo em vista o caráter restritivo de direito destas atividades.

Dito isso, passa-se a análise do controle jurisdicional alemão, onde não se encontra sistematização tão forte da atuação do juiz. Em um primeiro momento, far-se-á a exposição das construções doutrinárias mais conhecidas e tradicionais e, depois, de algumas tendências que trabalhos mais recentes e inovadores têm trazido ao debate sobre este controle.

Na Alemanha, o controle jurisdicional da atividade administrativa está fortemente fundamentado e sustentado no artigo 19 (4) da Lei Fundamental que estabelece que "toda pessoa, cujos direitos forem violados pelo poder público, poderá recorrer à via judicial"[15]. Tem-se, assim, a inafastabilidade da jurisdição que ganhou forte aplicação e significado no constitucionalismo pós-guerra, entendido como pilar de sustentação de um Estado de Direito contra já conhecidas abusividades totalitárias.

Calcado nesta disposição, estabelece-se o preceito geral de que todos os atos da Administração Pública estão sujeitos a revisão jurisdicional se vierem a violar direitos fundamentais.

A doutrina tradicionalmente a discricionariedade será controlada quando o seu exercício se contiver erros ou vícios de discricionariedade (*Ermessensfehler*), descritos no parágrafo 114 do Código de Processo Administrativo alemão. Tratam-se de três erros: (a) Desconhecimento da discrição (*Ermessensnichtgebrauch*), quando o administrador se engana na avaliação da norma aplicável e entende estar diante de competência vinculada ou de não estar obrigado a exercê-la, (b) excesso de discrição (*Ermessensüberschreitung*), referente aos casos em que a Administração toma decisão que não estava autorizada segundo os parâmetros da legalidade; e (c) abuso de discrição (*Ermessensfehlgebrauch*), quando a discricionariedade é usada para finalidades diferentes daquela legalmente prevista, mediante má-fé ou em razão de motivos inapropriados. Encontrando o juízo a ocorrência de um ou mais destes vícios, a decisão administrativa será anulada (KUN-NECKE, 2007; OSTER, 2019).

Como se verifica, estas hipóteses de controle da discricionariedade não controlam o mérito da decisão, mas a legalidade e as condições do exercício da discricionariedade na escolha do mérito. Tem importante aplicação,

---

[15] Conforme versão traduzida da Lei Fundamental oferecida pelo Parlamento alemão. Disponível em <https://www.btg-bestellservice.de/pdf/80208000.pdf>, acesso em 23/06/2019.

aqui, a noção de redução da discricionariedade por força da juridicidade, mesmo até zero, a que se referiu acima.

A jurisdição alemã, assim, não coloca uma série de estratos e métodos para o controle das decisões administrativa, como o faz a França. Encontra--se simples regra de que os atos discricionários não são controlados quanto ao mérito, salvo quando o exercício da discrição perverter seus limites e finalidade legais, o que, aliás, é decorrência lógica da própria submissão da discricionariedade ao Estado de Direito.

Quanto aos conceitos indeterminados, a jurisdição se comportará de maneira muito semelhante. Como já dito, na Alemanha, há clara noção doutrinária de que os conceitos indeterminados são casos de competências vinculadas, de sorte que sujeitas a completo controle jurisdicional. Este comportamento aplica-se em incontáveis áreas da atuação administrativa e mesmo para conceitos bastante imprecisos, como narra Singh:

> Em uma sequência ininterrupta de decisões, elas trataram os conceitos indeterminados como questões de direito e exerceram um controle judicial completo em relação a eles. Assim, entre outros, o Tribunal Administrativo Federal considerou que 'séria razão' na acepção da Lei sobre a Mudança de Nome, 'valor artístico de um filme' pelo *Film Censor Office*, 'adequação de um edifício como um monumento' a ser protegido, 'necessidade do serviço' para a transferência de um funcionário público, 'adequação de uma pessoa para o serviço militar' e 'injusta' dentro do significado da artigo 131 do C'doigo Tributário de 1919 são totalmente passíveis de revisão. O apoio a esse controle é encontrado no Artigo 19 (4) da Lei Fundamental, que assegura o recurso aos tribunais em caso de violação de direitos por qualquer autoridade pública. (SINGH, 1985, p. 97)

Excepcionarão este controle completo os casos que a doutrina tradicional chama de "margem de apreciação" (*beurteilungsspielraum)*, conforme indicou-se. Esta doutrina da margem de apreciação servirá como restrição à atuação das cortes que, entendendo a incapacidade ou inconveniência de seu controle, opta por deixar à Administração que densifique no caso concreto o significado daquele conceito indeterminado (PUNDER; KLAFKI, 2018). É preciso apontar que, apesar de se tratar de construção doutrinária, a "margem de apreciação" foi acolhida pelos tribunais que deram-lhe realidade.

Não foi possível encontrar lista exaustiva ou compilações jurisprudenciais que indicassem os casos em que se aplicaria a margem de apreciação de forma a restringir o controle jurisdicional. Informa Kunnecke (2007, p. 119 et seq) que se tratam de decisões baseadas em circunstâncias que não são compreensíveis aos tribunais ou que não podem ser apropriadamente repetidas e seria possível exemplificar com casos de decisões em provas de concursos, adequação de servidores públicos aos cargos, indicação etária de filmes, questões técnicas complexas e prognoses regulatórias ou econômicas etc. Não se tratam, porém, de "tipos" de conceitos indeterminados que merecem a concessão da dita margem, mas que esta responsabilidade final da Administração em decidir o conteúdo pode emergir da opção do legislador, da interpretação da lei e das circunstancias concretas (KRELL, 2004; MARSCH; TUNSMEYER, 2016).

Nestes casos, seria inapropriado que os tribunais substituíssem sua apreciação sobre a questão à apreciação feita pela Administração. Assim, o controle se limita a verificar se a decisão foi suficientemente baseada nos fatos apresentados, segundo "padrões de avaliação geralmente aceitos" (PUNDER; KLAFKI, 2018).

Estas perspectivas quanto ao controle da discricionariedade e dos conceitos indeterminados, incluindo a margem de apreciação, compõe a "doutrina tradicional" alemã, se assim se pode indicar, que esteve em construção durante boa parte do século XX. Esta doutrina teve significativo impacto no direito positivo alemão e na doutrina de outros países, inclusive no Brasil.

Contudo, importa notar, como se fez no item anterior, que esta doutrina tem sido recentemente criticada e suas formulações sobre o controle da margem de liberdade administrativa tem sido abandonadas em prol de ideias mais condizentes com a atual realidade jurídica e administrativa[16].

Dentro desta nova doutrina, destaque-se a "teoria da transferência normativa de poderes" ou "teoria da autorização normativa" (*Normative Ermächtigungslehre*). Esta teoria exige que haja uma interpretação precisa sobre quais os limites que o legislador teria conferido ao administrador, sendo que esta "transferência" pode ocorrer de forma explícita ou implícita (sendo a primeira bastante rara) (KRELL, 2013). Considerada, então,

---

[16] O aprofundado estudo que estas mudanças merecem, infelizmente, não são comportados neste estudo. Dessa forma, limitamo-nos a indicá-las sumariamente.

O DIREITO ADMINISTRATIVO SOCIAL E ECONÔMICO

a opção do legislador de dar maior ou menor poder ao administrador, o controle se daria quanto aos limites desta opção. Ultrapassa-se, assim, uma dicotomia entre atos vinculados e atos discricionários, entre ausência de controle e deferência, em prol de um controle mais ou menos intenso segundo a vontade legislativa de deixar a administração mais ou menos livre.

Conforme discorre Oster (2019, p. 1273), esta teoria aborda uma nova ponderação entre a inafastabilidade da jurisdição e a separação de poderes, presente no artigo 20 (3) que assevera que o Judiciário estará submetido às leis e à justiça. Assim, interpreta-se que o Legislativo teria a competência de estabelecer a competência do Judiciário, harmonizando-a com a proteção de direitos fundamentais. Dessa sorte, a transferência de poderes feita pelo Legislativo deveria ser obedecida pelo Judiciário, implicando em deferência judicial.

Chamada a atenção para estas novas doutrinas, sumarize-se, sobre o direito alemão, que há extenso e intenso controle jurisdicional sobre a atividade administrativa, seja quando à discricionariedade, quanto aos conceitos indeterminados. Este controle só demonstrará deferência quando diante da discricionariedade perfeitamente exercida ou da concessão de margem de apreciação, de forma episódica.

Quanto ao Brasil, disse-se no item anterior que a doutrina adotou e incorporou traços dogmáticos tanto da França quanto da Alemanha, especialmente no que se refere à concepção da discricionariedade francesa, os elementos do ato administrativo e seus vícios; e no que se refere à margem de apreciação alemã (Araújo, 2006).

Porém, na prática, a teoria é outra. No Brasil não se crê ser possível indicar uma sistematização a enquadrar as formas e níveis de intensidade do controle jurisdicional sobre a atuação administrativa. O comportamento judicial é, em algum sentido, amorfo, e não houve, ainda, tratamento doutrinário suficiente para enquadrá-lo. Ainda assim, é possível indicar alguns episódios ou ideias tendenciais em que há maior ou menor deferência na intensidade do controle e que seguem, em algum sentido, as ordens estrangeiras.

Em primeiro lugar, vige entre a maioria dos doutrinadores e da jurisprudência a ideia da incontrolabilidade do mérito da atuação discricionária, o que geraria um comportamento de deferência à escolha administrativa. Como noutros países, o mérito da decisão estaria cada vez mais limitado pela juridicidade, podendo, como dito, inclusive ser reduzido à zero

206

(BINENBOJM, 2014). Assim, a princípio, haveria um aumento da intensidade do controle nos casos em que há a incidência de normas restritivas da discricionariedade. Por outro lado, e já demonstrando a confusão do direito brasileiro, veja-se que há precedente do Supremo Tribunal Federal no sentido da anulação de indicação de ministros do governo federal por ferimento a princípios constitucionais[17], em clara (e, talvez, exagerada) restrição à discricionariedade. Consoante, existem alguns autores que já advogam pela inexistência de mérito administrativo insindicável[18], bem como decisões que o desabonam.

Ademais, quanto aos conceitos indeterminados, a indefinição doutrinária sobre sua vinculação enseja dúvidas e vacilos no controle jurisdicional (ARAÚJO, 2006; BANDEIRA DE MELLO, 2010; MORAES, 2004). Veja-se, por exemplo, caso do Superior Tribunal de Justiça em que se entendeu conceito indeterminado abrir margem de liberdade à Administração para aplicação de sanção[19]; ao passo em que, noutro caso, diz terem os conceitos indeterminados solução única[20]. Ainda assim, há casos em que a resposta

---

[17] Como no caso do Mandado de Segurança n. 34.070, impetrado contra a nomeação de Luis Inácio Lula da Silva para o cargo de Ministro da Casa Civil, no qual foi concedida medida cautelar para sustar o ato por entendê-lo eivado de desvio de finalidade.

[18] Nesse sentido: RIBAS, Carolline Leal; CASTRO, Gustavo Almeida Paolinelli De. O controle jurisdicional dos atos administrativos discricionários. *Revista de Direito Administrativoo*, v. 268, n. jan/abr, p. 83–116, 2015. OMMATI, José Emílio Medauar. Do ato ao processo administrativo: a crise da ideia de discricionariedade no direito administrativo brasileiro. *Revista dos Tribunais*, v. 930, p. 1–17, 2013.

[19] "[...] A possível discricionariedade conferida por lei, no âmbito do poder disciplinar, há que ser compreendida como a margem de liberdade propiciada pela norma incidente sobre um caso concreto, por força da presença de conceitos indeterminados, e não como hipótese marcada por juízo de conveniência e de oportunidade. [...] 8. In casu, a sanção infligida decorre de previsão que contempla conceitos indeterminados (art. 56, II, da LOMAN), de modo que compete ao Poder Judiciário verificar se o motivo do ato se adequa ao motivo legal e se o juízo feito pela Administração desborda da margem de liberdade porventura provocada pela fluidez dos signos contidos naquele dispositivo." (RMS 36.325/ES, Rel. Ministro Herman Benjamin, Segunda Turma, julgado em 22/10/2013, DJe 05/12/2013)

[20] [...] É que a simples utilização de conceitos indeterminados não é suficiente para conferir a qualquer escolha administrativa a correção. Ao contrário, a utilização deste tipo de técnica de construção normativa tem por escopo possibilitar que a Administração identifique, na análise casuísticas, qual é a melhor escolha – que, por ser a melhor, é única. [...]" E, de brinde, ainda se dá a entender que a discricionariedade é controlável: "[...] Mesmo que se admitisse se estar diante de um ato eminentemente discricionário, alegar que o confronto judicial do mesmo seria inviável equivale a sustentar, em última linha, que a legislação vigente retirou do Poder

judicial é mais clara e uniforme, como na recusa em controla os resultados e questões em concursos admissionais às carreiras públicas[21], em uma demonstração do que seria a margem de apreciação.

4. Síntese Comparativa

Considerando todo o levantamento teórico-doutrinário sobre a discricionariedade, conceitos indeterminados e seu controle jurisdicional feito até aqui para os três países, adiante tenta-se elaborar alguma síntese comparativa entre eles de forma a perceber não só as semelhanças e diferenças nas concepções e nos regimes, mas também captar algumas tendências e reflexões.

Quadro 1
Síntese comparativa entre os países estudados.

Ordem x Elemento	Reconhecimento da margem de liberdade decisória	Controlabilidade da decisão tomada	Níveis de intensidade (deferência)
Brasil	Sim. Discricionariedade e conceitos indeterminados	Não há controle do mérito discricionário. Conceitos indeterminados são majoritariamente entendidos como vinculados, salvo raras exceções pontuais.	Inexistentes ou assistemáticos.

Judiciário a possibilidade de analisar impugnações aos mais diversos atos administrativos, o que é inconstitucional, em face do que dispõe o art. 5º, inc. XXXV, da Constituição da República. (REsp 1279607/PR, Rel. Ministro Mauro Campbell Marques, Segunda Turma, julgado em 06/12/2011, DJe 13/12/2011)

[21] A exemplo da decisão do Supremo Tribunal Federal no Recurso Extraordinário n. 434.708/RS, com a seguinte ementa: "Concurso público: controle jurisdicional admissível, quando não se cuida de aferir da correção dos critérios da banca examinadora, na formulação das questões ou na avaliação das respostas, mas apenas de verificar que as questões formuladas não se continham no programa do certame, dado que o edital – nele incluído o programa – é a lei do concurso".

Ordem x Elemento	Reconhecimento da margem de liberdade decisória	Controlabilidade da decisão tomada	Níveis de intensidade (deferência)
França	Sim. Teoriza-se firmemente sobre a discricionariedade, mas não sobre os conceitos indeterminados.	Não há controle do mérito discricionário. Há função equivalente para os conceitos indeterminados, que são controlados, salvo exceções.	Sim. Em dois métodos (qualificação e adequação), e em dois ou três níveis de intensidade (restrito, normal e máximo).
Alemanha	Sim. Discricionariedade e conceitos indeterminados.	Não há controle do mérito discricionário. Conceitos indeterminados tem margem de liberdade, de fato.	Sem sistematização. Porém, percebem-se variações pontuais (erros de discricionariedade e margem de apreciação)
Síntese comparativa	Brasil e Alemanha adotam dois institutos e a França destaca-se por não individualizar teoria para os conceitos indeterminados, apesar da existência de função equivalente.	Não se admite controle do mérito discricionário. Conceitos indeterminados estão sujeitos a controle, salvo exceções justificadas. E, em que pese métodos diferentes, há tendência de maior circunscrição do mérito (juridicidade).	Diferença significativas, especialmente quanto à sistematização do controle. Percebe-se alguma tendência de controle segundo critérios funcionais.

Fonte: Elaborado pelo autor.

Conclusões

O estudo que ora se produziu partiu do exame do que se considera ser um fato administrativo comum e de relevo para o direito administrativo de Brasil, França e Alemanha. Este fato seria, justamente, a existência de uma margem de liberdade decisória para a Administração Pública. Coloca-se, assim, uma função a ser analisada e comparada em cada um dos ordenamentos.

Considerando-se este fato, buscou-se, então, entender como que cada uma destas ordens jurídicas reagia quanto ao regramento do exercício do controle jurisdicional desta margem de liberdade administrativa. Com isto, estudou-se a questão do ponto de vista da doutrina, com seus levantamentos e construções teóricas sobre discricionariedade e conceitos indeterminados; bem como do ponto de vista do comportamento do próprio controle jurisdicional.

Assim, confirmou-se que há boa semelhança na doutrina dos três países, especialmente no que se refere à conceituação desta margem entre discricionariedade e conceitos indeterminados, ainda que se encontrem variações neste último quanto a seu regime. Ademais, cada ordem jurídica apresenta diferentes comportamentos jurisdicionais (níveis de intensidade) no controle desta margem.

As doutrinas alemãs, francesas e brasileiras, via de regra, adotam noções de discricionariedade, seus fundamentos e limites muito semelhantes. E ainda que se encontre alguma divergência francesa quanto aos conceitos indeterminados, vê-se que eles existem e são empregados no ordenamento de forma próxima, o que também transparece em sua forma de cognição pelo Conselho de Estado. No que se refere ao controle jurisdicional desta margem, porém, encontrou-se que há boa dose de diferenças em sua estruturação em níveis de intensidade, com maior ou menor deferência à Administração; havendo nova exceção à França, cuja estruturação é bastante sistematizada.

Há que se ressaltar, que nas três jurisdições, especialmente na Alemanha, foi possível localizar em trabalhos mais recentes uma significativa crítica à tradicional dualidade entre "discrição e vinculação" e entre "discricionariedade e conceitos indeterminados". Adotam os críticos uma noção mais fluida de liberdade decisória para a Administração, que não se estancasse que em concepções pré-definidas, mas que variasse conforme o comando normativo. Nessa mesma linha, também será necessário desenvolver novas concepções a respeito do controle jurisdicional da Administração Pública que estejam mais arraigados nas funções que cada poder melhor exerce e deve exercer, variando-se o nível de intensidade conforme sua capacidade institucional de responder ao problema posto.

Por fim, no que concerne este próprio estudo, entende-se que deve, ainda, ser complementado por uma análise mais minuciosa e direta da jurisprudência dos países sob exame, a fim de verificar, inclusive, se as sistematizações que a doutrina lhes dá é condizente com a realidade. Em especial, esta empreitada se faz necessária para o Brasil considerando que não existe significativa sistematização doutrinária de seu comportamento judicial. Estes estudos sugeridos poderão, ainda, confirmarem ou não, por diferente método, a hipótese ora levantada. Ademais, com eles, será possível perceber, com isto, se de fato ocorre e por quais circunstâncias do caso concreto o poder jurisdicional decide por efetuar deferência à atuação administrativa.

Em todo caso, parece que – apesar das divergências doutrinárias ou jurisprudenciais que ora se apontou, cuja relevância para a ciência do direito não
pode ser relevada – encontrou-se grande sucesso na empreitada do Estado
de Direito e do Direito Administrativo de submeter o poder e sua discrição
à legalidade, tornando-se a questão do momento em não mais como limitá-
-lo, mas sim em como garantir que será exercida da melhor forma, pela
instituição melhor capacitada e em função do melhor interesse público.

Referências

ARAÚJO, Florivaldo Dutra De. Discricionariedade e motivação do ato administrativo.
Temas de Direito Administrativo: estudos em homenagem ao Professor Paulo Neves de Carvalho.
Rio de Janeiro: Editora Forense, 2006. p. 99-127.

ARAÚJO, Florivaldo Dutra De. *Motivação e controle do ato administrativo.* Belo Horizonte:
Editora Del Rey, 1992.

AUBY, Jean-Bernard; CLUZEL-METAYER, Lucie; XENOU, Lamprini. Administrative Law
in France. In: SERDEEN, RENÉ (Org.). . *Comparative Administrative Law.* Cambridge:
Intersentia, 2018. p. 5-47.

BANDEIRA DE MELLO, Celso Antônio. *Curso de Direito Administrativo.* São Paulo: Malheiros, 2014.

BANDEIRA DE MELLO, Celso Antônio. *Discricionariedade e Controle Judicial.* São Paulo:
Malheiros, 2010.

BARROSO, Luis Roberto. *Curso de Direito Constitucional Contemporâneo.* São Paulo: Saraiva,
2011.

BINENBOJM, Gustavo. *Uma Teoria do Direito Administrativo.* 3. ed. Rio de Janeiro: Editora
Renovar, 2014.

BITENCOURT NETO, Eurico. *Concertação Administrativa Interorgânica.* São Paulo: Almedina, 2017.

CHAPUS, René. *Droit Administratif Général.* 15. ed. Paris: Montchrestien, 2001.

CORREIA, José Manuel Sérvulo. *Legalidade e Autonomia Contratual nos Contratos Administrativos.* Coimbra: Almedina, 2013.

CORVALÁN, Juan Gustavo. Estado actual de la dogmática de la discrecionalidad administrativa en Alemania. *Revista de Derecho Administrativo Económico,* p. 5–26, 2017.

DI PIETRO, Maria Sylvia Zanella. *Discricionariedade Administrativa na Constituição de 1988.*
São Paulo: Editora Atlas, 2001.

DI PIETRO, Maria Sylvia Zanella. O direito administrativo brasileiro sob influência dos
sistemas de base romanística e da common law. *Revista Eletrônica de Direito Administrativo Econômico,* p. 9–30, 2007. Disponível em: <http://www.direitodoestado.com/
revista/REDAE-8-NOVEMBRO-2006-MARIA SYLVIA.pdf>.

DUEZ, Paul. *Actes de gouvernement.* Paris: Dalloz, 2006.

FRIER, Pierre-Laurent; PETIT, Jacques. *Droit Administratif.* 9. ed. Paris: LGDJ, 2015.

FROMONT, Michel. Le principe de proportionnalité. *Actualité Juridique Droit Administratif – AJDA,* 1995.

GARCIA DE ENTERRIA, Eduardo; FERNÁNDEZ, Tomás-Ramon. *Curso de Direito Administrativo*. São Paulo: Editora Revista dos Tribunais, 1991.

GIACOMMUZI, José Guilherme. *Estado e Contrato*. 1. ed. São Paulo: Malheiros, 2011.

JORDÃO, Eduardo. *Controle judicial de uma administração pública complexa*. São Paulo: Malheiros, 2016.

JUSTEN FILHO, Marçal. *Curso de Direito Administrativo*. 12. ed. São Paulo: Editora Revista dos Tribunais, 2016.

KELSEN, Hans. *Teoria Pura do Direito*. São Paulo: Martins Fontes, 2009.

KRELL, Andreas J. *Discricionariedade Administrativa e Conceitos Legais Indeterminados*. Porto Alegre: Livraria do Advogado, 2013.

KRELL, Andreas J. *Discricionariedade administrativa e proteção ambiental: o controle dos conceitos jurídicos indeterminados e a competência dos órgãos ambientais*. Porto Alegre: Livraria do Advogado, 2004.

KTISTAKI, Stavroula. *L'évolution du contrôle juridictionnel des motifs de l'acte administratif*. Paris: LGDJ, 1991.

KUNNECKE, Martina. *Tradition and change in administrative law: An anglo-german comparison*. Londres: Springer, 2007.

MARSCH, Nikolaus; TUNSMEYER, Vanessa. The principle of proportionality in German administrative law. *The judge and the proportionate use of discretion*. Londres: Routledge, 2016. p. 13-42.

MEDAUAR, Odete. *Direito Administrativo Moderno*. São Paulo: Editora Revista dos Tribunais, 2014.

MORAES, Germana de Oliveira. *Controle jurisdicional da administração pública*. São Paulo: Dialética, 2004.

OSTER, Jan. The Scope of Judicial Review in the German and U.S. Administrative Legal System. *German Law Journal, Vol. 9, N°. 10, 2008, pags. 1267-1297*, 2019.

OTERO, Paulo. *Legalidade e Administração Pública*. Coimbra: Almedina, 2017.

PUNDER, Hermann; KLAFKI, Anika. Administrative Law in Germany. *Comparative Administrative Law*. Cambridge: Intersentia, 2018. .

RIVERO, Jean. *Curso de Direito Administrativo Comparado*. 1. ed. São Paulo: Editora Revista dos Tribunais, 1995.

ROSENFELD, Michel. The Rule of Law and the Legitimacy of Constitutional Democracy. *Southern California law review*, v. 74, 2001.

SANCHEZ, Yoan. Proportionality in French administrative law. *The judge and the proportionate use of discretion*. Londres: Routledge, 2016. p. 43–72.

SINGH, Mahendra P. *German Administrative Law*. Heidelberg: Springer, 1985.

VINCENT, Jean-Yves. L'erreur manifeste d'appréciation. *La Revue administrative*, n. 142, p. 407–421, 1971.

WOEHRLING, Jean-Marie. Le contrôle juridictionnel du pouvoir discrétionnaire en France. *La Revue administrative*, n. 7, p. 75–97, 1999.

10
O Ato de Improbidade Encontra Correspondente na França?

MARIA GABRIELA FREITAS CRUZ

Introdução

A Constituição Federal de 1988 inovou o ordenamento jurídico brasileiro ao prever explicitamente a figura dos atos de improbidade, indicando que seriam condutas dos públicos sujeitas à responsabilização administrativa por meio das sanções de "suspensão dos direitos políticos, a perda da função pública, a indisponibilidade dos bens e o ressarcimento ao erário, na forma e gradação previstas em lei, sem prejuízo da ação penal cabível" (art. 37, §4º[1]).

A regulamentação detalhada deste tema veio através da Lei 8.429/1992 que "dispõe sobre as sanções aplicáveis aos agentes públicos nos casos de enriquecimento ilícito no exercício de mandato, cargo, emprego ou função na administração pública direta, indireta ou fundacional e dá outras providências"[2].

Segundo o diploma legal referido, os atos de improbidade são caracterizados e separados conforme suas consequências danosas ou princípios

---

[1] BRASIL. Constituição da República Federativa do Brasil: texto constitucional promulgado em 5 de outubro de 1988. Disponível em < http://www.planalto.gov.br/ccivil_03/Constituicao/Constituicao.htm> Acesso em julho 2019.

[2] BRASIL. Lei n. 8.429, de 2 de junho de 1992. Dispõe sobre as sanções aplicáveis aos agentes públicos nos casos de enriquecimento ilícito no exercício de mandato, cargo, emprego ou função na administração pública direta, indireta ou fundacional. Disponível em: <http://www.planalto.gov.br/ccivil_03/LEIS/L8429.htm> Acesso em julho 2019

ofendidos pelo ato. Nesse sentido, são separados naqueles que importem em enriquecimento ilícito (art. 9º da Lei 8.429/1992), causem prejuízos ao erário (art. 10º da Lei 8.429/1992) ou atentem contra os princípios da Administração Pública (art. 11º da Lei 8.429/1.992). Não foi apresentado, porém, uma definição clara do conceito de improbidade – conceito que restou, portanto, às investigações da doutrina. Nesse sentido, Eurico Bitencourt Neto para tentar sanar esta indeterminação jurídica explica que:

> Em vista da amplitude da Lei n. 8.429/92, pode-se falar em conceito de improbidade administrativa que significa deslealdade, incúria contra o coração do sistema jurídico-administrativo. É a violação dos valores fundamentais que presidem a atuação administrativa do Estado, albergados nos princípios que a sustentam. Pode-se, desse modo, dizer que a violação dos princípios da Administração Pública, intencionalmente, quando em jogo valores fundamentais do sistema, configuram desleixo para com deveres essenciais que formam a Moral administrativa. Improbidade administrativa, em especial a tratada no citado artigo, é o conceito que se aproxima daquela mais amplo, o de moralidade administrativa.[3]

No mesmo sentido, Fábio Medina Osório indica que a improbidade administrativa seria uma "imoralidade administrativa qualificada"[4]. De maneira mais detalhada, o autor expõe que a probidade envolveria não somente o dever de atuar para satisfação dos interesses da Administração Pública (moralidade administrativa), mas também deveres de eficiência e boa gestão, consequência do modelo gerencial de Administração Pública[5].

A delimitação do conceito de improbidade pela doutrina, portanto, está intrinsecamente ligada à de moralidade administrativa. Ocorre que o conceito de moralidade administrativa seria insuficiente para garantir a segurança jurídica necessária para aplicação de penalidade em razão da prática de ato de improbidade. Veja-se o que expõe Arnoldo Wald e Helly Lopes Meirelles:

---

[3] BITENCOUR NETO, Eurico. *Improbidade Administrativa e violação de princípios*, Belo Horizonte: Editora Del Rey, 2005, p. 118

[4] OSÓRIO, Fábio Medina. *Teoria da Improbidade Administrativa*: má gestão pública, corrupção, ineficiência. São Paulo: Revista dos Tribunais, 2018, p. 155.

[5] OSÓRIO, Fábio Medina. *Teoria da Improbidade Administrativa*: má gestão pública, corrupção, ineficiência. São Paulo: Revista dos Tribunais, 2018, p. 47.

A fluidez do conceito "moralidade administrativa" exige que o ato de improbidade seja devidamente tipificado em lei, não bastando a existência de dúvidas ou questionamentos quanto à sua oportunidade e conveniência (que se encontram dentro da discricionariedade do administrador público e são imunes ao controle judicial), mormente quando inexistente o prejuízo pecuniário ao patrimônio público[6].

Diante disto, torna-se importante verificar como o tema tem sido tratado no ordenamento jurídico estrangeiro, a fim de tentar formular alguns parâmetros para caracterizar o ato de improbidade.

Como se sabe, a noção jurídica de moralidade administrativa tem origem no direito francês, mais especificamente nas lições de Maurice Hauriou[7]. Por esta razão, em primeiro lugar, faz-se necessário um estudo do ordenamento jurídico da francês, a fim de verificar se existe instituto correspondente ao ilícito administrativo de improbidade administrativa naquele país ou se esta seria, de fato, uma invenção brasileira, conforme aponta Trevisan:

> Um dos princípios mais obscuros do direito administrativo brasileiro é o da moralidade administrativa. E isso não ocorre apenas em razão da evidente abertura semântica do vocábulo "moralidade"; trata-se de um princípio novo em nosso ordenamento jurídico – com a moralidade administrativa, o constituinte de 1988 introduziu uma noção estranha à tradição jurídica nacional – e sobre o qual é impossível buscar referências no direito comparado – embora o conceito de moralidade administrativa seja originário da França, ele era entendido na doutrina francesa em um sentido diverso daquele que lhe foi emprestado no Brasil; além disso, a ideia malogrou em seu país de origem, rechaçada pela jurisprudência do Conselho de Estado e posterior-

---

[6] MEIRELLES, Hely Lopes. WALD, Arnoldo. MENDES, Gilmar Ferreira. *Mandado de Segurança e Ações Constitucionais.* Malheiros Editores, 37ª Edição, São Paulo, pág. 348.

[7] De acordo com Maurice Hariou, a noção de moralidade administrativa estaria ligada a uma necessidade de que o agir do agente público estivesse de acordo com o interesse público, ou a boa administração. Nesse sentido: "É o fato de uma autoridade administrativa que, embora praticando um ato de sua competência, observando as formas, não cometendo qualquer violação da lei, usa de seu poder para um fim e por motivos outros que não aqueles em vista dos quais esse poder lhe foi conferido, quer dizer, outros que não os que pretende a moral administrativa". HAURIOU, Maurice. *Précis élementaire de droit administratif.* 4. Ed. Paris: Sirey, 1938, p. 269.

mente abandonada pela doutrina. Nenhuma outra nação conhecida possui, ao lado do Brasil, a previsão constitucional de um princípio da moralidade administrativa.[8]

Em síntese: o ponto central deste artigo será tentar responder ao questionamento: o ato de improbidade administrativa, entendido como ilícito administrativo, é uma criação brasileira ou existe figura análoga em outros ordenamentos jurídicos, em especial, na França?

Para tanto, utilizar-se-á o método da microcomparação que "consiste na comparação entre institutos jurídicos afins em ordens jurídicas diferentes"[9], tendo como unicidade conceitual de busca a ideia do ilícito administrativo de improbidade. A principal fonte de pesquisa utilizada será bibliográfica, a partir da verificação do que a doutrina brasileira já escreveu sobre o tema. Além disto, foi realizada uma pesquisa legislativa na França, que é o país central deste estudo, para averiguar se existe previsão normativa para punição dos atos de improbidade.

O presente artigo, nesse contexto, foi dividido em 4 tópicos: introdução, uma análise do ordenamento jurídico brasileiro, os resultados encontrados na França sobre o tema da improbidade e a conclusão.

1. O Ato de Improbidade no Brasil: Delimitação da Conduta Sujeita a Penalização

Conforme apresenta Stenio Henrique Sousa Guimarães, desde as Ordenações Filipinas, já havia, no Brasil, previsão de responsabilização dos agentes públicos por atos ilícitos praticados no exercício da função, sendo-lhes "impostas às penas de perda do ofício e obrigação de pagar até vinte vezes mais do que receberam ilicitamente"[10].

---

[8] TREVISAN, Leonardo Simchen. Considerações acerca do princípio da moralidade administrativa e da lei de improbidade administrativa. *Revista eletrônica Diálogos em Direito Administrativo*. Disponível em: http://www.administrativoemdialogo.com.br/rdda2_Leonando_Simchen_Trevisan_consideracoes_acerca_do_principio_da_moralidade_administrativa_e_da_lei_de_improbidade_administrativa.html. Acesso em junho de 2019

[9] ALMEIDA, Carlos Ferreira de; CARVALHO, Jorge Morais. *Introdução ao Direito Comparado*. 3 ed. Coimbra: Almedina, 1994, p. 8.

[10] GUIMARÃES, Stenio Henrique Sousa. *Lei de improbidade ao longo da nossa histórica tupiniquim*. Disponível em: https://steniohenrique.jusbrasil.com.br/artigos/586188091/lei-de-improbidade-administrativa-ao-longo-da-nossa-historia-tupiniquim

O ATO DE IMPROBIDADE ENCONTRA CORRESPONDENTE NA FRANÇA

Esta tendência de penalização foi mantida após a independência do país[11], vez que todas as Constituições brasileiras republicanas "contemplaram a improbidade como crime de responsabilidade do Presidente da República e dos altos funcionários do Estado"[12], exemplificativamente:

Constituição de 1891[13]

Art. 54 – São crimes de responsabilidade os atos do Presidente que atentarem contra: (...) 6º) a probidade da administração;

Constituição de 1934[14]

Art. 57 – São crimes de responsabilidade os atos do Presidente da República, definidos em lei, que atentarem contra: (...) f) a probidade da administração;

Constituição de 1937[15]

Art. 85 – São crimes de responsabilidade os atos do Presidente da República definidos em lei, que atentarem contra: (...) d) a probidade administrativa e a guarda e emprego dos dinheiros público;

Constituição de 1946[16]

Art. 89 – São crimes de responsabilidade os atos do Presidente da República que atentarem contra a Constituição federal e, especialmente, contra: (...) V – a probidade na administração;

---

[11] Em relação a Constituição de 1824, Fábio Medina Osório destaca que apesar da imunidade do imperador prevista no art. 99, "os ministros eram responsáveis e podiam praticar delitos de responsabilidade". OSÓRIO, Fábio Medina. *Teoria da Improbidade Administrativa*: má gestão pública, corrupção, ineficiência. São Paulo: Revista dos Tribunais, 2018, p. 105.

[12] OSÓRIO, Fábio Medina. *Teoria da Improbidade Administrativa*: má gestão pública, corrupção, ineficiência. São Paulo: Revista dos Tribunais, 2018, p. 105.

[13] BRASIL, Constituição da República dos Estados Unidos do Brasil: promulgada em 24 de fevereiro de 1891. Disponível em: < http://www.planalto.gov.br/ccivil_03/constituicao/constituicao91.htm> Acesso em outubro de 2019.

[14] BRASIL, Constituição da República dos Estados Unidos do Brasil: promulgada em 16 de julho de 1934. Disponível em: < http://www.planalto.gov.br/ccivil_03/constituicao/constituicao34.htm> Acesso em outubro de 2019.

[15] BRASIL, Constituição do Estados Unidos do Brasil: decretada em 10 de novembro de 1937. Disponível em < http://www.planalto.gov.br/ccivil_03/constituicao/constituicao46.htm> Acesso em outubro de 2019.

[16] BRASIL, Constituição dos Estados Unidos do Brasil: promulgada em 18 de setembro de 1946. Disponível em < http://www.planalto.gov.br/ccivil_03/constituicao/constituicao46.htm > Acesso em outubro de 2019.

Constituição de 1967[17]

Art. 84 – São crimes de responsabilidade os atos do Presidente que atentarem contra a Constituição federal e, especialmente: (...) V – a probidade na administração

Constituição de 1969[18]

Art. 82. São crimes de responsabilidade os atos do Presidente que atentarem contra a Constituição Federal e, especialmente: (...) V – a probidade na administração;

Na atual Constituição de 1988, também há a previsão de crime de responsabilidade por violação à probidade na administração. No entanto, o constituinte inovou ao criar a figura do ato de improbidade propriamente dito, entendido como conduta passível de penalização administrativa, mediante ação civil[19] coletiva[20] própria.

Para além disto, a distinção entre as figuras também se verifica pelo fato de que o crime de responsabilidade era previsto apenas para agentes

---

[17] BRASIL, Constituição da República Federativa do Brasil: promulgada em 24 de janeiro de 1967. Disponível em < http://www.planalto.gov.br/ccivil_03/constituicao/constituicao67.htm> Acesso em outubro de 2019.

[18] BRASIL, Emenda Constitucional nº 1, de 17 de outubro de 1969. Disponível em < http://www.planalto.gov.br/ccivil_03/constituicao/Emendas/Emc_anterior1988/emc01-69.htm> Acesso em outubro de 2019.

[19] Necessário esclarecer que, apesar de ser uma ação civil (vez que o art. 37, §4º da CR/88 diferencia a ação de improbidade da ação penal), a ação de improbidade não é espécie da ação civil pública, consonante ensinamentos de Hely Lopes Meireles et al: "Tem sido uma prática comum tanto do Ministério Público quanto do Poder Judiciário o tratamento desta ação de improbidade administrativa meramente como uma nova modalidade de ação civil pública, frequentemente chamando-a de "ação civil pública de improbidade administrativa". Trata-se, a nosso ver, de prática de pouca técnica jurídica, pois a ação de improbidade administrativa tem natureza, contornos e regramentos próprios, não se confundindo com aqueles específicos das ações civis públicas em geral. O fato de ser civil (em oposição a uma ação penal), ou ser pública, num linguajar leigo (no sentido de proteger o patrimônio público, ou da legitimidade do Ministério Público para propô-la), não faz da ação de improbidade administrativa uma ação civil pública no sentido jurídico do termo." (MEIRELLES, Hely Lopes, WALD, Arnoldo, MENDES, Gilmar Ferreira. *Mandado de segurança e outras ações constitucionais*. São Paulo: Malheiros, 2009, p. 231).

[20] "A ação de improbidade administrativa enquadra-se como ação coletiva, servindo para a tutela de interesses metaindividuais de pessoas indeterminadas integrantes da sociedade, protegendo não apenas o patrimônio público, mas também a probidade administrativa". (NEIVA, José Antonio Lisbôa, *Improbidade administrativa* – estudo sobre a demanda na ação de conhecimento e cautelar. Rio de Janeiro: Impetus, 2005, p. 37)

O ATO DE IMPROBIDADE ENCONTRA CORRESPONDENTE NA FRANÇA

políticos do alto escalão do governo, enquanto a Lei 8.429/92 (que regulamentou o art. 37, §4º da Constituição Federal) passou a prever que qualquer pessoa que exerça mandado, cargo ou função pública, inclusive em entidades que não integram a Administração Pública, mas recebem dela algum tipo de benefício, estará sujeito as penalidades administrativas[21].

Mais que isto, também o terceiro que, mesmo não sendo agente público, induza ou concorra para a prática do ato de improbidade, ou dele se beneficie sob qualquer forma direta ou indireta estará sujeito a penalização pela Lei 8.429/92 (art. 3º).

A novidade constitucional é descrita por Fábio Medina Osório da seguinte forma:

> O enfoque de todas as Constituições republicanas, desde 1891, salvo a de 1988, foi o da improbidade como fenômeno político penal, sem destacar sem *numen iure* como modalidade autônoma de ilícito, independentemente dos delitos de responsabilidade. Esse era o sentido terminológico que se emprestava à improbidade administrativa, tratada singularmente como improbidade, no âmbito constitucional precedente a 1988, mas somente em passant considerada também ilícito distinto do campo da responsabilidade política.
>
> (...)
>
> É na Constituição Federal de 1988, portanto, que a improbidade administrativa foi tratada como ilícito de responsabilidade e ilícito extrapenal, num movimento inovador e desprendido da tradição constitucional. São duas defi-

---

[21] Art. 1º Os atos de improbidade praticados por qualquer agente público, servidor ou não, contra a administração direta, indireta ou fundacional de qualquer dos Poderes da União, dos Estados, do Distrito Federal, dos Municípios, de Território, de empresa incorporada ao patrimônio público ou de entidade para cuja criação ou custeio o erário haja concorrido ou concorra com mais de cinqüenta por cento do patrimônio ou da receita anual, serão punidos na forma desta lei.

Parágrafo único. Estão também sujeitos às penalidades desta lei os atos de improbidade praticados contra o patrimônio de entidade que receba subvenção, benefício ou incentivo, fiscal ou creditício, de órgão público bem como daquelas para cuja criação ou custeio o erário haja concorrido ou concorra com menos de cinqüenta por cento do patrimônio ou da receita anual, limitando-se, nestes casos, a sanção patrimonial à repercussão do ilícito sobre a contribuição dos cofres públicos.

Art. 2º Reputa-se agente público, para os efeitos desta lei, todo aquele que exerce, ainda que transitoriamente ou sem remuneração, por eleição, nomeação, designação, contratação ou qualquer outra forma de investidura ou vínculo, mandato, cargo, emprego ou função nas entidades mencionadas no artigo anterior.

O DIREITO ADMINISTRATIVO SOCIAL E ECONÔMICO

nições distintas, diretamente inseridas na Constituição Federal: a primeira seguindo a tradição das Constituições republicanas, denotando o fenômeno da responsabilidade dos altos mandatários do povo, ao passo que a segunda inaugurando uma inédita modalidade sancionadora, transcendendo os limites penais, intimamente ligada ao direito administrativo.[22]

Osório ainda ressalta que, apesar de um mesmo ato ser passível de tipificação como crime e ato de improbidade, há independência entre as instâncias[23], o que reforça a tese de que se tratam de institutos distintos, veja-se:

> Um ato ilícito pode, a um mesmo tempo, receber tipificação na LGIA e no Código Penal, devendo ser caracterizado antes como delito contra a Administração Pública e, nessa dimensão, produzir efeitos de caracterização da improbidade administrativa. As enfermidades – delito e improbidade administrativa – ocorrem simultaneamente. O mesmo se diga das infrações disciplinares, que geralmente acompanham essa lógica punitiva. O certo é que, preenchendo os requisitos de diagnóstico de delito, estarão presentes os pressupostos de diagnóstico de improbidade administrativa, como regra geral. (...) O delito pode contar com a improbidade como um de seus elementos, cabendo ao julgador competente incorrer na análise do direito administrativo que se integra no direito penal. De um modo ou de outro, estamos tratando de fenômenos processuais ligados ao princípio da independência das instâncias. [24]

Como já adiantado, apesar de a Constituição Federal ter trazido as sanções cabíveis para o ato de improbidade, não se ateve a descrever quais seriam estas condutas ilícitas ou apresentar uma definição do que se pode considerar ato ímprobo , temas que foram deixados a cargo do legislador ordinário.

Com a publicação da Lei 8.429/92, todavia, a dúvida sobre o conceito de ato improbo permaneceu. Considerando que o referido diploma normativo apenas descreveu com maior cuidado as condutas que teriam algum reflexo

---

[22] OSÓRIO, Fábio Medina. *Teoria da Improbidade Administrativa:* má gestão pública, corrupção, ineficiência. São Paulo: Revista dos Tribunais, 2018, p. 107.

[23] A independência já seria assegurada pela própria Constituição Federal, a qual previu a punição administrativa *"sem prejuízo de ação penal"* (art. 37, §4º).

[24] OSÓRIO, Fábio Medina. *Teoria da Improbidade Administrativa:* má gestão pública, corrupção, ineficiência. São Paulo: Revista dos Tribunais, 2018, p. 202.

econômico, seja enriquecimento ilícito do agente[25] ou prejuízo ao erário, não foi apresentada definição de ato de improbidade. Mais que isso, foi criado o abertíssimo tipo estatuído no art. 11, o qual estabelece que estará sujeito à sanção atos que atentem "contra os princípios da administração pública qualquer ação ou omissão que viole os deveres de honestidade, imparcialidade, legalidade, e lealdade às instituições"[26].

A vagueza do tipo infracional citado, cumulado à gravidade das sanções a que estão sujeitas os atos ímprobos, fez com que a doutrina procurasse delimitar melhor o conceito de ato de improbidade, vinculando-os à noção de moralidade administrativa qualificada, conforme se verifica dos trechos extraídos das obras de Eurico Bitencourt e Fábio Medina Osório acima citados.

De maneira análoga, Moreira Neto tenta vincular a pratica do ato improbo aos ensinamentos de Maurice Hariou, asseverando que o ilícito estaria configurado quando "o agente da Administração Pública não atende a esse interesse público específico, seja de modo absoluto, seja pelo modo grosseiro ou preciso de fazê-lo, ele viola o dever da boa administração"[27].

Certo é que também a moralidade administrativa qualificada (ou boa administração) são conceitos abertos, incompatíveis com a própria lógica que permite a segurança jurídica dos agentes públicos para agir de acordo com a lei, evitando penalização.

Por esta razão, ainda tentando delimitar os requisitos para que a conduta seja considerada ímproba, Eurico Bitencourt destaca que seria necessária a demonstração do dolo:

> [...] é necessária conduta dolosa, para que se verifique a prática de ato de improbidade administrativa; além disso, é necessário que a ofensa ao princípio da legalidade não se revista de mera irregularidade formal, incapaz de provocar a aplicação desse grave instrumento de responsabilização.[28]

---

[25] Antes da Lei 8.429/92 já existiam duas leis (Lei 3.164/57 e 3.502/58) que regulamentavam o sequestro e o perdimento de bens em caso de enriquecimento ilícito, isto é, nos casos em que o agente adquiriu bens por influência ou abuso de cargo ou função público. Além disto, o texto constitucional de 1967, já estabelecia, em seu art. 150, § 11: *"(...) a lei disporá sobre o perdimento de bens por danos causados ao erário ou no caso de enriquecimento ilícito no exercício de função pública".*

[26] A Lei de Ação Popular (Lei 4.717/65) já previa a recomposição do patrimônio público pelo prejuízo causado pelo particular, sem, contudo, estabelecer sanções diretas ao agente.

[27] MOREIRA NETO, Digo de Figueiredo. *Mutações do Direito Administrativo*. 2000, p. 73.

[28] NETO, Eurico Bitencourt. *Legalidade e Improbidade Administrativa*: justa aplicação da Lei 8429/92. In: FERRAZ, Luciano. MOTTA Fabricio (coords.) *Direito Público Moderno*: Homenagem especial ao Professor Paulo Neves de Carvalho, Belo Horizonte: Del Rey, 2003, p. 254.

De maneira semelhante, Fabio Osório destaca que as graves sanções da Lei de Improbidade exigiriam esta valoração quanto à má fé ou desonestidade do ato[29]:

> A improbidade administrativa pressupõe violência necessária e inarredável contra normas subjacentes a seus tipos sancionadores. Devem-se valorar os comportamentos à luz das regras e princípios subjacentes à LGIA. Não basta uma violação dos princípios da Administração Pública, e muito menos uma conduta diretamente enquadrável nos tipos formalizados na LGIA, sem uma prévia agressão a regras legais, concretamente relacionadas com as ações ou omissões dos agentes públicos.

O Superior Tribunal de Justiça possui, outrossim, decisões neste sentido, conforme se extrai do julgado exemplificativo abaixo:

> Em se tratando de improbidade administrativa, é firme a jurisprudência do Superior Tribunal de Justiça no sentido de que "a improbidade é ilegalidade tipificada e qualificada pelo elemento subjetivo da conduta do agente. Por isso mesmo, a jurisprudência do STJ considera indispensável, para a caracterização de improbidade, que a conduta do agente seja dolosa, para a tipificação das condutas descritas nos artigos 9º e 11 da Lei 8.429/92, ou pelo menos eivada de culpa grave, nas do artigo 10" (BRASIL. Superior Tribunal de Justiça. REsp 1564399/RJ, Rel. Ministra Assusete Magalhães, Segunda Turma, julgado em 19/06/2018, DJe 25/06/2018)

Entretanto, apesar da inserção da condicionante de se demonstrar o dolo da conduta, ainda existe muita divergência sobre quais seriam os requisitos que levariam a configuração do ato de improbidade e, como dito, a conceituação concreta do que se pode definir como ato ímprobo. Em função destas incertezas, passa-se a analisar o direito francês, em uma tentativa de racionalização do conceito de ato de improbidade caso exista instituto semelhante.

---

[29] OSÓRIO, Fábio Medina. *Teoria da Improbidade Administrativa*: má gestão pública, corrupção, ineficiência. São Paulo: Revista dos Tribunais, 2018, p. 256:

2. Atos Ilícitos Correlatos Previstos no Ordenamento Jurídico Estrangeiro, em Especial, na França

Uma das primeiras referências a responsabilização por atos que atentem a probidade administrativa encontra-se na Roma Antiga, na Lei das XII Tábuas, a qual previa: *"Si judex aut arbiter jure datur ob rem judicandam pecuniam acceperit capite luito"* (Se um juiz ou árbitro recebeu dinheiro e decapitado)[30].

Mais contemporaneamente, Fábio Medina Osório defende que apesar de existir figuras parecidas com a improbidade administrativa no Direito Comparado (os denominados atos de má gestão), o ordenamento jurídico brasileiro teria criado um instituto jurídico singular:

> Não há nenhuma surpresa, se checarmos o direito comparado, em observar que a improbidade posiciona-se dentro de um universo maior, estruturando diversos escalões, chamado de má gestão pública. E seus elementos constitutivos tem sido levantados, apontados e analisados, sem conexão com um sistema normativo tão específico e singular como é o brasileiro, o que nos permite aproveitar tais experiencias desde uma ótica peculiar e com potencialidades singulares.[31]

Nesse contexto, Fábio Medina Osório identificou que os modelos jurídicos da França, Itália, Argentina, Espanha, Estados Unidos e Inglaterra assimilavam a ideia de improbidade dentro da figura da má administração[32]. Por má administração, importante esclarecer, entende-se atos que padecem de graves desonestidades e ineficiências funcionais:

> A categoria ético-normativa que se designa como improbidade – já utilizada no direito comparado e na literatura estrangeira, conquanto revestida de matizes – guarda relações com a ideia de honra no setor público, no marco de uma moralidade institucional republicana, abrangendo as patologias de graves desonestidades e graves ineficiências funcionais dos homens públicos, como espécie de má gestão pública.[33]

---

[30] Hungria, Nélson. *Comentários ao Código Penal*, vol. I, tomo II, 6ª ed., Rio de Janeiro: Revista Forense, 1955, p. 365.

[31] Osório, Fábio Medina. *Teoria da Improbidade Administrativa*: má gestão pública, corrupção, ineficiência. São Paulo: Revista dos Tribunais, 2018, p. 45.

[32] Osório, Fábio Medina. *Teoria da Improbidade Administrativa*: má gestão pública, corrupção, ineficiência. São Paulo: Revista dos Tribunais, 2018, p. 45-80

[33] Osório, Fábio Medina. Conceito e tipologia dos atos de improbidade administrativa. *Revista de Doutrina da 4ª Região*, Porto Alegre, n. 50, out. 2012. Disponível em: <http://www.revistadoutrina.trf4.jus.br/artigos/edicao050/Fabio_Osorio.html> Acesso em: 04/06/2019.

O DIREITO ADMINISTRATIVO SOCIAL E ECONÔMICO

Lado outro, também Luiz Fernando Bandeira já havia constatado que as constituições do Nicarágua[34] e do Chile[35] haviam previsto a responsabilização por ato de "improbidade administrativa ou qualquer outro ato ilícito que cause prejuízo ao Estado ou a terceiro"[36].

Especificamente em relação à França, verificou-se que, apesar da noção de moralidade administrativa ter origem francesa, a expressão não consta em sua Constituição, como sendo princípio a ser seguido pelo Estado, neste sentido, traz-se ensinamentos de Giacomuzzi:

> Das constituições que influenciaram de alguma forma a nossa (Alemanha, Portugal, França, Espanha, Itália), nenhuma – e isto me parece digno de nota – trouxe o nome moralidade administrativa, nem consta que algum país desenvolvido a contenha.[37][38]

---

[34] O art. 103 da Constituição do Nicarágua estabelece que: "Os funcionários públicos e empregados públicos são pessoalmente responsáveis pela violação da Constituição, por falta de probidade administrativa e por qualquer outro delito ou falta cometida no desempenho de suas funções. Também são responsáveis perante o Estado pelos prejuízos que causarem por abuso, negligência e omissão no exercício do cargo." (Tradução livre) In: BANDEIRA, Luiz Fernando. Uma perspectiva em Direito Comparado da constitucionalização do Direito Administrativo em países selecionados. Disponível em: https://www2.senado.leg.br/bdsf/bitstream/handle/id/92456/Bandeira%20Luiz%20.pdf?sequence=1, Acesso em 01/06/2019.

[35] Em verdade, analisando a Constituição Federal apenas prevê que a probidade é um dever dos agentes públicos, não indicando a penalidade por seu descumprimento. Veja-se o art. 8º: "O exercício das funções públicas obriga a seus titulares a cumprir o princípio da probidade em todas suas ações" (tradução livre). In: BANDEIRA, Luiz Fernando. Uma perspectiva em Direito Comparado da constitucionalização do Direito Administrativo em países selecionados. Disponível em: https://www2.senado.leg.br/bdsf/bitstream/handle/id/92456/Bandeira%20Luiz%20.pdf?sequence=1, Acesso em 01/06/2019.

[36] BANDEIRA, Luiz Fernando. Uma perspectiva em Direito Comparado da constitucionalização do Direito Administrativo em países selecionados. Disponível em: https://www2.senado.leg.br/bdsf/bitstream/handle/id/92456/Bandeira%20Luiz%20.pdf?sequence=1, Acesso em 01/06/2019.

[37] GIACOMUZZI, José Guilherme. A moralidade administrativa – história de um conceito. Disponível em: http://bibliotecadigital.fgv.br/ojs/index.php/rda/article/view/46347. Acesso em 20/06/2019.

[38] No mesmo sentido, Fábio Osório menciona que: "No sistema francês, berço da moralidade administrativa, posteriormente, ela mesma perdeu vigor e intensidade, ganhando terreno a legalidade substancial, que absorveu suas lições e sua funcionalidade normativa." (OSÓRIO, Fábio Medina. Improbidade administrativa na Constituição de 1988: uma ilegalidade qualificada. In: Alexandre de Moraes. (Org.). Os 20 anos da Constituição da República Federativa do Brasil. São Paulo: Atlas, 2008, p. 63).

O sistema francês contempla os delitos contra a probidade administrativa, arrolando uma série de infrações abaixo desse peculiar capítulo de seu Código Penal[39]. Abaixo, um comparativo entre os delitos franceses e os atos de improbidade da Lei Brasileira 8.249/92, a partir da similitude da descrição das condutas:

Código Penal Francês[40]	Lei de improbidade brasileira[41]
432-10, 1ª parte: Receber, exigir ou ordenar a cobrança em termos de direitos ou contribuições ou impostos públicos, de um montante que ele sabia que não era devido ou superior ao devido	Não há previsão similar na lei de improbidade. O ato ilícito mais próximo seria o previsto no art. 9º, VII – adquirir, para si ou para outrem, no exercício de mandato, cargo, emprego ou função pública, bens de qualquer natureza cujo valor seja desproporcional à evolução do patrimônio ou à renda do agente público.
432-10, 2ª parte: Conceder sob qualquer forma e por qualquer razão uma exoneração ou franquia de direitos, contribuições, impostos ou taxas públicas em violação dos textos legais ou regulamentares	Art. 10, VII – **conceder benefício administrativo ou fiscal** sem a observância das formalidades legais ou regulamentares aplicáveis à espécie;
Art. 432-11, caput: Solicitar ou aceitar promessas, presentes, presentes ou outras vantagens	Art. 9º, I – receber, para si ou para outrem, dinheiro, bem móvel ou imóvel, ou qualquer outra **vantagem econômica, direta ou indireta, a título de comissão, percentagem, gratificação ou presente de quem tenha interesse**, direto ou indireto, que possa ser atingido ou amparado por ação ou omissão decorrente das atribuições do agente público;

[39] Conforme salientado por Fernando Arau e Virginia Louiseau: "Da mesma forma, pune – em relação aos depositários da autoridade pública ou encarregados de uma missão de serviço público – a concussão, isto é, o fato de que eles recebem ou exigem, por meio de direitos ou contribuições, impostos ou taxas, uma quantia que eles sabem que não é devido ou excede o que é devido (art. 432-10); a cobrança ilegal de interesses (art. 432.12 e 432.13) e a concessão de vantagens injustificadas ou favoritismo (art. 432-14)" (tradução livre) ARRAU, Fernando; LOUISEAU, Virginie. *Control de la corrupción en el derecho comparado*: Argentina, España, Francia y México . Serie Estudios de Anticipación/CEA/BCN; Año II Nº 16 (Febrero de 2003), p. 17.
[40] FRANÇA. Código Penal. Disponível em: <https://www.legifrance.gouv.fr/affichCode.do?cidTexte=LEGITEXT000006070719&dateTexte=20191021> Acesso em julho de 2019. Tradução livre.
[41] BRASIL. Lei n. 8.429, de 2 de junho de 1992. Dispõe sobre as sanções aplicáveis aos agentes públicos nos casos de enriquecimento ilícito no exercício de mandato, cargo, emprego ou função na administração pública direta, indireta ou fundacional. Disponível em: <http://www.planalto.gov.br/ccivil_03/LEIS/L8429.htm> Acesso em julho 2019.

432-11, §1º Deixar de praticar ato de sua função, missão ou mandato;	Art. 11, II – **retardar ou deixar de praticar, indevidamente, ato de ofício;**
432-12: Receber ou manter, direta ou indiretamente, qualquer comissão que tenha, no momento dos fatos, a missão de garantir, no todo ou em parte, seu monitoramento, administração, liquidação ou pagamento.	Art. 9º, VIII – **aceitar emprego, comissão ou** exercer atividade de consultoria ou **assessoramento** para pessoa física ou **jurídica que tenha interesse suscetível de ser atingido ou amparado** por ação ou omissão decorrente das atribuições do agente público, durante a atividade.
432-13: Tomar ou receber uma participação por seu trabalho, assessoramento ou aporte de capital em uma das empresas contratadas pelo Poder Público, antes da expiração do prazo de cinco anos um sujeito a esta função.	Art. 9º Constitui ato de improbidade administrativa importando enriquecimento ilícito **auferir qualquer tipo de vantagem patrimonial indevida em razão do exercício de cargo, mandato, função, emprego ou atividade.**
432-14: Buscar ou tentar obter para outro uma vantagem injustificada para um ato contrário às disposições legais ou regulamentos que tenham por objeto garantir a liberdade de acesso e a igualdade dos candidatos nos contratos públicos e nas delegações de serviços público.	Art. 11. **Constitui ato de improbidade administrativa que atenta** contra os princípios da administração pública qualquer ação ou omissão que viole os deveres de honestidade, **imparcialidade**, legalidade, e lealdade às instituições
432-15: Destruir ou subtrair uma escritura ou um título, ou fundos públicos ou privados, ou os efeitos, documentos ou títulos que os substituam, ou qualquer outro objeto que lhes foi entregue.	Art. 10. Constitui ato de improbidade administrativa que causa lesão ao **erário qualquer ação** ou omissão, dolosa ou culposa, **que enseje perda patrimonial,** desvio, apropriação, malbaratamento ou dilapidação dos bens ou haveres das entidades referidas no art. 1º desta lei
432-16: Quando a destruição, distração ou roubo por um terceiro das mercadorias referidas no artigo 432-15 resulta da negligência.	Art. 10, X – **agir negligentemente** na arrecadação de tributo ou renda, bem como no que diz respeito à **conservação do patrimônio público.**

Não obstante a previsão penal específica, constatou-se que não existe, entretanto, uma lei específica para penalização administrativa dos agentes públicos. Em verdade, conforme assevera Fábio Medina Osório, na França funciona o modelo de responsabilização descentralizado *"que preconiza tantos Códigos quantas forem as classes de agentes públicos, tratando-os desigualmente com modelos de condutas proibidas diferenciadas e sanções distintas"*[42].

[42] OSÓRIO, Fábio Medina. *Teoria da Improbidade Administrativa*: má gestão pública, corrupção, ineficiência. São Paulo: Revista dos Tribunais, 2018, p. 168.

A despeito desta ausência legislativa, isto é, da ausência de uma norma geral que preveja a punição administrativa (mediante ação civil) dos agentes que praticam atos que violam a boa gestão, tem-se observado que o Conselho de Estado francês tem compreendido o fenômeno da improbidade e empregado "essa terminologia num sentido próximo àquele incorporado – a nosso ver – no direito brasileiro"[43].

Com efeito, Jean Pierre indica que no caso Martineau, de 23/09/1987, o Conselho julgou que o agente fiscal violou a probidade administrativa quando deixou de atuar contribuinte após pagamento de propina. Tal responsabilização muito se pareceria com aquela prevista no art. 9º, inciso V da Lei Brasileira 8.429/92[44].

Em outro julgado, ainda conforme relato de Jean Pierre, o Conselho entendeu que policial que leva arma automática e joias para o escritório sem justificativa aparente, logo após um furto a uma joalheria, também atuaria de modo improbo, ainda que de maneira culposa[45] (diferentemente do que vem sendo construído pela jurisprudência brasileira, que exige o dolo da conduta ou, ao menos, elementos de uma culpa qualificada para situações específicas).

Nesse contexto, para Fábio Medina Osório, a noção de probidade para o Conselho de *Estado* "seria equivalente à honestidade"[46]. Dessa forma, ainda que não exista o ato de improbidade propriamente dito, tem-se que na França tem havido punição dos atos que violam a moralidade administrativa, de maneira análoga ao Brasil.

Para além disto, o ordenamento jurídico francês também sofre influência da Resolução 51/59 das Nações Unidas, de 12/12/1996 (denominado

---

[43] OSÓRIO, Fábio Medina. *Teoria da Improbidade Administrativa*: má gestão pública, corrupção, ineficiência. São Paulo: Revista dos Tribunais, 2018, p. 70.

[44] Art. 9º Constitui ato de improbidade administrativa importando enriquecimento ilícito auferir qualquer tipo de vantagem patrimonial indevida em razão do exercício de cargo, mandato, função, emprego ou atividade nas entidades mencionadas no art. 1º desta lei, e notadamente: (...) V – receber vantagem econômica de qualquer natureza, direta ou indireta, para tolerar a exploração ou a prática de jogos de azar, de lenocínio, de narcotráfico, de contrabando, de usura ou de qualquer outra atividade ilícita, ou aceitar promessa de tal vantagem;

[45] JEAN-PIERERRE, Didier. *L'ethique du fonctionnaire civil* – Son controle dans les jurisprudences administrative et constitutionnelle françaises. Paris: LGDJ, 1999, p. 205/210.

[46] OSÓRIO, Fábio Medina. *Teoria da Improbidade Administrativa*: má gestão pública, corrupção, ineficiência. São Paulo: Revista dos Tribunais, 2018, p. 71.

Código Internacional de Conta para os funcionários públicos) e das diretrizes da União Europeia.

Em ambos casos, Osório destaca que há previsão da obrigação de atuar em favor do interesse público e também de atuação eficiente, isto é, adotam a própria lógica da boa gestão pública entendida no sentido de honestidade e eficiência. A Resolução das Nações Unidas exige ainda que o agente público seja imparcial, isto é, não dê preferência nem discrimine um indivíduo ou grupo, previsão análoga a figura da improbidade brasileira por violação a princípios (art. 11, *caput*[47]).

Ora, Jean Auby et al, ao tratar das formas de responsabilização civil do Estado, indica que *"the Conseil d'Etat recognized explicitly the principle of liability for the reach of international or EU law, arising from na admnistrative or legislative measure"* (em tradução livre: o Conselho de Estado reconhece explicitamente o princípio da responsabilidade por violação do direito internacional ou de normas da União Europeia, decorrente de medida administrativa ou legislativa)[48]. Apesar de os autores não estarem discutindo especificamente a responsabilização dos agentes públicos, tem-se que as orientações das Nações Unidas e do Comitê Europeu acima expostas poderiam, perfeitamente, ser aplicadas pelo Conselho de Estado, tendo em vista já existir um reconhecimento deste direito estrangeiro pelo órgão jurisdicional administrativo francês.

Dessa forma, apesar de as diretrizes citadas apenas influenciarem quanto a necessidade de observância de uma atuação proba (sem haver indicação da penalidade correspondente em caso de descumprimento), observa-se que, mais uma vez, que na França haveria uma preocupação com a má gestão, que norteia a Lei de Improbidade Brasileira, havendo uma aproximação dos sistemas[49].

Por fim, necessário tecer breves comentários as leis que regulam a corrupção na França.

---

[47] Art. 11. Constitui ato de improbidade administrativa que atenta contra os princípios da administração pública qualquer ação ou omissão que viole os deveres de honestidade, imparcialidade, legalidade, e lealdade às instituições, e notadamente:

[48] AUBY, Jean Bernard; METAYER, Lucie Cluzel; XENOU, Lamprini. Administrative Law in France. In: SEERDEN, René (ed.). **Comparative Administrative Law:** Administrative Law of the European Union, its member states and the United States. 4 ed. Cambridge – Antwerp – Portland: Intersentia, 2018, p. 41

[49] OSÓRIO, Fábio Medina. *Teoria da Improbidade Administrativa*: má gestão pública, corrupção, ineficiência. São Paulo: Revista dos Tribunais, 2018, p. 68.

Além dos instrumentos internacionais ratificados pela França quanto ao combate à corrupção, a exemplo do United Nations Convention against Corruption – UNCAC e a convenção civil sobre a corrupção de 4 de novembro de 1999 (STE n°174), tem-se que a legislação interna previu duas formas de responsabilização dos agentes corruptos.

Uma delas seria a responsabilização penal, prevista no Código Penal Francês tanto nos capítulo que trata da probidade administrativa, mas também considera *"la corrupción activa y pasiva de los magistrados, jurados, árbitros, expertos, conciliadores, etc (art, 434-9); el suborno de testigos, expertos e intérpretes (art. 434- 15-19-21)."*[50] Além disto, também prevê pena de prisão e multa para aquele particular que ofereça ou pague vantagem indevida (art. 433-1), inclusive, se estrangeiro (art. 435.1, 435.2; 435.3 e 435.4).

Outra forma importante seria através da Lei 122/1993, a qual criou mecanismos de prevenção da corrupção e de transparência pública. Nesse sentido, criou o Serviço de Prevenção da Corrupção que seria responsável por detectar e prevenir os atos de corrupção.

Ocorre que, o conceito de corrupção é "demasiado estreita para cobrir um fenômeno tão largo quanto aquele relativo às desonestidades funcionais"[51]. Ainda que utilize de uma lista exemplificativa de condutas, a legislação francesa parece buscar sancionar apenas atos que, na legislação brasileira, se enquadram em uma hipótese dos atos ímprobos que importam em enriquecimento ilícito e prejuízo ao erário. O direito francês omite-se quanto a elementos que implicam, tão somente, na violação dos princípios da administração pública (art. 11 da Lei 8.429/92).

Além disso, a previsão do que se poderia dizer como ato de improbidade no direito francês se resume à esfera penal, não existindo uma figura de sanção de natureza civil, como se verifica na Constituição brasileira.

Em outras palavras, não é possível dizer que os atos de corrupção previstos nas leis francesas acima citadas seriam equivalentes a noção ampla de ato de improbidade da Lei brasileira 8.429/92, justamente porque (com exceção da responsabilização pela omissão quanto a prática de ato e pela imparcialidade no processo de contratação) se limitam aos atos que tem

---

[50] ARRAU, Fernando; LOUISEAU, Virginie. *Control de la corrupción en el derecho comparado*: Argentina, España, Francia y México . Serie Estudios de Anticipación/CEA/BCN; Año II Nº 16 (Febrero de 2003), p. 17.

[51] OSÓRIO, Fábio Medina. *Teoria da Improbidade Administrativa*: má gestão pública, corrupção, ineficiência. São Paulo: Revista dos Tribunais, 2018, p. 63.

repercussões econômicas, não tratando das hipóteses de violação aos princípios administrativos pura e simplesmente.

Tampouco se verifica, ainda, a existência de uma categoria jurídica correspondente ao ato de improbidade no direito brasileiro no sistema francês.

Uma conclusão possível desta verificação é a de que, no direito francês, "o conceito de probidade tem dimensões bastante restritas" se comparado com os efeitos da Lei de Improbidade Administrativa Brasileira. Dessa forma, "o direito comparado serve como um indicativo ou tendência de tal sorte que se pode recolher a ideia de honra funcional". Logo, não é possível dizer que existe um correlato idêntico do ato de improbidade na França[52].

Por outro lado, a lacuna legislativa comparada ao Brasil não significa menor efetividade no controle da corrupção por parte da república francesa. O ranking apresentado pela Transparency International, organização presente em mais de cem países e que busca analisar o combate à corrupção, informa que em 2018 houve uma melhoria no combate à corrupção pelo Estado Frances. Assim, o país subiu para a posição de 21º lugar no ranking de combate à corrupção. O Brasil, por outro lado, caiu para a posição de 105º no mesmo estudo[53].

A notável discrepância faz refletir sobre o já conhecido caminho brasileiro de inovações legislativas para solucionar problemas que, muitas vezes, residem no campo da eficácia da lei, e não da sua existência. Do mesmo tom, o Estado Francês carece de reformas legislativas para aprimorar seus sistemas de combates à corrupção: o Relatório de 2018 do Grupo de Estados contra a Corrupção, criado em 1999 pelo Conselho da União Europeia, apresentou treze recomendações ao Estado Francês para melhoria e aprimoramento de seu combate à corrupção, incluindo reformas legislativas[54].

Conclusões

A Constituição Federal de 1988 trouxe, pela primeira vez, a expressão "ato de improbidade", criando um ilícito administrativo que estaria sujeito não só as penalidades previstas no art. 37, §4º quanto poderia ensejar uma responsabilização penal do infrator.

---

[52] Osório, Fábio Medina. *Teoria da Improbidade Administrativa*: má gestão pública, corrupção, ineficiência. São Paulo: Revista dos Tribunais, 2018, p. 72.

[53] Disponível em: https://www.transparency.org/cpi2018. Acesso em julho de 2019.

[54] Disponível em: https://rm.coe.int/fourth-evaluation-round-corruption-prevention-in-respect-of-members-of/16808d64ba. Acesso em julho de 2019.

Certo é que, a ofensa a probidade administrativa é prevista como crime desde as primeiras constituições republicanas, no entanto, nesta época, além da punição ser estritamente penal, estava ligada apenas ao alto escalão do governo.

Com a edição da Lei 8.429/92, a ilicitude dos atos de improbidade foram estendidos para todos agentes que exerçam, ainda que transitoriamente, algum mandado, cargo ou função pública. Ocorre que a lei não trouxe a definição de improbidade, mantendo aberto o conceito, em especial, quando se trata do ato de improbidade por violação aos princípios da Administração Pública, trazendo insegurança jurídica aos que se submetem ao diploma legal.

Nesse contexto, considerando que a doutrina brasileira costuma entender a probidade como uma moralidade qualificada, conceito originário do francês Maurice Hariou, buscou-se no ordenamento jurídico da França encontrar algum correspondente aos atos de improbidade.

Analisando alguns autores brasileiros que trataram da temática do Direito Comparado, bem como a legislação francesa, verificou-se que não há previsão legal do ato de improbidade entendido como ilícito administrativo. Em verdade, a ofensa ao princípio da probidade administrativa (bem como os atos que comportem enriquecimento ilícito, entendidos como atos corruptos na França) está prevista apenas no Código Penal Francês.

Apesar disto, existem julgados do Conselho de Estado Francês que responsabilizam os agentes públicos por condutas que violem a honestidade administrativa. Dito de outra forma: apesar de não existir um diploma legal quanto ao tema, a jurisprudência administrativa tem reconhecido a necessidade de a atuação administrativa se basear em noções de boa administração, probidade e moralidade administrativa, de maneira muito semelhante ao que se pretendeu criar no Brasil com a Lei 8.429/92.

Considerando que o objetivo do presente artigo era verificar se existiria correspondente legal a figura do ato de improbidade administrava na França, observa-se que apesar de a noção de moralidade administrativa (gênero da espécie improbidade) nortear a atuação administrativa estrangeira, parece que o instituto criado pelo art. 37, §4º da CF e pela Lei 8.429/92, de fato, possui características peculiares que o tornam uma invenção brasileira, conforme salientado por Trevissan e Osório.

A única certeza, pelo exposto, é que respostas simples não virão. A luta por uma atuação administrativa proba e eficiente é um processo constante de evolução, seja ele mérito único da esfera penal ou também de sanções civis específicas. A inovação legislativa brasileira não é necessariamente uma crítica, bem como a ausência do escrutínio legal não foi tão danoso ao histórico republicano francês.

Referências

ALMEIDA, Carlos Ferreira de; CARVALHO, Jorge Morais. Introdução ao Direito Comparado. 3 ed. Coimbra: Almedina, 1994.

ARRAU, Fernando; LOUISEAU, Virginie. Control de la corrupción en el derecho comparado: Argentina, España, Francia y México . Serie Estudios de Anticipación/CEA/ BCN; Ano II Nº 16, Fevereiro de 2003.

AUBY, Jean Bernard; METAYER, Lucie Cluzel; XENOU, Lamprini. Administrative Law in France. In: SEERDEN, René (ed.). Comparative Administrative Law: Administrative Law of the European Union, its member states and the United States. 4 ed. Cambridge – Antwerp – Portland: Intersentia, 2018.

BANDEIRA, Luiz Fernando. Uma perspectiva em Direito Comparado da constitucionalização do Direito Administrativo em países selecionados. Disponível em: https://www2.senado.leg.br/bdsf/bitstream/handle/id/92456/Bandeira%20Luiz%20.pdf?sequence=1, Acesso em 01/06/2019.

BITENCOURT NETO, Eurico. Improbidade Administrativa e violação de princípios, Belo Horizonte: Editora Del Rey, 2005.

BITENCOURT NETO, Eurico Bitencourt. Legalidade e Improbidade Administrativa: justa aplicação da Lei 8429/92. In: FERRAZ, Luciano. MOTTA Fabricio (ccords.) Direito Público Moderno: Homenagem especial ao Professor Paulo Neves de Carvalho, Belo Horizonte: Del Rey, 2003.

GIACOMUZZI, José Guilherme. A moralidade administrativa – história de um conceito. Disponível em: http://bibliotecadigital.fgv.br/ojs/index.php/rda/article/view/46347. Acesso em 20/06/2019.

GUIMARÃES, Stenio Henrique Sousa. Lei de improbidade ao longo da nossa histórica tupiniquim. Disponível em: https://steniohenrique.jusbrasil.com.br/artigos/586188091/lei-de-improbidade-administrativa-ao-longo-da-nossa-historia-tupiniquim

HAURIOU, Maurice. Précis élementaire de droit administratif. 4. Ed. Paris: Sirey, 1938 HUNGRIA, Nélson. Comentários ao Código Penal, vol. I, tomo II, 6ª ed., Rio de Janeiro: Forense

JEAN-PIERERRE, Didier. L'ethique du fonctionnaire civil – Son controle dans les jurisprudences administrative et constitutionnelle françaises. Paris: LGDJ, 1999, p. 205/210.

MEIRELLES, Hely Lopes. WALD, Arnoldo. MENDES, Gilmar Ferreira. Mandado de Segurança e Ações Constitucionais. Malheiros Editores, 37a Edição, São Paulo

MOREIRA NETO, Digo de Figueiredo. Mutações do Direito Administrativo. 2000

NEIVA, José Antonio Lisbôa, Improbidade administrativa – estudo sobre a demanda na ação de conhecimento e cautelar. Rio de Janeiro: Impetus, 2005

OSÓRIO, Fábio Medina. Conceito e tipologia dos atos de improbidade administrativa. Revista de Doutrina da 4ª Região, Porto Alegre, n. 50, out. 2012. Disponível em: <http://www.revistadoutrina.trf4.jus.br/artigos/edicao050/Fabio_Osorio.html> Acesso em: 04/06/2019.

OSÓRIO, Fábio Medina. Improbidade administrativa na Constituição de 1988: uma ilegalidade qualificada. In: Alexandre de Moraes. (Org.). Os 20 anos da Constituição da República Federativa do Brasil. São Paulo: Atlas, 2008.

OSÓRIO, Fábio Medina. Teoria da Improbidade Administrativa: má gestão pública, corrupção, ineficiência. São Paulo: Revista dos Tribunais, 2018

Ranking da Transparency International. Disponível em: https://www.transparency.org/cpi2018. Acesso em 20/06/2019.

Relatório de 2018 do Grupo de Estados contra a Corrupção. Disponível em: https://rm.coe.int/fourth-evaluation-round-corruption-prevention-in-respect-of-members-of/16808d64ba. Acesso em 20/06/2019.

TREVISAN, Leonardo Simchen. Considerações acerca do princípio da moralidade administrativa e da lei de improbidade administrativa. Revista eletrônica Diálogos em Direito Administrativo. Disponível em: http://www.administrativoemdialogo.com.br/rdda2_Leonando_Simchen_Trevisan_consideracoes_acerca_do_principio_da_moralidade_administrativa_e_da_lei_de_improbidade_administrativa.html. Acesso em 05/06/2019.

PARTE IV
O DIREITO ADMINISTRATIVO CONTEMPORÂNEO

11
A Participação de Empresas em Recuperação Judicial nas Licitações e Contratos do Poder Público: Uma Análise a partir da Questão da Isonomia, da Função Social da Empresa e dos Impactos da Pandemia de Coronavírus (Covid-19)

José Sérgio da Silva Cristóvam
Arthur Bobsin de Moraes

1. Considerações Iniciais

Nos últimos anos, principalmente em virtude dos encadeamentos decorrentes das sucessivas investigações sobre casos de corrupção empresarial, em sua maioria desdobrados da chamada "Operação Lava Jato",[1] diversas empresas e grupos empresariais (sobretudo as grandes construtoras) do país buscaram renegociar seus contratos, tanto no âmbito administrativo como aqueles da esfera privada, ante a eminente suspensão do direito de participar em licitações e o impedimento de contratar com a Administração, bem como os casos de declaração de idoneidade, suspensão das linhas de crédito de bancos públicos e diversos pedidos de recuperação judicial e falências.

Para se ter uma ideia, o Indicador Serasa Experian de Falências e Recuperações aponta o ano de 2016 como aquele em que mais foram registra-

---

[1] Para uma análise crítica acerca da Operação Lava Jato e os seus impactos econômicos no Brasil, inclusive no plano de uma inserção internacional mais autônoma e menos dependente, ver: SOUZA, Jessé. **A elite do atraso**: da escravidão à Lava Jato. Rio de Janeiro: Leya, 2017.

O DIREITO ADMINISTRATIVO SOCIAL E ECONÔMICO

dos pedidos de recuperação judicial,[2] desde o advento da Lei Federal nº 11.101/2005 (Lei Geral de Recuperação Judicial e Falências – LGRJF).[3]

Diante deste cenário, inegável que o instituto da recuperação judicial ganhou força nos últimos anos, fato que atinge não apenas àquelas empresas que possuem contratos junto à iniciativa privada, mas também e diretamente as sociedades empresárias que contratam com o Poder Público.

Isto porque, afora todos os problemas econômicos e financeiros que afetam os estabelecimentos empresariais em crise e o seu entorno de relações jurídicas, econômicas e sociais, tal situação também traz impactos na inter-relação entre as exigências legais e bases de objetivos previstos no art. 3º da Lei Federal nº 8.666/1993 (Lei Geral de Licitações e Contratos – LGLC)[4] e aquelas trazidas com os objetivos disposto no art. 47 da LGRJF.[5]

Portanto, interessa sobremaneira buscarmos a resposta aos seguintes questionamentos: poderia o Poder Público estabelecer exceções (mais ou menos amplas) aptas a viabilizar a participação das sociedades empresárias em regime de recuperação nos procedimentos licitatórios? Isso não acabaria por relativizar sobremaneira o princípio da isonomia em prestígio à função social da empresa em recuperação? A situação não acabaria por colocar em risco a própria garantia da respectiva contratação pública?

---

[2] Sobre o tema, ver: Pedidos de recuperação judicial batem recorde; falências também sobem. **ConJur – Revista Consultor Jurídico**, São Paulo, jan. 2017. Disponível em: https://www.conjur.com.br/2017-jan-11/pedidos-recuperacao-judicial-batem-recorde-falencias-tambem-sobem. Acesso em: 1 abr. 2020.

[3] BRASIL. Lei nº 11.101, de 9 de fevereiro de 2005. Brasília, fev. 2005. Disponível em: http://www.planalto.gov.br/ccivil_03/_ato2004-2006/2005/lei/l11101.htm. Acesso em: 1 abr. 2020.

[4] Eis a redação: "Art. 3º A licitação destina-se a garantir a observância do princípio constitucional da isonomia, a seleção da proposta mais vantajosa para a administração e a promoção do desenvolvimento nacional sustentável e será processada e julgada em estrita conformidade com os princípios básicos da legalidade, da impessoalidade, da moralidade, da igualdade, da publicidade, da probidade administrativa, da vinculação ao instrumento convocatório, do julgamento objetivo e dos que lhes são correlatos". BRASIL. **Lei nº 8.666, de 21 de junho de 1993**. Brasília, jun. 1993. Disponível em: http://www.planalto.gov.br/ccivil_03/leis/L8666compilado.htm. Acesso em: 1 abr. 2020.

[5] Eis a redação: "Art. 47. A recuperação judicial tem por objetivo viabilizar a superação da situação de crise econômico-financeira do devedor, a fim de permitir a manutenção da fonte produtora, do emprego dos trabalhadores e dos interesses dos credores, promovendo, assim, a preservação da empresa, sua função social e o estímulo à atividade econômica". BRASIL. **Lei nº 11.101, de 9 de fevereiro de 2005**. Brasília, fev. 2005. Disponível em: http://www.planalto.gov.br/ccivil_03/_ato2004-2006/2005/lei/l11101.htm. Acesso em: 1 abr. 2020.

No caso, a problemática gravita em torno da busca de uma linha de conformação entre as dimensões da função social da empresa e as exigências normativas aplicáveis aos procedimentos licitatórios, que em larga esteira decorrem da própria ideia de isonomia e igualdade de condições entre os seus participantes.

Aqui, falamos mais diretamente dos procedimentos licitatórios, mas a negativa de recuperação judicial também é comumente exigida naqueles procedimentos de contratação direta em geral (dispensas e inexigibilidades dos artigos 24 e 25 da LGLC), exceto para os casos de dispensa de licitação em razão do valor (artigos 24, I e II da LGLC), mas isso também somente com base em precedentes judiciais que a afastam. Da mesma forma, embora a Lei Federal nº 13.303/2016 (Lei das Estatais)[6] não traga previsão expressa acerca dos requisitos de habilitação, mas o seu artigo 58, III prevê como parâmetro a capacidade econômica e financeira, sendo que os respectivos regulamentos das empresas estatais geralmente trazem a exigência da negativa de recuperação judicial, de modo que o tema ganha contornos ainda mais amplos.

Ocorre que, exatamente agora, enquanto este texto é produzido, surge uma avassaladora e extraordinária variável que precisa ser acrescida ao debate, até porque indica potencial de devastação humanitária e socioeconômica atualmente de quase impossível mensuração. A Pandemia de Coronavírus (Covid-19), que iniciou na China em meados de dezembro de 2019 e em menos de 3 meses já se alastrou por todos os Continentes, tem cobrado respostas de Governos e Estados nacionais ainda atônitos e sem amplo poder de reação, frente aos enormes danos já causados e que certamente se ampliarão a partir deste terrível quadro de pandemia global. A máxima redução na perda de vidas humanas precisa ser o foco de todas as primeiras preocupações dos Governos e instituições públicas e privadas mundo afora, e as análises científicas, quase que à unanimidade, apontam atualmente o isolamento social como o "remédio" mais eficaz,[7]

---

[6] BRASIL. **Lei nº 13.303, de 30 de junho de 2016**. Brasília, jun. 2016. Disponível em: http://www.planalto.gov.br/ccivil_03/_ato2015-2018/2016/lei/l13303.htm. Acesso em: 1 abr. 2020.

[7] FOLHA. **Incentivar o isolamento social significa valorizar a vida, a saúde e o respeito**: é preciso ampliar a mobilização para o autoconfinamento para proteger populações mais vulneráveis. São Paulo, 26 mar. 2020. Disponível em: https://www1.folha.uol.com.br/equilibrioesaude/2020/03/incentivar-o-isolamento-social-significa-valorizar-a-vida-a-saude-e-o-respeito.shtml. Acesso em: 1 abr. 2020.

enquanto ainda pouco se sabe sobre o vírus e há largos limites às condições de respostas dos sistemas de saúde para atender a uma colossal procura por internações (nos casos de manifestações mais graves da virose).

Entretanto, o isolamento social tende a trazer consequências duras e até mesmo drásticas à economia local, nacional e global, isso pelo menos no curto e médio prazo. A toda evidência, no momento ainda não há como prevermos a extensão dos impactos econômicos da Covid-19 nas mais diversas regiões do nosso país e no mundo, mas não parece demasiado pessimista arriscar que tendam a ser sim drasticamente expressivos e, infelizmente, duradouros.

Tal situação tende a desencadear uma nova onda de pedidos de recuperação judicial de empresas, o que certamente cobrará regimes normativos especiais para uma situação que se mostra excepcional, e também devolverá ao centro do debate a necessidade de se discutir regras mais claras acerca da participação das sociedades empresárias em regime de recuperação nos procedimentos licitatórios do Poder Público. Até porque, evidentemente, o próprio Estado brasileiro tende a ser cobrado na atuação como indutor da retomada econômica, inclusive de forma direta, a partir de contratações públicas nos mais diversos setores e seguimentos.

Como visto, a abordagem proposta parte, em considerável medida, de suposições conjunturais acerca dos possíveis desdobramentos da Pandemia de Coronavírus (Covid-19) no âmbito socioeconômico nacional e seus impactos para o setor empresarial, visto que no atual momento há sim muito mais dúvidas do que certezas, e as poucas certezas que ontem existiam hoje já não subsistem. Sim, é certo que em tempos assim tão instáveis a prudência indicaria a precaução e até o não opinar! Por outro lado, é justamente em tempos assim difíceis que precisamos debater e tentar apontar caminhos, que possam – ainda que de forma acanhada – auxiliar no enfrentamento de uma situação de tamanhas proporções.

A partir destas premissas e feitas as necessárias ressalvas, partiremos de uma breve análise acerca das noções de sociedade empresária, empresa, recuperação judicial e sua interligação com as licitações os contratos públicos, passando depois para a análise de alguns precedentes do Superior Tribunal de Justiça (STJ) sobre o tema, bem como o Parecer nº 04/2015/CPLC/DEPCONSU/PGF/AGU, da Advocacia-Geral da União (AGU), que analisam algumas peculiaridades da relação entre as empresas em recuperação judicial e as licitações e contratos administrativo. Ao final, retomaremos à análise da questão a partir dos possíveis desdobramentos decorrentes da Pandemia de Coronavírus (Covid-19), de modo a indicarmos algumas considerações, ainda que provisórias, acerca do tema.

2. Sociedades Empresárias, Recuperação Judicial e Função Social da Empresa

Como ponto de partida, necessário retomarmos, mesmo que de forma breve, conceitos como os de sociedade empresária, empresário e empresa, seguindo para aspectos atinentes à recuperação judicial e à função social da empresa, com o intuito de prepararmos o terreno para o debate central e a posterior abordagem de questões que poderiam justificar a participação de empresas em recuperação judicial nos procedimentos de compras públicas.

2.1. Sociedade Empresária, Empresário e Empresa

Inicialmente, fundamental compreendermos a dinâmica das sociedades empresárias, bem como seu processo de formação, para, em um segundo momento, avançarmos a sua conceituação e, posteriormente, ao debate em torno da função social da empresa.

Para uma brevíssima recuperação histórica, cumpre frisar que o comércio é muito mais antigo que o direito comercial. Embora não sem contestações, acredita-se que o direito comercial tenha surgido, ainda que lentamente, apenas a partir da Idade Média, período em que o comércio atingiu um patamar mais avançado, com a criação dos burgos e do renascimento mercantil, impulsionado pelo crescente comércio marítimo. Desde então, o chamado direito comercial passou a regular principalmente os atos de comércio entre os comerciantes, as sociedades empresárias e os empresários.[8]

Sobre a definição legal de sociedade empresária e de empresário, concepções necessárias para mais à frente entendermos como a crise afeta esta categoria e, posteriormente, como atinge os segmentos que contratam com o Poder Público, convém buscarmos no Código Civil, em seus artigos 982 e 966, que a sociedade empresária é aquela que exerce "atividade própria de empresário sujeito a registro", sendo que este é "quem exerce profissionalmente atividade econômica organizada para a produção ou a circula-

---

[8] RAMOS, André Luiz Santa Cruz. **Direito empresarial**. 6. ed. Rio de Janeiro: Forense, 2016. p. 41-46.

ção de bens ou de serviços". Importante atentar que, conforme a exceção do parágrafo único do artigo 966, fica afastado do conceito de empresário "quem exerce profissão intelectual, de natureza científica, literária ou artística, ainda com o concurso de auxiliares e colaboradores".

Com efeito, sociedade empresária é o mecanismo jurídico que permite ao seu titular o exercício de uma atividade econômica capaz de proporcionar lucros, sujeita, inclusive, a perdas eventuais e despesas inerentes à atividade.[9]

Por sua vez, empresa é a organização voltada para a produção de bens, circulação de riquezas ou prestação de serviços, sempre buscando a finalidade econômica, com a obtenção de lucros como principal objetivo.[10]

Conforme visto, inclusive a partir da mescla das definições trazidas pelos artigos 982 e 966 do Código Civil, o empresário é aquela pessoa, natural ou jurídica, que, por meio de atuação em caráter eminentemente profissional, exerce qualquer atividade econômica no campo do direito privado, superando a antiga figura do comerciante.[11] Cabe a ressalva de que esta noção de empresário mira o perfil subjetivo, ao passo que quando se quer fazer menção ao estabelecimento empresarial, perfil objetivo, haverá sim a relação com a atividade econômica organizada.[12]

Com a brevidade reclamada e para os fins do presente estudo, podemos então recuperar o seguinte: (i) sociedade empresária: o mecanismo jurídico que permite ao seu titular o exercício de uma atividade econômica; (ii) empresário: aquela pessoa, natural ou jurídica, que, por meio de atividade em caráter eminentemente profissional, exerce qualquer atividade econômica; (iii) empresa: a organização voltada à produção de bens, circulação de riquezas ou prestação de serviços.

Na sequência, cumpre avançarmos para a discussão acerca de algumas questões relacionadas ao instituto da recuperação judicial ordinária, temática necessária ao posterior enfrentamento da questão central do presente estudo.

---

[9] Verçosa, Haroldo Malheiros Duclerc. **Direito comercial – teoria geral das sociedades** – as sociedades em espécie do código civil. v. 2. 3. ed. São Paulo: Revista dos Tribunais, 2014. p. 39.

[10] RIZZARDO, Arnaldo. **Direito de empresa**. 5. ed. Rio de Janeiro: Forense, 2014. p. 53.

[11] RIZZARDO, Arnaldo. **Direito de empresa**. 5. ed. Rio de Janeiro: Forense, 2014. p. 54.

[12] RAMOS, André Luiz Santa Cruz. **Direito empresarial**. 6. ed. Rio de Janeiro: Forense, 2016. p. 53.

2.2. Sobre a Recuperação Judicial Ordinária e suas Fases

Especificamente no que toca ao presente estudo, cumpre recuperarmos breve definição jurídico-normativa acerca do instituto da recuperação judicial, bem como as razões que levam as empresas a requererem o procedimento, visando sua reestruturação/reestabelecimento. No caso do Brasil, o advento LGRJF trouxe o marco normativo e os novos mecanismos voltados à superação de crise no meio empresarial geral.

Sobre o tema, a própria LGRJF em seu artigo 47 apresenta o instituto da recuperação judicial como o meio para viabilizar a superação da situação de crise econômico-financeira do devedor, a fim de permitir a manutenção da fonte produtora, do emprego dos trabalhadores e dos interesses dos credores, promovendo a preservação da empresa, sua função social e o estímulo à atividade econômica. Uma base normativa que parece sim em total compasso com aquelas dimensões constitucionais que decorrem do próprio artigo 170 da Constituição de 1988.

Na mesma esteira, Maria Celeste Morais Guimarães define o instituto como uma ação destinada a sanar a situação de crise econômico-financeira do devedor, salvaguardando a manutenção da fonte produtora, do emprego de seus trabalhadores e os interesses dos credores, viabilizando, assim, a função social da empresa.[13]

E a visão dos tribunais indica a mesma trilha, como de retira do precedente da Segunda Seção do STJ, quando ao analisar o Agravo Regimental nº 86.594/SP entendeu que "a recuperação judicial tem como finalidade precípua o soerguimento da empresa mediante o cumprimento do plano de recuperação judicial, salvaguardando a atividade econômica e os empregos que ela gera, além de garantir, em última *ratio*, a satisfação dos credores".[14]

Inclusive, sobre a questão da crise das empresas e o contexto de novos mecanismos, Ricardo Negrão pontua que nos casos em que a crise da empresa persiste, sem a remoção de suas causas e a satisfação dos créditos dos credores, criando-se uma situação de inviabilidade de continua-

---

[13] GUIMARÃES, Maria Celeste Morais. **Recuperação judicial de empresas e falência**: à luz da lei n. 11.101/2005. Belo Horizonte, Del Rey, 2007. p. 126.

[14] BRASIL. **Superior Tribunal de Justiça**. AgRg no CC 86.594/SP, julgado em 25/06/2008. Disponível em: https://ww2.stj.jus.br/processo/revista/inteiroteor/?num_registro= 200701386680&dt_publicacao=01/07/2008. Acesso em: 1 abr. 2020.

ção dos negócios, que conduz o empresário ao estado falimentar, que será afastado, *v.g.*, pela via da recuperação judicial.[15]

Em síntese, a recuperação judicial pode ser definida como uma *"solução de mercado judicializada"*, na medida em que é o próprio mercado (credores trabalhistas, bancos etc.) que decide os rumos da empresa, acatando ou não o plano apresentado. Até porque a intervenção judicial ocorre de modo mais limitado/neutro, na pauta do controle da legalidade do plano e das respectivas deliberações.

Ao comentar acerca dos mecanismos de recuperação judicial estabelecido pela LGRJF, Ricardo Negrão consigna que a lei estabeleceu três instrumentos processuais que buscam reabilitar a situação econômico--financeiro do devedor, a saber: (i) recuperação ordinária; (ii) recuperação especial; (iii) recuperação extrajudicial.[16]

Entretanto, aqui somente será brevemente analisada a recuperação judicial ordinária, prevista nos artigos 47 a 69 da LGRJF, e somente naquilo que guarda relação com os debates em torno da possibilidade de empresas em recuperação judicial participarem de licitações e contratarem com o Poder Público.

Sobre as referidas fases, estas podem ser assim divididas: (i) postulatória; (ii) deliberativa; e, (iii) execução. A fase postulatória é aquela em que é apresentado o pedido de recuperação judicial, por meio de petição ao juízo competente (petição com o nome do autor, sua qualificação, causa de pedir, pedido e valor da causa), com a exposição de motivos das causas concretas da situação patrimonial do devedor e das razões da crise econômico-financeira, por meio de memorial descritivo das razões da situação de crise,[17] tudo acompanhado dos documentos essenciais ao pedido de recuperação (artigo 51 da LGRJF).

Na fase deliberativa é verificado o plano de recuperação e, no caso de acolhimento, defere-se o pedido que processa a recuperação judicial. Recebida a petição inicial, e não sendo o caso de aplicação das hipóteses processuais de indeferimento da petição, o juiz deliberará sobre: (i) nomeação

---

[15] NEGRÃO, Ricardo. **Aspectos objetivos da lei de recuperação de empresas e falências**: Lei n. 11.101, de 9 de fevereiro de 2005. 5. ed. São Paulo: Saraiva, 2014. p. 196.

[16] NEGRÃO, Ricardo. **Aspectos objetivos da lei de recuperação de empresas e falências**: Lei n. 11.101, de 9 de fevereiro de 2005. 5. ed. São Paulo: Saraiva, 2014. p. 196.

[17] MAMEDE, Gladston. **Direito empresarial brasileiro**: falência e recuperação de empresas, v. 4. 5. ed. São Paulo: Atlas, 2012. p. 134-136.

do administrador judicial; (ii) dispensa das certidões negativas para que o devedor exerça as atividades; (iii) suspensão de todas as ações; (iv) intimação do Ministério Público e a comunicação por cartas às Fazendas Públicas.[18]

Ainda, é também na fase de processamento (deliberativa) que o magistrado faz o exame formal do pedido, observando a ordem da documentação apresentada e, sendo o caso, defere o seu processamento. Inclusive, é o plano de recuperação que discrimina os meios pelos quais a sociedade empresária irá demonstrar sua viabilidade econômica, além do laudo econômico-financeiro e de avaliação dos bens do ativo do devedor, a ser apresentado em até 60 dias da publicação da decisão que deferir o processamento da recuperação judicial.[19]

Por fim, na fase de execução ocorre o chamado regime de recuperação, onde o empresário, ou sociedade empresária, permanecerá sob supervisão judicial, até que se cumpram todas as obrigações estabelecidas no plano apresentado previamente e aprovado pela assembleia, até que se passem os dois anos após a concessão da recuperação judicial.[20]

Importante, sobre o prazo dos 2 anos, que neste período eventual descumprimento das obrigações do plano de recuperação judicial acarreta a convolação da recuperação judicial em falência. Já o descumprimento após o biênio abre ao credor a possibilidade de promover a execução específica do título judicial, ou ainda requerer o pedido de falência.[21]

Portanto, podemos concluir que as fases da recuperação ordinária servem como um meio para orientar as empresas em recuperação judicial e, principalmente, os credores e o administrador judicial, no sentido de como proceder e quais as consequências do não cumprimento das obrigações constantes no plano, o que também tem impactos para a análise das questões que serão adiante tratadas, com especial impacto nas compras públicas.

---

[18] MAMEDE, Gladston. **Direito empresarial brasileiro**: falência e recuperação de empresas, v. 4. 5. ed. São Paulo: Atlas, 2012. p. 148.

[19] NEGRÃO, Ricardo. **Aspectos objetivos da lei de recuperação de empresas e falências**: Lei n. 11.101, de 9 de fevereiro de 2005. 5. ed. São Paulo: Saraiva, 2014. p. 209-212.

[20] MAMEDE, Gladston. **Direito empresarial brasileiro**: falência e recuperação de empresas, v. 4. 5. ed. São Paulo: Atlas, 2012. p. 180.

[21] MAMEDE, Gladston. **Direito empresarial brasileiro**: falência e recuperação de empresas, v. 4. 5. ed. São Paulo: Atlas, 2012. p. 181.

2.3. A Questão da Função Social da Empresa

Importante prosseguir com o debate acerca da noção de função social da empresa, conforme elencado no artigo 47 da LGRJF. Por certo, o objetivo da recuperação judicial é a preservação da empresa[22] e de sua função social, aqui central para discutirmos as eventuais situações de participação de empresas em recuperação judicial em procedimentos licitatórios e contratos administrativos.

Sobre o tema, Fábio Konder Comparato estabelece que a atividade empresarial desenvolvida pelas sociedades empresárias, independente do caráter privado, faz a empresa assumir também uma responsabilidade de cunho comunitário.[23]

Na mesma esteira, cabe recuperarmos as lições de Eros Roberto Grau, citado por Tullo Cavallazzi Filho, que no início da década de 1980 já chamava atenção que, para identificar a efetiva função social da empresa, é preciso lembrá-la como uma atividade que não está apenas restrita aos interesses particulares e a serviço do lucro, mas também como um ente com perfil funcional, atendendo os interesses comunitários.[24]

Em complemento, Ricardo Negrão sustenta que todas as sociedades empresárias atendem a uma função social, seja porque possibilitam escolhas ao consumidor e o servem em suas necessidades de consumo, seja também porque propiciam postos de trabalho. Assim, direta ou indiretamente, cada sociedade produz e faz circular bens e serviços, traduzindo-se em benefícios que formam o viver do homem moderno. Portanto, ao promover a função social de empresas em recuperação, o intérprete deve refletir sobre a extensão dos interesses – social e particular – envolvidos na tutela perseguida.[25]

Além disso, é de se considerar que nos casos da recuperação judicial, a assembleia geral de credores e o juiz da causa deverão entregar-se à pon-

---

[22] Sobre o tema, ver: NONES, Nelson. Sobre o princípio da preservação da empresa. **Revista Jurídica – CCJ/FURB**, Blumenau, v. 12, n. 23, p. 114 – 129, jan./jun. 2008. Disponível em: http://proxy.furb.br/ojs/index.php/juridica/article/view/841. Acesso em: 1 abr. 2020.

[23] COMPARATO, Fábio Konder. **Estado, empresa e função social**. São Paulo: Saraiva, 1995. p. 38.

[24] CAVALLAZZI FILHO, Tullo. **Função social da empresa e seu fundamento constitucional**. Florianópolis: OAB/SC Editora, 2006. p. 118.

[25] NEGRÃO, Ricardo. **A eficiência do processo judicial na recuperação de empresa**. São Paulo: Saraiva, 2010. p. 138-139.

deração de fins, que visa salvar a empresa, manter os empregos e garantir os créditos, uma vez que os processos concursais são "procedimentos de sacrifícios", que limitam os poderes do devedor e restringem os direitos dos credores.

Inegável, pois, a centralidade da função social da empresa, principalmente nos casos de recuperação judicial, porquanto não se limita aos interesses dos particulares, mas também de toda a comunidade e dos entes relacionados com a empresa.

3. Da Função Social da Empresa às Exigências de Regularidade para sua Participação nos Processos de Compras Públicas

Para o debate em torno da relação entre a função social da empresa e a sistemática dos procedimentos de licitação, importa fixarmos, ainda que suscintamente, os contornos de definição do instituto. Ao comentar acerca dos procedimentos licitatórios, Celso Antonio Bandeira de Mello ensina que a licitação é o certame que as entidades governamentais devem promover para buscar a proposta mais vantajosa, por meio de uma competição a ser travada de maneira isonômica.[26]

Em identidade de sentido, Marçal Justen Filho define a licitação como procedimento administrativo disciplinado por lei e por um ato administrativo prévio, edital de licitação, que determina critérios objetivos visando a seleção da proposta de contratação mais vantajosa e a promoção do desenvolvimento nacional sustentável, com observância do princípio da isonomia, conduzido por um órgão dotado de competência específica.[27]

Avançando no debate, Márcio Pestana aponta algumas das razões de justificação para a aplicação do procedimento de licitação, a saber: coibir ofensas ao princípio da isonomia; impedir a pessoalidade e preferência na escolha de fornecedores e prestadores de serviços; e, identificar a proposta mais vantajosa.[28]

Com efeito, destinada à seleção da proposta mais vantajosa, a licitação pública também tem por central objetivo assegurar a isonomia entre

[26] MELLO, Celso Antonio Bandeira de. **Curso de direito administrativo**. 32. ed. São Paulo: Malheiros, 2015. p. 291.

[27] JUSTEN FILHO, Marçal. **Curso de direito administrativo**. 11. ed. São Paulo: Revista dos Tribunais, 2015. p. 481.

[28] PESTANA, Marcio. **Licitações públicas no Brasil**: exame integrado das Leis 8.666/1993 e 10.520/200. São Paulo: Atlas, 2013. p. 1.

os licitantes, um dos pilares fundamentais de justificação dos certames de compras públicas. Sobre a ideia de igualdade de tratamento como alicerce das licitações, Maria Sylvia Zanella Di Pietro lembra que, em geral, é vedado o estabelecimento de condições que impliquem preferência em favor de determinados licitantes em detrimento dos demais.[29]

Sobre a questão da igualdade de tratamento nas compras públicas, referida pauta socioeconômica é de tamanho relevo que ganhou *status* normativo de matéria constitucional, nos termos do artigo 37, inciso XXI da Constituição de 1988, quando aponta claramente no sentido impositivo da "igualdade de condições a todos os concorrentes" e somente admite "exigências de qualificação técnica e econômica indispensáveis à garantia do cumprimento das obrigações almejadas".[30]

Mas não se pode perder de vista que a isonomia também significa tratar desigualmente os que se encontram em situação desigual, o que indica até certa plasticidade no enfrentamento de eventuais situações em concreto e uma espécie de aplicação ativa e dinâmica da dimensão normativa da isonomia.[31]

Por outro lado, e para o que aqui nos interessa mais diretamente, no âmbito da densificação das balizas constitucionais por meio da legislação infraconstitucional, importa ressaltar o artigo 31, II da LGLC, quando exige, para a comprovação da qualificação econômico-financeira dos licitantes, a "certidão negativa de falência ou concordata expedida pelo distribuidor da sede da pessoa jurídica, ou de execução patrimonial, expedida no domicílio da pessoa física", bem como o seu artigo 78, IX, que prevê como motivo para a rescisão do contrato administrativo, "a decretação de falência ou a instauração de insolvência civil".

---

[29] DI PIETRO, Maria Sylvia Zanella. **Direito administrativo**. 32. ed. São Paulo: Atlas, 2019. E-book.

[30] Eis a redação: "Art. 37... [...] XXI – ressalvados os casos especificados na legislação, as obras, serviços, compras e alienações serão contratados mediante processo de licitação pública que assegure igualdade de condições a todos os concorrentes, com cláusulas que estabeleçam obrigações de pagamento, mantidas as condições efetivas da proposta, nos termos da lei, o qual somente permitirá as exigências de qualificação técnica e econômica indispensáveis à garantia do cumprimento das obrigações". BRASIL. **Constituição da República Federativa do Brasil de 1988**. Brasília, out. 1988. Disponível em: http://www.planalto.gov.br/ccivil_03/Constituicao/Constituicao.htm. Acesso em: 1 abr. 2020.

[31] JUSTEN FILHO, Marçal. **Curso de direito administrativo**. 11. ed. São Paulo: Revista dos Tribunais, 2015. p. 182.

Tal cenário normativo impõe a seguinte indagação: em que medida seria justificável a flexibilização e/ou afastamento das referidas restrições normativas, para o caso de empresas em recuperação judicial? Isso poderia ser justificado a partir da dimensão da função social da empresa?

Apenas para adiantar, a doutrina especializada traz divergências acerca da interpretação das normas acerca da participação das empresas em recuperação judicial nas licitações públicas. Conforme sustenta Marçal Justen Filho, quando o artigo 31, II da LGLC faz referência à concordata isto precisa ser interpretado de forma a albergar os casos de recuperação judicial (e também extrajudicial), porquanto haveria a presunção de insolvência da empresa em crise, pelo que as empresas em recuperação não poderiam participar de certames públicos.[32]

Em sentido diverso e que parece mais acertado, inclusive porque no caso soaria incabível eventual interpretação ampliativa para restringir direitos, parte da doutrina entende não ser possível equiparar a concordata à recuperação judicial, para os fins de aplicação do disposto no artigo 31, II da LGLC, e como a legislação de compras públicas não traz a previsão de exigência de certidão negativa de recuperação judicial (inclusive porque regulamentada em legislação posterior), isso não poderia ser feito pela Administração Pública como condição de habilitação.[33]

Estas e outras questões serão agora analisadas a partir de alguns precedentes do STJ sobre o tema e parecer da AGU que procuram indicar linhas de enfrentamento da questão aqui debatidas.

---

[32] Nas palavras do autor: "A recuperação judicial (e extrajudicial), mecanismo introduzido em substituição à antiga concordata, desperta a atenção. Deve-se ter em vista que a recuperação judicial não é um novo nome para o mesmo instituto. Suas finalidades e seu regime jurídico são distintos dos da antiga concordata. No entanto, afigura-se o entendimento dos efeitos da concordata sobre a contratação administrativa deverá ser aplicada à recuperação judicial [...] Em primeiro lugar, mantém-se a presunção de insolvência relativamente ao sujeito que pleiteia a recuperação judicial. Esse é o aspecto fundamental, que conduz à inviabilização da contratação administrativa. Esse é o fundamento pelo qual se reputa que também a recuperação extrajudicial se traduz em impedimento à habilitação para participação em licitação. JUSTEN FILHO, Marçal. **Comentários à lei de licitações e contratos administrativos**. 16. ed. São Paulo: Revista dos Tribunais, 2014. p. 638.

[33] Neste sentido, ver: NIEBUHR, Joel de Menezes. **Licitação pública e contrato administrativo**. 4. ed. Belo Horizonte: Fórum, 2015. p. 447.

4. A Participação de Empresas em Recuperação Judicial nas Compras Públicas a partir da Jurisprudência do STJ

Importante, agora, a análise crítica de decisões que enfrentaram, ainda que de forma perfunctória e/ou indireta, a problemática da autorização das sociedades no regime de recuperação judicial de participarem de certames públicos.

De pronto, importante justificar o recorte da análise em decisões no âmbito do STJ e sem abranger tribunais estaduais e/ou federais, para buscar o entendimento sobre o tema a partir da posição do tribunal que tem por competência a interpretação e uniformização de entendimento acerca de normas federais, como no caso da LGLC e da LGRJF.

Sobre os precedentes, o primeiro deles é o Recurso Especial nº 1.187.404/RN, que afastou a apresentação de certidão negativa de débitos tributários em certame licitatório; o segundo é o AgRg na Medida Cautelar nº 23.499/RS, que, em sede de medida cautelar, autorizou a empresa a participar do certame público sem apresentar a certidão de falência e recuperação judicial; o terceiro é o AREsp nº 309.867, que entendeu que a participação é possível, desde que demonstrada, na fase de habilitação, a viabilidade econômica da recuperanda. Por fim, será analisado o Parecer nº 04/2015/CPLC/DEPCONSU/PGF/AGU, que tratou de esmiuçar as nuances do AgRg na Medida Cautelar nº. 23.499/RS.

4.1. Recurso Especial nº 1.173.735/RN

O Recurso Especial nº 1.173.735/RN analisou a situação de empresa que se sagrou vencedora de certame público para a prestação de serviços de construção e montagem de instalações industriais de produção de petróleo e gás natural, mas que, diante de severa crise, entrou no regime de recuperação judicial, deixando de ostentar em dia algumas de suas certidões negativas.[34]

Diante disso, após a realização de parcela do serviço, o Poder Público contratante exigiu para que o pagamento fosse realizado, que a contratada comprovasse a regularidade tributária, sob pena de não receber o valor dos serviços executados.

---

[34] BRASIL. **Superior Tribunal de Justiça**. REsp 1173735/RN, julgado em 22/04/2014. Disponível em: https://ww2.stj.jus.br/processo/revista/inteiroteor/?num_registro=201000037874&dt_publicacao=09/05/2014. Acesso em: 1 abr. 2020.

No caso, o acórdão em análise também consignou que, seja para continuar no exercício de sua atividade, seja para contratar ou continuar executando contrato com o Poder Público, a apresentação da certidão negativa de débitos tributárias seria dispensada.

Com efeito, a situação tratada do referido precedente é relativamente distante da aqui debatida. Entretanto, o caso interessa na medida em que os Ministros do STJ decidiram por estender o entendimento de que se torna dispensável para o processo licitatório a apresentação de certidão negativa de débitos tributários. No acórdão, prevaleceu a posição no sentido de que o artigo 47 da LGRJF é um norte que visa operacionalizar a recuperação judicial, com vistas à superação da situação de crise econômico-financeira do devedor, a fim de permitir a manutenção da fonte produtora, do emprego dos trabalhadores e dos interesses dos credores, promovendo, assim, a preservação da empresa, sua função social.

A diferença no caso concreto é que os serviços contratados foram efetivamente prestados pela recuperanda e, portanto, a hipótese não trata de dispensa de licitação para contratar com o Poder Público ou para dar continuidade ao contrato existente, mas sim de pedido de recebimento dos valores pelos serviços efetiva e reconhecidamente prestados.

Em linhas gerais, pode inclusive atrair críticas uma posição que simplesmente dispensasse as certidões negativas de débitos tributários para determinado licitante, sem qualquer previsão normativa específica ou situação excepcionalmente justificável, tão somente pelo fato de estar em recuperação judicial.

Por outro lado, cumpre reconhecer que a decisão somente abordou a matéria de maneira superficial, uma vez que não tinha por objeto a possibilidade de participação ou não da sociedade empresária em recuperação judicial nos certames públicos, mas apenas a pagamento por serviços já contratados e executados, embora ausentes as respectivas certidões negativas da empresa contratada.

4.2. AgRg na Medida Cautelar nº 23.499/RS

A Medida Cautelar nº 23.499/RS pode ser considerada efetivamente como uma das primeiras decisões proferidas pelo STJ que enfrentou a questão da possibilidade de empresas em recuperação judicial participarem de certames públicos, embora, no caso, tenha se limitado a afastar a necessidade de apresentação de certidão negativa de recuperação judicial, falência e concordata, silenciando sobre as demais certidões, índices contábeis das empresas e outros documentos de habilitação.[35]

No caso, uma empresa do ramo de soluções de tecnologia, com foco comercial dirigido ao setor público, e que estava submetida à recuperação judicial, postulou o afastamento da exigência prevista no artigo 31, II da LGLC, ao argumento de que não seria vedada a participação das empresas sob o rito da recuperação judicial em licitações, por falta de previsão legal estrita – aquela vedação legal atingiria somente empresas em concordata ou falência e não recuperação judicial.

A empresa possuía todas as demais certidões e documentos exigidos no artigo 31 da LGLC, o que amparou o deferimento da Medida Cautelar, sem que o STJ tivesse que conhecer de outras situações.

No STJ restou consignado que, em uma exegese teleológica da LGRJF, a norma visa conferir operacionalidade à recuperação judicial, sendo desnecessário comprovação de regularidade tributária, nos termos do seu artigo 57 e do artigo 191-A do CTN, diante da inexistência de lei específica a disciplinar o parcelamento da dívida fiscal e previdenciária de empresas em recuperação judicial. Sobre o tema aqui tratado, o STJ entendeu que uma empresa em recuperação judicial pode ser dispensada de apresentação da certidão prevista no artigo 31, II da LGLC, isso considerados os fins dispostos no artigo 47 da LGRJF.

O caso não trata, *v.g.*, de eventuais situações em que determinada empresa, em regime de recuperação judicial, afora a ausência da respectiva certidão negativa, venha a não atingir os índices contábeis exigidos no edital de licitação com base no artigo 31 da LGLC ou deixe de apresentar as respectivas certidões negativas de débitos fiscais etc.

4.3. Agravo em Recurso Especial nº 309867/ES

O mais recente caso apreciado pelo STJ é o Agravo em Recurso Especial nº 309867/ES, julgado em 26 de junho de 2018, que tem como pano de fundo ato coator que decidiu pela impossibilidade de empresa de participar de procedimentos licitatórios, sob o fundamento de estar em recuperação judicial.[36]

---

[35] BRASIL. **Superior Tribunal de Justiça**. AgRg na MC 23.499/RS, julgado em 18/12/2014. Disponível em: https://ww2.stj.jus.br/processo/revista/inteiroteor/?num_registro= 201402872892&dt_publicacao=19/12/2014. Acesso em: 1 abr. 2020.

[36] BRASIL. **Superior Tribunal de Justiça**. AREsp 309867/ES, julgado em 26/06/2018. Disponível em: https://ww2.stj.jus.br/processo/revista/documento/mediado/?componente

No caso, a Administração Pública justificou que, principalmente no caso de obras de grande expressão econômica e responsabilidade técnica, legítima a vedação de contratação de empresa em recuperação judicial, porquanto poderia colocar em risco o próprio cumprimento das obrigações, o que não estaria a resguardar a ideia de interesse público.[37] No caso, não poderia o Poder Público correr o risco de contratar com empresa em dificuldade, principalmente no caso de grandes obras, colocando em risco a busca da proposta mais vantajosa a própria contratação pública, com a prevalência no caso do princípio da isonomia e o princípio da função social da empresa.[38]

No tribunal local (Tribunal de Justiça do Estado Espírito Santo), a decisão foi no sentido de que a vedação prevista no artigo 31, II da LGLC incide também nos casos de recuperação judicial, que afetam empresas em graves dificuldades econômicas e colocam em risco o empreendimento empresarial. E, na ponderação entre a função social da empresa e isonomia feita pela autoridade impetrada, correta a preservação da segurança jurídica da contratação e da proposta mais vantajosa.

Ponto de fulcral relevo no caso está no fato de que a sociedade empresária teve seu plano de recuperação aprovado em assembleia geral de credores e homologado pelo juízo competente, com a prova de regular cumprimento das obrigações do plano de recuperação, inclusive com certidão mensal atestando a plena capacidade econômico-financeira da recuperanda. Uma variável fática importante na análise da incidência da função social da empresa e sua participação em certame público. Embora sem a

---

=ITA&sequencial=1731236&num_registro=201300649473&data=20180808&formato=P DF. Acesso em: 1 abr. 2020.

[37] Ultrapassam os limites desse estudo o debate mais aprofundado sobre o conceito de interesse público e sua centralidade para o regime jurídico-administrativo. Apenas em breves considerações, pode-se dizer que o "conceito de interesse público confunde-se com os valores indisponíveis assegurados pela Constituição, sob o signo inafastável dos direitos fundamentais e da centralidade do princípio da dignidade da pessoa humana (personalização da ordem constitucional)". Sobre a noção de interesse público, ver: CRISTÓVAM, José Sérgio da Silva. **Administração Pública democrática e supremacia do interesse público**: novo regime jurídico-administrativo e seus princípios constitucionais estruturantes. Curitiba: Juruá, 2015. p. 98-117.

[38] Sobre o tema da colisão entre princípios, ver: CRISTÓVAM, José Sérgio da Silva. **Princípios constitucionais**: razoabilidade, proporcionalidade e argumentação jurídica. 2. ed. Curitiba: Juruá, 2016.

certidão negativa de recuperação judicial, a empresa impetrante dispunha de plano de recuperação aprovado e regularmente cumprido, o que indicaria sua capacidade econômica.

No STJ, o caso recebeu a relatoria do Ministro Gurgel de Faria, que concluiu pela necessária interpretação sistêmica entre os dispositivos da LGLC e da LGRJF, no sentido de fazer prevalecer o respeito à função social e preservação da empresa, com estímulo à atividade econômica, de modo que o interesse da coletividade seja atendido, com a busca da manutenção da fonte produtora, dos postos de trabalho e dos interesses dos credores.

Nesta linha, a decisão no AREsp nº 309867/ES foi no sentido de relativizar a exigência de apresentação de certidão negativa de recuperação judicial no caso, de forma a autorizar que a empresa em recuperação judicial participasse do certame em questão, com a ressalva da comprovação de viabilidade econômica da recuperanda na fase de habilitação.

A decisão entendeu, ainda, que por inexistir autorização legislativa expressa, incabível a automática inabilitação de empresas em recuperação judicial unicamente pela não apresentação da respectiva certidão negativa, também considerado o disposto no artigo 52, I da LGRJF, que indica a possibilidade de contratação com o Poder Público, o que, regra geral, pressupõe a participação prévia em procedimento de licitação. Uma decisão que, também neste ponto, parece acertada, no sentido de afastar a possibilidade de interpretação ampliativa em matéria de restrição de direitos pelo Poder Público, quando a lei assim não o dispuser de forma expressa.

No caso concreto, importa reiterar o fato de que a empresa teve o plano recuperatório aprovado em assembleia geral de credores e homologado em juízo, com as obrigações regularmente cumpridas, com a expedição judicial de certidão mensal para atestar a capacidade econômico-financeira da recuperanda.

Com efeito, não se desconhece que essa questão encontra destacada controvérsia no âmbito dos tribunais pelo país, com decisões ora aplicando uma interpretação mais restritiva, ora entendendo por preservar a função social da empresa e permitir sua participação, embora em recuperação judicial, nos procedimentos de licitação e contratações públicas.

Inclusive, isso reforça a relevância do precedente do AREsp nº 309867/ES, pelo qual o STJ acertadamente reconhece a prevalência da função social da empresa, no sentido de instrumentalizar pela via da recuperação judicial a superação de crise econômico-financeira, de modo a viabilizar a manutenção da fonte produtora, do emprego dos trabalhadores e dos interesses dos credores, o que justifica a participação de sociedades empresárias em recuperação judicial nas compras públicas, desde que demonstrada sua qualificação econômico-financeira.

4.4. Parecer nº 04/2015/CPLC/DEPCONSU/PGF/AGU

Após suscitadas as questões relacionadas as duas primeiras decisões aqui debatidas, cumpre a análise acerca do parecer da Comissão Permanente de Licitações e Contratos (CPLC) da AGU, que após a decisão da Medida Cautelar nº 23.499/RS, analisou a possibilidade de empresas em recuperação judicial participarem de licitação.[39]

Do parecer pode-se retirar, como linha geral, que a função social da empresa e a preservação da atividade empresarial devem ser respeitadas, de forma a permitir a participação de empresas assim qualificadas em certames públicos na esfera federal. Entretanto, o parecer indica a necessidade de se distinguir as fases postulatória e deliberativa do processo de recuperação judicial, conforme anteriormente aqui apresentado.

Com efeito, quando a empresa está com a recuperação judicial deferida, a tendência é (ou pelo menos deveria ser) a plausibilidade da sua reestruturação econômico-financeira, de modo que, embora ausente a certidão de recuperação judicial e falência, todas as demais certidões estariam em dia, de forma a respaldar a sua participação no certame.

Sobre a questão da possibilidade de participação de empresas em recuperação judicial em licitações, porque no artigo 31, II da LGLC não haveria a restrição expressa neste sentido (recuperação judicial ou extrajudicial), o parecer aponta no sentido de que tal exigência deveria ser interpretada à luz da atual legislação aplicável, no caso a LGRJF, inclusive na esteira do seu artigo 47.

Interessante ressaltar a parte em que o parecer propõe a distinção entre a situação de empresa que está a postula a recuperação judicial de outras que já tenham o plano de recuperação aprovado e homologado judicialmente, portanto, com a recuperação deferida.

Em síntese, segundo o referido parecer, apenas com o acolhimento judicial do plano de recuperação é que restaria satisfeita a demonstração da

---

[39] BRASIL. **Advocacia-Geral da União**. Parecer nº 04/2015/CPLC/DEPCONSU/PGF/AGU, aprovado em 26 de julho de 2015. Brasília, jul. 2015.

viabilidade econômico-financeira da empresa, cabendo ao órgão licitante diligenciar no sentido de aferir se a empresa em recuperação já teve seu plano de recuperação acolhido judicialmente, sendo-lhe exigidas todas as demais demonstrações de cumprimento dos requisitos de habilitação econômico-financeira.

5. Sobre os Impactos da Pandemia de Coronavírus (Covid-19)

A temática em debate ganha novos e extraordinário contornos, na medida em que, enquanto o presente estudo era realizado, no dia 30 de janeiro de 2020 a Organização Mundial da Saúde (OMS) considerou como "situação de emergência de saúde pública de importância internacional" a questão do contágio pelo chamado novo coronavírus (Covid-19) e, mais recentemente, no dia 11 de março de 2020, elevou a situação à condição de pandemia mundial.[40]

A disseminação do novo coronavírus tem causado impactos únicos na recente história mundial. Medidas como reclusão em quarentena, isolamento horizontal, fechamento de fronteiras, distanciamento social e até isolamento de cidades, são exemplos de recomendações feitas pela OMS e seguidas por várias cidades, regiões e países, com o objetivo de evitar o contágio ou pelo menos reduzir os danos à saúde das pessoas.

Nesta mesma esteira, na acertada tentativa de preservar a saúde das pessoas e, sobretudo, reduzir os picos nas curvas de contágio, vários dos nossos entes municipais e estaduais têm adotado medidas de enfrentamento mais duras e restritivas, com a decretação de fechamento de empresas que atuam em setores não essenciais ou com potencial à ampliação do contágio (circulação de pessoas), como, *v.g.*, indústria, comércio, construção civil, prestadores de serviço, companhias áreas, companhias de transporte urbano municipal e intermunicipal, situação que, a depender do tempo de restrição e ausência de políticas de compensação/reestruturação econômica, fatalmente tendem a dificultar e até mesmo inviabilizar a manutenção de empregos e a continuidade de muitos empreendimentos.

Trata-se de um conjunto de medidas de largo impacto na vida das pessoas em geral e no funcionamento das cidades, o que seguramente também

---

[40] PORTAL G1. **OMS declara pandemia de coronavírus**. 11 mar. 2020. Disponível em: https://g1.globo.com/bemestar/coronavirus/noticia/2020/03/11/oms-declara-pandemia-de-coronavirus.ghtml. Acesso em: 1 abr. 2020.

acarreta enormes reflexos na economia em escala local, regional, nacional e até global.

O agravamento da situação de crise está a exigir medidas estatais nas mais variadas áreas, tanto no enfrentamento da pandemia nas dimensões da área da saúde como nos seus aspectos econômicos. Sobre este ponto e no que guarda relação mais direta com a temática aqui em debate, o Plenário do Conselho Nacional da Justiça (CNJ) aprovou recomendação no sentido de que o Poder Judiciário flexibilize o cumprimento de algumas obrigações nos processos de recuperação judicial, com o objetivo de contribuir para a manutenção da atividade empresarial e preservação dos respectivos postos de trabalho.[41]

A referida recomendação, que indica a adoção de medidas para mitigar as consequências decorrentes do combate ao coronavírus, estabelece como diretrizes: (i) priorizar a análise e decisão sobre levantamento de valores em favor dos credores ou empresas recuperandas; (ii) suspender assembleias gerais de credores presenciais, autorizando reuniões virtuais; (iii) recomendar a prorrogação do prazo da suspensão (*stay period*); (iv) autorizar a devedora que esteja em fase de cumprimento do plano aprovado pelos credores a apresentar plano modificativo a ser submetido novamente à assembleia geral de credores; (v) determinar aos administradores judiciais que continuem a realizar a fiscalização das atividades das empresas recuperandas; (vi) avaliar com cautela as medidas de decretação de despejo por falta de pagamento e a realização de atos executivos de natureza patrimonial.

São recomendações alinhadas com outras medidas voltadas a mitigar o impacto de medidas econômicas de restrição às empresas que contratam com o Poder Público, ante a necessidade de se equacionar os efeitos da pandemia nos contratos públicos, com o reconhecimento da extraordinária situação de impedimento de atividade empresária que implica diretamente na execução do contrato.

A toda evidência, como não são situações ordinárias de inexecução contratual, restaria afastada a aplicação do regime sancionatório disciplinado pelos artigos 87 e seguintes da LGLC. Até porque, para situações assim

---

[41] BRASIL. **Conselho Nacional de Justiça**. Ato Normativo nº 0002561-26.2020.2.00.0000. Brasília, mar. 2020. Disponível em: https://www.migalhas.com.br/arquivos/2020/3/FF202946AF1280_votorelator.pdf. Acesso em: 1 abr. 2020.

extraordinárias e imprevisíveis como a que vivenciamos – pandemia global em razão do coronavírus – a própria legislação específica traz hipóteses de flexibilização das regras contratuais, de modo a readequar o contrato administrativo, como a prorrogação dos prazos (artigo 57, §1º, II e artigo 79, § 5º da LGLC), as hipóteses de reequilíbrio econômico-financeiro da contratação (artigo 65, II, d da LGLC) etc.

Portanto, o atual marco legislativo já prevê mecanismos mais ou menos aptos a mitigar os impactos de eventos extraordinários nos contratos administrativos, cabendo às sociedades empresárias contratadas a demonstração do liame e extensão dos referidos impactos causados pelo coronavírus em sua atividade e os efeitos nos contratos públicos.

Sobre o enfrentamento da Pandemia de Coronavírus (Covid-19) no plano legislativo, importante destacar a Lei Federal nº 13.979/2020,[42] com as alterações trazidas pela Medida Provisória nº 926/2020, e o posterior Decreto nº 10.282/2020, que estabelecem, dentre outras prescrições: (i) que as ações de contenção do coronavírus não devem impactar nos serviços públicos essenciais; (ii) a ampliação dos casos de dispensa de licitação para a aquisição de bens, serviços e insumos direcionados ao enfrentamento da pandemia, inclusive com o afastamento de requisitos de habilidades em determinadas situações; (iii) que a previsão de dispensa de licitação não se restringe a equipamentos novos; (iv) possibilidade excepcional de contratação de empresas que estejam com inidoneidade declarada ou com o direito de participar de licitação ou contratar com o Poder Público suspenso, quando se tratar, comprovadamente, de única fornecedora do bem ou serviço a ser adquirido; (v) dispensa da elaboração de estudos preliminares, redução dos prazos para aquisição de bens pela modalidade pregão e aumente da margem de acréscimos ou supressões ao objeto contratado para até 50% do valor inicial.

Estes são exemplos de medidas que procuram dinamizar a ação estatal e flexibilizar as restrições no âmbito das compras públicas, mas que não atingem a questão da contratação pública de empresas em regime de recuperação judicial.

No caso, interessante recuperarmos o Projeto de Lei nº 7.063/2017, de Relatoria do Deputado Federal Arnaldo Jardim, que busca modernizar a

---

[42] BRASIL. **Lei nº 13.979, de 6 de fevereiro de 2020**. Brasília, fev. 2020. Disponível em: http://www.planalto.gov.br/ccivil_03/_ato2019-2022/2020/lei/L13979.htm. Acesso em: 1 abr. 2020.

legislação sobre concessão de serviços públicos e Parcerias Público-Privadas (PPP's) e, no intuito de trazer maior segurança jurídica aos agentes envolvidos, principalmente a Administração Pública e o usuário do serviço público concedido, acaba por prever a vedação de aplicação dos regimes de recuperação judicial e extrajudicial às concessionárias, antes da extinção da concessão.[43]

Entretanto, o atual cenário indica um excepcional impacto negativo para as atividades empresariais no curto e médio prazo, não somente por aquelas que terão enormes dificuldades de cumprir com as obrigações assumidas com o Poder Público, bem como pelo contingente hipoteticamente expressivo de novos pedidos de recuperação judicial.

Um quadro que deveria ser enfrentado por meio de instrumento legislativo capaz de, a partir de parâmetros racionais e equilibrados, regulamentar a flexibilização de exigências legais no sentido de viabilizar a participação das empresas em crise econômica nas licitações públicas – sem fechar-lhes o acesso ao orçamento público (porque já estão em dificuldade financeira), mas também sem permitir riscos demasiados ao regular cumprimento do objeto contratado. As medidas poderiam dispor sobre as exigências de habilitação como certidões negativas fiscais; índices contábeis[44] (comprovação da viabilidade econômico-financeira); e, mais especialmente, a supressão da exigência de certidão negativa de recuperação judicial, o que poderia ser suprido por certidão/atestado da capacidade econômico-financeira da recuperanda ou até mesmo por provimento judicial específico do respectivo juízo da recuperação.

Nesta esteira, cumpre recuperarmos o Projeto de Lei nº 980/2019, de autoria do Deputado Federal Darci de Matos, que propõe a mudança na redação do artigo 31 da LGLC e do artigo 52 da LGRJF, justamente para vedar que empresas sejam inabilitadas simplesmente por estarem em recuperação judicial, de forma a aperfeiçoar a legislação, ampliar a concorrência nas compras públicas e trazer maior segurança jurídica aos interessados. Da justificativa ao projeto, cabe destacar:

---

[43] BRASIL. **Câmara dos Deputados.** PL nº 7.063/2017. Brasília, 2017. Disponível em: https://static.congressoemfoco.uol.com.br/2019/11/Relat%C3%B3rio-Arnaldo-Jardim-PPPs.pdf. Acesso em: 1 abr. 2020.

[44] Para uma análise crítica acerca da questão dos índices contábeis na fase de habitação em procedimentos de compras públicas, ver: BOSELLI, Felipe. **A utilização indiscriminada dos índices contábeis.** Disponível em: https://boselli.com.br/a-utilizacao-indiscriminada-dos-indices-contabeis-2/. Acesso em: 1 abr. 2020.

Com o advento da Lei nº 11.101, de 2005, o instituto da concordata foi extinto, dando lugar à recuperação judicial. Contudo, a legislação sobre licitações e contratos não foi atualizada a fim de se adequar à nova sistemática.

Ocorre que diversos editais têm exigido que a certidão negativa contemple também as situações de recuperação judicial. Vale dizer, o Poder Público, em diversas ocasiões, tem considerado inabilitada para o certame a empresa que esteja em recuperação.

Essa questão foi objeto de julgamento pela Primeira Turma do Superior Tribunal de Justiça (STJ), a qual decidiu, em síntese, que em razão da ausência de previsão legislativa expressa, é incabível a automática inabilitação de empresas submetidas à Lei nº 11.101, de 2005, unicamente pela não apresentação de certidão negativa de recuperação judicial. Sustentou que essa exigência deve ser relativizada a fim de possibilitar à empresa em recuperação judicial participar do certame, desde que demonstre, na fase de habilitação, a sua viabilidade econômica.[45]

Com efeito, o atual momento de crise por conta da Pandemia de Coronavírus (Covid-19) mostra-se em tudo oportuno para se conjugar esforços no sentido de avançar no tratamento legislativo da matéria, de forma a prever critérios objetivos, seguros e que viabilizem a participação daquelas sociedades empresárias que, embora em recuperação judicial, demonstrem as condições mínimas de disputa nos certames licitatórios e regular cumprimento do objeto a ser contratado.

Mas a abertura e flexibilização não podem ser irrestritas e mesmo irracionais, devendo sim levar em conta elementos objetivos que demonstrem a viabilidade econômica da empresa recuperanda, como a aprovação do respectivo plano e o cumprimento das demais obrigações, inclusive aquelas assumidas junto ao Poder Público. Por outro lado, se a matéria não receber a devida atenção no plano legislativo, continuará a povoar o ambiente dos tribunais, sobretudo porque doravante provavelmente será impulsionada pelos ainda imprevisíveis impactos da Covid-19.

---

[45] BRASIL. **Câmara dos Deputados**. PL nº 980/2019. Brasília, 2019. Disponível em: http://imagem.camara.gov.br/Imagem/d/pdf/DCD0020190312000340000.PDF#page=73. Acesso em: 1 abr. 2020.

Conclusões

O presente estudo procurou discutir o tema relacionado à participação de sociedades empresárias em recuperação judicial nos certames públicos, tanto a partir dos princípios da igualdade de tratamento no âmbito das licitações públicas e da função social da empresa, como dos precedentes do STJ e a orientação da AGU.

Um tema que, conforme advertimos desde a introdução, não se limita somente aos procedimentos licitatórios, envolvendo também os procedimentos de contratação direta em geral (dispensas e inexigibilidades dos artigos 24 e 25 da LGLC), bem como as contratações fundadas na Lei das Estatais, por ser comum a exigência de negativa de recuperação judicial nos respectivos regulamentos das empresas estatais.

Inclusive, sobre os precedentes do STJ, embora ainda se possa falar em estável jurisprudência, as decisões estudadas indicam claramente que trilham no sentido de viabilizar que sociedades empresárias em recuperação judicial participem de licitações públicas, com vistas a dar maior segurança jurídica, permitir a ampla competitividade e dar prevalência à função social da empresa.

Sobre o tema, até pela ausência de um marco normativo que estabeleça os limites e possibilidades em que sociedades empresárias em recuperação judicial possam participar de licitações públicas, sempre teremos casos de difícil solução. Por exemplo, qual a resposta para o hipotético caso de empresa em recuperação judicial que possua todas as certidões negativas de débitos fiscais, exceto aquela relativa aos débitos estaduais. Sob qual fundamento poderia o Poder Judiciário afastar tal exigência? Somente com base na função social da empresa?

Da mesma forma, pensemos no caso de empresa em recuperação judicial que, embora ostente todas as certidões negativas fiscais, não cumpra os respectivos índices contábeis exigidos, ainda que tenha seu plano de recuperação judicial aprovado pela assembleia geral de credores e demonstre a viabilidade de reestruturação financeira. Aqui, por tudo que restou até agora discutido, parece que haveriam razões mais sólidas para se justificar o afastamento da exigência do artigo 31, §§1º e 5º da LGLC, até porque seria possível a previsão de eventual garantia contratual, na esteira do artigo 56 da LGLC.

Em síntese, a recuperação judicial não pode em si servir de empecilho à participação das empresas recuperandas dos certames públicos, mas isso também em geral não pode implicar na possibilidade de a Administração Pública simplesmente aplicar condições excessivamente permissivas a tais licitantes, sobretudo sem amparo legal, sob pena de ofensa ao próprio princípio da isonomia entre os participantes.

Por outro lado, não fosse suficiente a condição de recessão já enfrentada e o aumento dos pedidos de recuperação judicial a indicar relevo ao presente debate, a questão aqui tratada agora ganha o impacto dos efeitos da Pandemia de Coronavírus, com desdobramentos ainda imprevisíveis na vida e saúde dos todos, bem como drásticos efeitos nos mais diversos segmentos da economia e nas contas públicas em geral.

Desde as últimas semanas, e aqui escrevemos no início de abril de 2020, os Governos e as instituições públicas em geral têm buscado, embora sem a esperada/necessária urgência e articulação, responder às crescentes demandas relacionadas à Covid-19 por meio de ações administrativas e medidas legislativas, no sentido enfrentar os problemas decorrentes da crise, redesenhando institutos jurídicos e seus efeitos como, *v.g.*, a ampliação da dispensa de licitação para incluir serviços de engenharia na contratação de empreiteiras, para construção e ampliação de hospitais e leitos necessários à mitigação dos impactos na saúde pública, bem assim para a aquisição de respiradores, fármacos e equipamentos de proteção individual.

Por certo, o impacto imediato e de curto prazo da pandemia nas recuperações judiciais trará consequências principalmente àquelas empresas com os planos de recuperação já aprovados, ante a perspectiva negativa de aquecimento da economia e a nítida recessão que se aproxima, sem previsão de crescimento econômico pelos próximos meses.

Entretanto, importa sobremaneira considerarmos prospectivamente as consequências de médio e longo prazo, principalmente com as sociedades empresárias afetadas pela crise e que fatalmente ampliarão o rol de pedidos de recuperação judicial, de forma a tornar ainda mais relevante o adequado tratamento legislativo do tema e a adequada regulamentação de suas participações nos certames públicos.

O eventual tratamento legislativo da matéria deveria não só explicitar a possibilidade de participação de empresas em recuperação judicial nos certames licitatórios, bem assim as respectivas exigências mínimas, mas fixar também parâmetros objetivos capazes de indicar que, se vencedora a recuperanda, a mesma teria condições de regularmente suportar a contratação.

O que precisa ficar demonstrado é se a empresa recuperanda possui aptidão econômico-financeira para cumprir o contrato, de forma a dar vida normativa a uma ponderação equilibrada entre os ditames das compras públicas e do regime de recuperação de empresas, de sua função social e do estímulo à atividade econômica e, em última análise ao interesse da coletividade, nestes graves tempos de crise humanitária e toda sorte de incertezas acerca dos desdobramentos decorrentes da Pandemia de Coronavírus (Covid-19). Numa crise assim de tamanho impacto, é certo que primeiro precisamos cuidar da saúde das pessoas, para depois buscarmos os melhores meios e mecanismos capazes de reduzir ao máximo os seus impactos econômicos. Este estudo busca, ainda que timidamente, contribuir neste segundo plano.

Referências

BOSELLI, Felipe. A utilização indiscriminada dos índices contábeis. Disponível em: https://boselli.com.br/a-utilizacao-indiscriminada-dos-indices-contabeis-2/. Acesso em: 1 abr. 2020.

BRASIL. Advocacia-Geral da União. Parecer nº 04/2015/CPLC/DEPCONSU/PGF/AGU, aprovado em 26 de julho de 2015. Brasília, jul. 2015.

BRASIL. Câmara dos Deputados. PL nº 7.063/2017. Brasília, 2017. Disponível em: https://static.congressoemfoco.uol.com.br/2019/11/Relat%C3%B3rio-Arnaldo-Jardim-PPPs.pdf. Acesso em: 1 abr. 2020.

BRASIL. Câmara dos Deputados. PL nº 980/2019. Brasília, 2019. Disponível em: http://imagem.camara.gov.br/Imagem/d/pdf/DCD0020190312000340000.PDF#page=73. Acesso em: 1 abr. 2020.

BRASIL. Constituição da República Federativa do Brasil de 1988. Brasília, out. 1988. Disponível em: http://www.planalto.gov.br/ccivil_03/Constituicao/Constituicao.htm. Acesso em: 1 abr. 2020.

BRASIL. Conselho Nacional de Justiça. Ato Normativo nº 0002561-26.2020.2.00.0000. Brasília, mar. 2020. Disponível em: https://www.migalhas.com.br/arquivos/2020/3/FF202946AF1280_votorelator.pdf. Acesso em: 1 abr. 2020.

BRASIL. Lei nº 8.666, de 21 de junho de 1993. Brasília, jun. 1993. Disponível em: http://www.planalto.gov.br/ccivil_03/leis/L8666compilado.htm. Acesso em: 1 abr. 2020.

BRASIL. Lei nº 11.101, de 9 de fevereiro de 2005. Brasília, fev. 2005. Disponível em: http://www.planalto.gov.br/ccivil_03/_ato2004-2006/2005/lei/l11101.htm. Acesso em: 1 abr. 2020.

BRASIL. Lei nº 13.303, de 30 de junho de 2016. Brasília, jun. 2016. Disponível em: http://www.planalto.gov.br/ccivil_03/_ato2015-2018/2016/lei/l13303.htm. Acesso em: 1 abr. 2020.

BRASIL. Lei nº 13.979, de 6 de fevereiro de 2020. Brasília, fev. 2020. Disponível em: http://www.planalto.gov.br/ccivil_03/_ato2019-2022/2020/lei/L13979.htm. Acesso em: 1 abr. 2020.

BRASIL. Superior Tribunal de Justiça. AgRg no CC 86.594/SP, julgado em 25/06/2008. Disponível em: https://ww2.stj.jus.br/processo/revista/inteiroteor/?num_registro=200701386680&dt_publicacao=01/07/2008. Acesso em: 1 abr. 2020.

BRASIL. Superior Tribunal de Justiça. REsp 1173735/RN, julgado em 22/04/2014. Disponível em: https://ww2.stj.jus.br/processo/revista/inteiroteor/?num_registro=201000037874&dt_publicacao=09/05/2014. Acesso em: 1 abr. 2020.

BRASIL. Superior Tribunal de Justiça. AgRg na MC 23.499/RS, julgado em 18/12/2014. Disponível em: https://ww2.stj.jus.br/processo/revista/inteiroteor/?num_registro=201402872892&dt_publicacao=19/12/2014. Acesso em: 1 abr. 2020.

BRASIL. Superior Tribunal de Justiça. AREsp 309867/ES, julgado em 26/06/2018. Disponível em: https://ww2.stj.jus.br/processo/revista/documento/mediado/?componente=ITA&sequencial=1731236&num_registro=201300649473&data=20180808&formato=PDF. Acesso em: 1 ABR. 2020.

CAVALLAZZI FILHO, Tullo. Função social da empresa e seu fundamento constitucional. Florianópolis: OAB/SC Editora, 2006.

CRISTÓVAM, José Sérgio da Silva. Administração Pública democrática e supremacia do interesse público: novo regime jurídico-administrativo e seus princípios constitucionais estruturantes. Curitiba: Juruá, 2015.

CRISTÓVAM, José Sérgio da Silva. Princípios constitucionais: razoabilidade, proporcionalidade e argumentação jurídica. 2. ed. Curitiba: Juruá, 2016.

COMPARATO, Fábio Konder. Estado, empresa e função social. São Paulo: Saraiva, 1995.

DI PIETRO, Maria Sylvia Zanella. Direito administrativo. 32. ed. São Paulo: Atlas, 2019. E-book.

FOLHA. Incentivar o isolamento social significa valorizar a vida, a saúde e o respeito: é preciso ampliar a mobilização para o autoconfinamento para proteger populações mais vulneráveis. São Paulo, 26 mar. 2020. Disponível em: https://www1.folha.uol.com.br/equilibrioesaude/2020/03/incentivar-o-isolamento-social-significa-valorizar-a-vida--a-saude-e-o-respeito.shtml. Acesso em: 1 abr. 2020.

GUIMARÃES, Maria Celeste Morais. Recuperação judicial de empresas e falência: à luz da lei n. 11.101/2005. Belo Horizonte, Del Rey, 2007.

JUSTEN FILHO, Marçal. Curso de direito administrativo. 11. ed. São Paulo: Revista dos Tribunais, 2015.

JUSTEN FILHO, Marçal. Comentários à lei de licitações e contratos administrativos. 16. ed. São Paulo: Revista dos Tribunais, 2014.

MAMEDE, Gladston. Direito empresarial brasileiro: falência e recuperação de empresas, v. 4. 5. ed. São Paulo: Atlas, 2012.

MELLO, Celso Antonio Bandeira de. Curso de direito administrativo. 32. ed. São Paulo: Malheiros, 2015.

NEGRÃO, Ricardo. A eficiência do processo judicial na recuperação de empresa. São Paulo: Saraiva, 2010.

NEGRÃO, Ricardo. Aspectos objetivos da lei de recuperação de empresas e falências: Lei n. 11.101, de 9 de fevereiro de 2005. 5. ed. São Paulo: Saraiva, 2014.

NIEBUHR, Joel de Menezes. Licitação pública e contrato administrativo. 4. ed. Belo Horizonte: Fórum, 2015. p. 447.

NONES, Nelson. Sobre o princípio da preservação da empresa. Revista Jurídica – CCJ/ FURB, Blumenau, v. 12, n. 23, p. 114 – 129, jan./jun. 2008. Disponível em: http://proxy. furb.br/ojs/index.php/juridica/article/view/841. Acesso em: 1 abr. 2020.

Pedidos de recuperação judicial batem recorde; falências também sobem. ConJur – Revista Consultor Jurídico, São Paulo, jan. 2017. Disponível em: https://www.conjur. com.br/2017-jan-11/pedidos-recuperacao-judicial-batem-recorde-falencias-tambem- -sobem. Acesso em: 1 abr. 2020.

PESTANA, Marcio. Licitações públicas no Brasil: exame integrado das Leis 8.666/1993 e 10.520/200. São Paulo: Atlas, 2013.

PORTAL G1. OMS declara pandemia de coronavírus. 11 mar. 2020. Disponível em: https:// g1.globo.com/bemestar/coronavirus/noticia/2020/03/11/oms-declara-pandemia-de- -coronavirus.ghtml. Acesso em: 1 abr. 2020.

RAMOS, André Luiz Santa Cruz. Direito empresarial. 6. ed. Rio de Janeiro: Forense, 2016.

RIZZARDO, Arnaldo. Direito de empresa. 5. ed. Rio de Janeiro: Forense, 2014.

SOUZA, Jessé. A elite do atraso: da escravidão à Lava Jato. Rio de Janeiro: Leya, 2017.

VERÇOSA, Haroldo Malheiros Duclerc. Direito comercial – teoria geral das sociedades – as sociedades em espécie do código civil. v. 2. 3. ed. São Paulo: Revista dos Tribunais, 2014.

12
A Configuração da Responsabilidade Civil Extracontratual do Estado por Dano Causado na Prestação da Atividade Jurisdicional na Jurisprudência do STJ

FLÁVIO MURAD RODRIGUES
ZAPHIA BORONI DE SOUZA

Introdução

A Constituição da República Federativa do Brasil de 1988 (CR/88), instituída com o objetivo de estabelecer no país um Estado Democrático de Direito, com todos os valores e normas que lhe são intrínsecos, trouxe um rol de direitos e garantias fundamentais que devem ser observados por todos, principalmente pelos Poderes Legislativo, Executivo e Judiciário, quando da elaboração e aplicação do Direito.

A atividade exercida pelo Estado, mais especificamente pelo Poder Judiciário, mesmo seguindo rigorosamente os ditames legais, pode vir a gerar danos, sejam materiais ou morais, na esfera jurídica dos jurisdicionados, causando-lhes ônus indevidos. Situações em que deveria haver a pronta solução da lide podem resultar em falhas, como a ocorrência de condenação eivada de erro judiciário, prisão indevida, demora na prestação jurisdicional, atuação dolosa ou culposa do juiz e, até mesmo, denegação da justiça.

Conforme foi demonstrado através da análise de casos julgados pelo Superior Tribunal de Justiça (STJ) após o advento da Constituição da República de 1988, é rara a ocorrência de situações em que os tribunais brasileiros reconhecem as falhas cometidas pelos próprios membros do Poder

Judiciário, o que vem de encontro ao que determina a legislação e as indicações doutrinárias.

A questão, desta forma, reveste-se de extrema importância teórica e prática, em virtude de os valores elencados no rol dos direitos fundamentais não serem respeitados exatamente por aqueles que são incumbidos da aplicação da lei, ou seja, os membros do Poder Judiciário, o que gera danos ao cidadão que recorre à justiça, mas que, em contrapartida, sofre um ônus.

A indagação que se faz, portanto, é a seguinte: com base na análise da jurisprudência do Superior Tribunal de Justiça após a Constituição de 1988, existem requisitos que, se presentes, obrigam a responsabilização do Estado pela atividade jurisdicional, ou seja, situações em que o Estado não pode se esquivar do pagamento de indenização, qualquer que seja a sua alegação? Em caso afirmativo, quais seriam estes requisitos?

Na primeira seção, foi feito um estudo da responsabilidade civil do Estado pelo exercício da função jurisdicional. Na segunda seção, foram apresentados julgados do Superior Tribunal de Justiça (STJ) após a vigência da Constituição da República de 1988. Foram analisados dez julgados do STJ, dos quais cinco – uma revisão criminal e quatro recursos especiais – foram colacionados neste trabalho. Todos os julgados analisados versam acerca da indenização pelo Estado por dano causado na prestação da atividade jurisdicional. Foram trazidos também dois recursos especiais que mencionam decisões do STJ sobre o tema.

Na quarta e última seção, procedeu-se a uma análise destes julgados e foram elencados quais os requisitos que o STJ entende necessários para que a responsabilidade civil do estado seja reconhecida e o direito fundamental à indenização seja efetivado.

Trata-se de questão com importância teórico-acadêmico-científica e prática por ser raro o Judiciário, no Brasil, reconhecer a sua própria responsabilidade, efetuando o consequente pagamento de indenização previsto na Constituição da República Federativa do Brasil, à vítima.

Quanto aos aspectos metodológicos, a pesquisa realizada foi descritiva, a partir do raciocínio dedutivo (GUSTIN; DIAS, 2015, p. 22), baseada em livros, dissertações, teses, artigos, legislação e, principalmente, na jurisprudência. Para tanto, valeu-se da Teoria da Responsabilidade do Estado pela Função Jurisdicional, de Ronaldo Brêtas de Carvalho Dias, como marco teórico.

1. A Responsabilidade Civil do Estado pelo Exercício da Função Jurisdicional

A Constituição da República Federativa do Brasil de 1988 determina, no inciso LXXV do artigo 5º, que "o Estado indenizará o condenado por erro judiciário, assim como o que ficar preso além do tempo fixado na sentença" (BRASIL, 1988).

Necessário ponderar que é por meio da atividade judiciária que são compostos os conflitos de interesse levados ao Estado-juiz pelas partes. Como a sociedade escolheu legitimar o Poder Público para elaborar as regras sob as quais vive e a ele delegou o monopólio de solucionar os conflitos que surgem entre os cidadãos, entregou-lhe, desta forma, a jurisdição e a criação das leis. Nesse sentido:

> O Poder Judiciário possui extrema relevância no desenvolvimento do Estado, pois a atividade jurisdicional é a responsável pela interpretação e aplicação das leis para a pacificação dos conflitos presentes na sociedade. Assim, não sendo tal atividade desenvolvida de forma adequada, as regras de conduta estabelecidas também pelo Estado, através do Poder Legislativo, permanecerão como letra morta, gerando, via de consequência, insegurança e injustiça. (COSTA; ZOLANDECK, 2012).

Assim, da mesma forma que cabe aos cidadãos se submeter às regras criadas pelo Estado, este também deverá fazê-lo, sob pena de desrespeito a diversos princípios, como o da isonomia e do devido processo legal e à própria ideia do Estado Democrático de Direito, o qual:

> [...] revela a necessidade da efetivação do que rezam o art. 1º e seguintes, bem como o art. 37, § 6º, da Constituição da República e, a partir do momento em que se concretizam esses postulados, tem-se um verdadeiro Estado democrático e de direito. E uma das formas de tornar efetivas tais garantias é o dever que possui o Estado de responder pelos danos causados; (FRANCO, 2012, p. 285).

A presente seção analisará, portanto, a responsabilidade civil do Estado na legislação: primeiramente na Constituição da República Federativa do Brasil de 1988 e, em seguida, nos Códigos Civil, de Processo Civil e de Processo Penal brasileiros, para que se possa compreender melhor a fundamentação dos julgados em seguida trazidos.

A Constituição da República Federativa do Brasil de 1988 garante, no inciso LXXV do artigo 5º, no rol dos direitos e deveres individuais e coletivos, a indenização para o cidadão condenado por erro judiciário. Já o parágrafo 6º do artigo 37 estabelece que:

> As pessoas jurídicas de direito público e as de direito privado prestadoras de serviços públicos responderão pelos danos que seus agentes, nessa qualidade, causarem a terceiros, assegurado o direito de regresso contra o responsável nos casos de dolo ou culpa. (BRASIL, 1988).

Referido artigo é a positivação do princípio da responsabilidade objetiva do Estado pelo risco administrativo, presente no ordenamento jurídico brasileiro desde a Constituição brasileira de 1946[1] (BRASIL, 1946).

Este é o entendimento que prevalece há mais de dez anos no Supremo Tribunal Federal, como se pode observar pela decisão do Ministro Sepúlveda Pertence, proferida no ano de 2007:

> Erro judiciário. Responsabilidade civil objetiva do Estado. Direito à indenização por danos morais decorrentes de condenação desconstituída em revisão criminal e de prisão preventiva. CF, art. 5º, LXXV. Código de Processo Penal, art. 630. O direito à indenização da vítima de erro judiciário e daquela presa além do tempo devido, previsto no art. 5º, LXXV, da Constituição, já era previsto no art. 630 do CPP, com a exceção do caso de ação penal privada e só uma hipótese de exoneração, quando para a condenação tivesse contribuído o próprio réu. A regra constitucional não veio para aditar pressupostos subjetivos à regra geral da responsabilidade fundada no risco administrativo, conforme o art. 37, § 6º, da Lei Fundamental: a partir do entendimento consolidado de que a regra geral é a irresponsabilidade civil do Estado por atos de jurisdição, estabelece que, naqueles casos, a indenização é uma garantia individual e, manifestamente, não a submete à exigência de dolo ou culpa do

---

[1] "Art 141 – A Constituição assegura aos brasileiros e aos estrangeiros residentes no País a inviolabilidade dos direitos concernentes à vida, à liberdade, a segurança individual e à propriedade, nos termos seguintes:
[...] § 22 – A prisão ou detenção de qualquer pessoa será imediatamente comunicada ao Juiz competente, que a relaxará, se não for legal, e, nos casos previstos em lei, promoverá a responsabilidade da autoridade coatora.
[...] § 37 – É assegurado a quem quer que seja o direito de representar, mediante petição dirigida aos Poderes Públicos, contra abusos de autoridades, e promover a responsabilidade delas." (BRASIL, 1946).

magistrado. O art. 5º, LXXV, da Constituição, é uma garantia, um mínimo, que nem impede a lei, nem impede eventuais construções doutrinárias que venham a reconhecer a responsabilidade do Estado em hipótese que não a de erro judiciário *stricto sensu*, mas de evidente falta objetiva do serviço público da Justiça. (BRASIL, 2007).

Importante salientar que no ano de 1992, a Comissão Revisora da Constituição da República Federativa do Brasil de 1988 chegou a propor um parágrafo no artigo 95, o qual discorreria sobre as garantias dos juízes, para estabelecer a responsabilidade civil do Estado por atos dos juízes:

> [...] é certo que vem se acentuando, mais recentemente, uma expressiva manifestação doutrinária e jurisprudencial, no sentido do reconhecimento da responsabilidade do Estado pelos danos consequentes de suas falhas e omissões na prestação jurisdicional.
>
> É certo, também, que a Comissão Revisora da Constituição de 1988, em seus trabalhos realizados em 1992, propôs expressamente que se introduzisse, no art. 95, um parágrafo afirmando a responsabilidade civil do Estado por atos dos juízes.
>
> [...] Parece-nos que já seja tempo de afastar, entre nós, a tese da irresponsabilidade do Estado por atos dos juízes, predominante ainda hoje tanto em doutrina quanto na jurisprudência firmada nos tribunais. (FRANCO, 2012, p. 109).

Isso só reforça a ideia de que os atos jurisdicionais danosos e injustos não podem ficar sem reparação, ou seja, não se pode conceber uma teoria da irresponsabilidade estatal, pois "negar indenização às vítimas importa em negar a própria missão do Poder Judiciário, já que sua função é a de semear a justiça" (FRANCO, 2012, p. 111).

Ronaldo Brêtas de Carvalho Dias, ao tratar deste assunto, entende que:

> A interpretação desse preceito constitucional, que impõe a responsabilidade do Estado pelos danos causados aos particulares, leva à conclusão de que, em primeiro lugar, consagra a responsabilidade objetiva e direta de todas as pessoas jurídicas de Direito Público, ancorada na atual teoria publicista do risco criado ou teoria do risco administrativo. Logo, dispensa a necessidade de se perquirir a culpa do serviço público, bastando a comprovação do dano causado ao particular, em decorrência da prestação de um serviço público qualquer (nexo de causa e efeito, ou seja, liame de causalidade). Evidente-

mente, alcança as três fundamentais funções exercidas pelo Estado, a administrativa, a legislativa e a jurisdicional, não havendo razão jurídica, lógica ou razoável para se excluir qualquer delas da sua abrangência. Por fim, referido preceito constitucional tem incidência em quaisquer situações de danos causados pelo Estado, independentemente de sua origem ou da natureza da atividade lesiva (BRÊTAS, 2004, p. 44).

A Constituição da República Federativa do Brasil de 1988 não estabelece regras limitadoras quanto ao dever de indenizar do Estado. A norma é direta e clara: "o Estado indenizará o condenado por erro judiciário" (BRASIL, 1988), e usa, inclusive, o verbo no imperativo, o que demonstra que não condiciona o comando a nenhum ato infraconstitucional.

Trata-se, portanto, de um exemplo de norma constitucional de eficácia plena com aplicabilidade direta, imediata e integral, de acordo com a classificação das normas constitucionais feita por José Afonso da Silva (SILVA, 2010, p. 180). Aliás, a própria Constituição de 1988 dispõe, no parágrafo primeiro do artigo 5º, que "As normas definidoras dos direitos e garantias fundamentais tem aplicação imediata" (BRASIL, 1988).

Importante, neste momento, verificar como as leis infraconstitucionais tratam da responsabilidade do Estado.

O Código Civil brasileiro de 2002 (CC/2002) estabelece, no artigo 43, a responsabilidade estatal, dirigindo-se às pessoas jurídicas de direito público interno (União, estados, Distrito Federal, territórios, municípios, autarquias e demais entidades de caráter público criadas por lei), da seguinte forma:

> As pessoas jurídicas de direito público interno são civilmente responsáveis por atos dos seus agentes que nessa qualidade causem danos a terceiros, ressalvado direito regressivo contra os causadores do dano, se houver, por partes destes, culpa ou dolo. (BRASIL, 2002).

Em seguida, discorre, no artigo 186, sobre o conceito de ato ilícito, como sendo a violação de um direito ou imputação de dano a outrem, ainda que exclusivamente moral, por ação ou omissão voluntária, negligência ou imprudência (BRASIL, 2002), para, no artigo 927[2], dispor sobre a obrigatoriedade de reparar o ato ilícito por quem o cometeu (BRASIL, 2002).

---

[2] "Art. 927. Aquele que, por ato ilícito (arts. 186 e 187), causar dano a outrem, fica obrigado a repará-lo." (BRASIL, 2002)

Por sua vez, a Lei Processual Civil de 2015 (CPC/2015), no artigo 143, aborda o problema da indenização na figura específica do magistrado que o cometeu:

> O juiz responderá, civil e regressivamente, por perdas e danos quando:
> I – no exercício de suas funções, proceder com dolo ou fraude;
> II – recusar, omitir, retardar, sem justo motivo, providência que deva ordenar de ofício ou a requerimento da parte. (BRASIL, 2015).

E ressalta, no parágrafo único, que as hipóteses previstas no inciso II somente serão verificadas depois que a parte requerer ao juiz que determine a providência e o requerimento não for apreciado no prazo de dez dias, o que demonstra que, somente após constatada uma omissão do magistrado, ele se torna responsável.

Demonstra-se, assim, a importância, na esfera cível, que a atuação do juiz adquire quando exerce suas funções em prejuízo do jurisdicionado, ao dispor a lei que a responsabilidade, por sua magnitude, é transferida inicialmente para o próprio ente estatal, que tem o magistrado como um dos seus agentes, vindo subsidiariamente a responsabilidade subjetiva, em caso de culpa ou dolo.

Situação interessante é a trazida pelo Código de Processo Penal (CPP/1941), que vigora desde 1941, ano de sua edição. Enquanto a Constituição da República Federativa do Brasil dispõe, usando o verbo no imperativo, que o Estado **'indenizará'** por erro judiciário (BRASIL, 1988), este dispõe no artigo 630, que: "o tribunal, se o interessado requerer, **poderá** reconhecer o direito a uma justa indenização pelos prejuízos sofridos." (BRASIL, 1941) (grifos nossos).

Sem dúvida que os prejuízos a que alude o respectivo artigo são resultantes de danos decorrentes da atividade jurisdicional, visto que se encontra inserido no capítulo VII, referente à revisão criminal, que permite a revisão dos processos findos nos casos de sentenças condenatórias defeituosas que se enquadrem nos incisos I a III do art. 621[3].

---

[3] Art. 621. A revisão dos processos findos será admitida:
I – quando a sentença condenatória for contrária ao texto expresso da lei penal ou à evidência dos autos;
II – quando a sentença condenatória se fundar em depoimentos, exames ou documentos comprovadamente falsos;

No parágrafo primeiro, estão definidos os responsáveis: "por essa indenização, que será liquidada no juízo cível, responderá a União, se a condenação tiver sido proferida pela justiça do Distrito Federal ou de Território, ou o Estado, se o tiver sido pela respectiva justiça." (BRASIL, 1941).

Essa 'possibilidade' trazida pelo Código de Processo Penal brasileiro gera dúvidas e dissidências entre os órgãos do Judiciário. Há autores que adotam posições contrárias acerca da questão, em que uns defendem a literalidade da Constituição da República Federativa do Brasil de 1988, enquanto outros afirmam a discricionariedade do tribunal para reconhecer ou não o direito à indenização pelos prejuízos sofridos, mesmo havendo o reconhecimento de erro judiciário, conforme se verá em algumas decisões trazidas na seção seguinte.

A Constituição da República de 1988 estabeleceu o paradigma do Estado de Direito, que implica a supremacia da Constituição sobre a lei e permite que, à questão dos direitos fundamentais, seja dado todo seu alcance, garantindo aos indivíduos certos direitos de natureza substancial (CHEVALLIER, 2013).

Desta forma, no Estado de Direito, a democracia se torna uma democracia jurídica, de substância, de processo, na qual a existência do juiz aparece como instrumento de realização e exigência democrática, realizando não apenas o controle preventivo das leis, mas também afastando a aplicação de leis que julgue contrárias à Constituição da República, contrabalançando a lei da maioria pelo respeito dos direitos fundamentais (CHEVALLIER, 2013).

É possível verificar que esta divergência pode ser um dos motivos pelos quais os tribunais brasileiros reconhecem a existência de erro judiciário de forma tão esporádica. Todavia, não se adentrará neste debate por não ser o objetivo deste trabalho demonstrar pura e simplesmente a obrigatoriedade ou não do reconhecimento do direito de indenização. Isso porque parte-se da premissa de que há superioridade das disposições constitucionais sobre a legislação ordinária, o que obriga o Estado a indenizar quando os devidos requisitos estiverem presentes.

Passa-se, então, à análise de cinco julgados – uma revisão criminal e quatro recursos especiais –, decididos pelo Superior Tribunal de Justiça

III – quando, após a sentença, se descobrirem novas provas de inocência do condenado ou de circunstância que determine ou autorize diminuição especial da pena.

após o advento da Constituição de 1988, para, assim, buscar o objetivo deste estudo, qual seja, definir e exemplificar os requisitos objetivos da obrigação de indenizar.

2. Julgados Proferidos pelo Superior Tribunal de Justiça Após o Advento da Constituição de 1988

Na atividade jurisdicional, como em qualquer outra atividade humana, a possibilidade de causar dano é sempre previsível, pela própria natureza imperfeita do homem. O julgador não seria uma exceção a essa regra, principalmente nos dias de hoje, em que os juízes de todas as áreas e instâncias encontram-se sobrecarregados de processos[4], podendo-se, inclusive, falar que há uma crise de administração da Justiça. Nesse sentido, lecionam Maria Tereza Fonseca Dias e Miracy Gustin:

> As condições sociais do pós-guerra e a insuficiência da ação pública, em relação às várias crises que se colocam, fazem surgir novos formatos estatais, os quais não são capazes de debelar a explosão de litigiosidade que se faz acompanhar de novos atores coletivos sociais (as organizações não-governamentais e os novos movimentos sociais). Esse contexto social de resistência é uma das razões para o surgimento da crise de administração da justiça ao lado da crise de identidade e de referências políticas (GUSTIN; DIAS, 2015, p. 20).

Nesse universo de demandas, de prazos exíguos, de fiscalização rígida do Conselho Nacional de Justiça, das próprias partes, dos integrantes do Poder Judiciário e do Ministério Público, é provável a ocorrência de decisões imperfeitas, apressadas, erradas, impensadas ou mesmo omissas, que, em vez de solucionar a lide, vem a prejudicar uma ou ambas as partes do processo. Daí o porquê da existência do instrumento da revisão criminal, da ação rescisória, dos recursos em geral, em que se apela aos tribunais para a demonstração da atividade do juiz de instância inferior e o resultado indesejado da sua atuação.

---

[4] De acordo com dados estatísticos do Conselho Nacional de Justiça, provenientes do Relatório Justiça em Números de 2017, somente no ano de 2016 surgiram mais de 29 milhões de casos novos, estando pendentes para julgamento mais de 79 milhões de processos, números que englobam todos os tribunais e juízos da estrutura judiciária brasileira. São mais de 100 milhões de processos distribuídos no ano de 2016 para 18.011 magistrados (15.507 de 1º grau, 2.429 de 2º grau e 75 atuantes em Tribunais Superiores) (BRASIL, 2017).

Como já mencionado, muitas vezes os Tribunais de Justiça estaduais e os Tribunais Regionais Federais, pelo próprio corporativismo ou não, não reconhecem os erros dos seus membros, sejam os de primeira ou de segunda instância. Estas irresignações, então, podem chegar até os tribunais superiores, seja ao Superior Tribunal de Justiça, ao Tribunal Superior do Trabalho ou Eleitoral, ou mesmo ao Supremo Tribunal Federal, caso a violação do direito envolva matéria constitucional.

No caso do Superior Tribunal de Justiça, como a situação de uma decisão causadora de dano ao jurisdicionado tem sido solucionada? Que tipo de solução tem sido dada nestes casos? Quais os critérios adotados pelos Ministros do STJ para solucionar o problema?

Como não se trata de uma situação tão simples quanto possa parecer, passa-se ao estudo de alguns julgados proferidos por esta Corte Superior sobre o tema.

Adianta-se, como se verá, que, na maioria dos casos estudados para a elaboração deste trabalho, os Ministros não adentram ao problema. Cingem-se a reconhecer o dano causado na prestação jurisdicional e determinam o pagamento de indenização. Não fazem um estudo de que tipo de dano é indenizável, qual o *quantum* para a indenização, quais requisitos são necessários para que se determine a indenização do Estado, dentre outros aspectos.

No Recurso Especial 253.674/SP, por exemplo, o Ministro Félix Fischer, em 2004 (BRASIL, 2004), deparou-se com um pedido de indenização advindo do não conhecimento de revisão criminal ajuizada em 1999 no extinto Tribunal de Alçada Criminal do Estado de São Paulo (SÃO PAULO, 1999). O recorrente, Pedro Casimiro de Campos, vítima de assalto, teve seus documentos furtados por Paulo Emílio de Paula, que os usou para se identificar falsamente ao cometer vários crimes.

O recorrente, além do furto dos documentos, sofreu as atribulações advindas do fato de figurar no polo passivo de processos criminais durante anos, tendo sido erroneamente condenado a uma pena de reclusão, além de multa, por crimes de furto que jamais cometeu e viu seu nome ser lançado no rol dos culpados. Em sede de Revisão Criminal, em que pleiteou a retirada do seu nome dos prontuários policiais e judiciais, requereu indenização. O Tribunal de Alçada Criminal do Estado de São Paulo, sob o argumento de que o recorrente "apenas" teria sido identificado equivocadamente, não conheceu da Revisão e tão-somente determinou a retificação da qualificação nos processos, indeferindo o pedido de indenização, o que o motivou a ajuizar o recurso especial ao STJ.

No brevíssimo voto, acompanhado à unanimidade pela quinta turma, o Ministro Félix Fischer limitou-se a dizer que:

> O EXMO. SR. MINISTRO FELIX FISCHER: A pretensão recursal merece acolhida. É devida indenização uma vez demonstrado erro judiciário *ex vi* art. 5º, inciso LXXV, da Constituição Federal e art. 630 do CPP. *In casu*, restaram devidamente comprovados os prejuízos sofridos pelo recorrente, razão pela qual **não há óbice a uma justa indenização**. Confira-se, aliás, oportunamente, o seguinte excerto do parecer da douta Subprocuradoria-Geral da República exarado às fls. 104/107, *in verbis*: [...] Nesse sentido, o seguinte precedente desta Corte: *"RESPONSABILIDADE CIVIL DO ESTADO – ERRO JUDICIAL – APLICAÇÃO DO ARTIGO 630 DO CÓDIGO DE PROCESSO PENAL. EXCEÇÃO PREVISTA NO PARÁGRAFO 2º – NAO OCORRENTE.* **O condenado que, posteriormente, é absolvido em revisão criminal, faz jus a indenização, ressalvado os casos em que o erro ou a injustiça proceder de ato ou falta imputada ao próprio condenado. Agravo improvido."** (AGA 415834/RJ, 1ª Turma, Rel. Min. Garcia Vieira, DJU de 30/09/2002). Ante o exposto, dou provimento ao recurso. É o voto. (BRASIL, 2004) (grifos nossos)

Pela decisão colacionada, depreende-se a recalcitrância do Tribunal inferior em reconhecer o erro cometido pelos seus membros, o que acontece não apenas no Estado de São Paulo, mas, como se verá mais à frente, em outros Tribunais de Justiça do país.

Denota-se, também, que o Ministro Relator não adentra ao conceito de erro judiciário, os requisitos para a configuração da responsabilização e nem chega a definir o que seria uma "justa" indenização. Realmente, não é tarefa fácil, conforme se depreende das palavras de Ronaldo Brêtas de Carvalho Dias, a definição do que é erro judiciário. Para o autor,

> Não é fácil precisar tecnicamente o que seja erro judiciário, verdadeiro risco inerente à função jurisdicional do Estado, sendo procedente a advertência de Juan Montero Aroca em tal sentido, ao observar que muito se tem divagado sobre o erro judiciário, mais com ânimo sentimentalista e menos com precisão técnica, tratando-se, portanto, de um desses conceitos em direito que mais se sente do que se pode expressar. Segundo o autor, a qualquer pessoa que se pergunte o que vem a ser o erro judiciário, ao pretender dar a

resposta, suporá sabê-lo; porém, no momento de explicá-lo, perder-se-á em considerações óbvias (BRÊTAS, 2004, p. 186-187).

Mesma conclusão chega André Luis Jardini Barbosa, após suas extensas pesquisas acerca da questão, onde discorre que:

> Não constitui tarefa das mais fáceis estabelecer um exato conceito de erro judiciário. Prova disso é a diversidade existente na própria doutrina, a qual se justifica, na medida em que os conceitos restringem as ideias, de modo que uma tentativa imprudente de conceituação poderia vir em prejuízo do próprio exercício do poder jurisdicional pelo Estado, causando embaraços aos magistrados quanto ao desempenho das funções de que são investidos. (BARBOSA, 2008, p. 94)

Importante, ainda, trazer o conceito de erro judiciário defendido por João Honório de Souza Franco: "erro judiciário são todos os atos típicos de mau funcionamento do serviço público jurisdicional, evidenciando menosprezo do órgão jurisdicional ao princípio da eficiência do serviço público, o que suscita a obrigação de indenização por parte do Estado". (FRANCO, 2012, p. 155).

Em sua conclusão, Souza Franco define a abrangência do erro judiciário:

> [...] erro judiciário penal, em seu sentido amplo, abrange, além da sentença condenatória, a prisão preventiva ou processual, ou, ainda, a prisão cautelar injusta, por cujos danos patrimoniais e morais patentes, igualmente, responde o Estado; defendemos também a posição de que os casos de erro judiciário civil igualmente engendram a responsabilidade estatal (FRANCO, 2012, p. 288-289).

Interessante observar que o STJ, ao apresentar o resultado da pesquisa de qualquer acórdão referente ao tema específico da indenização do Estado por erro judiciário criminal, em seu *site* na internet, inclui, ao final da página, um item chamado "Informações Complementares à Ementa (ICE)", com a explicação de que se trata de "Informações adicionais extraídas do inteiro teor – Apresenta informações extraídas do inteiro teor sobre teses que foram decididas no acórdão e que não constam da ementa", onde se lê o seguinte texto:

> [...] a interpretação que vem sendo dada ao art. 630 do CPP tanto por esta Corte quanto pelo Supremo Tribunal Federal é no sentido de que a vítima de

erro judiciário tem direito a receber indenização do Estado em casos de desconstituição de sua condenação em sede de revisão criminal ou de excesso injustificado de sua permanência na prisão. [...]. O direito à indenização, entretanto, depende da demonstração da existência de efetivo erro judiciário.[5]

Este tem sido o entendimento atual do Tribunal acerca do assunto, como se depreende de decisão proferida nos autos da Revisão Criminal 3.900/SP, julgada em 2016 (BRASIL, 2016).

Trata-se de Revisão Criminal ajuizada no STJ questionando a negativa de seguimento ao Recurso Especial 1.264.437/SP (BRASIL, 2015), em que se pedia o reconhecimento de erro judiciário pelo não reconhecimento de prescrição da pretensão punitiva e pleiteava o pagamento de indenização.

Ao contrário da decisão monocrática que inadmitiu o Recurso Especial, a Terceira Seção do STJ, por unanimidade, julgou procedente a revisão criminal e reconheceu ter ocorrido sim a prescrição da condenação que foi imposta pelo Juízo de 1º grau, ao contrário do que entendeu o Tribunal Regional Federal da 3ª Região. Entretanto, não admitiu a ocorrência de erro judiciário, sob a alegação de que "a sentença condenatória fundou-se em interpretação jurisprudencial controversa à época da condenação" (BRASIL, 2015).

Entendeu que, por não incidir num dos dois requisitos destacados acima, ou seja, não ser o caso de desconstituição de condenação em sede de revisão criminal ou de excesso injustificado da permanência na prisão, não haveria que se falar em indenização.

Como se percebe, vão-se delineando aos poucos os requisitos adotados pelo STJ para a configuração da responsabilidade civil extracontratual do Estado por dano causado na prestação da atividade jurisdicional.

Outra decisão digna de nota foi o Recurso Especial 1.243.516/SP, julgado em setembro de 2016 pelo Ministro Reynaldo Soares da Fonseca (BRASIL, 2016). O caso originou-se de uma revisão criminal ajuizada no Tribunal de Justiça de São Paulo em que o Relator, mesmo reconhecendo que o réu (autor da revisão) realmente não era reincidente, visto ter transcorrido mais de cinco anos entre os dois crimes analisados, aceitou diminuir a pena, mas não reconheceu que o juiz de primeira instância tivesse

---

[5] http://www.stj.jus.br/sites/portalp/Sob-medida/Advogado/Jurisprudencia/Pesquisa-de-Jurisprudencia

incorrido em erro judiciário, e justificou a diminuição da pena em virtude de uma "interpretação jurisprudencial em favor do peticionário", não tendo este, portanto, direito a indenização estatal, visto a inexistência de erro (SÃO PAULO, 2013).

O Superior Tribunal de Justiça repreendeu a decisão e reconheceu devida a indenização, pois inequivocamente demonstrado o erro judiciário, nos seguintes termos:

> PROCESSO PENAL. PENAL. RECURSO ESPECIAL. REVISÃO CRIMINAL. ART. 630 DO CPP. REINCIDÊNCIA. AFASTAMENTO. CONTRARIEDADE AO ART. 64, INCISO I, DO CP. **CABIMENTO DE JUSTA INDENIZAÇÃO PELOS PREJUÍZOS SOFRIDOS**. RECURSO ESPECIAL PROVIDO. 1. O pedido revisional do acusado foi deferido parcialmente pela Corte de origem para diminuir sua pena para 3 anos de reclusão, em razão do reconhecimento equivocado da reincidência e do afastamento, de ofício, da prática do crime previsto no art. 18, inciso III, da Lei nº 6.368/76, em razão da *novatio legis in mellius*. Porém, não se reconheceu o direito à indenização. 2. [...] 3. A Corte de origem andou bem ao decidir que o reconhecimento de *novatio legis in mellius* não gera, para o recorrente, **o direito à indenização, que só é devida no caso de "erro judiciário", como previsto no art. 5º, inciso LXXV, da Constituição Federal**. (...) O acusado teve proclamada, também, no acórdão recorrido, a redução da sua pena, em razão do **reconhecimento equivocado da reincidência**, uma vez que antecedente considerado para tanto não se prestava a demonstrá-la, haja vista que, entre o término da pena pelo crime anterior e a prática do delito em questão já havia transcorrido mais de cinco anos. 4. Ocorre que, mesmo considerando não ser o recorrente reincidente, a Corte de origem afastou a aplicação do art. 630 do CPP, ao argumento de que eventual ilegalidade da decisão rescindenda carece de amparo legal como objeto de ação revisional, pois não haveria erro no reconhecimento da reincidência do acusado, uma vez que houve interpretação jurisprudencial em favor do peticionário, ao se afirmar que o prazo depurador de cinco anos teria afastado a reincidência do requerente. Não se há de confundir "interpretação favorável" com erro judiciário. Fosse assim, em toda revisão deferida, o réu teria direito à indenização. 5. [...] 6. [...] 7. É devida indenização uma vez demonstrado erro judiciário *ex vi* art. 5º, inciso LXXV, da Constituição Federal e art. 630 do CPP. *In casu*, **restaram devidamente comprovados os prejuízos sofridos pelo recorrente, razão pela qual não há óbice a uma justa indenização**. (REsp 253.674/SP, Rel. Ministro FELIX FISCHER, QUINTA

TURMA, julgado em 04/03/2004, DJ 14/06/2004, p. 264). 8. Com efeito, **inegável que houve, no caso em comento, erro judiciário, por ilegalidade no reconhecimento da reincidência, tendo sido os prejuízos sofridos pelo recorrente por ele listados, devendo ser analisados e sopesados pelo Juízo Cível para a fixação do *quantum* indenizatório** (CPP. art. 630, §1º). 9. Recurso especial provido. (BRASIL, 2016) (grifos nossos)

Interessante salientar que o Superior Tribunal de Justiça não fixou o valor da indenização. Reconheceu o erro judiciário, afirmou a existência de prejuízos sofridos pelo recorrente e estabeleceu que "não há óbice a uma "justa indenização", conforme prevê o art. 630 do Código de Processo Penal brasileiro (BRASIL, 1941).

Com isso, ressaltou requisito relevante no estudo da responsabilização do Estado em caso de atuação jurisdicional danosa: há que se falar em indenização apenas se o recorrente vier a sofrer danos, ou seja, se ficar demonstrado que sofreu prejuízos. "Fosse assim, em toda revisão deferida, o réu teria direito à indenização" (BRASIL, 2016). E foi exatamente esse o caso da decisão: a existência de erro judiciário, de danos sofridos e o liame causal entre ambos.

Por sua vez, o Recurso Especial 1.383.776/AM tratou da indenização estatal por danos resultantes da excessiva demora na prestação jurisdicional cível (BRASIL, 2018). No voto da relatoria do Ministro Og Fernandes, a Segunda Turma do STJ, por unanimidade, deu provimento ao recurso para reconhecer a responsabilidade do Estado e condená-lo ao pagamento de indenização por danos morais a duas menores, pelo fato de que o juiz da Vara de Família demorou 3 (três) anos para determinar a citação do devedor em ação de execução de alimentos.

Neste processo, o STJ, citando julgado do STF, o Recurso Extraordinário 228.977/SP (BRASIL, 2002), entendeu que a excessiva e injustificada demora na entrega da prestação jurisdicional caracteriza falha na atividade jurisdicional a gerar responsabilização do Estado, sob o seguinte fundamento:

> Não é mais aceitável hodiernamente pela comunidade internacional, portanto, que se negue ao jurisdicionado a tramitação do processo em tempo razoável, e também se omita, o Poder Judiciário, em conceder indenizações pela lesão a esse direito previsto na Constituição e nas leis brasileiras. As seguidas condenações do Brasil perante a Corte Interamericana de Direitos

Humanos por esse motivo impõem que se tome uma atitude também no âmbito interno, daí a importância de este Superior Tribunal de Justiça posicionar-se sobre o tema. Dessa forma, comprovado que o retardo na prestação jurisdicional deu-se em razão da deficiência no serviço estatal, não sendo demais lembrar que a requerente formulou diversos pedidos solicitando providências para o andamento do feito, todos incessantemente dirigidos tanto ao Juízo do feito, quanto à Ouvidoria, à Corregedoria e à Presidência do Tribunal de Justiça Estadual, é de se reconhecer que as razões que levaram o Magistrado de primeiro grau a julgar procedente o pedido indenizatório permanecem hígidas (BRASIL, 2002).

Na fundamentação do voto, o Ministro Relator adotou as razões de decidir do juiz de 1ª instância, que deu provimento ao pedido, apesar de a decisão ter sido reformada pelo Tribunal de Justiça do Estado de Amazonas, o que foi o motivo do Recurso Especial. Nas razões adotadas, ressaltou-se:

> Ora, é patente nos autos a conduta omissiva dos agentes do Estado. Pois, ocorreu injustificado retardamento para a execução de ato ofício por parte do Juízo para o qual foi distribuída a Ação de Execução de Alimentos. **Configurando-se, desta forma, o dever de indenizar as requerentes pelas perdas e danos decorrentes da conduta omissiva pelo agente do Estado** (art. 133, CPC), responsabilidade esta que é imposta objetivamente ao Estado, sem prejuízo de que este exerça o direito de regresso contra o responsável nos casos de dolo ou culpa (Art. 37, § 6º, CF). Por sua vez, o dano causado às requerentes é patente e prescinde de maiores demonstrações, pois, o próprio fato de as requerentes terem ficado por cerca de 3 (três) anos sem receberem a pensão alimentícia que lhes era devida se deu por flagrante omissão do Poder Judiciário do Estado do Amazonas em imprimir o impulso oficial do andamento da Ação de Execução de Alimentos interposta pelas requerentes. Assim, como descabe a alegação de enriquecimento sem causa para querer afastar o dever do Requerido em indenizar as Requerentes, pois, o que de fato ocorreu, em decorrência da inércia do Estado, foi um empobrecimento sem causa das requerentes, as quais se viram privadas do direito irrenunciável e imprescritível aos alimentos necessários à sobrevivência das mesmas, sendo obrigadas a sobreviverem com os parcos recursos auferidos pela mãe, em flagrante prejuízo de suas necessidades de alimentação, saúde, educação, vestuário, moradia, etc. (BRASIL, 2018) (grifos nossos).

Percebe-se que foram considerados pelo Ministro, nesta decisão, os seguintes requisitos: ocorrência de conduta omissiva por agente do Estado, acarretamento de perdas e danos decorrentes da conduta omissa na esfera jurídica das vítimas e o nexo de causalidade entre os dois fatos, ao citar que "pois, o que de fato ocorreu, em decorrência da inércia do Estado, foi um empobrecimento sem causa das requerentes, as quais se viram privadas do direito irrenunciável e imprescritível aos alimentos necessários à sobrevivência das mesmas" (BRASIL, 2018).

Pelo exposto, denota-se que as decisões não elencam formalmente um rol de requisitos necessários para que se configure a responsabilidade civil extracontratual do Estado no caso de danos causados pela prestação jurisdicional, nem mesmo seguem uma norma ou um ou mais artigos de lei. Algumas, como se pôde ver, não justificam tampouco fundamentam o deferimento da responsabilidade. Com base, então, na análise grupal destas decisões do STJ, a próxima seção tratará dos requisitos que se repetem em várias decisões, para se chegar a um padrão que ficará como sugestão a ser seguida.

3. Requisitos para a Configuração da Responsabilidade do Estado Resultante do Dano na Prestação da Atividade Jurisdicional

O termo responsabilidade, em sua essência, possui a significação de responsabilizar, assegurar, assumir o pagamento ou a indenização do que se obrigou ou do ato que praticou.

Quando se fala em configuração da responsabilidade do Estado pela prestação de serviço público, pensa-se, desde logo, em três requisitos primordiais: prestação do serviço por agente do Estado no exercício da sua função; produção de dano, ou seja, lesão à esfera jurídica do particular; e, por fim, a relação de causalidade entre as duas ocorrências. Como o Brasil adota a teoria do risco administrativo, nem mesmo a culpa do serviço público é, inicialmente, examinada.

No entanto, estes três requisitos, no campo da atividade jurisdicional, devem ser melhor delineados para que se possa imputar ao Estado o grave reconhecimento do erro cometido e a necessidade constitucional de indenização, visto ser direito fundamental do cidadão.

Conforme foi analisado na seção anterior (seção 3, Julgados proferidos pelo Superior Tribunal de Justiça após o advento da Constituição de 1988), a prestação do serviço público por agente do Estado que, no caso, é a atividade jurisdicional danosa (tanto penal quanto civil) pode se dar na forma de decisão eivada de erro judiciário, de demora ou omissão na edição de decisão (interlocutória ou sentença), na atuação dolosa ou culposa do juiz ou na determinação indevida de prisão ou manutenção de prisão além do tempo devido.

Percebe-se que as modalidades de atividade jurisdicional danosa que mais implicam indenização estatal são o erro judiciário e a omissão da atuação judicial. Mesmo não havendo unanimidade acerca do que seja o erro judiciário, existe um ponto em comum dentre todos os conceitos: seja proveniente de decisão interlocutória ou sentença, em processo cautelar, de conhecimento ou de execução, seja erro de fato ou de direito, haverá prestação jurisdicional defeituosa quando houver situação processual em que, por dolo, negligência, desconhecimento ou má interpretação do direito ou errônea apreciação dos fatos, é proferida decisão judicial que não se ajusta à verdade dos fatos ou à realidade jurídica, merecendo, em face de tais razões, o qualificativo de injusta ou danosa. O segundo caso se configura quando o Estado-juiz se omite na devida prestação jurisdicional.

Em relação ao segundo requisito, para que se configure a responsabilidade extracontratual do Estado, demanda-se a existência de "dano causado ao particular" que pode sobrevir na esfera material ou moral. Como exemplos de dano material, pode-se citar a ocorrência de supressão de direito fundamental como a liberdade, sob a forma de prisão injusta ou manutenção além do tempo legal; prejuízos financeiros advindos da condenação, como a ocorrência de danos emergentes ou lucros cessantes; pagamento de multa condenatória, nome "sujo na praça", que traz impossibilidade de obtenção de crédito, para citar alguns. No campo do dano moral, tem-se o desconforto de responder a processo e ser condenado de forma injusta, por homonímia, por exemplo, ou viver com o estigma de ser conhecido como condenado, estelionatário, estuprador, fraudador, falido, etc.; a má reputação advinda de condenação; todos os exemplos de advindos decisões injustas em que valores mais caros ao ser humano estão envolvidos, tais como a vida, a honra, a dignidade, a liberdade e a convivência em família e em sociedade.

O requisito do nexo de causalidade se configura quando o dano causado é resultado direto de decisão ou advém de omissão de decisão proferida por magistrado, isto é, é o liame entre o ato jurisdicional e o dano.

Na esfera penal, tal configuração fica mais clara: para que haja a responsabilização do Estado e o direito à indenização, mister configurar-se uma de duas hipóteses: erro judiciário na decisão, reconhecida pelo órgão judiciário competente ou prisão além do tempo fixado em sentença (inciso LXXV do artigo 5º, da Constituição de 1988).

Podem ser citados como exemplos de atuação danosa de juiz que, se reconhecidos pelo tribunal competente, dão ensejo à indenização pecuniária por parte do Estado, os seguintes: a) decisão contrária à realidade fática (condenação de pessoa errada, como acontece no caso de homônimo); b) aplicação de dispositivo legal impertinente (homicídio ao invés de latrocínio); c) indevido exercício da jurisdição motivado por dolo, fraude ou má-fé; d) condenação por homicídio sem a presença do corpo da vítima em que ela aparece, mais tarde, viva, como no famoso caso dos Irmãos Naves (ALAMY FILHO, 2000); e) cálculo errôneo do *quantum* da pena; fixação indevida do regime inicial de cumprimento de pena; f) reconhecimento equivocado de situação que implica o aumento da pena, como uma causa de aumento ou circunstância agravante; g) reincidência, concurso de crimes ou de pessoas, etc.

Indaga-se se a existência de requisitos para a configuração da responsabilidade extracontratual do Estado acabariam por elidi-la ou mitigá-la, eis que imporia limites a dificultar a sua constatação. Acredita-se que o problema situa-se em outro âmbito: o do próprio reconhecimento pelo juízo *ad quem* da prestação jurisdicional defeituosa do órgão inferior.

Como restou demonstrado na decisão do Recurso Especial 1.243.516/SP, o STJ entendeu que não se deve usar de subterfúgios para fugir à admissão da ocorrência de erro na decisão[6], o que indica que, presentes os requisitos, mister o pagamento de indenização.

Destarte, a administração pública, por meio dos juízes, no exercício das atribuições e atividades que lhe são próprias, deve buscar, no seu atuar, o atendimento do interesse público, do bem geral, da pacificação social e da justiça. Caso fique demonstrado que tenha incorrido em abuso ou ilegalidade e causado dano ao indivíduo, os eventuais inconvenientes não poderão

---

[6] "Tendo sido reconhecido que o acusado foi considerado indevidamente reincidente, não se pode falar que o afastamento da reincidência se deu por "interpretação favorável da jurisprudência", uma vez que há clara contrariedade ao disposto no art. 64, inciso I, do CP. [...] *In casu*, restaram devidamente comprovados os prejuízos sofridos pelo recorrente, razão pela qual não há óbice a uma justa indenização." (BRASIL/2016)

O DIREITO ADMINISTRATIVO SOCIAL E ECONÔMICO

ser, por ele, suportados, sem resistência, acarretando, consequentemente, uma recomposição da relação Estado *versus* indivíduo, por meio da indenização pecuniária, nos termos das disposições constitucionais e legais.

Conclusões

Contextualizando-se a questão da responsabilidade do Estado resultante de prestação jurisdicional danosa, tem-se a situação na qual o magistrado, seja juiz de Direito, Desembargador ou Ministro de Tribunal Superior, exara decisão em que, posteriormente, através do instituto da revisão criminal, no campo penal, ou da ação rescisória, no âmbito cível, constata-se a ocorrência de dano lesivo à esfera jurídica de indivíduo que se submeteu a processo em busca da solução de uma lide, mas que, diversamente do que esperava, veio a sofrer um dano.

O presente artigo teve como objetivo principal demonstrar que, constatando-se a existência desse dano, presentes os requisitos objetivos que geram a obrigação de indenizar, requisitos aqui trabalhados mais casuisticamente para melhor contorno e identificação do problema, torna-se imperativa a efetivação do mandamento inserido no inciso LXXV do artigo 5º da Constituição da República Federativa do Brasil de 1988.

Demonstrou-se que a regra se reveste de cunho constitucional e não simplesmente legal, o que torna mais grave e imperioso o dever de indenizar. Devem as pessoas jurídicas de direito público responder pelos danos que seus agentes vierem a causar a um terceiro, e caso a atividade danosa seja prestada por membro do Poder Judiciário, a situação se torna ainda mais relevante.

Assim, diante da inexistência de uma definição legal, doutrinária ou jurisprudencial definitiva acerca da atividade jurisdicional danosa, as decisões analisadas indicam que há responsabilização do ente estatal sempre que houver a existência dos seguintes requisitos: condenação transitada em julgado, seja na esfera cível ou penal, cujo corolário direto seja a produção de dano para o condenado, que pode vir a ser de natureza material ou moral e que reste indubitavelmente demonstrado o nexo de causalidade entre estes dois fatos.

Presentes estes fatores, havendo requisição da parte prejudicada, deve o Estado proceder *incontinenti* ao pagamento de indenização, em atendimento ao expressamente disposto no inciso LXXV do artigo 5º da Constituição da República Federativa do Brasil de 1988, não se havendo falar na mera possibilidade ou discricionariedade do pagamento. O escopo máximo da ideia de Justiça é a recomposição do direito das partes, mesmo, e principalmente, que a violação tenha vindo diretamente da própria atividade judicante.

Referências

ALAMY FILHO, João. O caso dos irmãos Naves. Um erro judiciário. 3. ed. São Paulo: Del Rey SP, 2000.

BARBOSA, André Luis Jardini. Da responsabilidade do Estado quanto ao erro judiciário na sentença penal absolutória. 2008. 108 f. Dissertação (mestrado) – Universidade Estadual Paulista, Faculdade de História, Direito e Serviço Social, 2008. Disponível em: http://hdl.handle.net/11449/89862. Acesso em: 20 jul. 2019.

BRASIL. Código de Processo Penal. Brasília, DF, Senado, 1941. Disponível em: http://www.planalto.gov.br/ccivil_03/decreto-lei/del3689.htm. Acesso em: 20 jul. 2019.

BRASIL. Constituição dos Estados Unidos do Brasil. Brasília, DF, Senado, 1941. Disponível em: http://www.planalto.gov.br/ccivil_03/constituicao/constituicao46.htm. Acesso em: 20 jul. 2019.

BRASIL. Constituição (1988). Constituição da República Federativa do Brasil. Brasília, DF, Senado, 1988. Disponível em: http://www.planalto.gov.br/ccivil_03/constituicao/constituicaocompilado.htm. Acesso em: 20 jul. 2019.

BRASIL, Código Civil. Brasília, DF, Senado, 2002. Disponível em: http://www.planalto.gov.br/ccivil_03/leis/2002/L10406.htm. Acesso em: 20 jul. 2019.

BRASIL. Código de Processo Civil. Brasília, DF, Senado, 2015. Disponível em: http://www.planalto.gov.br/ccivil_03/_ato2015-2018/2015/lei/l13105.htm. Acesso em: 20 jul. 2019.

BRASIL. Conselho Nacional de Justiça. Relatório Justiça em Números 2017. Brasília, 2018. Disponível em: https://paineis.cnj.jus.br/QvAJAXZfc/opendoc.htm?document=qvw_l%2FPainelCNJ.qvw&host=QVS%40neodimio03&anonymous=true&sheet=shResumoDespFT. Acesso em: 20 jul. 2019.

BRASIL, Supremo Tribunal Federal, Recurso Extraordinário n. 228.977-2/SP, Relator Ministro Néri da Silveira, julgado em 05/03/2002, publicado no Diário de Justiça de 10/03/2002. Disponível em: http://redir.stf.jus.br/paginadorpub/paginador.jsp?docTP=AC&docID=252829. Acesso em: 20 jul. 2019.

BRASIL, Supremo Tribunal Federal, Recurso Extraordinário n. 505.393-8/PE, Relator Ministro Sepúlveda Pertence, julgado em 26/06/2007, publicado no Diário de Justiça de 05/10/2007. Disponível em: http://redir.stf.jus.br/paginadorpub/paginador.jsp?docTP=AC&docID=489932. Acesso em: 20 jul. 2019.

BRASIL, Superior Tribunal de Justiça, Recurso Especial n. 253.674/SP, Relator Ministro Félix Fischer, julgado em 04/03/2004, publicado no Diário de Justiça eletrônico de 14/06/2004. Disponível em: https://ww2.stj.jus.br/processo/revista/documento/mediado/?componente=ITA&sequencial=458325&num_registro=200000309702&data=20040614&formato=PDF. Acesso em: 20 jul. 2019.

BRASIL, Superior Tribunal de Justiça, Recurso Especial n. 1.264.437/SP, Relator Ministro Ericson Maranho, julgado em 03/08/2015, publicado no Diário de Justiça eletrônico

O DIREITO ADMINISTRATIVO SOCIAL E ECONÔMICO

de 06/08/2015. Disponível em: https://ww2.stj.jus.br/processo/revista/documento/mediado/?componente=MON&sequencial=50382314&num_registro=20110161983 6&data=20150806 Acesso em: 20 jul. 2019.

BRASIL, Superior Tribunal de Justiça, Recurso Especial n. 1.243.516/SP, Relator Ministro Reynaldo Soares da Fonseca, julgado em 22/09/2016, publicado no Diário de Justiça eletrônico de 30/09/2016. Disponível em: https://ww2.stj.jus.br/websecstj/cgi/revista/REJ.cgi/ITA?seq=1540568&tipo=0&nreg=201100594503&SeqCgrmaSessao=&CodOrgaoJgdr=&dt=20160930&formato=PDF&salvar=false. Acesso em: 23 jul. 2019.

BRASIL, Superior Tribunal de Justiça, Revisão Criminal n. 3.900/SP, Relator Ministro Reynaldo Soares da Fonseca, julgado em 13/12/2017, publicado no Diário de Justiça eletrônico de 15/12/2017. Disponível em: https://ww2.stj.jus.br/processo/revista/documento/mediado/?componente=ITA&sequencial=1669792&num_registro=20170063 3422&data=20171215&formato=PDF Acesso em: 20 jul. 2019.

BRASIL, Superior Tribunal de Justiça, Recurso Especial n. 1.383.776/AM, Relator Ministro Og Fernandes, julgado em 06/09/2018, publicado no Diário de Justiça eletrônico de 17/09/2018. Disponível em: https://ww2.stj.jus.br/processo/revista/documento/mediado/?componente=ITA&sequencial=1748162&num_registro=201301405688&data=20180917&formato=PDF Acesso em: 20 jul. 2019.

BRÊTAS, Ronaldo de Carvalho Dias. Responsabilidade do Estado pela função jurisdicional. Belo Horizonte: Del Rey, 2004.

CAVALIERI FILHO, Sérgio. Programa de responsabilidade civil. 13. ed. São Paulo: Atlas, 2018.

COSTA, Ilton Garcia da; ZOLANDECK, Willian Cleber. A responsabilidade civil do estado por erro judiciário. Unicuritiba. Curitiba, v. 1, n. 28. 2012. Disponível em: http://revista.unicuritiba.edu.br/index.php/RevJur/article/view/426/331. Acesso em: 20 jul. 2019.

CHEVALLIER, Jacques. O Estado de Direito. Tradução Antonio Araldo Ferraz Dal Pozzo e Augusto Neves Dal Pozzo. Belo Horizonte: Fórum, 2013.

DIAS, Maria Tereza Fonseca. Direito administrativo pós-moderno: novos paradigmas do Direito Administrativo a partir do estudo da relação entre o Estado e a Sociedade. Belo Horizonte: Mandamentos, 2003.

FRANCO, João Honorio de Souza. Indenização do erro judiciário e prisão indevida. 2012. Tese (Doutorado em Direito do Estado) – Faculdade de Direito, Universidade de São Paulo, São Paulo, 2012. Disponível em: http://www.teses.usp.br/teses/disponiveis/2/2134/tde-22042013-085935/pt-br.php. Acesso em: 20 jul. 2019.

FREITAS, Sérgio Henriques Zandona. Responsabilidade objetiva do Estado. In: MOTTA, Carlos Pinto Coelho (Coord.). Curso prático de direito administrativo. 3. ed. Belo Horizonte: Del Rey, 2011, p. 471-643.

GUSTIN, Miracy Barbosa de Sousa; DIAS, Maria Tereza Fonseca. (Re)pensando a pesquisa jurídica: teoria e prática. 4 ed. rev. e atual. Belo Horizonte: Del Rey, 2015.

SÃO PAULO, Tribunal de Justiça do Estado de São Paulo. Revisão Criminal n. 9007804-03.1999.8.26.0000, Relator Desembargador Roberto Midolla, 4º Grupo de Direito Criminal, julgado em 05/08/1999. Disponível em: https://esaj.tjsp.jus.br/cposg/search.do?conversationId=&paginaConsulta=1&localPesquisa.cdLocal=-1&cbPesquisa=NUMPROC&tipoNuProcesso=UNIFICADO&numeroDigitoAnoUnific

ado=9007804-03.1999&foroNumeroUnificado=0000&dePesquisaNuUnificado=90-07804-03.1999.8.26.0000&dePesquisa=&uuidCaptcha=sajcaptcha_ee6290edc1f24e-aa92e654dad170f6b1. Acesso em: 20 jul. 2019.

SÃO PAULO. Tribunal de Justiça do Estado de São Paulo. Revisão Criminal n. 234.569-29.2012.8.26.0000, Relator Desembargador Marco Nahum, 1º Grupo de Direito Criminal, julgado em 25/11/2013. Disponível em: http://esaj.tjsp.jus.br/cjsg/getArquivo.do?cdAcordao=7191549&cdForo=0. Acesso em: 20 jul. 2019.

SILVA, José Afonso da. Curso de direito constitucional positivo. 41. ed. São Paulo: Malheiros, 2018.

13
A Possibilidade Jurídica de Utilização do Termo de Ajustamento de Conduta nas Ações de Improbidade Administrativa, a Partir da Teoria do Diálogo das Fontes

FLÁVIA BARACHO LOTTI CAMPOS DE SOUZA
MARIA TEREZA FONSECA DIAS

Introdução

A conciliação, a mediação e outros métodos de solução consensual de conflitos, foram reconhecidas como fundamento da nova sistemática processual brasileira, devendo o Estado promovê-las sempre que possível, inclusive durante o processo judicial, nos termos do art. 3º, §§ 2º e 3º do Código de Processo Civil de 2015 – CPC/15 (BRASIL, 2015). Isso porque, sendo o processo um instrumento de efetivação do direito, deve-se buscar a satisfação mais célere e eficaz dos interesses das partes.

O compromisso de ajustamento de conduta ou termo de ajustamento de conduta – TAC, previsto no art. 5º, § 6º da Lei de Ação Civil Pública (Lei nº 7.347/85; BRASIL, 1985), incluído pelo Código de Defesa do Consumidor (Lei nº 8.078/90; BRASIL, 1990), quando realizado no âmbito administrativo, tem como escopo propiciar a reparação do dano civil à coletividade, cessando o ato ilegal pelo agente causador do dano, sem que seja necessário o ajuizamento de uma demanda judicial. Nada impede que este ajuste também seja realizado durante o processo judicial, pondo fim ao litígio.

Tratando-se de hipóteses de improbidade administrativa, na esfera cível, o art. 17, §1º da Lei de Improbidade Administrativa (Lei nº 8.429/92; BRASIL, 1992), mesmo após a alteração promovida pela Lei nº 13.964/19 (BRASIL, 2019), continuou a inadmitir a realização de acordos no curso das ações de improbidade administrativa, permitindo apenas os acordos de não persecução civil, celebrados durante a fase de inquérito civil ou do juízo prévio de admissibilidade da petição inicial.

Se a alteração legislativa avançou para reconhecer expressamente a possibilidade de acordos nas fases anteriores ao procedimento principal, validando prática já realizada pelos membros do Ministério Público, com base em resoluções editadas pelo Conselho Nacional do Ministério Público[1] (BRASIL, 2017) e, no âmbito do Estado de Minas Gerais, pelo Conselho Superior do Ministério Público do Estado de Minas Gerais[2] (MINAS GERAIS, 2017), por outro lado manteve a incoerência lógica e jurídica ao inadmitir os acordos durante o procedimento principal das ações de improbidade administrativa.

Há no ordenamento jurídico brasileiro outros instrumentos de solução consensual de conflitos utilizados no combate à corrupção, ainda que a conduta combatida também esteja tipificada na Lei de Improbidade Administrativa. No âmbito administrativo, por exemplo, há o acordo de leniência, previsto na Lei Anticorrupção (Lei nº 12.846/13; BRASIL, 2013) e, na esfera penal, o instituto da colaboração ou delação premiada, regulamentado pela Lei da Organização Criminosa (Lei nº 12.850/13; BRASIL, 2013).

Assim, se é possível realizar a delação premiada, mesmo durante o processo judicial, concedendo perdão judicial ou redução de pena privativa de liberdade, com influência direta no direito de liberdade de ir e vir do agente público, porque não admitir as composições na esfera civil, em especial nas ações de improbidade, cujo objeto principal é o combate à imoralidade e o ressarcimento ao erário?

À luz da teoria do diálogo das fontes, criado por Erik Jayme e trazido para o Brasil por Cláudia Lima Marques (MARQUES, 2012) e tomada como referencial teórico deste trabalho, entende-se que as várias normas jurídicas existentes no Direito brasileiro não se excluem, mas se complementam. Assim, diante uma lacuna ou uma aparente ou real antinomia de normas,

---

[1] Resolução CNMP n.º 179, de 26 de julho de 2017, que regulamenta o § 6º do art. 5º da Lei nº 7.347/1985, disciplinando, no âmbito do Ministério Público, a tomada do compromisso de ajustamento de conduta.

[2] Resolução CSMP n.º 03, de 23 de novembro de 2017, que regulamenta, no âmbito do Ministério Público do Estado de Minas Gerais, o Compromisso de Ajustamento de Conduta envolvendo hipóteses configuradoras de improbidade administrativa (definidas na Lei n.º 8.429, de 2 de junho de 1992).

deve-se buscar a interpretação e aplicação coerente do sistema jurídico, pautada nos direitos e fundamentos constitucionais, como o da moralidade e o do devido processo legal, já não sendo mais satisfatória a velha forma tradicional de resolução dos conflitos das normas existentes (critério hierárquico, cronológico ou especial).

Deste modo, buscar-se-á, neste artigo, a partir de uma pesquisa bibliográfica, utilizando-se o método dedutivo e como referencial teórico a teoria do diálogo das fontes, verificar a possibilidade de celebração do termo de ajustamento de conduta no curso das ações de improbidade administrativa.

Para tanto, o artigo será estruturado de forma a contemplar inicialmente as formas alternativas de acordo extrajudicial, previstas no microssistema de combate à corrupção, passando pelo estudo objetivo do acordo de leniência e da delação premiada. Em seguida, tratar-se-á do termo de ajustamento de conduta e da previsão normativa dos ajustes nas ações de improbidade administrativa e seus desdobramentos políticos-jurídicos-administrativos. Por fim, será contemplada a teoria do diálogo das fontes no âmbito do Direito Administrativo, como critério de resolução do conflito aparente de normas.

1. Formas Alternativas de Acordo Extrajudicial no Combate à Corrupção

No Brasil, há várias formas alternativas de acordo extrajudicial no combate à corrupção, previstas em fontes normativas espalhadas pelo ordenamento jurídico que, dentre outros assuntos, regulam e disciplinam as consequências jurídicas à prática de atos ímprobos e que afrontam a moralidade administrativa.

Trata-se do microssistema normativo de combate à corrupção composto por normas constitucionais, supralegais – previstas em convenções internacionais de que o Estado é signatário -, e legais, de que faz parte a Lei Anticorrupção (Lei n.º 12.846/13; BRASIL, 2013), a Lei das Organizações Criminosas (Lei n.º 12.850/13; BRASIL, 2013), e a Lei de Improbidade Administrativa (Lei n.º 8.429/92; BRASIL, 1992).

1.1. Acordo de Leniência

O acordo de leniência, previsto na Lei Anticorrupção (BRASIL, 2013), embora não seja prática inovadora no ordenamento jurídico brasileiro, pois já previsto para a prevenção e combate às infrações contra a ordem

O DIREITO ADMINISTRATIVO SOCIAL E ECONÔMICO

econômica, nos termos do art. 86 e 87 da Lei nº 12.529/11, que estrutura o sistema brasileiro de defesa da concorrência, tomou grande destaque no mundo jurídico e na sociedade como instrumento de combate à corrupção pública e tutela dos interesses públicos (MACHADO, 2017, p 103/105).

Segundo o art. 16 da Lei Anticorrupção, trata-se de um acordo realizado administrativamente entre a autoridade máxima de cada órgão ou entidade pública e a pessoa jurídica responsável pelo ilícito, cujo objetivo é a colaboração efetiva com as investigações e o processo administrativo, através da identificação dos demais envolvidos, quando houver, e na obtenção célere das provas da infração (BRASIL, 2013).

> O acordo de leniência surge como um instrumento com a característica de desestabilizar as relações de confiança, de segurança e sigilo que envolve os pactos de corruptos e corruptores, bem como daqueles que se unem para fraudar licitações e contratos públicos e, portanto, de uma atuação estatal mais eficiente frente ao problema, [...]. (MACHADO, 2017, p. 104)

Em contrapartida, a pessoa jurídica celebrante do acordo ficará isenta da publicação extraordinária da decisão condenatória e da proibição de receber incentivos, subsídios, subvenções, doações ou empréstimos de órgãos ou entidades públicas e de instituições financeiras públicas ou controladas pelo poder público, pelo prazo mínimo de 1 (um) e máximo de 5 (cinco) anos, e poderá ter reduzida em até 2/3 (dois terços) o valor da multa a lhe ser aplicável, que varia entre 0,1% (um décimo por cento) a 20% (vinte por cento) do faturamento bruto do último exercício anterior ao da instauração do processo administrativo, ou não sendo possível mensurar, entre R$ 6.000,00 (seis mil reais) a R$ 60.000.000,00 (sessenta milhões de reais).

Veja que a despeito da importância do acordo de leniência, sua realização não obsta que a mesma pessoa jurídica ou seus dirigentes sejam responsabilizados criminal ou civilmente, como nas hipóteses de improbidade administrativa, nos termos do art. 30 da Lei Anticorrupção (BRASIL, 2013).

Assim, o receio de serem demandados em outras esferas jurídicas, com aplicação da mesma sanção que porventura lhe foram isentos, torna desestimulante para as pessoas jurídicas e seus sócios/administradores colaborarem com as investigações do poder público, impedindo que o acordo de leniência seja utilizado tal como se esperava para o combate à corrupção (MACHADO, 2017, p. 187).

Uma das sanções aplicáveis nas ações de improbidade administrativa, previstas no art. 12 da Lei n.º 8.429/92 é exatamente a proibição de contratar com o Poder Público ou receber benefícios ou incentivos fiscais ou creditícios, direta ou indiretamente, ainda que por intermédio de pessoa jurídica da qual seja sócio majoritário (BRASIL, 1992).

Além disso, uma das críticas apontadas por Cunha Filho para a não realização do acordo de leniência é a falta de exigência de participação do Ministério Público na tratativa, não lhe permitindo ser afetado pelos seus termos (CUNHA FILHO, 2017, p. 316). Consequentemente, como legitimado ativo das ações de improbidade, pode se valer das informações lá coletadas para ajuizar a respectiva demanda civil, seja dentro do próprio rito da Lei Anticorrupção (BRASIL, 2013) ou pela Lei de Improbidade Administrativa (BRASIL, 1992).

1.2. Delação Premiada

Já a delação premiada consiste em um negócio jurídico processual bilateral, previsto no art. 4º e seguintes da Lei das Organizações Criminosas, celebrado entre o Ministério Público e o investigado ou acusado e seu defensor, ou entre o delegado de polícia, com a manifestação do Ministério Público (BRASIL, 2013).

Fala-se em negócio jurídico bilateral, porque, enquanto para o sistema acusatório o objetivo é a obtenção de prova capaz de desvendar os crimes organizados, tão bem articulados, para a defesa, trata-se de uma estratégia tomada com fulcro de obter benefícios ao acusado, sem o qual, a sua situação seria bastante delicada e negativa (MENDONÇA, 2017, p. 59).

Tal como no acordo de leniência, na delação ou colaboração premiada, busca-se a cooperação do colaborador na investigação ou processo criminal, a fim de obter, um dos seguintes resultados, previstos no art. 4º da Lei: a identificação dos coautores ou partícipes; a revelação de sua estrutura e divisão de tarefas; a prevenção de infrações decorrentes das atividades da organização criminosa; até a recuperação total ou parcial do produto ou proveio obtido com o crime ou a localização de eventual vítima, com integridade preservada (BRASIL, 2013).

E porque a colaboração, por exemplo, pode ser obtida com a simples informação da localização da vítima, sem que se tenha que delatar os comparsas do crime, refuta-se a crítica de traição e deslealdade apontada ao instituto, bem como sua força coercitiva, já que pressupõe a voluntariedade do agente colaborador (CUNHA, 2016, p. 38).

Assim, realizada a proposta de acordo, devidamente homologada pelo magistrado, a quem compete verificar sua regularidade, legalidade e voluntariedade, aceitando-a ou recusando-a, nos termos do art. 4º, §§ 7º e 8º da Lei, ao infrator será possível lhe ser concedido desde o perdão judicial, até a redução em até 2/3 (dois terços) da pena privativa de liberdade ou sua substituição por pena restritiva de direito. Se formalizada após a sentença, segundo art. 4º, §5º, o que sugere poder sê-la concretizada inclusive durante o processo judicial, a pena poderá ser reduzida até a metade ou concedida a progressão de regime, em sede de execução penal.

Por fim, além dos benefícios penais, admite-se a concessão de outros benefícios, tal como a suspensão de processos e investigações, desde que não proibidos ou contrários à Lei (Mendonça, 2017, p.78). Tais circunstâncias poderia nos levar a acreditar ser possível a suspensão dos processos de improbidade administrativa, cujos fatos foram objeto da delação premiada.

2. Os Ajustes nas Ações de Improbidade Administrativa

Durante muito tempo o art. 17, §1º da Lei de Improbidade Administrativa, em sua redação original, vedava de forma expressa a transação, o acordo ou a conciliação nas ações judiciais propostas pelo Ministério Público ou pela pessoa jurídica interessada em face de agente público ou terceiro que induzia ou concorresse para a prática do ato de improbidade ou dele se beneficiasse, sob qualquer forma direta ou indireta (BRASIL, 1992).

Após alteração legislativa promovida pela Lei nº 13.964/19 – Pacote Anticrime, passou-se a admitir a celebração de acordo de não persecução cível, corroborando prática realizada pelos membros do Ministério Público, com base na Resolução do Conselho Nacional do Ministério Público n.º 179, de 26 de julho de 2017 (BRASIL, 2017) e na Resolução do Conselho Superior do Ministério Público do Estado de Minas Gerais n.º 03 de 23 de novembro de 2017 (MINAS GERAIS, 2017), que regulamentam e orientam seus membros à realização dos compromissos de ajustamento de conduta nas ações civis públicas, bem como nas hipóteses configuradoras de improbidade administrativa.[3]

Todavia, conforme sugere a terminologia do acordo e as justificativas de veto do Presidente da República aos demais parágrafos da Lei 13.964/19 que tratavam sobre o assunto, a impossibilidade de realização dos acordos

---

[3] Sobre as Resoluções, tratar-se-á o cap. 3, item 3.4 deste artigo.

A POSSIBILIDADE JURÍDICA DE UTILIZAÇÃO DO TERMO DE AJUSTAMENTO DE CONDUTA...

durante o processo judicial ainda permanece, gerando grande insegurança jurídica. Portanto, sem pretender esgotar o assunto, este artigo passará a tratar objetivamente do compromisso de ajustamento de conduta e apresentar o panorama jurídico existente.

2.1. Compromisso de Ajustamento de Conduta

O compromisso de ajustamento de conduta já tinha previsão legal com o art. 211 da Lei n.º 8.069/90 – Estatuto da Criança e do Adolescente[4] e, como precursor, a transação prevista no art. 55 da Lei n.º 7.244/84 – Lei do Juizado de Pequenas Causas[5], mas foi só com o Código de Defesa do Consumidor, quando se introduziu o §6º no art. 5º da Lei n.º 7.347/85 – Lei de Ação Civil Pública, que o ajuste alcançou abrangência maior, eis que, como norma geral, possibilitou ao Ministério Público e outros órgãos legitimados a solução extrajudicial de conflitos de direitos transindividuais indisponíveis (RODRIGUES, 2011, p. 85-87), gênero do qual são espécies os direitos difusos, os direitos coletivos em sentido estrito e os direitos individuais homogêneos (OLIVEIRA, 2011).

> Art. 5º Têm legitimidade para propor a ação principal e a ação cautelar:
> [...]
> § 6° Os órgãos públicos legitimados poderão tomar dos interessados compromisso de ajustamento de sua conduta às exigências legais, mediante cominações, que terá eficácia de título executivo extrajudicial. (BRASIL, 1985)

Diferentemente da transação típica, em que o ajuste ocorre entre os próprios titulares do direito individual disponível, atuando o membro do Ministério Público e os advogados das partes como mero coadjuvantes – pois apenas garantem que as partes tenham conhecimento das implicâncias jurídicas da transação -, no ajustamento de conduta os legitimados para a ação civil pública são partes do acordo, embora não sejam os titulares diretos do direito envolvido, porquanto, se tratam de direitos transindividuais indisponíveis (RODRIGUES, 2011, p. 95).

---

[4] Art. 211. Os órgãos públicos legitimados poderão tomar dos interessados compromisso de ajustamento de sua conduta às exigências legais, o qual terá eficácia de título executivo extrajudicial.

[5] Art. 55. Valerá como título executivo o acordo celebrado pelas partes, por instrumento escrito, referendado pelo órgão competente do Ministério Público.

Segundo Geisa de Assis Rodrigues, o termo de ajustamento de conduta é uma espécie de conciliação, realizado extra ou judicialmente, pois permite a solução do conflito já instaurado ou a iniciar, diferenciando-se das transações por inexistir concessões recíprocas (RODRIGUES, 2011, p. 130). O agente ao aderir ao compromisso se propõe a cumprir certa conduta para atender às determinações legais, seja através de uma obrigação de fazer, não fazer, ou reparar o dano – ato unilateral de vontade, enquanto o órgão público tomador do compromisso não cede a qualquer direito transindividual, mas busca, através deste método de solução de conflito, obter, no mínimo, a mesma solução que se obteria com o provimento judicial, visando sempre atingir ao fim do instituto.

O termo de ajustamento de conduta ainda tem como finalidade tutelar os direitos transindividuais, de forma preventiva ou reparadora, e não favorecer o agente violador do direito. Por isso é que a realização do acordo só tem sentido quando "se revelar a melhor solução para a tutela dos direitos individuais." (RODRIGUES, 2011, p. 100)

Neste sentido é que ao se admitir a realização do termo de ajustamento de conduta nas hipóteses de improbidade administrativa, não se está a beneficiar o agente público ímprobo, mas a buscar a solução mais célere e efetiva para a proteção da moralidade administrativa e tutela do patrimônio público, através do ressarcimento ao erário, promovendo a própria eficiência da Administração Pública.

A realização de acordos é infinitamente mais célere, menos burocrática, menos onerosa do que a movimentação do Poder Judiciário, como anteriormente já demonstrado, nada impedindo que ele seja realizado extra ou judicialmente, desde que cumpridos os seus objetivos e homologada judicialmente, porquanto terá repercussão no processo já em andamento.

A exigência de homologação pelo magistrado permitirá um controle dos seus termos, garantindo a resolução efetiva da controvérsia e da tutela dos direitos transindividuais, tendo sido reconhecida inclusive pelo Conselho Superior do Ministério Público do Estado de Minas Gerais ao editar a Resolução n.º 03 de 23 de novembro de 2017 (BRASIL, 2017), como requisito necessário à celebração do compromisso de ajustamento de conduta na esfera judicial nas hipóteses de improbidade administrativa.

2.2. A Medida Provisória n.º 703/15

A impossibilidade de realizar acordos, transações ou conciliações no âmbito das ações de improbidade administrativa tinha previsão expressa no art. 17, §1º da Lei de Improbidade Administrativa (BRASIL, 1992), a despeito dos acordos e transações existentes, seja na esfera administrativa ou penal, realizados com os agentes públicos ou terceiros que praticaram fatos possíveis de serem imputados como de improbidade administrativa.

No âmbito administrativo, por exemplo, a Lei Anticorrupção (BRASIL, 2013) previu a possibilidade de realização do acordo de leniência entre o ente público e a pessoa jurídica responsável pela prática de atos lesivos à administração pública e que atentem contra o patrimônio público nacional ou estrangeiro, contra os compromissos internacionais assumidos pelo Brasil ou contra os princípios da administração pública.

Todavia, a celebração do acordo de leniência na esfera administrativa não obstava que as pessoas jurídicas, ou eventuais sócios ou responsáveis legais, fossem responsabilizados pelos mesmos atos na esfera judicial, segundo art. 18 e 30 da Lei Anticorrupção (BRASIL, 2013). Assim é que, conforme já tratado, sob a ótica geral e positiva, a isenção na aplicação da sanção de proibição de contratar com o poder público ou receber incentivos, torna-se irrelevante, diante a possibilidade de responsabilização civil nos termos da Lei de Improbidade Administrativa.

Com vista a aperfeiçoar a aplicação do acordo de leniência, e em grande parte tornando-o mais eficiente, foi editada a Medida Provisória nº 703 de 18 de dezembro de 2015 (BRASIL, 2015) que alterou a Lei Anticorrupção (BRASIL, 2013) para prever que o acordo de leniência impediria o ajuizamento ou prosseguimento das ações judicias, previstas no art. 19 da Lei, e das ações de improbidade administrativa, previstas na Lei de Improbidade Administrativa (BRASIL, 1992), ou de natureza civil.

> Art. 16. A autoridade máxima de cada órgão ou entidade pública poderá celebrar acordo de leniência com as pessoas jurídicas responsáveis pela prática dos atos previstos nesta Lei que colaborem efetivamente com as investigações e o processo administrativo, sendo que dessa colaboração resulte:
>
> [...]
>
> § 11. O acordo de leniência celebrado com a participação das respectivas Advocacias Públicas impede que os entes celebrantes ajuizem ou prossigam com as ações de que tratam o art. 19 desta Lei e o art. 17 da Lei nº 8.429, de 2

de junho de 1992, ou de ações de natureza civil. (Incluído pela Medida provisória nº 703, de 2015)

§ 12. O acordo de leniência celebrado com a participação da Advocacia Pública e em conjunto com o Ministério Público impede o ajuizamento ou o prosseguimento da ação já ajuizada por qualquer dos legitimados às ações mencionadas no § 11. (Incluído pela Medida provisória nº 703, de 2015)

[...]

Art. 18. Na esfera administrativa, a responsabilidade da pessoa jurídica não afasta a possibilidade de sua responsabilização na esfera judicial, exceto quando expressamente previsto na celebração de acordo de leniência, observado o disposto no § 11, no § 12 e no § 13 do art. 16. (Redação dada pela Medida provisória nº 703, de 2015) (BRASIL, 2013)

Consequentemente, a referida Medida Provisória revogou expressamente o § 1º do art. 17 da Lei de Improbidade Administrativa (BRASIL, 1992), ainda que temporariamente, já que teve sua vigência encerrada em 29 de maio de 2016, conforme Ato Declaratório do Presidente da Mesa do Congresso Nacional n.º 27 de 2016 (BRASIL, 2016), restabelecendo, portanto, a proibição primeira de transações, acordos ou conciliação nas ações de que tratava a Lei de Improbidade Administrativa (BRASIL, 1992).

2.3. O Pacote Anticrime

Em 24 de dezembro de 2019, em edição extra, foi publicada a Lei nº 13.964/19 – Pacote Anticrime que, além de aperfeiçoar a legislação penal e processual penal, também trouxe significativas mudanças na esfera administrativa, em especial, na Lei n.º 8.429/92 ao alterar o seu art. 17, §1º para admitir a celebração de acordo de não persecução cível, cuja vigência teve início em 23 de janeiro de 2020 (BRASIL, 2019).

A alteração fez parte do chamado pacote anticrime proposto pelo Ministro da Justiça e Segurança Pública Sérgio Moro e por uma comissão de juristas coordenada pelo ministro do Supremo Tribunal Federal Alexandre de Moraes, parcialmente alterado pelos parlamentares, depois de submetida a diversos debates e que culminou na sanção e publicação da Lei nº 13.964/19 (BRASIL, 2019).

Dentre as inúmeras modificações na espera penal e processual penal, podemos citar a ampliação das hipóteses configuradoras de legítima defesa; o aumento da pena máxima privativa de liberdade; a não persecução penal para crimes sem violência e com pena mínima de quatro anos, salvo crimes de improbidade administrativa; a criação dos juízes garantia; a proibição de progressão de regime aos presos condenados por integrar organização criminosa e a vedação às saídas temporárias de presos condenados por crimes hediondos com resultado morte (BRASIL, 2019).

No âmbito cível, a aprovação do Pacote Anticrime também surtiu efeitos de grande relevância jurídica no combate à corrupção. Trata-se da possibilidade de realização de acordos de não persecução civil nas hipóteses de improbidade administrativa.

O art. 6º da Lei nº 13.964/19 alterou a redação do art. 17, §1ºda Lei de Improbidade Administrativa e acrescentou o §10-A, que passou a prever:

> Art. 17. A ação principal, que terá o rito ordinário, será proposta pelo Ministério Público ou pela pessoa jurídica interessada, dentro de trinta dias da efetivação da medida cautelar.
>
> § 1º As ações de que trata este artigo admitem a celebração de acordo de não persecução cível, nos termos desta Lei.
>
> [...]
>
> § 10-A. Havendo a possibilidade de solução consensual, poderão as partes requerer ao juiz a interrupção do prazo para a contestação, por prazo não superior a 90 (noventa) dias. (BRASIL, 2019).

Observa-se que não se trata de permitir a celebração de acordos em toda e qualquer fase das ações de improbidade, de que trata a Lei nº 8.429/92. A partir de uma leitura mais atenta do dispositivo, bem como das vedações ocorridas a outros parágrafos propostos no pacote anticrime, extrai-se que a permissão se restringiu ao momento do inquérito civil ou durante o juízo prévio de admissibilidade da petição inicial nas ações de improbidade administrativa.

Segundo o vetado art. 17-A, §2º da Lei, os acordos também poderiam ser celebrados no curso da ação de improbidade. A justificativa ao veto foi de que esta hipótese comprometeria a eficiência dos acordos realizados em momento anterior à demanda principal, pois permitiria ao infrator continuar litigando judicialmente e depois, caso desejasse, optar pela transação judicial, deixando de atender aos propósitos do instrumento de resolução consensual de conflito – reparação mais célere e desaforamento do Poder Judiciário (BRASIL, 2019).

Assim, percebe-se que a alteração normativa permitiu apenas a celebração de acordos para a não persecução civil, ou seja, em momento anterior ao processo principal, mantendo-se a vedação ou impossibilidade de fazê-lo no curso da demanda judicial.

Esclareça-se que o procedimento previsto na Lei de Improbidade Administrativa tem caráter especial, com atos próprios e diferentes do rito ordinário tratado no Código de Processo Civil, muito embora o art. 17 da Lei n.º 8.429/92 a nomeie como de rito ordinário (CARVALHO FILHO, 2019, p. 1.090).

A ação de improbidade administrativa, por exemplo, apresenta dois procedimentos distintos e não autônomos: o procedimento de juízo prévio de admissibilidade da demanda e o procedimento principal. No primeiro momento, distribuída a petição inicial, o juízo notificará o requerido para apresentar sua defesa prévia, e ao final, munido das primeiras informações colhidas, receberá ou rejeitará a peça de ingresso, seja pela ausência do ato de improbidade, pela improcedência do pedido ou pela inadequação da via eleita. (CARVALHO FILHO, 2019, p. 1.090; PAZZIGLINI FILHO, 2018, p. 174).

A notificação do requerido para apresentação da defesa prévia constitui um contraditório preambular realizado em fase anterior à citação do réu e, portanto, da formação regular da relação processual (CARVALHO FILHO, 2019, p. 1.090; PAZZIGLINI FILHO, 2018, p. 178).

Por isso, os acordos admitidos são aqueles celebrados durante o inquérito civil ou no juízo prévio de admissibilidade da ação de improbidade, mas não durante a ação principal.

2.4. Resoluções do CNMP e CSMP do Estado de Minas Gerais

Na tentativa de promover a justiça e de reduzir os litígios, bem como garantir a efetividade dos compromissos de ajustamento de conduta, realizados no âmbito dos inquéritos civis e ações civis públicas, o Conselho Nacional do Ministério Público editou a Resolução n.º 179 de 26 de julho de 2017 (BRASIL, 2017), que dentre outras coisas, estipulou, em seu art. 1º, §2º, ser "cabível compromisso de ajustamento de conduta nas hipóteses configuradoras de improbidade administrativa, sem prejuízo do ressarcimento ao erário e da aplicação de uma ou algumas das sanções previstas em lei, de acordo com a conduta ou o ato praticado."

Veja que a ação de improbidade administrativa é considerada majoritariamente uma espécie de ação civil pública, porquanto em última análise tutela os interesses difusos e coletivos, como a moralidade e probidade administrativa, compondo o chamado microssistema processual de tutela coletiva, embora disponha de procedimento próprio e específico (PAZZA-GLINI FILHO, 2018, p 172). Tal conclusão tem respaldo no art. 129, inciso III da CR/88 (BRASIL, 1988) que alargou as hipóteses de proteção da Lei de Ação Civil Pública (BRASIL, 1985), para alcançar o patrimônio público e social, do meio ambiente e de outros interesses difusos e coletivos, estes entendidos como qualquer interesse público ou geral (DI PIETRO, 2019, p 1.761 e 1.830).

Ainda, esta Resolução admite a realização do acordo em qualquer fase da investigação, inquérito civil ou processo judicial, desde que assinado pelo representante do Ministério Público e que não implique em renúncia a direito ou interesse difuso ou coletivo e individuais homogêneos, devendo se ater ao caso concreto, consoante art. 1º, §1º e art. 3º.

Por sua vez, a Resolução do Conselho Superior do Ministério Público do Estado de Minas Gerais n.º 03 de 23 de novembro de 2017 (BRASIL, 2017), na mesma proposta, regulamentou, no âmbito estadual, o compromisso de ajustamento de conduta envolvendo as hipóteses configuradoras de improbidade administrativa, previstas na Lei de Improbidade Administrativa (BRASIL, 1992), sem prejuízo do ressarcimento ao erário e da aplicação de uma ou de algumas das sanções previstas na Lei, conforme o caso concreto.

Em suas considerações ressaltou a necessidade de efetivar os direitos e garantias fundamentais de acesso a uma justiça mais célere e eficiente, através da autocomposição dos conflitos, em contrapartida à crescente judicialização e tradicional resolução dos conflitos pelo Poder Judiciário.

Apontou os princípios e normas trazidas pelo Código de Processo Civil de 2015 (BRASIL, 2015) que incorporaram e enalteceram os mecanismos de autocomposição, bem como a colaboração premiada, no campo penal, e o acordo de leniência, no campo administrativo, como instrumentos capazes de afastar as sanções típicas previstas nas Leis em contrapartida à realização do bem jurídico protegido.

Afirmou que a realização do termo de ajustamento de conduta, de iniciativa do Ministério Público ou do responsável pelos atos de improbidade, pessoa física ou jurídica, tem como objetivo a aplicação mais rápida e eficaz das sanções previstas na Lei de Improbidade Administrativa (BRASIL, 1992), contribuindo para prevenir e reprimir as condutas ímprobas e desde que, obrigatoriamente, haja o compromisso de reparar integralmente o dano sofrido; de transferir ou devolver, sem ônus para a entidade lesada, os bens, os direitos ou os valores adquiridos com a infração; de cessar a conduta ilícita; de oferecer garantias para o pagamento da multa civil, ressarcimento e transferência (art. 3º).

E a depender da extensão do dano e do grau de censura da conduta ímproba, nos termos do art. 4º da Resolução, o termo de ajustamento de conduta também poderá prever o compromisso de pagamento de multa civil; de não contratar com o Poder Público ou receber benefícios ou incentivos fiscais ou creditícios, direta ou indiretamente, ainda que por intermédio de pessoa jurídica da qual seja sócio majoritário, por período determinado; de renúncia da função pública; de reparação de danos morais coletivos; e de renúncia ao direito de candidatar-se a cargos públicos eletivos, por períodos determinados, sempre limitado ao máximo estipulado no art. 12 da Lei de Improbidade Administrativa (BRASIL, 1992).

Além disso, consoante art. 5º da Resolução, "O Compromisso de Ajustamento de Conduta poderá ser tomado em qualquer fase da investigação, nos autos de inquérito civil ou procedimento preparatório, ou no curso da ação judicial.", sendo que, na última hipótese, depende de homologação judicial, condição também exigida para o caso de aplicação do compromisso de renúncia à capacidade eleitoral passiva. Se realizada durante o inquérito civil ou procedimento preparatório para ação judicial, basta a homologação do Conselho Superior do Ministério Público.

3. A Teoria do Diálogo das Fontes no Âmbito do Direito Administrativo

A sociedade pós-moderna, cada dia maior e mais complexa, com inúmeras relações públicas ou privadas, acabam por propiciar a criação de mais normas jurídicas, tornando o ordenamento jurídico ainda mais complexo e numeroso. Além da Constituição da República, que deve ser tomada como fundamento de validade de todas as normas jurídicas, em razão do princípio da supremacia da constituição (MARINONI; MITIDIEIRO; SARLET, 2017, p 240), inúmeras leis esparsas ou microssistemas são criados, tornando ainda mais difícil manter a integridade e coerência do sistema.

Ao descrever sobre o ordenamento jurídico como um conjunto ou complexo de normas existentes em uma sociedade, Norberto Bobbio já apontava os três grandes problemas que circunscreviam a definição do instituto. Primeiro, se era possível conceber o ordenamento como uma unidade, considerando as inúmeras normas que o compunham; segundo, se seria considerado um sistema, diante suas aparentes antinomias; e terceiro, se poderia ser completo, desprovido de qualquer lacuna (BOBBIO, 1995, p 34).

A despeito das considerações sobre a unidade do ordenamento jurídico, resultante da norma fundamental, hierarquicamente superior e que confere validade a todas as outras normas inferiores, e da completude, ausência de lacunas reais, este trabalho se limitará a combater a chamada antinomia das normas, ou seja, a incompatibilidade das normas jurídicas presentes no ordenamento jurídico, a partir da teoria do diálogo das fontes, não obstante os critérios tradicionais de resolução de conflitos.

Tradicionalmente, compreende-se a resolução dos conflitos aparentes entre as normas jurídicas a partir de três regras fundamentais: lei posterior ou lei nova revoga lei anterior ou antiga que trata da mesma matéria (critério cronológico); lei especial revoga lei geral (critério da especialidade) e lei superior revoga lei inferior (critério hierárquico).

O primeiro e o segundo critérios estão estabelecidos no art. 2º, §1º e §2º da Lei de Introdução às Normas do Direito Brasileiro – Decreto-Lei nº 4.657, de 4 de Setembro de 1942 (BRASIL, 1942), enquanto o terceiro resulta da própria ordem hierárquica das normas, que tem em sua validade a correspondência com a norma fundamental.

> Art. 2º. Não se destinando à vigência temporária, a lei terá vigor até que outra a modifique ou revogue.
>
> § 1º A lei posterior revoga a anterior quando expressamente o declare, quando seja com ela incompatível ou quando regule inteiramente a matéria de que tratava a lei anterior.
>
> § 2º A lei nova, que estabeleça disposições gerais ou especiais a par das já existentes, não revoga nem modifica a lei anterior. (BRASIL, 1942)

Contudo, nem sempre é possível resolver as antinomias a partir desses três critérios, mesmo porque, a partir deles se pressupõe a exclusão de uma ou de ambas as normas, havendo hipóteses em que se exige do intérprete a escolha valorativa entre uma ou outra norma, a depender do caso concreto, ou a aplicação de um ou outro critério para uma solução momentânea, sem que para isso se exclua uma norma do ordenamento.

Por isso, Norberto Bobbio já afirmava que:

> A coerência não é condição de validade, mas é sempre condição para a justiça do ordenamento. É evidente que quando duas normas contraditórias são ambas válidas, e pode haver indiferentemente a aplicação de uma ou de outra conforme o livre-arbítrio daqueles que são chamados a aplica-las, são violadas duas exigências fundamentais em que se inspiram ou tendem a inspirar-se os ordenamentos jurídicos: a exigência da certeza (que corresponde ao valor da paz ou da ordem), e a exigência da justiça (que corresponde ao valor da igualdade). (BOBBIO, 1995, p. 113)

A teoria do diálogo das fontes de Eric Jayme propõe um método de solução dos conflitos aparentes, a partir da aplicação conjunta, coordenada e simultânea de todas as leis ou normas que tratam de um mesmo assunto, ao invés da derrogação normativa, tomando como premissa a prevalência dos princípios ou valores constitucionais, em especial os direitos fundamentais ou direitos humanos (MARQUES, 2012). Segundo afirma a autora,

> A proposta coordenação das fontes de Eric Jayme é uma coordenação flexível e útil (effet utile) das normas em conflito no sistema, a fim de restabelecer a sua coerência e ressaltar os direitos humanos (leitmotiv da teoria de Erik Jayme0.Trat-se , em ultima analise, de uma mudança de paradigma: da retirada simples (revogação) de uma das normas em conflito do sistema jurídico (ou do "monólogo" de uma só norma possível a "comunicar" a solução justa) à convivência dessas normas, ao diálogo das normas para alcançar a sua ratio, e a finalidade "narrada" ou "comunicada" em ambas, sob a luz da Constituição, se seu sistema de valores e dos direitos humanos em geral. (MARQUES, 2012, p. 29).

Percebe-se, assim, que é conferido ao aplicador do direito a possibilidade de restaurar a coerência do ordenamento, sempre a partir de uma ótica constitucional, colocando-a, tal como deve ser, no centro do ordenamento jurídico – supremacia da constituição – e tomando como base os direitos fundamentais, individuais ou sociais.

Não se trata apenas de uma interpretação sistêmica do ordenamento jurídico, em que se busca compreender um dispositivo legal a partir das outras normas jurídicas, mas de aplicar a norma segundo os fundamentos da Constituição. Neste sentido é que a teoria do diálogo das fontes deve ser compreendida e empregada.

> O método do diálogo das fontes parte dessa premissa de realização da Constituição e seu sistema de direitos e garantias fundamentais, oferecendo critérios para a coordenação e coerência da solução do caso. Daí reconhecer, nas situações em que os métodos de interpretação clássicos observam contradição entre normas, em verdade, a sua complementaridade, quando necessária para assegurar a coerência e unidade do ordenamento jurídico. E é nesse aspecto, essencialmente, que representa inovação em face do método clássico de interpretação sistemática. (MIRAGEM, 2012, p. 91)

A teoria do diálogo das fontes é um método, portanto, de coerência, de subsidiariedade e adaptação das normas jurídicas dentro desse complexo normativo e social existente, aplicável em várias áreas do direito, como no direito do consumidor – mais comumente aplicada, mas também no direito empresarial, processual, tributário ou administrativo, desde que tenha como foco a preservação dos direitos fundamentais e valores constitucionais.

Claudia Lima Marques explica que esse diálogo de coerência, complementariedade ou subsidiariedade, adaptação ou coordenação é aplicado também entre leis especiais, nem sempre com permissão expressa na lei, mas resultado de uma interpretação e aplicação da lei pelo operador do direito (MARQUES, 2012, p. 35).

No caso, a impossibilidade jurídica de realização de acordos durante as ações de improbidade administrativa, depois de tudo o que foi apresentado, está na contramão do sistema principiológico da resolução consensual de conflitos, prevista no Código de Processo Civil de 2015 (BRASIL, 2015), dos direitos fundamentais à eficiência da Administração Pública e à duração razoável do processo, previstos na CR/88 (BRASIL, 1988), e de todos os regramentos existentes que permitem a tomada de compromisso, seja como regra geral, na Lei de Ação Civil Pública (Lei n.º 7.347/85; BRASIL, 1985), até àquelas específicas para o combate à corrupção, em especial a Lei Anticorrupção (Lei n.º 12.486/13; BRASIL, 2013) e a Lei das Organizações Criminosas (Lei n.º 12.850/13; BRASIL, 2013).

Conclusões

As ações de improbidade administrativa, consagradas na Lei n.º 8.429/92 (BRASIL, 1992), tiveram e ainda têm grande importância jurídica e política no combate à corrupção e à preservação da moralidade administrativa, permitindo a responsabilização civil dos agentes que praticam atos de improbidade.

No entanto, a não realização de acordos, transações e conciliações no curso das ações de improbidade, não pode ocorrer de forma descontextualizada à atual realidade social e jurídica, nem mesmo em descompasso às inúmeras conquistas e mudanças legislativas ocorridas desde a promulgação da CR/88.

O reconhecimento da autocomposição como fundamento da nova ordem processual brasileira, consoante art. 3º, §§2º e 3º do CPC/15 (BRASIL, 2015), até os diversos métodos extrajudiciais de resolução de conflitos previstos nas Leis Anticorrupção e Lei das Organizações Criminosas, que compõe junto à Lei de Improbidade Administrativa, o microssistema de combate à corrupção, bem como as Resoluções do Ministério Público, principal legitimado ativo nas ações de improbidade administrativa, já aponta a necessidade de uma interpretação e aplicação da Lei de forma mais coerente e coordenada possível, com vista a alcançar a proteção do patrimônio público e da moralidade administrativa da maneira menos gravosa e mais eficiente possível.

Conclui-se, portanto, ser possível a realização dos compromissos de ajustamento de conduta também nas hipóteses de improbidade administrativa, em que pese a vedação legal.

Referências

BRASIL. Conselho Nacional do Ministério Público. Resolução nº 179, de 26 de julho de 2017. Regulamenta o § 6º do art. 5º da Lei nº 7.347/1985, disciplinando, no âmbito do Ministério Público, a tomada do compromisso de ajustamento de conduta. Disponível em http://www.cnmp.mp.br/portal/images/Resolucoes/Resolu%C3%A7%C3%A3o-179. pdf. Acesso em 10 jun 2019.

BRASIL. Constituição da República Federativa do Brasil de 1988. Disponível em http:// www.planalto.gov.br/ccivil_03/constituicao/constituicao.htm. Acesso em 19 jul 2019.

BRASIL. Decreto-Lei n.º 4.657, de 4 de Setembro de 1942. Lei de Introdução às normas do Direito Brasileiro. Disponível em http://www.planalto.gov.br/ccivil_03/decreto- -lei/del4657compilado.htm. Acesso em 19 jul 2019.

BRASIL. Lei 7.347/85, de 24 de julho de 1985. Disciplina a ação civil pública de responsabilidade por danos causados ao meio-ambiente, ao consumidor, a bens e direitos de valor artístico, estético, histórico, turístico e paisagístico (VETADO) e dá outras providências. Disponível em http://www.planalto.gov.br/ccivil_03/leis/L7347orig.htm. Acesso em 27 maio 2019.

BRASIL. Lei 8.429/92, de 02 de junho de 1992. Dispõe sobre as sanções aplicáveis aos agentes públicos nos casos de enriquecimento ilícito no exercício de mandato, cargo, emprego ou função na administração pública direta, indireta ou fundacional e dá outras providências. Disponível em http://www.planalto.gov.br/ccivil_03/leis/L8429.htm. Acesso em 26 maio 2019.

BRASIL. Lei n.º 12.846, de 1º de agosto de 2013. Dispõe sobre a responsabilização administrativa e civil de pessoas jurídicas pela prática de atos contra a administração pública, nacional ou estrangeira, e dá outras providências. Disponível em http://www.planalto. gov.br/ccivil_03/_ato2011-2014/2013/lei/l12846.htm. Acesso em 26 maio 2019.

BRASIL. Lei n.º 12.850/13, de 02 de agosto de 2013. Define organização criminosa e dispõe sobre a investigação criminal, os meios de obtenção da prova, infrações penais correlatas e o procedimento criminal; altera o decreto-lei nº 2.848, de 7 de dezembro de 1940 (Código Penal); revoga a lei nº 9.034, de 3 de maio de 1995; e dá outras providências. Disponível em http://www.planalto.gov.br/ccivil_03/_ato2011-2014/2013/lei/l12850.htm. Acesso em 26 maio 2019.

BRASIL. Lei 13.105/15, de 16 de março de 2015. Código de Processo Civil. Disponível em: http://www.planalto.gov.br/ccivil_03/_ato2015-2018/2015/lei/l13105.htm. Acesso em: 19 ago 2019.

BRASIL. Lei 13.964, de 24 de dezembro de 2019. Aperfeiçoa a legislação penal e processual penal. Disponível em: http://www.planalto.gov.br/ccivil_03/_ato2019-2022/2019/lei/L13964.htm#art20. Acesso em: 25 jan 2020.

BRASIL. Medida provisória n.º 703, de 18 de dezembro de 2015. Altera a Lei nº 12.846, de 1º de agosto de 2013, para dispor sobre acordos de leniência. Disponível em http://www.planalto.gov.br/ccivil_03/_Ato2015-2018/2015/Mpv/mpv703.htm. Acesso em 10 jun 2019.

BOBBIO, Norberto. Teoria do ordenamento jurídico. 6. ed. Brasília: Universidade de Brasília, 1995. 184 p.

CUNHA, Rogério Sanches; PINTO, Ronaldo Batista. Crime Organizado. 4. ed. rev. ampl. e atual. Salvador: Juspodium, 2016. 208 p.

CUNHA FILHO, Alexandre Jorge Carneiro da. In: PEREZ, Marcos Augusto; SOUZA, Rodrigo Pagani de. Controle da administração pública. Belo Horizonte: Fórum, 2017. 406 p.

DI PIETRO, Maria Sylvia Zanella. Direito administrativo. 32. ed. Rio de Janeiro: Forense, 2019. 1932 p.

MACHADO, Pedro Antônio de Oliveira. Acordo de leniência e a lei de improbidade administrativa. Curitiba: Juruá, 2017. 259 p.

MARINONI, Luiz Guilherme; MITIDIERO, Daniel; SARLET, Ingo Wolfgang. Curso de direito constitucional. 6. ed. São Paulo: Saraiva, 2017.

MARQUES, Claudia Lima. Diálogo das fontes: do conflito à coordenação de normas do direito brasileiro. 2. ed. São Paulo: Editora Revista dos Tribunais, 2012. 544 p.

MENDONÇA, Andrey Borges de. In: BOTTINI, Pierpaolo Cruz; MOURA, Maria Thereza de Assis. Colaboração Premiada. São Paulo: Revista dos Tribunais, 2017. 53-104 p.

MINAS GERAIS (Estado). Conselho Superior Do Ministério Público Do Estado De Minas Gerais. Resolução CSMP n.º 3, de 23 de novembro de 2017. Regulamenta, no âmbito do Ministério Público do Estado de Minas Gerais, o Compromisso de Ajustamento de Conduta envolvendo hipóteses configuradoras de improbidade administrativa (definidas na Lei n.º 8.429, de 2 de junho de 1992). Disponível em https://www.mpmg.mp.br/files/diariooficial/DO-20171129.PDF. Acesso em 10 jun 2019.

MIRAGEM, Bruno. In: Diálogo das fontes: do conflito à coordenação de normas do direito brasileiro. 2. ed. São Paulo: Editora Revista dos Tribunais, 2012. 544 p.

OLIVEIRA, Marcelo Henrique Matos. Considerações sobre os direitos transindividuais. Cognitio Juris, João Pessoa, Ano I, Número 2, agosto 2011. Disponível em https://www.cognitiojuris.com/artigos/02/06.html. Acesso em 22 jul 2019.

PAZZAGLINI FILHO, Marino. Lei de improbidade administrativa comentada: aspectos constitucionais, administrativos, civis, criminais, processuais e de responsabilidade fiscal. 7. ed. São Paulo: Editora Atlas, 2018.

RODRIGUES, Geisa de Assis. Ação civil pública e termo de ajustamento de conduta: teoria e prática. 3. ed. Rio de Janeiro: Forense, 2011. 304 p.

14

O Ativismo nos Tribunais de Contas: Análise do Caso da Submissão da OAB à Jurisdição do TCU

CLARIMAR SANTOS MOTTA JUNIOR
FLÁVIO HENRIQUE UNES PEREIRA

Introdução

Por força do artigo 71 da Constituição Federal, compete ao Tribunal de Contas da União auxiliar o Congresso Nacional no exercício do controle externo da União, especificamente quanto à fiscalização contábil, financeira, orçamentária, operacional e patrimonial, bem como quanto à legalidade, legitimidade, economicidade na aplicação das subvenções, renúncias fiscais e das receitas públicas propriamente ditas.

Esta competência também foi atribuída, por espelhamento, aos Estados e aos Municípios (CRFB, art. 75), inserindo a figura do Tribunal de Contas como órgão auxiliar do controle externo exercido pelo Poder Legislativo em todas as esferas de governo.

Neste cenário, os Tribunais de Contas assumem papel importante na fiscalização contábil, financeira, operacional, patrimonial e orçamentária não só da União e das entidades da administração direta e indireta, além das pessoas físicas e jurídicas, públicas ou privadas, que utilize, arrecade, guarde, gerencie ou administre recursos públicos.

Assim, este texto parte da identificação da competência deste órgão fiscalizador, sua origem histórica, legitimação e o meio pelo qual exerce a função de controle.

Em seguida, busca identificar a natureza jurídica da Ordem dos Advogados do Brasil, mediante análise dos dispositivos constitucionais que tratam da advocacia, da Lei Federal nº 8.906/1994 e a interpretação que lhe é conferida pelos Tribunais Superiores.

Com base nestas premissas, analisaremos a decisão do TCU que determinou a fiscalização da OAB como unidade prestadora de contas, identificando a postura ativista adotada no julgado, indicando uma tendência na adoção desta atitude por parte das Contes de Contas, extrapolando a relevante atribuição que lhes é conferida pela Constituição Federal.

1. Os Tribunais de Contas na Constituição Federal: Origem, Competência e Legitimidade

O conceito de controle externo é amplamente divulgado pela doutrina administrativista. Praticamente todos os autores que se dedicam a este ramo do direito tratam da matéria, merecendo destaque a definição adotada por CARVALHO FILHO (2014, p. 41), que sintetiza o tema afirmando que o controle externo é aquele que provém de órgãos administrativos situados em Poder diverso daqueles em que ficam os órgãos controlados.

Nesse tipo de controle, não há incidência direta do sistema de hierarquia administrativa, mas sim dos mecanismos gerais de controle existentes entre os Poderes, visando a manter o equilíbrio do regime e a legitimidade da função administrativa.

Partindo deste conceito, JACOBY FERNANDES (2016, p. 103) afirma que o controle externo pode ser classificado segundo a natureza do órgão que o exerce: legislativo, judicial e dos Tribunais de Contas.

O Poder Legislativo exerce o controle externo sobre o Poder Executivo. Trata-se de um controle eminentemente político dos atos da Administração Pública, diferente do controle exercido pelo Poder Judiciário, caracterizado como controle jurídico, que encontra na lei a base e o pressuposto inafastável de análise dos atos administrativos.

Apesar de dispor de estrutura assemelhada ao Poder Judiciário, os Tribunais de Contas não integram este Poder da República, são órgãos autônomos, possuem estrutura e personalidade jurídica própria, exercendo o controle legalidade, legitimidade, economicidade dos atos administrativos praticados pelos Poderes da República, e na forma estabelecida pelo artigo 70, parágrafo único, da Constituição Federal, todas as pessoas físicas e jurídicas, públicas ou privadas, que utilizem, arrecadem, guardem, gerenciem ou administrem recursos públicos.

A origem histórica dos Tribunais de Contas no Brasil é muito bem retratada por Luiz Henrique Lima (2017, p. 14), que relata a primeira notícia sobre a instituição de um órgão fiscalizador das contas públicas no Brasil no início do século XIX, com a criação do Erário Régio, por ato do Príncipe Regente, Dom João VI, consolidado no alvará de 28 de junho de 1.808.

Desde então, os Tribunais de Contas vêm sendo institucionalizados pelas Constituições da República. Mas foi mediante influência de Ruy Barbosa, que ocupou o cargo de Ministro da Fazenda do Governo Provisório de Deodoro da Fonseca, que os Tribunais de Contas tiveram pela primeira vez seu papel constitucionalmente definido na redação do artigo 89 da primeira Constituição Republicana, de 1.891.

Na Constituição de 1.934, o Tribunal de Contas é mantido, desta vez na redação do artigo 99, sendo que, posteriormente, as Cortes de Contas tiveram suas atribuições reduzidas durante o período ditatorial (1.937 – Estado Novo; 1.967 – Ditadura Militar). O fato é que durante os períodos democráticos, as Cortes de Contas sempre tiveram papel assegurado na redação das Constituições Brasileiras, como na Carta de 1.946, onde os Tribunais de Contas tiveram previsão expressa no artigo 76 e seguintes, e na Constituição de 1.967, onde tais previsões que foram mantidas.

A consolidação da figura institucional dos Tribunais de Contas veio com a Constituição de 1.988, nos artigos 70, 71, 73 e 75, sendo que, este último, estende a normas estabelecidas sobre fiscalização contábil, financeira e orçamentária aos Tribunais de Contas dos Estados e do Distrito Federal, bem como dos Tribunais e Conselhos de Contas dos Municípios.

Partindo desta rápida análise histórica, verifica-se que a atividade de controle externo da Administração Pública exercida pelos Tribunais de Contas encontra legitimação na Constituição Federal, nas Constituições dos Estados e na Lei Orgânica dos Municípios, além de outras competências específicas lhes são atribuídas por leis específicas, como a Lei de Responsabilidade Fiscal, Lei de Licitações e Contratos e outras que tratam das regras de direito administrativo e financeiro.

A atuação dos Tribunais de Contas é voltada para o auxílio do controle executado pelo Poder Legislativo (CRFB/88, art. 71), ficando restrita a análise contábil, financeira, orçamentária, operacional e patrimonial da Administração Pública Direta e Indireta, quanto à legalidade, legitimidade, economicidade, aplicação de subvenções e renúncias de receitas, mediante pareceres sem caráter decisório, ou seja, meramente opinativos, razão pela qual não vinculam a atuação definitiva, de caráter decisório, exercida pelos Poderes Legislativo e Judiciário.

Assim, FERNANDO SCAFF e LUMA SCAFF (2018, p. 1.256) esclarecem que os Tribunais de Contas devem julgar as contas de gestão dos administradores e demais responsáveis por dinheiros, bens e valores públicos da administração direta e indireta dos poderes e do Ministério Público, incluídas as fundações e sociedades instituídas e mantidas pelo poder público, bem como as contas daqueles que derem causa a perda, extravio ou outra irregularidade de que resulte prejuízo ao erário.

O texto constitucional é claro ao definir a competência institucional dos Tribunais de Contas e os limites da atuação fiscalizatória que lhes é atribuída como órgão de controle externo da administração pública. A observância destes limites de atuação institucional constitucionalmente estabelecido está diretamente ligada à observância da separação dos Poderes e dos direitos e garantias individuais, clausulas pétreas da Carta Magna que não podem ser revogadas ou suprimidas, nem mesmo por emenda constitucional.

2. A Natureza Jurídica da Ordem dos Advogados do Brasil.

Diferentemente do que ocorre com outros órgãos de classe ou Conselhos profissionais, a advocacia recebeu tratamento diferenciado e específico pelo legislador constituinte.

Assim, a Advocacia, a Advocacia Pública, a Defensoria Pública e o próprio Ministério Público foram consagrados como "Funções Essenciais da Justiça", respectivamente nas Seções III, II e I do Capítulo IV, Título IV da Constituição Brasileira, fazendo destas instituições parte da essência do ideário de realização de justiça no Brasil.

Especificamente com relação à advocacia, este tratamento diferenciado veio insculpido no artigo 133 da Carga Magna, que dispôs que o advogado é indispensável à administração da justiça, nos limites da lei.

Atualmente, a estrutura, a competência e a própria organização da Ordem dos Advogados do Brasil é regulamentada na Lei Federal nº 8.906/1994, de onde se extrai que este órgão de classe exerce função social e presta serviço público, adotando personalidade jurídica e forma federativa, com a finalidade de defender a Constituição e o Estado Democrático de Direito dentre outras prerrogativas nas quais se insere a representação, a defesa, a seleção e a disciplina dos advogados tem todo território nacional (art. 44).

Partindo destas premissas, poderia se chegar à conclusão de que a OAB seria uma autarquia, um órgão da administração indireta sob o controle do Estado, considerando, ainda, o fato de gozar de imunidade tributária (art. 45, § 5º), e possuir a prerrogativa de fixar e cobrar de seus inscritos contribuições, preços, serviços e multas.

Entretanto, o parágrafo primeiro do artigo 44 da Lei Federal nº 8.906/94 é expresso ao estabelecer que a OAB não mantém com órgãos da Administração Pública qualquer vínculo funcional ou hierárquico, situação que a afasta do conceito de autarquia e de qualquer comparação com outros conselhos profissionais.

Ao analisar a natureza jurídica da Ordem dos Advogados do Brasil, o Supremo Tribunal Federal fixou, no julgamento da ADI nº 3.026/DF, rel. Min. Eros Grau, j. 08/06/2006, que a entidade não se sujeita ou está vinculada a administração pública direta ou indireta, não se identificando como entidade da administração indireta da União. Por esta razão, a OAB não está inserida na categoria de autarquia especial, e mesmo prestando um serviço público, de caráter independente, não está sujeita ao controle da administração, não havendo dependência entre a OAB e qualquer órgão público, em que pese sua finalidade institucional. Por fim, neste julgado o STF definiu que a OAB é uma categoria ímpar, 'sui generis', entre as personalidades jurídicas do direito brasileiro.

Este entendimento foi reafirmado recentemente pelo Plenário do Supremo Tribunal Federal, em decisão unânime proferida no julgamento do RE nº 405.267/MG, rel. Min. Edson Fachin, j. 06/09/2018.

Por sua vez, a Primeira Seção do Superior Tribunal de Justiça, nos autos do EREsp nº 503.252/SC, rel. Min. Castro Meira, já decidiu que as contribuições pagas pelos inscritos na Ordem dos Advogados do Brasil não tem natureza tributária, sendo que o título extrajudicial previsto no artigo 46, parágrafo único, da Lei Federal nº 8.906/1994, se submete ao rito de execução comum, regulado pelo Código de Processo Civil, e não pela Lei Federal nº 6.830/1980, esclarecendo, ainda, que a entidade não se sujeita as normas da Lei Federal nº 4.320/1964, nem ao controle contábil, financeiro, orçamentário e operacional exercido pelo Tribunal de Contas da União.

Neste cenário, os órgãos de cúpula do Poder Judiciário incumbidos da interpretação da Constituição e das Leis já fixaram o entendimento de que a Ordem dos Advogados do Brasil não se caracteriza como entidade autárquica, vinculada a administração indireta da União, entendimento que, no caso do julgamento da ADI nº 3.026/DF, produziu eficácia e efeito vinculante, relativamente aos demais órgãos do Poder Judiciário e à administração pública direta e indireta, nas esferas federal, estadual e municipal, por força do disposto no artigo 102, § 2º da Constituição Federal.

Como em todo regime democrático, existem respeitáveis e eruditos entendimentos dissonantes, tanto na doutrina com CARVALHO FILHO (2017, P. 503) e MAURÍCIO CONTI (CONJUR, 2018), e até mesmo dentro do próprio Poder Judiciário, como se verifica nos votos dos Ministros Gilmar Mendes, Joaquim Barbosa e José Delgado nos julgados do STF e STJ mencionados. Mas o fato é que o entendimento jurisprudencial, ao qual o Tribunal de Contas da União está constitucionalmente vinculado está definido no sentido de que a Ordem dos Advogados do Brasil não é uma autarquia e nem se identifica com uma entidade da administração indireta, não gere ou recebe recursos públicos, entendimento que, em última análise, somente pode ser alterado dentro das regras constitucionais estabelecidas.

3. A Decisão Proferida pelo TCU nos Autos do TC 015.720/2018-7

Partindo dos conceitos e definições apresentados neste texto, passamos a analisar a decisão proferida pelo Tribunal de Contas da União nos autos do TC 015.720/2018-7, de relatoria do Ministro Bruno Dantas, que determinou que a Ordem dos Advogados do Brasil fosse incluída como unidade prestadora de contas, sob jurisdição do referido órgão de controle externo da administração pública.

Conforme consta do próprio julgado, trata-se de processo administrativo instaurado por determinação do subitem 9.3.2 do Acórdão 1.114/2018 – TCU – Plenário, nos autos do TC 008.199/2018-3, com a finalidade de realizar estudo técnico sobre a inclusão ou não da Ordem dos Advogados do Brasil (OAB) como unidade prestadora de contas.

A decisão partiu da análise dos seguintes pontos tidos por controvertidos: a) se há coisa julgada sobre a matéria; b) se a OAB faz parte da Administração Pública Indireta, e; c) se a OAB gerencia recursos públicos federais.

Com relação ao primeiro ponto, o TCU parte da análise de três decisões anteriores sobre a matéria: Acórdão 1.765/2003 – TCU – Plenário; Mandado de Segurança nº 797 do Tribunal Federal de Recursos e na Ação Direta de Inconstitucionalidade nº 3.026/DF.

De fato, existe controvérsia quanto à existência da coisa julgada em matéria administrativa dentro da própria jurisprudência do Supremo Tribunal Federal, conforme se verifica nas decisões proferidas no RE 144.996, rel. Min. Moreira Alves, j. 29/04/1997, usada na fundamentação voto do Relator no TCU e o MS nº 33.528 AgR/DF, rel. Min. Celso de Mello, j. 06/09/2016, decisão proferida já na vigência do Código de Processo Civil de 2015.

E é justamente na vigência do novo Código de Processo Civil que a decisão do TCU merece a primeira critica, na medida em que ignora a regra do artigo 926 da lei processual, que estabelece que a jurisprudência dos Tribunais deva ser uniforme, íntegra estável e coerente, formando um dos pilares do Estado Democrático de Direito que é segurança jurídica, razão pela qual, referido dispositivo legal mostra-se plenamente aplicável aos processos em trâmite na Corte de Contas, justamente em relação ao precedente anterior do Plenário daquele Tribunal, no sentido de que a Ordem dos Advogados do Brasil não se identifica como unidade prestadora de contas ao controle externo da União.

Esta mesma crítica e controvérsia não se aplica à decisão proferida no Recurso em Mandado de Segurança 797, proferida pelo extinto Tribunal Federal de Recursos, que considerou que a OAB não se sujeita à jurisdição do Tribunal de Contas da União. De fato, a profunda mudança no arcabouço jurídico pátrio ocorrido desde a prolação do julgado até os dias atuais desautoriza a sua aplicação como precedente, sobretudo com a nova ordem constitucional vigente a partir de 1998 e a edição de legislação específica sobre a OAB em 1994.

Com relação à decisão proferida pelo STF nos autos da ADI 3.096/DF, rel. Min. Eros Grau, que fixou a inexigibilidade de concurso público para contratação de empregados pela OAB, ressaltando que essta instituição não se sujeita as regras impostas à Administração Pública Direta e Indireta, a controvérsia fica ainda mais acirrada, na medida em que existe um amplo dissenso quanto à aplicação da teoria da transcendência dos motivos determinantes no controle abstrato de constitucionalidade.

Para Luiz Fux (2018, p. 924) as razões que conduziram a declaração de inconstitucionalidade não vinculam os demais entes, logo o efeito vinculante encontra-se adstrito ao dispositivo da ação direta de inconstitucionalidade. Este posicionamento também é adotado por Nelson Nery Jr (2017, p. 78) e Georges Abboud (2018, p. 21) que afirmam não haver fundamento para se aceitar a vinculação dos Tribunais aos motivos determinantes da declaração de inconstitucionalidade com eficácia 'erga omnes', isto porque, a vinculação dos Tribunais à 'ratio decidendi' da decisão do STF engessaria todo o sistema constitucional, impossibilitando a abertura e evolução do direito constitucional no Brasil.

De outro lado, GILMAR MENDES e LÊNIO STRECK (2018, p. 1.508) defendem que o efeito vinculante da decisão não está restrito à parte dispositiva, mas abrange também os próprios fundamentos determinantes.

Para estes autores, os órgãos estatais abrangidos pelo efeito vinculante também devem observar os fundamentos da decisão proferida em sede de controle abstrato, pois, não apenas o conteúdo da parte dispositiva da decisão, mas a norma abstrata que dela se extrai, ou seja, toda a situação, conduta ou regulação que compõe a norma, é declarada constitucional ou inconstitucional pelo Tribunal competente.

Tal entendimento também é partilhado por MARINONI (2016, p. 1.146), que por sua vez, afirma que reservar a eficácia vinculante somente ao dispositivo da decisão não faz qualquer sentido. Isto porque, o dispositivo não é suficiente para revelar a tese ou a orientação do STF, de modo que a força obrigatória vinculada somente ao dispositivo pouco adiantaria para se outorgar unidade ao direito, afinal, a parte dispositiva não é capaz de atribuir isoladamente significado ao precedente.

Mesmo diante de tamanha controvérsia, o fato é que não compete ao Tribunal de Contas da União decidir de ofício que a Ordem dos Advogados do Brasil é uma autarquia e deve prestar contas àquele órgão de controle externo como qualquer outro Conselho profissional.

A competência atribuída ao Tribunal de Contas da União pela Constituição Federal se restringe a redação dos artigos 70 e 71, dispositivos nos quais não se insere a declaração de constitucionalidade ou inconstitucionalidade de lei ou até mesmo conferir a legislação federal interpretação final ou negar-lhe vigência.

Esta função judicante é de competência exclusiva do Poder Judiciário, como decidiu recentemente o Supremo Tribunal Federal nos autos da Medida Cautelar em Mandado de Segurança nº 35.410/DF, rel. Min. Alexandre de Morais, j. 15/12/2017.

No que diz respeito ao segundo ponto controvertido que compõe a fundamentação da decisão do TCU em análise, entendo que a OAB não compõe ou faz parte da Administração Pública Indireta.

Afinal, a aplicação do disposto no artigo 5º, inciso I do Decreto Lei nº 200/1967 a Ordem dos Advogados do Brasil é expressamente afastada por força do artigo 44, § 1º da Lei Federal nº 8.906/1994, já que é impossível que uma autarquia, na acepção jurídica do termo, não mantenha qualquer vinculo funcional ou hierárquico com a Administração Pública.

Este dispositivo do Estatuto da Ordem dos Advogados do Brasil é muito bem analisado por NELSON NERY JR (2017, p. 482) que com base em autorizada doutrina e precedente do Supremo Tribunal Federal defende que a OAB não é nem autarquia nem entidade genuinamente privada, mas serviço público independente, categoria sui generis, submetida ao direito público (exercício do poder de polícia administrativa da profissão) e ao direito privado (demais finalidades). Dada essa natureza sui generis da OAB, o sistema da Lei Federal nº 9.649/98, especificamente o artigo 58, que considera os serviços de fiscalização de profissões regulamentadas como de caráter privado, exercidos mediante delegação do poder público, por autorização legislativa, não se aplica à OAB, por expressa determinação do § 9º do mesmo dispositivo legal. Assim, o julgamento proferido pelo STF nos autos da ADIn 1717/DF, rel. Min. Sydney Sanches, j. 7.11.2002, DJ 28.3.2003, não declarou inconstitucional a exceção conferida pela legislação a OAB.

Da mesma forma, entendo que não compete ao Tribunal de Contas da União declarar a inconstitucionalidade ou aplicar interpretação conforme a constituição de qualquer dispositivo da Lei Federal nº 8.906/1994, ou até mesmo definir o alcance e interpretação da lei federal, como o fez ao definir que os recursos geridos pela OAB tem natureza pública, afinal esta atribuição é exclusiva do Poder Judiciário por força de disposição constitucional.

Este último ponto do controvertido julgado é plenamente esclarecido por PAULO LOBO (2019, p. 306), ao afirmar que a OAB não participa de recursos orçamentários públicos, justamente por ser mantida pelos próprios inscritos, mediante o pagamento de contribuições obrigatórias, multas e preços de serviços que não têm natureza tributária.

Ainda segundo o renomado civilista alagoano, a compulsoriedade das anuidades pagas pelos inscritos na OAB não converte esses pagamentos em tributos, justamente por não integrarem a receita do Estado, razão pela qual, não tem a mesma natureza das contribuições sociais previstas no art. 149 da Constituição Federal.

A impossibilidade de enquadramento dos valores cobrados pela OAB no conceito de contribuição definido na referida norma constitucional foi

O DIREITO ADMINISTRATIVO SOCIAL E ECONÔMICO

definido pela 1ª Seção do Superior Tribunal de Justiça, no julgamento do ED no Resp nº 463.258, DJU de 29/03/2004, que fixou que tais recursos não tem natureza tributária, razão pela qual, a cobrança pela via judicial não segue o rito estabelecido pela Lei Federal nº 6.830/80.

Não é por outro motivo que a competência do Tribunal de Contas da União se restringe a julgar as contas dos administradores e demais responsáveis por dinheiros, bens e valores públicos da administração direta e indireta, incluídas as fundações e sociedades instituídas e mantidas pelo Poder Público federal, e as contas daqueles que derem causa a perda, extravio ou outra irregularidade de que resulte prejuízo ao erário público.

Se a Lei Federal nº 8.906/1994 coloca expressamente que a Ordem dos Advogados do Brasil não compõe a administração direta e indireta, cabe somente ao Poder Legislativo, mediante edição de lei ou alteração legislativa, inserir a categoria nesta condição.

Justamente por força da atribuição exclusiva conferida pela Constituição ao Poder Legislativo é que tramitam no Congresso Nacional dois Projetos de Lei que versam sobra a inclusão da OAB como unidade prestadora de contas, sob jurisdição do TCU: a) Projeto de Lei nº 5.062/2005, de autoria do Deputado Wladimir Costa; b) Projeto de Lei nº 9.523/2018, de autoria do Deputado Cabo Sabino; c) Projeot de Lei nº 4.754/2019, de autoria do Deputado Felipe Barros.

O primeiro dispõe expressamente no artigo 2º que a Ordem dos Advogados do Brasil – OAB, inclusive suas Seccionais, está sujeita ao controle externo da União, exercido pelo Congresso Nacional, com o auxílio do Tribunal de Contas da União – TCU, nos termos dos arts. 70 e parágrafo único, e 71, da Constituição Federal. Já o segundo, além de outras disposições, insere um § 3º ao artigo 44 da Lei Federal nº 8.906/1994, para definir que a OAB se equipara a autarquia federal para efeitos de prestação de contas, a qual se submeterá a parecer do Ministério Publico Federal. O terceiro, dentre outras disposições, impõe nova redação ao § 1º do artigo 44 da Lei Federal nº 8.906/1994, para, de forma expressa, submeter a OAB à fiscalização do Tribunal de Contas da União.

Em um Estado Democrático de Direito cada órgão deve cumprir sua função e prerrogativas constitucionalmente estabelecidas, sob pena de subverter todo o sistema.

Em que pesem as controvérsias relativas à coisa julgada e o alcance do disposto no artigo 102, § 2º da Constituição Federal, o certo é que não cabe ao Tribunal de Contas da União definir que a Ordem dos Advogados do Brasil é uma autarquia, e por esta razão deve prestar contas àquele órgão de controle externo como qualquer outro que compõe a administração indireta da União, afinal, tal atribuição, é exclusiva do Poder Legislativo.

Neste cenário, a decisão proferida pelo TCU nos autos do TC 015.720/2018-7 se reveste de caráter ativista e de flagrante inconstitucionalidade, na medida em que extrapola a competência de atuação constitucionalmente estabelecida para aquele do órgão de controle.

Conclusões

A estrita observância pelas instituições das regras de competência e atribuição definidas na Constituição Federal figura verdadeiro pilar do Estado Democrático de Direito, na medida em que asseguram o fiel cumprimento de todo o sistema de direitos, deveres e garantias voltados para a sociedade.

Por esta razão, as instituições estão taxativamente vinculadas ao texto constitucional, do contrário, instaura-se a insegurança e o rompimento com o compromisso democrático que serviu de pressuposto para a implantação de todo o sistema vigente.

Ao extrapolar os limites de competência definidos nos artigos 70 e 71 da Constituição Federal, o Tribunal de Contas da União no julgamento do TC 015.720/2018-7 adota postura ativista, causando rompimento com os pressupostos do Estado Democrático de Direito, na medida em que se revela um ato de mera vontade dos Ministros daquela Corte, corrompendo a clausula pétrea de separação e harmonia dos Poderes, extrapolando seus limites de atuação do órgão incumbido do controle externo da administração pública.

Afinal, cabe exclusivamente ao Poder Legislativo estabelecer se a Ordem dos Advogados do Brasil é uma autarquia integrante da administração direta ou não, e ao Poder Judiciário definir se esta escolha legislativa afronta ou não a Constituição.

Além de violar a competência conferida ao TCU pela Constituição, a decisão em análise acaba por invalidar decisões proferidas pelo STF e pelo STJ sobre o tema, afasta-se de precedente anterior da própria Corte de Contas que já dirimiu a controvérsia, e assume o papel de legislador positivo, ignorando a tramitação de proposituras sobre o tema junto ao Congresso Nacional.

Com todo o respeito às convicções jurídicas que veem com bons olhos a decisão proferida nos autos do TC 015.720/2018-7, é preciso ter em mente que não existe meio termo no conceito definidos em lei. Inserir a Ordem dos Advogados do Brasil como órgão integrante da administração indireta colocará o Poder Executivo no comando, mesmo que indireto, de uma instituição essencial à administração da justiça, fato que depõe contra o próprio principio da separação dos Poderes.

A manutenção deste entendimento acarretará em inegável situação de insegurança jurídica, na media em que se passa a aceitar que uma decisão proferida por um órgão administrativo, de controle externo, possa definir diretamente a esfera de aplicação de diversos outros instrumentos normativos, como a Lei Federal nº 8.666/93, Lei Federal nº 4.320/64, Lei Complementar 101/2.000, Lei Federal nº 8.429/92 e tantos outros diplomas aplicáveis a instituições de natureza tipicamente administrativa.

Por fim, a alegação de falta de transparência na administração financeira da Ordem dos Advogados do Brasil é questão *interna corporis* e deve ser amplamente debatida por seus membros, dentro da própria estrutura da instituição.

Conclui-se, portanto, que a decisão proferida pelo TCU nos autos do TC 015.720/2018-7, que determinou que a Ordem dos Advogados do Brasil fosse incluída como unidade prestadora de contas, sob jurisdição do referido órgão de controle externo da administração pública, se reveste de caráter ativista, contrariando a lei e o próprio texto constitucional.

Bibliografia.

CARVALHO FILHO, José dos Santos. Controle da Administração Pública e Responsabilidade do Estado. In: DI PIETRO, Maria Sylvia Zanella (Coord.). **Tratado de Direito Administrativo.** 1ª ed. São Paulo: Revista dos Tribunais, 2015. Vol. 7.

JACOBY FERNANDES, Jorge Ulisses. **Tribunais de Contas do Brasil.** 4ª ed. Belo Horizonte: Fórum, 2016.

LIMA, Luiz Henrique. **Controle Externo: Teoria e Jurisprudência para os Tribunais de Contas.** 7ª ed. São Paulo: Método, 2018.

SCAFF, Fernando Fecury; SCAFF, Luma Cavaleiro de Macedo. art. 71. In: CANOTILHO, J.J. Gomes; MENDES Gilmar Ferreira; SARLET, Ingo Wolfgang; STRECK, Lênio Luiz (coord.). **Comentários a Constituição do Brasil.** São Paulo: Saraiva, 2ª ed., 2018.

CARVALHO FILHO, José dos Santos. **Manual de Direito Administrativo.** 31ª ed. São Paulo: GEN/Atlas, 2018.

CONTI, José Mauricio. **OAB finalmente vai prestar contas: decisão do TCU corrige erro histórico [on line].** Nov. 2018. Disponível em: https://www.conjur.com.br/2018-

-nov-13/contas-vista-decisao-tcu-manda-oab-prestar-contas- corrige-erro-historico. Acesso em: 17 nov. 2018.

FUX, Luiz. art. 102. In: **Constituição Federal Comentada.** Rio de Janeiro: GEN/Forense, 1ª ed., 2018.

NERY JUNIOR, Nelson; NERY, Rosa Maria de Andrade. **Constituição Federal Comentada e Legislação Constitucional.** 2ª ed. em e-book baseada na 6º ed. impressa. São Paulo: Revista dos Tribunais, 2017.

ABBOUD, Georges. **Processo Constitucional Brasileiro.** 2ª ed. em e-book baseada na 2ª ed. impressa. São Paulo: Revista dos Tribunais, 2018.

MENDES, Gilmar Ferreira; STRECK, Lênio Luiz. art. 102. In:____; CANOTILHO, J.J.; SARLET, Ingo Wolfgang; (coord.). **Comentários a Constituição do Brasil.** São Paulo: Saraiva, 2ª ed., 2018.

MARINONI, Luiz Guilherme. In::____; SARLET, Ingo Wolfgang; MITIDIERO, Daniel. **Curso de Direito Constitucional.** São Paulo: Saraiva, 5ª ed., 2016.

LOBO, Paulo. **Comentários ao Estatudo da Advocacia e da OAB.** 12ª ed. São Paulo: Saraiva-Jur, 2019.